insel taschenbuch 4658

Iwan Turgenjew

Die schönsten Liebesgeschichten

Iwan Turgenjew wurde 1818 in Orjol in Zentralrussland geboren und starb 1883 in Bougival bei Paris. Seine Prosawerke gehören zusammen mit den Romanen Lew Tolstois und Fjodor Dostojewskis zu den Höhepunkten des russischen Realismus im 19. Jahrhundert. Neben Lyrik, Dramen und seinen großen Gesellschaftsromanen, darunter *Rudin*, *Ein Adelsnest*, *Väter und Söhne*, hat Iwan Turgenjew zahlreiche Erzählungen verfasst. Seine melancholischen Liebesgeschichten nehmen dabei einen besonderen Rang ein. Ausgangspunkt ist zumeist ein psychologisch bemerkenswerter Fall, oft übergreifend in die Bereiche des Geheimnisvollen und Mystischen.

IWAN TURGENJEW

Die schönsten Liebesgeschichten

INSEL VERLAG

Auswahl: Ursula Keller und Natalja Sharandak

Erste Auflage 2018
insel taschenbuch 4658
Originalausgabe

Vertrieb durch den Suhrkamp Taschenbuch Verlag
Umschlag: Rothfos & Gabler, Hamburg
Umschlagabbildung: Franz Guillery, *Träumerei (Liebespaar im Kahn)*, undatiert. Foto: akg-images, Berlin
Satz: Satz-Offizin Hümmer GmbH, Waldbüttelbrunn
Druck: CPI – Ebner & Spiegel, Ulm
Printed in Germany
ISBN 978-3-458-36358-3

INHALT

DER KREISARZT

Einmal erkältete ich mich im Herbst auf der Rückfahrt aus einem sehr abgelegenen Jagdgebiet und wurde krank. Ich kann noch von Glück sprechen, daß mich das Fieber in der Kreisstadt packte, im Gasthof; ich schickte nach dem Doktor. Eine halbe Stunde später erschien der Kreisarzt, ein kleiner Mann, schwarzhaarig und hager. Er verschrieb mir das übliche schweißtreibende Mittel, hieß mich ein Senfpflaster auflegen und ließ sehr geschickt meinen Fünfrubelschein in seinem Ärmelaufschlag verschwinden, wobei er jedoch trocken hüstelte und beiseite blickte. Er wollte sich gerade auf den Heimweg machen, da kam er, ich weiß nicht wie, mit mir ins Gespräch und blieb. Mich plagte das Fieber; ich sah eine schlaflose Nacht voraus und war froh, mit dem guten Mann ein wenig plaudern zu können. Ich ließ Tee bringen, und mein Doktor kam ins Erzählen. Er war kein dummer Mensch und drückte sich gewandt und recht launig aus. Sonderbar geht es in der Welt zu: Mit manchem Menschen lebt man lange zusammen, man steht mit ihm in freundschaftlichen Beziehungen, spricht aber nie frei und offenherzig mit ihm; mit einem andern aber ist man kaum bekannt geworden – und sieh da, schon hast du ihm oder hat er dir, wie bei der Beichte, die tiefsten Geheimnisse ausgeplaudert. Ich weiß nicht, womit ich mir das Vertrauen meines neuen Freundes verdient hatte, jedenfalls erzählte er mir ohne besondere Veranlassung und ohne selbst recht zu wissen, wie er dazu kam, ein ziemlich merkwürdiges Erlebnis. Ich will seine Erzählung nunmehr dem geneigten Leser wiedergeben. Ich werde mich dabei bemühen, mich mit den Worten des Arztes auszudrücken.

»Sie kennen wohl nicht zufällig«, begann er mit leiser und

zitternder Stimme – die Wirkung von unvermischtem Berjosower Tabak –, »Sie kennen wohl nicht zufällig den hiesigen Richter, Mylow, Pawel Lukitsch? – Sie kennen ihn nicht. Nun, das macht nichts.« Er räusperte sich und rieb sich die Augen. »Also, sehen Sie, die Sache trug sich – was soll ich Ihnen sagen, ich will nicht lügen – zu den großen Fasten zu, mitten im schlimmsten Tauwetter. Ich sitze so bei ihm, bei unserem Richter, und spiele Preference. Unser Richter ist ein braver Mann und ein leidenschaftlicher Preferencespieler. Plötzlich« – mein Arzt gebrauchte sehr oft das Wort »plötzlich« – »wird mir gesagt: ›Ein Mann fragt nach Ihnen.‹ Ich sage: ›Was will er denn?‹ – ›Er bringt einen Brief‹, sagt man, ›wahrscheinlich von einem Kranken.‹ – ›Gib den Brief her‹, sage ich. Und so war es auch, er war von einem Kranken. Na schön. Sie verstehen, das ist unser Brot. Es handelte sich um folgendes: Eine Gutsbesitzerin, eine Witwe, schrieb mir, ihre Tochter liege im Sterben. ›Kommen Sie‹, schrieb sie, ›um unseres Herrgotts willen; die Pferde‹, schrieb sie, ›sind schon nach Ihnen geschickt.‹ Nun, das ist alles noch nichts Besonderes. Aber sie wohnte zwanzig Werst weit von der Stadt weg, draußen war es Nacht, und die Wege waren einfach fürchterlich! Und sie selber war arm, mehr als zwei Silberrubel hatte ich nicht zu erwarten, und auch das war noch zweifelhaft, vielleicht mußte ich mich mit Leinwand oder irgendwelchen Kleinigkeiten begnügen. Aber die Pflicht geht allem andern vor, Sie verstehen: Es lag ein Mensch im Sterben. Ich übergebe also plötzlich meine Karten dem ständigen Ratsmitglied Kalliopin und mache mich auf den Heimweg. Vor der Freitreppe sehe ich schon einen klapprigen Wagen stehen, Bauernpferde davor, dickbäuchig, sehr dickbäuchig, mit wolligem Haar, richtigem Filz, und der Kutscher sitzt da und hat aus Respekt die Mütze abgenommen. Na, denke ich, man sieht, Bruder, deine Herrschaft ißt nicht von goldenen Tellern. Sie lachen, aber ich sage Ihnen: Ein armer Teufel wie unsereiner muß alles in Betracht ziehen … Wenn der Kutscher wie ein Fürst dasitzt, statt untertänig nach der Mütze zu greifen, spöttisch unter seinem Bart hervorlächelt und mit der Peitsche spielt – dann kann man schon mit zwei Banknoten rechnen! Aber hier, das merkte ich gleich, sah es nicht danach aus. Aber, denke ich, das ist nicht zu ändern, die Pflicht geht allem vor. Ich packe die nötigsten Arzneien zusammen und fahre los. Ob Sie es glauben – nur mit Müh und Not kam ich bis hin. Der Weg war höllisch: Bäche, Schnee, Dreck, tiefe Pfützen, an einer Stelle war plötzlich ein Damm gebrochen – es war fürchterlich! Aber endlich bin ich da. Das Haus ist klein, mit Stroh gedeckt. Die Fenster sind erleuchtet, man wartet also schon. Eine alte Frau, sehr ehrwürdig, eine Haube auf dem Kopf, kommt mir entgegen.

›Retten Sie sie‹, sagt sie, ›sie stirbt!‹

Ich sage:

›Ängstigen Sie sich nicht. Wo ist die Kranke?‹

›Bemühen Sie sich, bitte, hier herein.‹

Ich sehe mich um: ein sehr sauberes Stübchen, in der Ecke die Ewige Lampe, im Bett ein Mädchen von vielleicht zwanzig Jahren, bewußtlos. Hitze strahlt von ihr aus, sie atmet schwer – sie hat hohes Fieber. Noch zwei andere Mädchen sind da, ihre Schwestern, ganz verstört und in Tränen.

›Gestern war sie noch vollkommen gesund‹, sagen sie, ›und aß mit Appetit; heute morgen klagte sie über Kopfschmerzen, und gegen Abend war sie plötzlich in diesem Zustand.‹

Ich sage wiederum: ›Ängstigen Sie sich nicht!‹ – Sie wissen, das ist die Pflicht des Arztes – und gehe ans Werk. Ich ließ sie zur Ader, verordnete Senfpflaster und verschrieb eine Mixtur. Unterdessen blickte ich sie an … Ich blickte sie an, wissen Sie, nun, bei Gott, ein solches Gesicht hatte ich noch nie gesehen ... Mit einem Wort, eine Schönheit! Mitleid überkam mich. Diese angenehmen Züge, diese Augen ... Nun, Gott sei Dank, sie wurde ruhiger; der Schweiß brach aus, sie schien wieder zur Besinnung zu kommen. Sie blickte um sich, lächelte, strich sich mit der Hand übers Gesicht. Die Schwestern beugten sich über sie und fragten:

›Wie geht dir's?‹

›Ganz gut‹, sagte sie und wandte sich ab.

Ich sah, sie war eingeschlafen.

›Nun‹, sagte ich, ›jetzt müssen wir die Kranke in Ruhe lassen.‹

Und so gingen wir alle auf Zehenspitzen hinaus; nur das Stubenmädchen blieb für alle Fälle zurück. Im Salon stand schon der Samowar auf dem Tisch, und auch Jamaikarum stand da; in unserem Beruf kommt man ohne das nicht aus. Man schenkte mir Tee ein und bat mich, über Nacht zu bleiben. Ich war einverstanden – wohin sollte ich jetzt auch fahren! Die alte Frau stöhnte in einem fort.

›Was haben Sie‹, sagte ich, ›sie wird wieder gesund, ängstigen Sie sich nicht, ruhen Sie sich lieber selbst mal aus, es geht auf zwei Uhr.‹

›Aber Sie lassen mich wecken, wenn etwas vorfallen sollte?‹

›Gewiß, gewiß.‹

Die Alte ging, und auch die Mädchen begaben sich in ihr Zimmer. Für mich war im Salon ein Bett aufgeschlagen worden. Und so legte ich mich nieder. Aber ich fand keinen Schlaf. Was war das nur! Ich hatte mich doch wirklich zur Genüge abgeplagt. Die ganze Zeit über ging mir meine Kranke nicht aus dem Kopf. Endlich hielt ich es nicht mehr aus und stand plötzlich auf. Ich will mal gehen, dachte ich, und sehen, was mein

Patient macht. Ihr Schlafzimmer lag nämlich neben dem Salon. Ich stand also auf und öffnete leise die Tür. Das Herz klopfte mir nur so. Ich sehe: Das Stubenmädchen schläft, hat den Mund weit offen und schnarcht auch noch, der Trampel! Die Kranke aber liegt mit dem Gesicht zu mir und hat die Arme weit von sich gestreckt, das arme Ding! Ich trete näher ... Da schlägt sie plötzlich die Augen auf und starrt mich an!

›Wer ist das? Wer ist das?‹

Ich gerate in Verwirrung.

›Erschrecken sie nicht, gnädiges Fräulein‹, sage ich, ›ich bin der Doktor, ich komme nur, um nachzusehen, wie es Ihnen geht.‹

›Sie sind der Doktor?‹

›Ja, der Doktor, der Doktor. Ihre Frau Mutter hat nach mir in die Stadt geschickt. Wir haben Sie zur Ader gelassen, gnädiges Fräulein. Jetzt belieben Sie zu ruhen, und so nach zwei Tagen etwa werden wir Sie mit Gottes Hilfe wieder auf die Beine stellen.‹

›Ach, ja, ja, Doktor, lassen Sie mich nicht sterben – bitte!‹

›Was sagen Sie da, Gott sei mit Ihnen!‹

Sie hat wieder Fieber, denke ich bei mir. Ich fühle ihr den Puls – richtig, Fieber. Sie sieht mich an, und plötzlich nimmt sie meine Hand.

›Ich will Ihnen sagen, warum ich nicht sterben möchte, ich will es Ihnen sagen, ich will es Ihnen sagen ... Jetzt sind wir allein. Aber, bitte, Sie dürfen es niemandem ... Hören Sie zu ...‹

Ich beugte mich zu ihr hinab; sie brachte ihre Lippen ganz dicht an mein Ohr, ihre Haare berührten meine Wange, ich gestehe, mir drehte sich alles im Kopf, dann begann sie zu flüstern. Ich verstand kein Wort ... Ach, sie phantasierte wohl nur! Sie flüsterte und flüsterte, aber so hastig und anscheinend gar nicht auf russisch. Als sie geendet hatte, erschauerte sie, ließ den Kopf kraftlos aufs Kissen sinken und drohte mir mit dem Finger: ›Hören Sie, Doktor, niemandem …‹ Mit Mühe gelang es mir, sie zu beruhigen. Ich gab ihr zu trinken, weckte das Stubenmädchen und ging hinaus.«

Hier schnupfte der Arzt wieder erbittert seinen Tabak und saß dann einen Augenblick lang wie erstarrt da.

»Indessen«, fuhr er fort, »am nächsten Tag ging es der Kranken, entgegen meinen Erwartungen, nicht besser. Ich überlegte und überlegte und entschloß mich plötzlich zu bleiben, obwohl mich noch andere Patienten erwarteten. Sie wissen ja, man darf da nicht nachlässig sein, darunter leidet die Praxis. Aber erstens befand sich die Kranke wirklich in Gefahr, und zweitens – ich muß schon die Wahrheit sagen – empfand ich eine starke Zuneigung zu ihr. Außerdem gefiel mir überhaupt die ganze Familie. Die Leute waren zwar unvermögend, aber man kann sagen: gebildet, wie man es selten findet. Der Vater war ein gelehrter Mann gewesen, ein Schriftsteller, und natürlich in Armut gestorben, aber seinen Kindern hatte er eine ausgezeichnete Erziehung zuteil werden lassen; und auch viele Bücher hatte er hinterlassen. War es nun, weil ich mich so eifrig um die Kranke bemühte, oder mochte es irgendwelche andere Ursachen haben, jedenfalls darf ich sagen, daß man mich in dem Hause liebgewann wie einen Verwandten. Unterdessen waren infolge des Tauwetters die Wege grundlos geworden; alle Verkehrsverbindungen waren sozusagen völlig abgebrochen; sogar die Arznei konnte aus der Stadt nur mit Mühe beschafft werden. Das Befinden der Kranken besserte sich nicht. Tag um Tag verging, Tag um Tag … Aber da, auf einmal …« Der Arzt schwieg eine Weile. »Wirklich, ich weiß nicht, wie ich Ihnen das auseinandersetzen soll.« Er schnupfte abermals, hüstelte und trank einen großen Schluck Tee. »Ich will es Ihnen ohne Umschweife sagen, meine Kranke ... Nun, sie hatte mich eben liebgewonnen – oder nein, nicht gerade liebgewonnen ... Im übrigen ... wirklich, das ist, wie soll ich sagen ...« Er senkte den Kopf und errötete.

»Nein«, fuhr er lebhaft fort, »was heißt liebgewonnen! Man muß schließlich wissen, wer man ist. Sie war ein gebildetes Mädchen, klug, belesen, und ich habe sogar mein Latein, man kann sagen vollständig, vergessen. Und was mein Äußeres betrifft« – der Arzt blickte lächelnd an sich hinunter –, »so kann ich damit, wie es scheint, ebenfalls nicht prahlen. Doch hat mich der Herrgott auch nicht als Dummkopf in die Welt gesetzt; ich nenne weiß nicht schwarz und kapiere schon dieses und jenes. Ich begriff zum Beispiel sehr gut, daß Alexandra Andrejewna – sie hieß Alexandra Andrejewna – keine Liebe für mich empfand, sondern sozusagen eine freundschaftliche Zuneigung, so etwas wie Achtung. Obwohl sie sich in dieser Hinsicht vielleicht täuschte – aber in was für einem Zustand befand sie sich denn, urteilen Sie selbst ... Übrigens«, fügte der Arzt hinzu, der all diese abgerissenen Sätze ohne Atem zu holen und mit offensichtlicher Verlegenheit hervorbrachte, »mir scheint, ich bin ein wenig durcheinandergeraten. So werden Sie überhaupt nichts verstehen. Ich will Ihnen jetzt, wenn Sie erlauben, alles der Reihe nach erzählen.«

Er leerte ein Glas Tee und sprach dann mit ruhigerer Stimme weiter.

»Ja, so war das. Meiner Kranken ging es immer schlechter, immer, immer schlechter. Sie sind kein Mediziner, mein Herr; Sie können nicht verstehen, was in unsereinem vorgeht, besonders in den ersten Jahren, wenn man zu ahnen beginnt, daß man der Krankheit nicht Herr wird. Wo bleibt da das Selbstvertrauen! Plötzlich wird man so verzagt, daß es sich gar nicht beschreiben läßt. Es kommt einem vor, als hätte man alles vergessen, was man wußte, als vertraute einem der Kranke nicht mehr, als fingen die anderen schon an zu merken, daß man nicht mehr aus noch ein weiß, als teilten sie einem die Krankheitssymptome nur ungern mit, als blickten sie einen stirnrunzelnd an und tuschelten miteinander – abscheulich! Es gibt doch bestimmt ein Mittel gegen diese Krankheit, denkt man, man muß es nur finden. Ob es das hier ist? Man versucht es – nein, das ist es nicht! Man läßt der Arznei nicht mehr die Zeit, gehörig zu wirken. Man greift nach dem und jenem, versucht eins nach dem andern. Man nimmt das Rezeptbuch her. Da muß es doch stehen! denkt man. Wahrhaftig, manchmal schlägt man es aufs Geratewohl auf, vielleicht will es das Schicksal, denkt man … Und unterdessen liegt der Kranke im Sterben. Ein anderer Arzt könnte ihn vielleicht noch retten. ›Es ist eine ärztliche Beratung nötig‹, sagt man, ›ich kann die Verantwortung nicht allein auf mich nehmen.‹ Als was für ein Narr steht man in solchen Fällen da! Nun, mit der Zeit gewöhnt man sich daran, es macht einem nichts mehr aus. Stirbt der Mensch, so ist es nicht deine Schuld, du hast nach deinen Vorschriften gehandelt. Es gibt aber noch etwas, was einen besonders quält: Man sieht das blinde Vertrauen, das einem entgegengebracht wird, und fühlt selbst, daß man nicht imstande ist zu helfen. Und eben ein solches Vertrauen setzte Alexandra Andrejewnas ganze Familie in mich; sie hatten fast vergessen, daß die Tochter in Gefahr war. Ich versicherte ihnen auch meinerseits, daß es nicht schlimm sei, obwohl ich selbst allmählich allen Mut verlor. Um das Unglück voll zu machen, waren die Wege so schlecht geworden, daß der Kutscher manchmal ganze Tage unterwegs war, um eine Arznei zu holen. Ich aber kam aus dem Zimmer der Kranken gar nicht mehr heraus, ich konnte mich nicht losreißen. Ich erzählte ihr alle möglichen lustigen Geschichten, wissen Sie, und spielte Karten mit ihr. Auch die

Nächte saß ich bei ihr. Die Alte dankte mir unter Tränen, während ich bei mir dachte: Ich bin deines Dankes nicht wert. Ich gestehe es Ihnen ganz offen – jetzt brauche ich es ja nicht mehr zu verbergen –, ich hatte mich in meine Kranke verliebt. Auch Alexandra Andrejewna hing an mir. Es kam vor, daß sie niemanden zu sich ins Zimmer ließ außer mir. Sie fing an, sich mit mir zu unterhalten, sie fragte mich aus, wo ich studiert hätte, wie ich lebe, wer meine Verwandten seien, mit wem ich verkehre. Und dabei fühlte ich, daß es nicht gut für sie war, sich zu unterhalten, aber es ihr verbieten, einfach resolut verbieten, wissen Sie, das konnte ich nicht. Manchmal griff ich mir an den Kopf: Was tust du nur, du Räuber! Aber dann nahm sie meine Hand und hielt sie fest und sah mich an; lange, lange sah sie mich an, wandte sich ab, seufzte und sagte: ›Wie gut Sie sind!‹ Ihre Hände waren so heiß, ihre Augen so groß und sehnsuchtsvoll …

›Ja‹, sprach sie, ›Sie sind gut, sie sind ein lieber Mensch, nicht so wie unsere Nachbarn … Nein, Sie sind nicht so … Wie kommt es nur, daß ich Sie bisher nicht gekannt habe!‹

›Alexandra Andrejewna, beruhigen Sie sich‹, sagte ich, ›glauben Sie mir, ich fühle es, ich weiß nicht, womit ich es verdient habe … Nur beruhigen Sie sich, um Gottes willen, beruhigen Sie sich … Alles wird gut, Sie werden wieder gesund …‹

Und dabei muß ich Ihnen sagen«, fügte der Arzt hinzu, wobei er sich vorbeugte und die Brauen hochzog, »daß sie mit ihren Nachbarn wenig Umgang hatten, denn die kleinen Gutsbesitzer paßten nicht zu ihnen, und mit den reichen zu verkehren verbot ihnen ihr Stolz. Ich sage Ihnen, es war eine ungewöhnlich gebildete Familie, und so war es für mich auch sehr schmeichelhaft, wissen Sie. Die Arznei nahm sie nur aus meiner Hand … Sie richtete sich mit meiner Hilfe auf, die Ärmste, nahm die Arznei und blickte mich an … Mein Herz, das pochte nur so. Dabei ging es ihr immer schlechter, immer schlechter. Sie wird sterben, dachte ich, sie wird ganz bestimmt sterben. Ob Sie es glauben, ich hätte mich lieber selber ins Grab gelegt. Und die Mutter, die Schwestern beobachteten alles, sahen mir in die Augen – und das Vertrauen schwand.

›Nun? Wie ist es?‹

›Nichts, nichts Besonderes.‹

Aber was heißt da nichts, man konnte den Verstand dabei verlieren!

So sitze ich eines Nachts, wieder allein, bei der Kranken. Das Stubenmädchen sitzt auch da und schnarcht aus Leibeskräften. Nun ja, dem unglückseligen Mädchen konnte man es nicht übelnehmen, sie rackerte sich auch ab. Alexandra Andrejewna hatte sich schon den ganzen Abend gar nicht wohl gefühlt, das Fieber quälte sie. Bis Mitternacht warf sie sich fortwährend hin und her; endlich schien sie eingeschlafen zu sein, wenigstens bewegte sie sich nicht mehr und lag still. Vor dem Heiligenbild in der Ecke brannte das Ewige Lämpchen. Ich sitze da, wissen Sie, lasse den Kopf hängen und nicke schließlich auch ein. Plötzlich ist mir, als hätte mich jemand in die Seite gestoßen, ich wende mich um – Herr mein Gott! Alexandra Andrejewna starrte mich mit großen Augen an, die Lippen standen offen, die Wangen glühten.

›Was ist Ihnen?‹

›Doktor, nicht wahr, ich muß sterben?‹

›Gott bewahre!‹

›Nein, Doktor, nein, bitte, sagen Sie mir nicht, daß ich am Leben bleiben werde … Sagen Sie es nicht … Wenn Sie wüßten … Hören Sie, verbergen Sie mir um Gottes willen meinen Zustand nicht!‹ Und dabei atmet sie ganz hastig. ›Wenn ich genau weiß, daß ich sterben muß, dann werde ich Ihnen alles sagen, alles!‹

›Alexandra Andrejewna, ich bitte Sie!‹

›Hören Sie, ich habe doch gar nicht geschlafen, ich habe Sie nur immerzu angesehen … Um Gottes willen, ich glaube Ihnen, Sie sind ein guter Mensch, ein ehrlicher Mensch, ich beschwöre Sie bei allem, was es Heiliges auf der Welt gibt, sagen Sie mir die Wahrheit! Wenn Sie wüßten, wie wichtig das für mich ist. Doktor, sagen Sie mir um Gottes willen: Bin ich in Gefahr?‹

›Was soll ich Ihnen sagen, Alexandra Andrejewna, ich bitte Sie!‹

›Ich flehe Sie an, um Gottes willen!‹

›Ich kann es Ihnen nicht verhehlen, Alexandra Andrejewna, Sie sind wirklich in Gefahr, aber Gott ist barmherzig.‹

›Ich werde also sterben, ich werde sterben.‹ Es war, als freue sie sich, ihr Gesicht heiterte sich auf. Ich erschrak. ›Nein, fürchten Sie nichts, fürchten Sie nichts, mich schreckt der Tod gar nicht.‹ Sie richtete sich plötzlich auf und stützte sich auf den Ellbogen. ›Jetzt … nun, jetzt kann ich Ihnen sagen, daß ich Ihnen von ganzem Herzen dankbar bin, daß Sie ein guter, lieber Mensch sind, daß ich Sie liebe.‹ Ich sah sie an wie ein Irrer, mir graute, wissen Sie. ›Hören Sie denn nicht, ich liebe Sie!‹

›Alexandra Andrejewna, womit habe ich das verdient?‹

›Nein, nein, Sie verstehen mich nicht … du verstehst mich nicht.‹

Und plötzlich streckte sie die Arme aus, schlang sie um meinen Kopf und küßte mich … Ob Sie es glauben, ich hätte beinahe aufgeschrien. Ich warf mich auf die Knie und barg meinen Kopf in ihr Kissen. Sie schwieg; ihre Finger zitterten auf meinem Haar; ich hörte, daß sie weinte. Ich tröstete sie, redete ihr zu, ich weiß wirklich nicht mehr, was ich ihr alles gesagt habe.

›Sie werden das Mädchen aufwecken, Alexandra Andrejewna‹, sagte ich. ›Ich danke Ihnen … Glauben Sie mir … Beruhigen Sie sich …‹

›Ach, laß doch, laß doch‹, antwortete sie, ›Gott mit ihnen, mögen sie aufwachen, mögen sie kommen, das ist mir gleich, ich werde ja doch sterben. Warum bist du denn so verzagt, wovor fürchtest du dich? Heb den Kopf – oder lieben Sie mich vielleicht gar nicht, habe ich mich vielleicht getäuscht? In diesem Fall, bitte verzeihen Sie mir.‹

›Alexandra Andrejewna, was sagen Sie da! Ich liebe Sie, Alexandra Andrejewna!‹

Sie sah mir fest in die Augen und breitete die Arme aus.

›So umarme mich!‹

Ich sage Ihnen offen: Ich verstehe nicht, daß ich in jener Nacht nicht den Verstand verloren habe. Ich fühle, daß sich meine Kranke selber zugrunde richtet; ich sehe, daß sie nicht ganz bei Sinnen ist; ich begreife auch, daß sie, wenn sie sich nicht dem Tode geweiht wüßte, gar nicht an mich denken würde. Denn nicht wahr, es ist doch schrecklich, mit fünfundzwanzig Jahren sterben zu müssen, ohne je einen Menschen geliebt zu haben. Denn das war es doch, was sie quälte, und nur deswegen, aus Verzweiflung, klammerte sie sich an mich. Verstehen Sie jetzt? Nun, sie ließ mich nicht aus ihren Armen.

›Schonen Sie mich, Alexandra Andrejewna, und schonen Sie auch sich selbst‹, sagte ich.

›Wozu‹, sagte sie, ›weshalb schonen? Ich muß ja doch sterben.‹ Das wiederholte sie unablässig. ›Ja, wenn ich wüßte, daß ich am Leben bleiben und wieder ein ehrsames Fräulein sein würde, dann würde ich mich schämen, wirklich schämen, aber so?‹

›Und wer hat Ihnen gesagt, daß Sie sterben werden?‹

›Ach, nicht, hör auf, du täuschst mich nicht, du verstehst nicht zu lügen, sieh dich nur selber an!‹

›Sie werden leben, Alexandra Andrejewna, ich werde Sie wieder gesund machen. Dann wollen wir Ihre Mutter um ihren Segen bitten, wir werden uns für immer verbinden und glücklich sein.‹

›Nein, nein, ich habe Ihr Wort, daß ich sterben muß. Du hast es mir versprochen, du hast es mir gesagt.‹

Mir war schwer ums Herz, aus mehr als einem Grunde. Urteilen Sie selbst: Es sind zuweilen so belanglose Dinge, die man erlebt, es hat anscheinend gar nichts zu bedeuten, aber es tut doch weh. Es fiel ihr plötzlich ein, mich nach meinem Namen zu fragen, nicht nach dem Familiennamen, sondern nach dem Vornamen. Nun will es doch das Unglück, daß ich Trifon heiße. Jawohl, ja, Trifon, Trifon Iwanytsch. Im Hause nannten mich alle nur Doktor. Da half nun nichts, ich sagte also: ›Trifon, gnädiges Fräulein.‹ Sie blinzelte, schüttelte den Kopf und flüsterte etwas auf französisch, ach, es war wohl nichts Gutes, und dann lachte sie, das war auch nicht schön. So verbrachte ich fast die ganze Nacht bei ihr. Frühmorgens verließ ich sie, ganz benommen, und kam erst am Tag, nach dem Tee, wieder zu ihr ins Zimmer. Mein Gott, mein Gott! Sie war nicht wiederzuerkennen: vom Tode gezeichnet. Ich schwöre Ihnen bei meiner Ehre, ich verstehe jetzt nicht mehr, ich verstehe absolut nicht, wie ich diese Folter ausgehalten habe. Drei Tage und drei Nächte hielt sich meine Kranke noch am Leben – und was waren das für Nächte! Was hat sie mir nicht alles gesagt! … Und in der letzten Nacht, stellen Sie sich vor, sitze ich neben ihr und bitte Gott nur um eines: Nimm sie recht bald zu dir und mich gleich mit dazu! Da tritt plötzlich die alte Mutter ins Zimmer. Ich hatte ihr, der Mutter, schon am Abend gesagt, daß wenig Hoffnung sei und daß es wohl gut wäre, den Geistlichen zu holen. Sowie die Kranke ihre Mutter erblickte, sagte sie:

›Ja, es ist gut, daß du kommst. Da, sieh uns an, wir lieben uns, wir haben einander das Wort gegeben.‹

›Was sagt sie, Doktor, was hat sie?‹

Ich erstarrte.

›Sie phantasiert‹, sagte ich, ›es ist das Fieber.‹

Darauf sie:

›Hör auf, hör auf, du hast mir soeben etwas ganz anderes gesagt, und den Ring hast du von mir genommen ... Warum verstellst du dich? Meine Mutter ist gut, sie wird uns verzeihen, sie wird verstehen, und ich, ich sterbe doch – ich brauche nicht zu lügen. Gib mir die Hand ...‹

Ich sprang auf und stürzte hinaus. Die Alte erriet natürlich alles.

Ich will Sie jedoch nicht länger ermüden, es ist auch für mich selbst schwer genug, offen gestanden, mich an all das zu erinnern. Meine Kranke verschied am folgenden Tag. Das Himmelreich sei ihr beschieden!« setzte der Arzt hastig und mit einem Seufzer hinzu. »Vor ihrem Tode bat sie ihre Angehörigen, hinauszugehen und mich mit ihr allein zu lassen. ›Vergeben Sie mir‹, sagte sie, ›ich bin vielleicht schuldig vor Ihnen ... Die Krankheit ... Aber, glauben Sie mir, ich habe nie jemanden mehr geliebt als Sie ... Vergessen Sie mich nicht ... und bewahren Sie meinen Ring ...‹«

Der Arzt wandte sich ab; ich nahm ihn bei der Hand.

»Ach ja«, sagte er, »sprechen wir von etwas anderem, oder hätten Sie Lust, eine Partie Preference mit kleinem Einsatz zu spielen? Unsereiner, wissen Sie, soll sich nicht so erhabenen Gefühlen hingeben. Unsereins hat nur daran zu denken, daß die Kinder nicht schreien und die Frau nicht schimpft. Seit jener Zeit bin ich nämlich, wie man so sagt, eine gesetzliche Ehe eingegangen ... Nun ja, ich habe eine Kaufmannstochter geheiratet: siebentausend Mitgift. Sie heißt Akulina, das paßt zu Trifon. Ich muß Ihnen sagen, ein böses Weib, aber zum Glück schläft sie den ganzen Tag … Also, wie wär's mit einer Partie Preference?«

Wir setzten uns zum Spiel, die Partie um eine Kopeke. Trifon Iwanytsch gewann mir zwei und einen halben Rubel ab und ging spät fort, sehr zufrieden mit seinem Sieg.

DAS STELLDICHEIN

Im Herbst, um die Mitte des September, saß ich einmal in einem Birkenwäldchen. Seit dem frühen Morgen fiel ein feiner Regen, der zeitweilig mit warmem Sonnenschein abwechselte; das Wetter war unbeständig. Bald überzog sich der Himmel mit lockerem weißem Gewölk, bald klärte er sich plötzlich stellenweise für einen Augenblick auf, und dann zeigte sich zwischen den auseinandergeschobenen Wolken das klare, heitere Blau wie ein herrliches Auge. Ich saß da, blickte um mich und lauschte. Die Blätter rauschten leise über meinem Kopf; schon an ihrem Rauschen konnte man erkennen, welche Jahreszeit war. Es war nicht das fröhliche, lachende Beben des Frühlings, nicht das sanfte Geflüster, das lange Gemurmel des Sommers, nicht das spröde und kalte Stammeln des Spätherbstes, sondern ein kaum hörbares, schläfriges Geplauder. Ein schwacher Wind strich fast unmerklich durch die Wipfel. Das Innere des regenfeuchten Wäldchens veränderte sich fortwährend, je nachdem, ob die Sonne schien oder eine Wolke sie verhüllte; zuweilen leuchtete es auf, als beginne alles in ihm zu lächeln. Die dünnen Stämme der nicht allzu dicht stehenden Birken nahmen unversehens den zarten Glanz von weißer Seide an, die auf dem Erdboden liegenden zierlichen Blätter färbten sich mit einemmal bunt und funkelten wie Dukatengold, die schönen Wedel der hohen, gekräuselten Farne, die sich schon mit ihrer Herbstfarbe geschmückt hatten, die der Farbe überreifer Weintrauben gleicht, waren von Licht durchflimmert und kreuzten und verwirrten sich vor dem Blick; dann bekam plötzlich alles ringsum einen bläulichen Ton: Die hellen Farben erloschen jäh, die Birken standen ganz weiß und ohne Glanz da, weiß wie frischgefallener Schnee, den der kalt spielende Strahl der Wintersonne noch nicht berührt hat; und heimlich, verstohlen begann der feine Regen durch den Wald zu rieseln und zu flüstern. Das Laub an den Birken war noch fast grün, obwohl schon merklich verblichen; nur hier und da stand ein einzelnes junges Bäumchen ganz rot oder ganz golden dazwischen, und man muß einfach gesehen haben, wie es in der Sonne grell aufflammte, wenn ihre Strahlen plötzlich, gleitend und alles färbend, durch das dichte Netz der dünnen Zweige drangen, die der blinkende Regen soeben gewaschen hatte. Nicht ein einziger Vogel war zu hören: Alle hatten sich verkrochen und waren verstummt; nur bisweilen erklang wie ein stählernes Glöckchen die spöttische Stimme einer Meise. Bevor ich in diesem Birkenwäldchen haltmachte, war ich mit meinem Hund durch einen hohen Espenhain gewandert. Ich muß gestehen, ich liebe diesen Baum – die Espe – nicht übermäßig, diesen Baum mit seinem blaßlila Stamm und seinem graugrünen metallisch glänzenden Laub, das er so weit wie möglich emporreckt und wie einen zitternden Fächer in der Luft entfaltet; ich liebe das ewige Geschaukel seiner runden, unregelmäßigen Blätter nicht, die so plump an den langen Stielen sitzen. Schön sieht die Espe nur an manchen Sommerabenden aus, wenn sie, einzeln aus niedrigem Gebüsch aufragend, von den brandroten Strahlen der untergehenden Sonne getroffen wird und, von der Wurzel bis zum Gipfel gleichmäßig mit rötlichgelbem Licht übergossen, leuchtet und zittert oder wenn sie sich an einem klaren, windigen Tag vor dem blauen Himmel rauschend in die Windströmung schmiegt und jedes ihrer Blätter, von diesem Drang ergriffen, sich losreißen, davonflattern und in die Ferne treiben zu wollen scheint. Aber im allgemeinen liebe ich diesen Baum nicht, und darum hatte ich auch nicht in dem Espenhain haltgemacht, um zu rasten, sondern war bis zu dem Birkenwäldchen weitergegangen, hatte mich unter einem Baum niedergelassen, dessen Äste dicht über dem Erdboden ansetzten und mich folglich vor dem Regen schützen konnten, und war, nachdem ich den Anblick der mich umgebenden Landschaft genossen hatte, in jenen sorglosen und sanften Schlaf gesunken, den nur die Jäger kennen.

Ich kann nicht sagen, wie lange ich geschlafen habe, aber als ich die Augen aufschlug, war das Innere des Waldes ganz von Sonne erfüllt, und überall schimmerte und funkelte durch das freudig rauschende Laub der leuchtendblaue Himmel; die Wolken waren verschwunden, vom auffrischenden Wind vertrieben; das Wetter hatte sich aufgeklärt, und in der Luft spürte man jene besondere trockene Frische, die das Herz mit Munterkeit erfüllt und fast immer einen friedlichen und klaren Abend nach einem regnerischen Tag ankündigt. Ich wollte schon aufstehen und von neuem mein Jagdglück versuchen, als meine Augen plötzlich an einer regungslosen menschlichen Gestalt hängenblieben. Ich sah genauer hin: Es war ein junges Bauernmädchen. Sie saß zwanzig Schritt von mir entfernt, hatte den Kopf sinnend gebeugt und beide Hände in den Schoß sinken lassen; in der einen, halb geöffneten Hand lag ein dicker Strauß Feldblumen, der bei jedem ihrer Atemzüge immer mehr auf den gewürfelten Rock hinabglitt. Das saubere weiße Hemd, das am Hals und an den Handgelenken zugeknöpft war, schmiegte sich in kurzen, weichen Falten um ihren Körper; große gelbe Glasperlen hingen in zwei Schnüren von ihrem Hals auf die Brust hinab. Sie war sehr hübsch. Ihr dichtes, helles Haar, das von wunderschöner aschblonder Farbe war, trat in zwei sorgfältig gekämmten Halbkreisen unter einem schmalen hellroten Band hervor, das fast bis in die Stirn gezogen war, die weiß war wie Elfenbein; der übrige Teil ihres Gesichtes wies jene ganz leichte goldene Sonnenbräune auf, die nur eine zarte Haut annimmt. Ihre Augen konnte ich nicht sehen – sie hob die Lider nicht, aber deutlich sah ich ihre schmalen, hohen Brauen, ihre langen Wimpern: Sie waren feucht, und auf einer ihrer Wangen glänzte in der Sonne die ausgetrocknete Spur einer Träne, die erst an den leicht erblaßten Lippen haltgemacht hatte. Ihr ganzes Köpfchen sah lieblich aus; selbst die etwas zu dicke und runde Nase verdarb den Eindruck nicht. Besonders gefiel mir der Ausdruck ihres Gesichtes: Er war so offen und sanft, so traurig und so voll kindlicher Ratlosigkeit der eigenen Traurigkeit gegenüber. Offenbar wartete sie auf jemanden. Im Wald knackte etwas leise. Sofort hob sie den Kopf und sah sich um; in dem durchsichtigen Schatten erglänzten ihre Augen vor mir, große, helle, scheue Augen wie die einer Hindin. Ein paar Augenblicke lauschte sie, ohne die weit geöffneten Augen von der Richtung abzuwenden, aus der das schwache Geräusch gekommen war; dann seufzte sie, drehte still den Kopf, beugte sich noch tiefer hinab als zuvor und begann langsam die Blumen zu ordnen. Ihre Augenlider röteten sich, die Lippen zuckten schmerzlich, und eine neue Träne rollte unter den dichten Wimpern hervor und blieb, hell blinkend, an der Wange hängen. So verging eine ganze Weile; das arme Mädchen rührte sich nicht, nur hin und wieder rang sie sehnsüchtig die Hände und lauschte, lauschte nur immer ... Wieder raschelte etwas im Wald – sie schreckte hoch. Das Geräusch erstarb nicht, es wurde deutlicher, näherte sich, und schließlich hörte man feste, eilige Schritte. Sie richtete sich auf und schien befangen zu werden; ihr aufmerksamer Blick zitterte und erglühte vor Erwartung. Zwischen dem Gesträuch sah man rasch die Gestalt eines Mannes auftauchen. Das Mädchen blickte unverwandt zu ihm hin, errötete jäh, lächelte froh und glücklich, wollte aufstehen und sank doch gleich wieder in sich zusammen, erblaßte, wurde verwirrt und hob den bebenden, beinahe flehenden

Blick erst dann zu dem herankommenden Mann empor, als dieser neben ihr stehenblieb.

Neugierig betrachtete ich ihn aus meinem Hinterhalt. Ich muß gestehen, er machte auf mich keinen guten Eindruck. Es war allen Anzeichen nach der verwöhnte Kammerdiener eines jungen, reichen Gutsherrn. Seine Kleidung verriet die Absicht, Geschmack und eine stutzerhafte Nachlässigkeit zu zeigen: Er trug einen kurzen, bis oben zugeknöpften bronzefarbenen Paletot, der sicherlich einst im Schrank des Gutsherrn gehangen hatte, eine rosa Halsbinde mit lila Enden und eine Schirmmütze aus schwarzem Samt mit goldenen Litzen, die tief in die Stirn gezogen war. Der runde Kragen seines weißen Hemdes rieb ihm unbarmherzig die Ohren und schnitt ihm in die Backen, und die gestärkten Manschetten bedeckten die ganze Hand bis zu den roten, krummen Fingern, an denen silberne und goldene Ringe mit Vergißmeinnichtblüten aus Türkisen prangten. Sein rotbäckiges, frisches und freches Gesicht gehörte zu den Gesichtern, die, soviel ich habe beobachten können, bei Männern fast immer Widerwillen hervorrufen und den Frauen leider sehr oft gefallen. Er bemühte sich offensichtlich, seinen groben Zügen einen verächtlichen und gelangweilten Ausdruck zu geben; fortwährend kniff er seine ohnehin winzigen, milchiggrauen Augen zusammen, runzelte die Stirn, zog die Mundwinkel herab und gähnte gezwungen; mit achtloser, jedoch nicht ganz gekonnter Lässigkeit glättete er seine rotblonden, eitel geringelten Schläfenhaare oder zupfte an den gelben Härchen, die auf seiner dikken Oberlippe sprossen – kurz, er benahm sich unerträglich albern und affektiert, und zwar erst, seitdem er das junge Bauernmädchen erblickt hatte, das ihn erwartete. Langsam, mit wiegendem Schritt näherte er sich ihr, blieb ein Weilchen vor ihr stehen, zuckte die Achseln, steckte beide Hände in die Taschen seines Paletots und ließ sich, das arme Mädchen kaum eines flüchtigen und gleichgültigen Blickes würdigend, auf die Erde nieder.

»Na«, begann er, während er noch immer zur Seite blickte, mit dem Fuß wippte und gähnte, »bist du schon lange hier?«

Das Mädchen vermochte ihm nicht gleich zu antworten.

»Ja, schon lange, Wiktor Alexandrytsch«, sagte sie schließlich mit kaum hörbarer Stimme.

»Aha!« Er nahm die Mütze ab, fuhr sich mit großspuriger Gebärde über das dichte, stark gewellte Haar, das fast unmittelbar über den Brauen ansetzte, blickte würdevoll um sich und bedeckte dann wieder behutsam sein kostbares Haupt. »Und ich hätte es beinahe ganz vergessen. Dazu noch der Regen!« Er gähnte wieder. »Ich habe noch eine Unmenge zu tun; auf alles kann man einfach nicht achten, und der schimpft auch noch. Morgen fahren wir ...«

»Morgen?« brachte das Mädchen hervor und richtete den erschrockenen Blick auf ihn.

»Ja, morgen ... Na, na, na, ich bitte dich«, unterbrach er sich schnell und ärgerlich, als er sah, daß sie am ganzen Körper zitterte und langsam den Kopf senkte, »bitte, Akulina, weine nicht. Du weißt, ich kann das nicht leiden.« Dabei rümpfte er seine stumpfe Nase. »Sonst gehe ich gleich fort ... Was sind das für Dummheiten – zu heulen!«

»Ich weine nicht, ich weine nicht«, sagte Akulina schnell und schluckte mühsam ihre Tränen hinunter. »Also morgen fahren Sie?« fügte sie nach einem kurzen Schweigen hinzu. »Wann wird Gott es fügen, daß wir uns wiedersehen, Wiktor Alexandrytsch?«

»Wir werden uns schon wiedersehen. Wenn nicht nächstes Jahr, dann eben später. Der Herr will, glaube ich, in Petersburg in den Staatsdienst treten«, fuhr er fort, indem er die einzelnen

Wörter nachlässig und ein wenig durch die Nase aussprach, »aber vielleicht reisen wir auch ins Ausland.«

»Sie werden mich vergessen, Wiktor Alexandrytsch«, sagte Akulina traurig.

»Nein, weshalb denn? Ich werde dich nicht vergessen: Sei du nur vernünftig, mach keine Dummheiten, gehorche deinem Vater ... Ich werde dich nicht vergessen, nein, nein.« Und er reckte sich seelenruhig und gähnte wieder.

»Vergessen Sie mich nicht, Wiktor Alexandrytsch«, fuhr sie flehend fort, »ich habe Sie doch so geliebt, ich habe doch alles für Sie ... Sie sagen, ich soll meinem Vater gehorchen, Wiktor Alexandrytsch ... Aber wie soll ich denn dem Vater gehorchen ...«

»Was denn sonst?«

Diese Worte klangen, als kämen sie aus seinem Magen; er lag auf dem Rücken und hatte die Hände unter den Kopf gelegt.

»Wie soll ich denn ... Wiktor Alexandrytsch, Sie wissen selbst ...«

Sie verstummte. Wiktor spielte mit seiner stählernen Uhrkette.

»Du bist doch ein gescheites Mädchen, Akulina«, fing er endlich wieder an, »darum rede keinen Unsinn. Ich will dein Bestes, verstehst du mich? Natürlich, du bist doch nicht dumm, nicht durch und durch Bäuerin, sozusagen; und deine Mutter war ja auch nicht immer Bäuerin. Aber du hast doch immerhin keine Bildung – also mußt du gehorchen, wenn man dir etwas sagt.«

»Ich habe solche Angst, Wiktor Alexandrytsch.«

»I, so ein Unsinn, mein liebes Kind: Wovor denn Angst? Was hast du da?« fügte er hinzu und rückte näher an sie heran. »Blumen?«

»Ja, Blumen«, antwortete Akulina niedergeschlagen. »Ich habe da Rainfarn gepflückt«, fuhr sie etwas lebhafter fort, »der ist gut für die Kälber. Und das hier ist Zweizahn – der ist gegen Skrofeln. Und sehen Sie mal, was das für ein wunderhübsches Blümchen ist; so ein hübsches Blümchen habe ich in meinem ganzen Leben noch nicht gesehen. Das hier sind Vergißmeinnicht, und das sind Veilchen ... Und das hier habe ich für Sie gepflückt«, fügte sie hinzu und holte unter dem gelben Rainfarn ein kleines Sträußchen blauer Kornblumen hervor, die mit einem dünnen Grashalm zusammengebunden waren. »Wollen Sie es?«

Wiktor streckte träge die Hand aus, nahm es, roch lässig an den Blumen und begann sie zwischen den Fingern hin und her zu drehen, wobei er mit gedankenvoller Großspurigkeit zum Himmel schaute. Akulina sah ihn an ... In ihrem traurigen Blick lag soviel zärtliche Hingabe, soviel andächtige Ergebenheit und Liebe. Aber sie fürchtete ihn auch und wagte nicht zu weinen, und sie nahm doch Abschied von ihm und freute sich zum letztenmal an seinem Anblick; er aber lag da, rekelte sich wie ein Sultan und ertrug mit großmütiger Geduld und Herablassung ihre Anbetung. Ich gestehe es, mit tiefem Unwillen betrachtete ich sein rotes Gesicht, auf dem durch die aufgesetzt-verächtliche Gleichgültigkeit eine befriedigte, übersättigte Eigenliebe hindurchblickte. Akulina war wunderschön in diesem Augenblick: Ihr ganzes Herz öffnete sich ihm vertrauensvoll und leidenschaftlich, strebte zu ihm, liebkoste ihn, und er ... Er ließ die Kornblumen ins Gras fallen, holte aus der Seitentasche seines Paletots ein kleines rundes Glas hervor, das in Bronze gefaßt war, und versuchte, es sich ins Auge zu klemmen, aber wie sehr er sich auch mühte, es mit der zusammengekrampften Braue, der emporgezogenen Wange und sogar mit der Nase festzuhalten – das Glas rutschte immer wieder heraus und fiel ihm in die Hand.

»Was ist das?« fragte endlich die erstaunte Akulina.

»Ein Lorgnon«, antwortete er wichtigtuerisch.

»Wozu ist das?«

»Um besser zu sehen.«

»Zeigen Sie mal.«

Wiktor runzelte die Stirn, gab ihr aber das Einglas.

»Zerbrich es nicht, gib acht.«

»Haben Sie keine Angst, ich zerbreche es nicht.« Sie hob es zaghaft ans Auge. »Ich sehe nichts«, sagte sie unschuldig.

»Du mußt doch das Auge zukneifen«, erwiderte er im Ton eines unzufriedenen Schulmeisters. Sie kniff das Auge zu, vor das sie das Glas hielt. »Doch nicht das Auge, nicht das, du Dumme! Das andere!« rief Wiktor, und ohne ihr Zeit zu lassen, ihren Fehler zu berichtigen, nahm er ihr das Monokel weg.

Akulina errötete, lachte ein wenig und wandte sich ab.

»Das ist wohl nichts für uns«, sagte sie.

»Das fehlte auch noch!«

Das arme Kind schwieg eine Weile und seufzte dann wieder.

»Ach, Wiktor Alexandrytsch, wie werde ich es ohne Sie aushalten!« sagte sie plötzlich.

Wiktor putzte das Monokel mit dem Schoß seines Paletots und steckte es wieder in die Tasche.

»Na ja«, meinte er endlich, »anfangs wird es schwer für dich sein, sicher.«

Er tätschelte herablassend ihre Schulter; sie nahm behutsam seine Hand von ihr weg und küßte sie zaghaft.

»Nun ja doch, du bist wirklich ein gutes Mädchen«, fuhr er fort und lächelte selbstgefällig, »aber was soll man machen? Sag doch selbst! Ich und der Herr, wir können doch nicht hierbleiben; jetzt wird es bald Winter, und im Winter ist es auf dem Lande einfach gräßlich, das weißt du selbst. In Petersburg dagegen! Dort gibt es solche Wunderdinge, wie du Dumme sie dir nicht einmal im Traum vorstellen kannst. Häuser gibt es da und Straßen, und dann die Gesellschaft, die Bildung – einfach zum Staunen!«

Akulina hörte ihm mit gieriger Aufmerksamkeit zu und öffnete dabei leicht die Lippen, wie ein Kind.

»Übrigens«, fügte er hinzu und wälzte sich auf die andere Seite, »wozu erzähle ich dir das alles? Du kannst es ja doch nicht verstehen.«

»Warum denn nicht, Wiktor Alexandrytsch? Ich habe es verstanden, ich habe alles verstanden.«

»Sieh mal an, was du für eine bist!«

Akulina schlug die Augen nieder.

»Früher haben Sie nicht so mit mir gesprochen, Wiktor Alexandrytsch«, sagte sie, ohne aufzublicken.

»Früher? … Früher! Sieh mal an! … Früher!« bemerkte er, gleichsam entrüstet.

Sie schwiegen beide.

»Aber es ist Zeit für mich zu gehen«, sagte Wiktor und wollte sich schon auf den Ellbogen stützen.

»Warten Sie noch ein bißchen«, bat Akulina in flehendem Ton.

»Weshalb warten? … Ich habe mich ja schon von dir verabschiedet.«

»Warten Sie noch«, wiederholte Akulina.

Wiktor legte sich wieder hin und begann zu pfeifen. Akulina ließ kein Auge von ihm. Ich konnte bemerken, daß sie immer mehr in Erregung geriet: Um ihre Lippen zuckte es, ihre blassen Wangen röteten sich leicht …

»Wiktor Alexandrytsch«, fing sie endlich mit stockender Stimme an, »es ist eine Sünde von Ihnen … es ist eine Sünde, Wiktor Alexandrytsch, weiß Gott!«

»Was ist denn eine Sünde?« fragte er mit gerunzelten Brauen, hob ein wenig den Kopf und drehte ihn zu ihr.

»Es ist eine Sünde, Wiktor Alexandrytsch. Wenn Sie mir wenigstens ein gutes Wort zum Abschied gesagt hätten; wenn Sie mir wenigstens ein Wörtchen gesagt hätten, mir armen Verlassenen ...«

»Was soll ich dir denn sagen?«

»Ich weiß es nicht; das müssen Sie besser wissen, Wiktor Alexandrytsch. Da fahren Sie nun fort, und nicht einmal ein Wort ... Womit habe ich das verdient?«

»Wie komisch du bist! Was soll ich denn?«

»Wenigstens ein Wort ...«

»Du leierst immer ein und dasselbe her«, sagte er ärgerlich und stand auf.

»Seien Sie nicht böse, Wiktor Alexandrytsch«, fügte sie hastig hinzu und konnte die Tränen kaum noch zurückhalten.

»Ich bin nicht böse, aber du bist dumm ... Was willst du denn? Ich kann dich doch nicht heiraten? Das kann ich doch nicht. Also, was willst du dann noch? Was denn?«

Die Finger spreizend, wandte er ihr sein Gesicht zu und schob den Kopf vor, als erwarte er eine Antwort.

»Nichts ... nichts will ich«, antwortete sie stockend und wagte kaum, ihre zitternden Hände nach ihm auszustrecken, »nur ein Wort wenigstens zum Abschied ...«

Und nun flossen ihre Tränen in Strömen.

»Na, das dachte ich mir, jetzt geht das Heulen los«, sagte Wiktor kalt und schob sich die Mütze auf die Augen.

»Ich will ja gar nichts«, fuhr sie schluchzend fort und bedeckte das Gesicht mit beiden Händen, »aber wie habe ich es denn jetzt zu Hause, wie habe ich es denn? Und was soll denn mit mir werden, was wird mit mir armem Wesen geschehen? Einem Mann, den ich nicht liebe, wird man mich Verlassene geben ... Ich armes Geschöpf!«

»Heul nur, immer heule«, murmelte Wiktor und trat von einem Fuß auf den andern.

»Wenn er wenigstens ein Wort, wenigstens eins ... Akulina, hätte er sagen können, ich ...«

Ein plötzliches, herzzerreißendes Schluchzen ließ sie nicht zu Ende sprechen – sie warf sich mit dem Gesicht ins Gras und weinte, weinte bitterlich ... Ihr ganzer Körper bebte krampfhaft, ihr Nacken hob und senkte sich schnell ... Der lange zurückgehaltene Schmerz strömte endlich über. Wiktor stand eine Zeitlang vor ihr, zuckte die Achseln, drehte sich um und ging mit großen Schritten davon.

Es vergingen einige Augenblicke ... Sie wurde stiller, hob den Kopf, sprang auf, sah sich um und schlug die Hände zusammen, sie wollte ihm nachlaufen, aber ihre Füße gehorchten ihr nicht – sie fiel auf die Knie ... Ich konnte mich nicht mehr halten und eilte auf sie zu, doch kaum hatte sie mich erblickt, kehrten ihr, wer weiß woher, die Kräfte zurück; sie erhob sich mit einem schwachen Aufschrei und verschwand hinter den Bäumen; die verstreuten Blumen ließ sie auf der Erde liegen.

Ich blieb eine Weile stehen, hob dann das Kornblumensträußchen auf und ging aus dem Wald hinaus aufs freie Feld. Die Sonne stand niedrig am blassen, klaren Himmel, und ihre Strahlen schienen ebenfalls blaß und kalt geworden zu sein: Sie leuchteten nicht, sie verbreiteten ein gleichmäßiges, fast wässeriges Licht. Bis zum Anbruch des Abends blieb nicht länger als eine halbe Stunde, das Abendrot erglomm bereits. Ein böiger Wind jagte mir über das gelbe, ausgedörrte Stoppelfeld entgegen; kleine, zusammengekrümmte Blätter wirbelten eilig vor ihm auf und trieben an mir vorbei, über die Straße, am Waldrand entlang; die Seite des Waldes, die wie eine Wand dem Feld zugekehrt war, zitterte und glitzerte in feinem Geflimmer – deutlich, aber nicht grell; im rötlichen Gras, an den Halmen, an den Stoppeln funkelten und bebten zahllose herbstliche Spinngewebe. Ich blieb stehen ... Mir wurde traurig ums Herz: Hinter dem wehmütigen, wenn auch noch frischen Lächeln der welkenden Natur schien sich die trostlose Furcht vor dem nicht mehr fernen Winter zu verbergen. Hoch über mir flog, mit schwerem, scharfem Flügelschlag die Luft durchschneidend, ein wachsamer Rabe dahin; er wandte den Kopf, sah mich von der Seite an, schwang sich empor und verschwand mit abgerissenem Krächzen hinter dem Wald; ein großer Schwarm Tauben kam in schnellem Flug von der Tenne, drehte sich zu einem Wirbel und zerstreute sich dann emsig über das Feld – ein Zeichen des Herbstes! Hinter einem kahlen Hügel fuhr jemand vorbei, der leere Wagen ratterte laut ...

Ich war nach Hause zurückgekehrt, aber das Bild der armen Akulina ging mir lange nicht aus dem Sinn, und ihre Kornblumen, die schon längst verwelkt sind, bewahre ich noch heute ...

DREI BEGEGNUNGEN

Passa que'colli e vieni allegramente;
Non ti curar di tanta compagnia –
Vieni, pensando a me segretamente –
Ch'io t'accompagna per tutta la via.

I

Nirgendwohin pflegte ich im Laufe eines Jahres so häufig zur Jagd zu fahren wie nach Glinnoje, einem Dorf, zwanzig Werst von meinem Landgut entfernt. Jene Gegend hatte den wohl besten Wildbestand in unserem gesamten Kreis aufzuweisen. Wenn ich alle umliegenden Gebüsche und Felder durchstreift hatte, suchte ich gegen Abend unweigerlich das benachbarte Moor auf, fast das einzige in der Gegend, und kehrte von dort aus zu meinem gastfreundlichen Wirt, dem Starosten von Glinnoje, zurück, bei dem ich jedesmal abstieg. Von dem Moor bis nach Glinnoje waren es nicht mehr als zwei Werst. Der Weg führte die ganze Zeit durch flaches Gelände; nur auf halber Strecke mußte man einen niedrigen Hügel überqueren. Oben auf diesem Hügel lag ein Anwesen, das aus einem unbewohnten kleinen Herrenhaus und einem Garten bestand. Fast immer traf es sich, daß ich dort gerade dann vorüberkam, wenn das Abendrot in voller Pracht erglühte, und ich weiß noch, daß dieses Haus mit seinen dicht zugenagelten Fenstern auf mich stets den Eindruck eines blinden Greises machte, der herausgetreten ist, um sich in der Sonne zu wärmen. Nahe dem Weg sitzt er, der Ärmste. Längst hat für ihn ewige Finsternis den Glanz der Sonne abgelöst, aber er spürt ihn wenigstens auf dem emporgereckten Gesicht, auf den warm gewordenen Wangen. In dem Haus selbst schien schon lange niemand mehr zu wohnen. Doch in dem winzigen Nebengebäude auf dem Hof lebte ein alter, gebrechlicher Freigelassener, ein großer, krummer und weißhaariger Mann mit scharf ausgeprägten, aber unbewegten Gesichtszügen. Er saß jedesmal auf einer Bank vor dem einzigen kleinen Fenster des Nebengebäudes und starrte kummervoll und gedankenverloren in die Ferne. Wenn er mich gewahrte, erhob er sich ein wenig von seinem Platz und verbeugte sich mit jener gravitätischen Langsamkeit, welche für das alte Gesinde bezeichnend war, das schon nicht mehr zur Generation unserer Väter, sondern zu der unserer Großväter gehörte. Ich versuchte mich mit ihm zu unterhalten, aber er war nicht sehr gesprächig. Ich erfuhr von ihm lediglich, daß das Anwesen, in dem er wohnte, Besitz der Enkelin seines ehemaligen Herrn war, einer Witwe, die noch eine jüngere Schwester hatte, daß die beiden in der Stadt und im Ausland lebten und sich nie zu Hause blicken ließen und daß er selbst sein Leben am liebsten so bald wie möglich beschließen würde, weil »man sein Brot kaut und kaut, daß einen die Langeweile überkommt – so lange kaut man schon«. Lukjanytsch hieß dieser Alte.

Eines Tages hatte ich mich länger als gewöhnlich auf den Feldern aufgehalten. Ich war auf eine Menge Wildes gestoßen, und auch der Tag hatte sich vortrefflich zur Jagd geeignet: Seit dem frühen Morgen war es still und trüb gewesen, gleichsam eine Vorahnung des Abends. Ich war weit umhergestreift, und so war es nicht nur völlig dunkel geworden, sondern auch der Mond war bereits aufgegangen, und die Nacht hatte sich, wie man so sagt, längst vom Himmel herabgesenkt, als ich das bewußte Anwesen erreichte. Mein Weg führte am Garten entlang. Ringsum herrschte vollkommene Stille.

Ich überquerte den breiten Weg, arbeitete mich vorsichtig durch die staubigen Brennesseln und stützte mich auf den niedrigen Flechtzaun. Regungslos lag der nicht allzu große Garten vor mir, ganz und gar erhellt und gleichsam mit Ruhe erfüllt durch die silbrigen Strahlen des Mondes und geschwängert mit Wohlgeruch und Feuchtigkeit. Er bestand aus einer langgestreckten Fläche, die in althergebrachter Weise aufgeteilt war: Gerade Pfade liefen in der Mitte zu einem dichten mit Astern bewachsenen Rondell zusammen; rundherum bildeten hohe Linden eine gleichmäßige Einfassung, die nur an einer Stelle auf einer Länge von zwei Sashen unterbrochen war. Durch diese Öffnung erblickte man einen Teil des niedrigen Hauses mit zwei zu meinem Erstaunen erleuchteten Fenstern. Hier und da ragten junge Apfelbäume empor, durch deren schüttere Zweige das Dunkelblau des Nachthimmels verhalten schimmerte und das schläfrige Licht des Mondes sickerte. Vor jedem dieser Apfelbäume lag sein schwacher scheckiger Schatten auf dem fahlen Rasen. Auf der einen Seite des Gartens leuchteten die Linden, von starrem blaßgrellem Licht übergossen, in mattem Grün; auf der anderen standen sie allesamt schwarz und undurchsichtig da. In ihrem dichten Blattwerk erhob sich von Zeit zu Zeit ein merkwürdiges leises Rascheln; es war, als lüden sie auf die sich unter ihnen verlierenden Pfade ein, als lockten sie unter ihren schützenden tiefen Schatten. Der ganze Himmel war mit Sternen geschmückt; geheimnisvoll rieselte ihr sanftes hellblaues Flimmern aus der Höhe herab. Mit stiller Aufmerksamkeit, so schien es, betrachteten sie die ferne Erde. Kleine, dünne Wolken schoben sich hin und wieder vor den Mond und verwandelten sein ruhiges Leuchten für eine kurze Weile in diffusen, aber hellen Nebel. Alles schlummerte. Die Luft, ganz von Wärme und Wohlgeruch erfüllt, zeigte nicht die leiseste Regung; nur ganz selten erzitterte sie wie Wasser, das durch einen hineinfallenden Zweig aufgerührt wird. So etwas wie Inbrunst war in ihr zu spüren, eine Art von Betäubung. Ich beugte mich über den Zaun. Vor mir reckte roter Klatschmohn seinen geraden Stengel aus dem von Unkraut überwucherten Gras; ein großer runder Tropfen nächtlichen Taus glänzte dunkel auf dem Grund der weit geöffneten Blüte. Alles ringsum träumte, alles pflegte der Ruhe; und doch starrte alles gleichsam in die Höhe, aufgerichtet, ohne sich zu rühren, wartend. Worauf wartete diese warme, diese nicht in Schlaf gesunkene Nacht?

Auf einen Laut wartete sie; auf eine lebendige Stimme wartete diese hellhörige Stille – doch alles verharrte in Schweigen. Die Nachtigallen waren längst verstummt. Das plötzliche Summen eines vorüberfliegenden Käfers aber, das leise Plätschern eines kleinen Fisches im Bassin hinter den Linden, am Ende des Gartens, der verschlafene Ruf eines aufgeschreckten Vogels, ein ferner Schrei auf den Feldern – so fern, daß das Ohr nicht zu unterscheiden vermochte, ob da ein Mensch schrie oder ein Tier –, das kurze, rasche Getrappel auf dem Weg – all diese schwachen Geräusche und Laute verstärkten die Stille nur noch. Ein unerklärliches Gefühl, halb Erwartung, halb Glückserinnerung, ließ mein Herz sich schmerzlich zusammenziehen. Ich wagte nicht, mich zu rühren; regungslos stand ich vor diesem regungslosen, mit Mondlicht und Tau übergossenen Garten und starrte, ich weiß selber nicht, warum, unentwegt auf jene beiden Fenster, die in dem sanften Halbschatten mattrot schimmerten. Da ertönte im Haus plötzlich ein Akkord, ertönte und rollte wie eine Welle dahin. Sein Echo hallte in der geräuschempfindlichen Luft dröhnend wider, daß ich unwillkürlich zusammenzuckte.

Nach diesem Akkord ließ sich eine Frauenstimme vernehmen. Ich lauschte begierig. Doch wer beschreibt mein Erstaunen? Es waren das gleiche Lied und die gleiche Stimme, die ich zwei Jahre zuvor in Italien, in Sorrent, gehört hatte. Jawohl!

»Vieni, pensando a me segretamente …«

Ja, das waren sie, ich erkannte sie, das waren jene Klänge. Folgendermaßen war das damals gewesen: Ich kehrte nach einem langen Spaziergang am Meeresufer heim. Rasch schritt ich die Straße entlang. Die Nacht war schon längst hereingebrochen – eine prachtvolle südliche Nacht, nicht still und schwermütig-versonnen wie bei uns, nein, ganz heiter, herrlich und schön, wie eine glückliche Frau in der Blüte ihrer Jahre. Der Mond schien unwahrscheinlich hell; die großen, glitzernden Sterne flimmerten nur so am dunkelblauen Himmel, und die schwarzen Schatten hoben sich scharf vom grellgelb beschienenen Boden ab. Zu beiden Seiten der Straße zogen sich die steinernen Einfriedungen von Gärten hin; Apfelsinenbäume reckten ihre krummen Zweige darüber hinaus. Die goldgelben Bälle der schweren Früchte waren, zwischen dem wirren Blattwerk versteckt, teils kaum zu sehen, teils leuchteten sie hell, sich prächtig dem Mond darbietend. An vielen Bäumen schimmerten zartweiße Blüten; die Luft war geschwängert mit ihrem beklemmend starken, durchdringenden, ja fast unangenehmen, wenn auch unbeschreiblich süßen Duft. An all diese Herrlichkeiten bereits gewöhnt, schritt ich dahin und dachte, wie ich gestehen muß, nur daran, möglichst schnell zu meinem Gasthof zu gelangen. Doch da erklang aus einem kleinen Pavillon unmittelbar über der Mauer, an der ich entlangeilte, plötzlich eine Frauenstimme. Sie sang ein mir unbekanntes Lied. Die Melodie hatte etwas derart Lockendes an sich, und die Stimme schien selber dermaßen von der leidenschaftlichen und freudigen Erwartung erfüllt zu sein, die in den

Worten des Liedes zum Ausdruck kam, daß ich unwillkürlich stehenblieb und den Kopf hob. Der Pavillon besaß zwei Fenster, doch bei beiden waren die Läden geschlossen. Nur spärlich drang mattes Licht durch ihre schmalen Schlitze. Nachdem die Stimme zweimal das »vieni« wiederholt hatte, erstarb sie. Leises Saitengeklirr war zu hören – wie bei einer Gitarre, die auf den Teppich gefallen ist; ein Kleid raschelte, und der Fußboden knarrte leicht. In dem einen der beiden Fenster verschwanden die schmalen Lichtstreifen. Jemand trat von innen heran und lehnte sich dagegen. Ich tat zwei Schritte zurück. Plötzlich klapperten die Läden und öffneten sich weit. Eine schlanke Frau, ganz in Weiß, streckte rasch ihren schönen Kopf zum Fenster heraus, hielt mir beide Hände hin und sagte: »Sei tu?« In meiner Verwirrung brachte ich kein Wort hervor. Doch im nächsten Augenblick fuhr die Unbekannte mit einem leichten Aufschrei zurück, die Läden schlossen sich geräuschvoll, und das Licht im Pavillon wurde noch matter, als würde es in einen anderen Raum getragen. Ich verharrte regungslos und konnte mich lange nicht fassen. Das Gesicht der Frau, die so unversehens vor mir aufgetaucht war, war auffallend schön gewesen. Ich hatte es zu kurze Zeit vor Augen gehabt, als daß ich mir jeden einzelnen Zug hätte einprägen können; doch der Gesamteindruck war unbeschreiblich stark und tief gewesen. In jenem Augenblick fühlte ich, daß ich dieses Gesicht nie vergessen würde. Der Mond schien voll auf die Wand des Pavillons mit dem Fenster, aus dem sie sich mir gezeigt hatte. Mein Gott, wie herrlich hatten in seinem Licht ihre großen dunklen Augen geglänzt! Wie schön – einer schweren Woge gleich – war ihr halb aufgelöstes schwarzes Haar auf die leicht angehobene rundliche Schulter gefallen! Wieviel verschämte Zärtlichkeit war in der sanften Neigung ihrer Gestalt gewesen, wieviel Innigkeit in ihrer Stimme, als sie mich ansprach, in jenen hastig geflüsterten, aber dennoch wohlklingenden Worten! Nachdem ich noch ziemlich lange auf ein und derselben Stelle gestanden hatte, zog ich mich schließlich einige Schritte zurück, in den Schatten der gegenüberliegenden Mauer, und starrte von dort aus in einer Art von törichter Unschlüssigkeit und Erwartung auf den Pavillon. Ich horchte, horchte mit gespannter Aufmerksamkeit. Mir schien es, als hörte ich hinter dem dunkel gewordenen Fenster jemanden leise atmen, als vernähme ich so etwas wie ein Rascheln und verhaltenes Lachen. Schließlich wurden in der Ferne Schritte laut, die immer näher kamen. Dann tauchte am Ende der Straße ein Mann auf, von fast der gleichen Statur wie ich, ging rasch auf eine Pforte unmittelbar neben dem Pavillon zu, die ich bisher nicht bemerkt hatte, klopfte, ohne sich umzusehen, zweimal mit dem daran befestigten eisernen Ring, wartete, klopfte nochmals und sang halblaut: »Ecco ridente ...« Die Pforte öffnete sich, und er schlüpfte geräuschlos hinein. Ich rührte mich, schüttelte den Kopf und spreizte die Arme; dann schob ich mir mißmutig den Hut tief in die Stirn und begab mich unzufrieden nach Hause. Am nächsten Tag schlenderte ich in der größten Hitze zwei Stunden lang völlig umsonst vor dem Pavillon hin und her und reiste noch am selben Abend aus Sorrent ab, ohne zumindest Tassos Haus besucht zu haben.

Die Leser können sich die Überraschung vorstellen, die sich meiner jäh bemächtigte, als ich jetzt mitten in der Steppe, in einer der entlegensten Gegenden Rußlands, dieselbe Stimme und dasselbe Lied vernahm. Ebenso wie damals war jetzt Nacht; ebenso wie damals erklang die Stimme urplötzlich aus einem mir unbekannten erleuchteten Raum; und ebenso wie damals war ich allein. Mein Herz klopfte heftig. Ist das auch kein Traum? dachte ich. Und wieder ertönte das letzte »vieni«. Jetzt wird sich doch nicht etwa das Fenster öffnen? Jetzt wird sich doch nicht etwa die Frau darin zeigen? – Das Fenster öffnete sich. Und im Fenster zeigte sich die Frau. Ich erkannte sie sofort, obwohl sie an die fünfzig Schritt von mir entfernt war und ein leichtes Wölkchen den Mond verschleierte. Sie war es, meine Sorrenter Unbekannte. Doch statt wie damals ihre entblößten Arme auszustrekken, verschränkte sie sie ruhig, stützte sich damit aufs Fensterbrett und starrte reglos und stumm in den Garten. Ja, sie war es, das waren ihre unvergeßlichen Züge, ihre Augen, wie ich sie ähnlich nie wieder gesehen habe. Auch jetzt umhüllte ein weites weißes Kleid ihre Glieder. Sie wirkte etwas voller als in Sorrent. Alles an ihr strahlte die Sicherheit und die Ruhe der Liebe aus, das Triumphgefühl der Schönheit, verklärt durch das Glück. Sie rührte sich lange nicht; dann blickte sie zurück ins Zimmer, richtete sich plötzlich auf und rief mit lauter, heller Stimme dreimal: »Addio!« Weithin tönten die wohlklingenden Laute und zitterten, schwächer werdend, lange nach, bis sie über den Linden des Gartens, im Gelände hinter mir und überall sonst verhallten. Alles um mich her war für einige Augenblicke von der Stimme dieser Frau erfüllt; alles tönte ihr zur Antwort, tönte durch sie. Sie schloß das Fenster wieder, und bald darauf erlosch das Licht im Haus.

Sowie ich mich gefaßt hatte – ich muß gestehen, das geschah nicht so schnell –, begab ich mich sofort am Garten entlang zum Herrenhaus, kam ans verriegelte Tor und blickte über den Zaun. Auf dem Hof war nichts Außergewöhnliches zu bemerken; nur in einer Ecke stand unter einem Schutzdach eine Kutsche. Ihre vordere Hälfte, die über und über mit eingetrocknetem Straßenkot bedeckt war, leuchtete im Mondlicht grellweiß. Die Fensterläden des Hauses waren nach wie vor geschlossen. Ich vergaß zu sagen, daß ich vor jenem Tag rund eine Woche nicht in Glinnoje gewesen war. Über ein halbe Stunde wanderte ich unschlüssig vor dem Zaun auf und ab, so daß ich schließlich die Aufmerksamkeit des alten Hofhundes auf mich lenkte, der mich jedoch nicht ankläffte, sondern mich unter dem Hoftor hervor mit seinen zusammengekniffenen schwachsichtigen Augen nur ungewöhnlich ironisch anstarrte. Ich verstand, was er damit ausdrücken wollte, und entfernte mich. Ich hatte jedoch noch keine halbe Werst zurückgelegt, als ich plötzlich hinter mir den Hufschlag eines Pferdes vernahm. Wenige Augenblicke später ritt jemand auf einem Rappen in flüchtigem Trab an mir vorüber, bog, mir kurz das Gesicht zukehrend, wobei ich nur eine Adlernase und einen schönen Schnurrbart unter der in die Stirn gezogenen Schirmmütze erkennen konnte, nach rechts vom Weg ab und verschwand gleich darauf im Wald. Das ist ja er! dachte ich bei mir, und dabei war mir ganz eigentümlich zumute. Ich glaubte ihn wiedererkannt zu haben; seine Gestalt erinnerte tatsächlich an die jenes Mannes, der in Sorrent unter meinen Augen durch die Gartenpforte geschlüpft war. Eine halbe Stunde später war ich bereits in Glinnoje bei meinem Quartierwirt. Ich weckte ihn und begann ihn sofort auszufragen, wer da auf dem benachbarten Anwesen eingetroffen sei. Nur mit Mühe antwortete er mir, das seien die Gutsbesitzerinnen.

»Was für Gutsbesitzerinnen denn?« drang ich in ihn.

»Ist doch klar, welche! Die gnädigen Frauen«, erwiderte er recht träge.

»Was für gnädige Frauen denn?«

»Ist doch klar, wie gnädige Frauen sind!«

»Russinnen?«

»Was denn sonst! Russinnen, ist doch klar!«

»Keine Ausländerinnen?«

»Was?«

»Sind sie schon lange hier?«

»Noch nicht lange, ist doch klar!«

»Bleiben sie für längere Zeit hier?«

»Das weiß man nicht.«

»Sind sie reich?«

»Das wissen wir nicht. Vielleicht sind sie reich.«

»Ist nicht auch ein Herr mit ihnen gekommen?«

»Ein Herr?«

»Ja, ein Herr!«

Der Starost seufzte.

»O mein Gott!« sagte er gähnend. »N-nein, ein Herr nicht. Ein Herr, glaub ich, nicht. Ich weiß es nicht«, fügte er plötzlich hinzu.

»Was gibt es denn sonst noch für Nachbarn hier?«

»Was für welche? Ist doch klar, was für welche: verschiedene eben.«

»Verschiedene? Und wie heißen sie?«

»Wer? Die Gutsbesitzerinnen? Oder die Nachbarn?«

»Die Gutsbesitzerinnen.«

Der Starost seufzte abermals.

»Wie sie heißen?« murmelte er. »Weiß Gott, wie sie heißen! Die Ältere, glaub ich, Anna Fjodorowna, und die andere ... Nein, wie die heißt, weiß ich nicht.«

»Nun, wenigstens, wie sie mit Familiennamen heißen?«

»Mit Familiennamen?«

»Ja, mit dem Familiennamen, dem Beinamen.«

»Dem Beinamen. Ja so. Bei Gott, das weiß ich nicht.«

»Sind sie noch jung?«

»Nein, das nicht.«

»Wie alt denn?«

»Die Jüngere wird etwas über Vierzig sein.«

»Das ist doch alles geschwindelt.«

Der Starost schwieg eine Weile.

»Nun, Sie müssen es ja besser wissen. Wir wissen es jedenfalls nicht.«

»Du kannst wohl immer bloß ein und dasselbe sagen!« rief ich erbost.

Da ich aus Erfahrung wußte, daß es unmöglich ist, aus einem Russen, wenn er erst einmal so zu antworten beginnt, etwas Vernünftiges herauszubekommen (außerdem hatte ich meinen Wirt aus dem ersten Schlaf geweckt, und er kippte vor jeder Anwort ein wenig vornüber, hielt die Augen wie ein staunendes Kind weit aufgerissen und bekam die vom Honig des ersten süßen Schlummers zusammengeklebten Lippen nur mit Mühe auseinander), machte ich eine wegwerfende Handbewegung, verzichtete auf mein Abendbrot und begab mich in die Scheune.

Ich konnte lange nicht einschlafen. Wer mag sie sein? fragte ich mich unaufhörlich. Eine Russin? Wenn sie aber eine Russin ist, warum spricht sie dann italienisch? Der Starost behauptet, sie sei nicht mehr jung. Doch er lügt. Und wer ist jener Glückliche? Das Ganze ist mir entschieden ein Rätsel. Aber welch ein merkwürdiges Erlebnis! Ist denn eine derartige Wiederholung möglich? Gleichviel, ich muß unbedingt in Erfahrung bringen, wer sie ist und was sie hierhergeführt hat. Durch solche wirren, unzusammenhängenden Gedanken aufgeregt, schlief ich erst spät ein und hatte sonderbare Träume. Bald war mir, als irrte ich in der größten Mittagshitze irgendwo in der Wüste umher. Plötzlich sehe ich vor mir einen großen Schatten über den glühendheißen gelben Sand huschen. Ich hebe den Kopf. Da saust sie, meine Schöne, durch die Lüfte, ganz weiß, mit langen weißen Flügeln, und winkt mich zu sich. Ich stürze ihr nach. Sie schwebt schnell dahin, ich aber vermag mich nicht vom Boden zu lösen und strecke vergeblich meine verlangenden Arme nach ihr aus. »Addio!« ruft sie mir zu und fliegt davon. »Warum hast du keine Flügel? Addio!« Und nun tönt es von allen Seiten: »Addio!« Jedes einzelne Sandkörnchen schreit und piepst mir zu: »Addio!« Wie ein unerträglicher, durchdringender Triller klingt dieses »i«. Ich bemühe mich, es zu verscheuchen wie eine Mücke; ich suche es mit den Augen. Aber es hat sich bereits in ein Wölkchen verwandelt und steigt langsam zur Sonne empor. Die Sonne zittert, schwankt, lacht und schickt ihm lange goldene Fäden entgegen; und schon haben es diese Fädchen umgarnt, es zerschmilzt, und ich schreie aus vollem Halse, wie wahnwitzig: »Das ist nicht die Sonne, das ist nicht die Sonne, das ist eine italienische Spinne. Wer hat ihr einen Paß für Rußland gegeben? Ich werde sie überführen: Ich habe gesehen, wie sie in fremden Gärten Apfelsinen gestohlen hat ...« Bald hatte ich die Vorstellung, ich ginge einen schmalen Bergpfad entlang. Ich habe es sehr eilig, denn ich muß so schnell wie möglich an einen Ort gelangen, wo mich ein unerhörtes Glück erwartet. Plötzlich türmt sich vor mir ein mächtiger Felsen auf. Ich suche einen Durchgang. Ich wende mich nach rechts, ich wende mich nach links – es gibt keinen Durchgang. Da erklingt hinter dem Felsen plötzlich eine Stimme: »Passa, passa quei colli ...« Sie ruft mich, diese Stimme, wiederholt dauernd ihre flehentliche Bitte. In meiner Sehnsucht stürze ich hin und her und suche nach einem Spalt, und sei es auch der kleinste. Doch o weh! Überall nur Steilwand, Granit. »Passa quei colli«, ertönt die Stimme abermals klagend. Mein Herz krampft sich schmerzlich zusammen; ich werfe mich mit der Brust gegen den glatten Fels, kratze in meiner Raserei mit den Fingernägeln daran. Da tut sich plötzlich ein dunkler Gang vor mir auf. Vor Freude schier vergehend, eile ich vorwärts. »Daraus wird nichts«, ruft mir jemand zu. »Du kommst nicht durch.«

Ich schaue hin. Lukjanytsch steht vor mir, droht und fuchtelt mit den Armen. Hastig wühle ich in den Taschen; ich will ihn bestechen. Doch in den Taschen ist nichts. »Lukjanytsch«, sage ich zu ihm, »Lukjanytsch, laß mich durch. Ich belohne dich später.« – »Sie irren sich, Signore«, antwortet mir Lukjanytsch, und sein Gesicht nimmt einen merkwürdigen Ausdruck an, »ich bin kein Hofknecht. Erkennen Sie in mir Don Quijote de La Mancha, den brühmten fahrenden Ritter. Ein Leben lang habe ich meine Dulcinea gesucht und sie nicht gefunden, und ich lasse nicht zu, daß Sie die Ihre finden.« – »Passa quei colli ...«, läßt sich abermals, fast schluchzend, die Stimme vernehmen. »Aus dem Weg, Signore!« rufe ich zornentbrannt und will mich auf ihn stürzen; doch da trifft mich die lange Lanze des Ritters mitten ins Herz. Ich falle tot um, ich liege auf dem Rücken. Ich kann mich nicht rühren. Und da sehe ich sie mit einem Öllämpchen in der Hand kommen. Malerisch hebt sie es über den Kopf, schaut sich im Dunkeln um, schleicht sich vorsichtig heran und beugt sich über mich. »Da ist er ja, dieser Narr!« sagt sie, verächtlich lachend. »Und so einer wollte in Erfahrung bringen, wer ich bin!« Das heiße Öl ihres Lämpchens tropft mir mitten aufs verwundete Herz. »Psyche!« stoße ich mühsam hervor und erwache.

Die ganze Nacht schlief ich schlecht und war bereits vor Tagesanbruch auf den Beinen. Nachdem ich mich rasch angekleidet und ausgerüstet hatte, begab ich mich geradeswegs zum Gutshof. Meine Ungeduld war so groß, daß ich das Tor erreichte, als eben erst das Morgenrot aufflammte. Ringsum sangen die Lerchen, und auf den Birken krächzten die Dohlen; doch im Haus lag noch alles in tiefem Morgenschlaf. Selbst der Hund schnarchte hinter dem Zaun. Mit der Sehnsucht der Erwartung und fast schon bis zur Wut gereizt, wanderte ich im taufeuchten Gras auf und ab und starrte fortwährend auf das niedrige, unansehnliche

Häuschen, das in seinen Mauern jenes rätselhafte Wesen barg. Plötzlich öffnete sich leise quietschend die Pforte, und auf der Schwelle erschien Lukjanytsch in einer Art von gestreiftem Kosakenrock. Sein struppiges, langgezogenes Gesicht kam mir noch mürrischer vor als sonst. Nachdem er mich mit einer gewissen Verwunderung betrachtet hatte, wollte er die Pforte wieder schließen.

»Mein lieber Freund!« rief ich rasch.

»Was suchen Sie hier so früh?« fragte er langsam und kaum vernehmbar.

»Sag mir doch bitte: Eure Herrin, erzählt man, ist angekommen?«

Lukjanytsch schwieg eine Weile.

»Ja.«

»Allein?«

»Mit ihrer Schwester.«

»Hatten sie gestern nicht Besuch?«

»Nein.«

Er zog die Pforte zu sich heran.

»Halt, warte, mein Lieber! Tu mir den Gefallen.«

Lukjanytsch hüstelte und schauerte vor Kälte zusammen.

»Was wollen Sie denn eigentlich?«

»Sag mir doch bitte: Wie alt ist deine Herrin?«

Lukjanytsch sah mich mißtrauisch an.

»Wie alt meine Herrin ist? Weiß nicht. Etwas über die Vierzig wird sie sein.«

»Über die Vierzig! Und wie alt mag ihre Schwester sein?«

»Die ist noch nicht ganz vierzig.«

»Ist's möglich! Und ist sie hübsch?«

»Wer? Die Schwester?«

»Ja, die Schwester.«

Lukjanytsch grinste.

»Ich weiß nicht, was andere von ihr halten. Ich finde sie nicht hübsch.«

»Wieso nicht?«

»Na ja, sie ist eben recht unansehnlich. Ein bißchen kränklich.«

»Nicht möglich! Und außer ihnen ist niemand weiter gekommen?«

»Niemand. Wer sollte denn sonst noch kommen?«

»Aber das kann doch nicht sein! Ich ...«

»Ei, gnädiger Herr! Sie finden anscheinend überhaupt kein Ende«, versetzte der Alte ärgerlich. »Puh, ist das eine Kälte! Bitte um Vergebung!«

»Halt, warte! Hier hast du ...«

Mit diesen Worten streckte ich ihm einen bereitgehaltenen Viertelrubel hin, doch meine Hand stieß nur noch gegen die rasch zugeschlagene Pforte. Das Silberstück fiel zu Boden und rollte mir vor die Füße.

Ach, du alter Gauner! dachte ich bei mir. Don Quijote de La Mancha. Dir haben sie offensichtlich befohlen, den Mund zu halten. Aber warte nur, mich führst du nicht hinters Licht!

Ich schwor mir, koste es, was es wolle, der Sache auf den Grund zu gehen. Etwa eine halbe Stunde schritt ich noch unschlüssig auf und ab. Endlich entschloß ich mich, zunächst im Dorf in Erfahrung zu bringen, wer da nun eigentlich auf dem Gutshof eingetroffen war und wem dieser gehörte, dann wieder zurückzukehren und, wie man so sagt, nicht eher zu ruhen, als bis das Ganze aufgeklärt war. Einmal mußte die Unbekannte ja aus dem Haus kommen; dann würde ich sie endlich bei Tage und aus der Nähe sehen, als ein lebendiges Wesen und nicht nur als Erscheinung. Bis zum Dorf war es etwa eine Werst, und ich machte mich augenblicklich, leicht und forsch ausschreitend, dorthin auf den Weg. Eine sonderbare Unruhe und Verwegenheit hatte sich meiner bemächtigt. Die erfrischende Morgenkühle machte mich hellwach nach der unruhigen Nacht. Im Dorf erfuhr ich von zwei Bauern, die auf dem Weg zur Arbeit waren, alles, was nur von ihnen zu erfahren war – nämlich, daß jener Gutshof, ebenso wie das Dorf, in dem ich mich aufhielt, Michailowskoje hieß, daß er der Majorswitwe Anna Fjodorowna Schlykowa gehörte, daß sie noch eine unverheiratete Schwester namens Pelageja Fjodorowna Badajewa besaß, daß sie beide bereits in fortgeschrittenem Alter und reich waren, fast nie auf ihrem Gut lebten, sondern sich meist auf Reisen befanden, daß sie stets nur zwei Dienstmägde und einen Koch bei sich hatten, daß Anna Fjodorowna unlängst aus Moskau zurückgekehrt war, und zwar nur mit ihrer Schwester … Dieser letzte Umstand verwirrte mich sehr – konnte ich doch nicht annehmen, daß man auch den Bauern befohlen hatte, über meine Unbekannte zu schweigen. Und zu glauben, daß Anna Fjodorowna Schlykowa, eine Witwe von fünfundvierzig Jahren, und jene anmutige junge Frau, die ich tags zuvor gesehen hatte, ein und dieselbe Person seien, war schlechterdings unmöglich. Pelageja Fjodorowna zeichnete sich den Schilderungen nach ebenfalls nicht durch Schönheit aus; und außerdem konnte ich allein schon bei dem Gedanken, daß die Frau, die ich in Sorrent erblickt hatte, Pelageja und auch noch Badajewa heißen sollte, nicht anders als mit den Achseln zucken und höhnisch lachen. Und dennoch habe ich sie gestern gesehen, in jenem Hause gesehen, mit meinen eigenen Augen gesehen, dachte ich bei mir. Verärgert, wütend, doch in meiner Absicht nur bestärkt, wollte ich auf der Stelle zum Gutshof zurückkehren. Aber dann warf ich einen Blick auf die Uhr: Es war noch nicht einmal sechs. Da beschloß ich zu warten. Im

Gutshaus schliefen wahrscheinlich noch alle; und zu dieser Stunde in der Nähe des Hauses herumzustreunen hieße nur, unnötig Argwohn erwecken. Außerdem dehnte sich vor mir Gebüsch aus, und dahinter lag ein Espengehölz. Zu meiner Ehre muß ich sagen, daß trotz der Gedanken, die mich bewegten, die edle Jagdleidenschaft noch nicht völlig in mir erloschen war. Vielleicht, so dachte ich, stößt du auf ein Gesperre, und darüber verstreicht die Zeit. Ich drang in das Gebüsch ein. Doch, um die Wahrheit zu sagen, ich ging recht nachlässig und wider alle Regeln der Kunst vor: Ich behielt meinen Hund nicht ständig im Auge, gurrte nicht über dem dichten Strauchwerk, in der Hoffnung, aus ihm fliege unter Knacken und Getöse ein rotbrauiger Birkhahn heraus, und blickte fortwährend auf die Uhr, was sich schon ganz und gar nicht gehört. Endlich war acht Uhr vorüber. »Es ist Zeit!« rief ich aus und wollte schon den Weg zum Gutshof einschlagen. Doch da flatterte plötzlich, knapp zwei Schritt von mir entfernt, wirklich ein großer Birkhahn aus dem dichten Gras auf. Ich schoß auf den herrlichen Vogel und verwundete ihn unter dem Flügel. Fast wäre er zu Boden gestürzt, fing sich jedoch, strich mit kurzen Flügelschlägen taumelnd zum Wald hin ab und versuchte, über die ersten jungen Espen am Waldrand hinwegzukommen; er hatte aber nicht mehr genügend Kraft und fiel kopfüber ins Unterholz. Auf solch eine Beute zu verzichten wäre ganz unverzeihlich gewesen, und so nahm ich flugs die Verfolgung auf. Ich betrat den Wald, gab meiner Diana ein Zeichen und hörte schon wenige Augenblicke später kraftloses Glucksen und Flügelschlagen; es war der unglückliche Birkhahn, der sich verzweifelt unter den Fängen des wachsamen Hundes wehrte. Ich hob den Vogel auf und steckte ihn in die Jagdtasche. Dann sah ich mich um und verharrte wie angewurzelt.

Der Wald, in dem ich mich befand, war so dicht und wild,

daß ich nur mit Mühe an die Stelle gelangt war, wo der Vogel lag. Doch nicht weit von mir entfernt wand sich ein Fahrweg hin, und auf diesem Weg kamen im Schritt und Seite an Seite meine Schöne und jener Mann geritten, der mich tags zuvor überholt hatte; ich erkannte ihn am Schnurrbart. Sie ritten ganz langsam und hielten einander schweigend bei der Hand; ihre Pferde traten sacht auf, schwankten träge von einer Seite zur anderen und reckten malerisch die langen Hälse. Nachdem ich mich vom ersten Schreck erholt hatte – jawohl, Schreck; anders vermag ich das Gefühl nicht zu bezeichnen, das mich so plötzlich ergriffen hatte –, verschlang ich sie förmlich mit den Augen. Wie schön sie war! Wie zauberhaft wirkte ihre auf mich zukommende schlanke Gestalt inmitten des smaragdenen Grüns. Weiche Schatten und sanfte Lichter glitten leise über sie hin – über ihr langes graues Kleid, ihren schmalen, leicht geneigten Hals, das blaßrosa Gesicht, das glänzende schwarze Haar, das üppig unter dem flachen Hut hervorquoll. Doch wie soll ich jenen Ausdruck vollkommener, leidenschaftlicher, keiner Worte mehr bedürfender leidenschaftlicher Glückseligkeit wiedergeben, der beredt aus ihren Zügen sprach? Ihr Kopf schien gebeugt unter der Last dieser Glückseligkeit. Feuchtglänzende goldene Fünkchen blitzten in ihren dunklen Augen, die von den Wimpern halb verdeckt waren; sie blickten ins Leere, diese glücklichen Augen, und die schmalen Brauen waren tief auf sie herabgesenkt. Ein unbestimmtes, kindliches Lächeln, ein Lächeln höchster Freude, spielte um ihren Mund. Es sah aus, als habe das Übermaß an Glück sie ermüdet und gleichsam leicht geknickt – so wie eine voll entfaltete Blüte bisweilen ihren Stengel knickt. Ihre beiden Hände ruhten kraftlos – die eine in der Hand des neben ihr reitenden Mannes, die andere auf dem Widerrist ihres Pferdes. Ich fand Zeit genug, sie aufmerksam zu betrachten – aber auch ihn. Er war ein gutaussehender, stattlicher Mann mit fremdländischen Gesichtszügen. Er blickte sie heiter und selbstsicher an und weidete sich, soviel ich bemerken konnte, nicht ohne geheimen Stolz an ihrer Gestalt. Ja, er weidete sich regelrecht an ihrer Gestalt, der Schurke, und war wohl sehr mit sich zufrieden. Er schien nicht allzu gerührt, nicht allzu weich gestimmt, gerade letzteres nicht. Und in der Tat: Welcher Mensch verdient eine derartige Hingabe? Welche noch so schöne Seele ist es wert, einer anderen ein solches Glück zu schenken? Offen gestanden, ich beneidete ihn. Unterdessen waren die beiden auf gleiche Höhe mit mir gekommen. Mein Hund sprang plötzlich auf den Weg und bellte. Die Unbekannte schrak zusammen, schaute rasch um sich, und als sie mich entdeckte, versetzte sie ihrem Pferd mit der Reitpeitsche einen heftigen Schlag gegen den Hals. Schnaubend bäumte sich das Pferd auf, machte einen Satz nach vorn und galoppierte davon. Sogleich gab der Mann seinem Rappen die Sporen, und als ich wenige Augenblicke später auf dem Weg den Waldrand erreichte, sprengten die beiden bereits, sich anmutig und gleichmäßig in den Sätteln wiegend, in golden schimmernder Ferne über die Felder; sie schlugen jedoch nicht die Richtung zum Gutshof ein.

Ich blickte ihnen nach. Sie verschwanden bald hinter einem Hügel, nachdem die Sonne sie auf dem dunklen Streifen des Horizonts ein letztes Mal in ihr grelles Licht getaucht hatte. Ich blieb noch eine ganze Weile stehen, kehrte dann langsamen Schrittes in den Wald zurück und setzte mich, die Augen mit der Hand bedeckend, auf den Weg. Wie ich festgestellt habe, braucht man nach einer Begegnung mit Unbekannten nur die Augen zu schließen, und ihre Gesichtszüge erstehen sofort wieder vor einem; jeder kann sich auf der Straße von der Richtigkeit meiner Feststellung überzeugen. Je bekannter uns ein Gesicht ist, um so schwerer können wir es uns vergegenwärtigen, um so verschwommener ist der Eindruck, den es hinterläßt; man erinnert sich wohl daran, sieht es jedoch nicht deutlich vor sich. Das eigene Gesicht aber können wir uns überhaupt nicht vergegenwärtigen. Zwar kennen wir jede geringste Einzelheit, doch ein Gesamtbild vermögen wir daraus nicht zusammenzusetzen. Ich ließ mich also nieder und schloß die Augen, und sofort sah ich die Unbekannte und ihren Begleiter vor mir, auch die Pferde, alles. Besonders scharf und deutlich erstand vor mir das lächelnde Gesicht des Mannes. Ich betrachtete es genauer – da verschwamm es und zerrann in einer Art von purpurrotem Nebel, und danach verlor sich auch ihr Bild, verschwand vollends und wollte nicht mehr wiederkehren. Ich erhob mich. Nun, was tut's! dachte ich bei mir. Ich habe sie wenigstens gesehen, beide deutlich gesehen. Jetzt brauche ich nur noch ihre Namen in Erfahrung zu bringen. Ihre Namen wollte ich in Erfahrung bringen! Welch unangebrachte, kleinliche Neugier! Doch ich schwöre: Es war nicht Neugier, was mich dazu trieb; es erschien mir wahrhaftig einfach unmöglich, am Ende nicht zu erfahren, wer die beiden denn nun eigentlich waren, nachdem der Zufall mich auf so seltsame und beharrliche Weise mit ihnen zusammengeführt hatte. Übrigens hatte mein bisheriges unruhiges Erstaunen einem dumpfen, betrüblichen Gefühl Platz gemacht, dessen ich mich ein wenig schämte. Ich war neidisch.

Ich hatte es nicht eilig, zum Gutshof zurückzukehren. Offen gestanden wurde es mir peinlich, dem fremden Geheimnis nachzuspüren. Außerdem hatte mich das Auftauchen des Liebespaares am Tage, im hellen Sonnenschein, so überraschend und, ich wiederhole, merkwürdig es auch sein mochte, ich will nicht sagen beruhigt, aber doch irgendwie ernüchtert. Ich fand an diesem ganzen Erlebnis nichts Übernatürliches, nichts Wunderbares mehr; nichts, was einem unerfüllbaren Traum geglichen hätte.

Wieder ging ich auf die Pirsch, diesmal mit größerer Aufmerksamkeit als vorher; dennoch war ich nicht recht bei der Sache. Ich stieß auch auf eine Birkhuhnfamilie, die mich etwa anderthalb Stunden beschäftigte. Die jungen Birkhühner reagierten lange nicht auf meine Lockpfiffe; wahrscheinlich, weil ich nicht »objektiv« genug pfiff. Die Sonne stand schon sehr hoch am Himmel (die Uhr zeigte zwölf an), als ich meine Schritte wieder nach dem Gutshof lenkte. Ich ging ganz gemächlich. Endlich schaute vom Hügel das niedrige Häuschen herab. Abermals klopfte mir das Herz. Beim Näherkommen gewahrte ich mit geheimer Befriedigung Lukjanytsch. Er saß wie immer unbeweglich auf der Bank vor dem Nebengebäude. Das Tor war geschlossen, die Fensterläden gleichfalls.

»Grüß dich, mein Lieber!« rief ich ihm schon von weitem zu. »Wärmst dich wohl wieder ein bißchen in der Sonne?«

Lukjanytsch wandte mir sein hageres Gesicht zu und lüftete stumm die Mütze.

Ich trat zu ihm.

»Grüß dich, mein Lieber, grüß dich!« wiederholte ich, um ihn freundlich zu stimmen. »Was denn«, fügte ich hinzu, als ich unerwartet meinen nagelneuen Viertelrubel noch immer auf der Erde liegen sah, »hast du ihn etwa noch nicht bemerkt?«

Ich zeigte auf das runde Silberstück, das halb aus dem kurzen Gras hervorragte.

»Doch, ich hab ihn bemerkt.«

»Warum hast du ihn dann nicht aufgehoben?«

»Je nun: Es ist nicht mein Geld, also hab ich's auch nicht aufgehoben.«

»Du bist mir schon einer, mein Lieber!« entgegnete ich ein

wenig verlegen, hob das Geldstück auf und hielt es ihm abermals hin. »Da, nimm's nur als Trinkgeld!«

»Besten Dank«, antwortete Lukjanytsch mit ruhigem Lächeln. »Nicht nötig; unsereins lebt auch so. Besten Dank.«

»Ich gebe dir gerne noch mehr«, erwiderte ich verwirrt.

»Wofür denn? Bemühen Sie sich nicht. Besten Dank für die Freundlichkeit, aber unsereins hat an einem Kanten Brot genug. Und selbst den schafft man womöglich nicht mehr – wie die Stunde schlägt.«

Damit erhob er sich und streckte die Hand nach der Pforte aus.

»Halt, Alter, warte noch«, sagte ich, beinahe verzweifelnd. »Du bist heute wahrhaftig nicht sehr gesprächig. Sag mir wenigstens, ob deine Herrin schon aufgestanden ist oder nicht.«

»Sie sind schon aufgestanden.«

»Und ist sie jetzt zu Hause?«

»Nein, sie sind nicht zu Hause.«

»Macht sie etwa einen Besuch?«

»Nein. Sie sind nach Moskau abgereist.«

»Wieso nach Moskau? Aber sie war doch heute morgen noch hier!«

»Ja.«

»Und hat auch hier übernachtet?«

»Ja, sie haben hier übernachtet.«

»Und sie ist doch erst vor kurzem hier eingetroffen?«

»Ja.«

»Wie ist denn das möglich, mein Lieber?«

»Nun, eine Stunde mag's her sein, da haben sie geruht, wieder nach Moskau zurückzukehren.«

»Nach Moskau!«

Bestürzt blickte ich Lukjanytsch an. Darauf war ich, offen gestanden, nicht gefaßt gewesen.

Auch Lukjanytsch schaute mich an. Ein verschmitztes Greisenlächeln verzog seine dürren Lippen und leuchtete schwach in den traurigen Augen.

»Hat sie die Schwester mitgenommen?« erkundigte ich mich schließlich.

»Ja.«

»Also ist jetzt niemand mehr im Haus?«

»Niemand.«

Dieser Alte will dich hinters Licht führen, fuhr es mir durch den Sinn. Nicht umsonst grinst er so verschmitzt.

»Hör mal, Lukjanytsch«, sagte ich laut, »willst du mir einen Gefallen tun?«

»Womit kann ich Ihnen dienen?« fragte er langsam. Augenscheinlich ging ihm meine Fragerei allmählich auf die Nerven.

»Im Hause, sagst du, ist niemand. Kannst du es mir zeigen? Ich wäre dir sehr dankbar dafür.«

»Sie wollen sich also die Zimmer ansehen?«

»Ja, die Zimmer.«

Lukjanytsch schwieg eine Weile.

»Einverstanden«, sagte er schließlich. »Folgen Sie mir bitte.« Gebückt schritt er durch die Pforte. Ich folgte ihm. Wir überquerten den kleinen Hof und stiegen die wackligen Stufen der Vortreppe empor. Der Alte stieß die Tür auf, in der nicht einmal mehr ein Schloß war; ein Strick mit einem Knoten ragte aus dem Schlüsselloch. Wir betraten das Haus. Es bestand aus fünf bis sechs niedrigen Zimmern, und soviel ich bei dem spärlichen Licht erkennen konnte, das durch die Spalten der Fensterläden drang, war das Mobiliar sehr einfach und schon recht gebrechlich. In einem der Zimmer (in ebenjenem, dessen Fenster nach dem Garten ging) stand ein ziemlich altes kleines Klavier. Ich klappte den verzogenen Deckel hoch und schlug die Tasten an –

ein gräßlicher, klirrender Ton erklang und verhallte matt, als beklagte er sich über meine Dreistigkeit. Nichts ließ darauf schließen, daß dieses Haus noch kurz zuvor jemanden beherbergt hatte; es roch darin modrig und muffig. Nur das Papier, das hier und da herumlag, konnte, seiner Weiße nach zu urteilen, erst unlängst dorthin geraten sein. Ich hob ein Stück auf; es war ein Fetzen von einem Brief. Auf der einen Seite war in flüssiger weiblicher Handschrift »se taire?« zu lesen, auf der anderen konnte ich das Wort »bonheur« entziffern. Auf dem runden Tischchen am Fenster stand in einem Wasserglas ein halbverwelkter Blumenstrauß, und daneben lag ein zerknittertes grünliches Band. Das nahm ich mir als Andenken mit. Lukjanytsch öffnete eine schmale Tür, die mit Tapeten beklebt war.

»Das hier ist das Schlafzimmer«, erklärte er, mit der Hand hineinzeigend, »und dahinter befindet sich noch eine Mädchenkammer. Mehr Zimmer gibt's hier nicht.«

Wir gingen durch den Korridor zurück.

»Und was ist das da für ein Raum?« erkundigte ich mich, auf eine breite weiße Tür mit einem Schloß weisend.

»Das da?« antwortete Lukjanytsch mit dumpfer Stimme. »Das ist nichts.«

»Wieso nichts?«

»Eben nichts. Eine Rumpelkammer.« Er wollte schon weitergehen, ins Vorzimmer.

»Eine Rumpelkammer? Kann man die nicht mal sehen?«

»Was haben Sie schon davon, gnädiger Herr, wirklich!« erwiderte Lukjanytsch unzufrieden. »Was gibt es da schon für Sie zu sehen! Truhen, altes Geschirr ... Eine Rumpelkammer und nichts weiter.«

»Zeig sie mir trotzdem, Alter, bitte«, sagte ich, obwohl ich mich innerlich meiner unangebrachten Hartnäckigkeit schämte.

»Weißt du, ich möchte gern … Ich will bei mir auf dem Gut genau solch ein Haus …«

Es wurde mir nachgerade peinlich, und ich vermochte den angefangenen Satz nicht zu Ende zu bringen.

Lukjanytsch stand da, das graue Haupt auf die Brust gesenkt, und sah mich ganz merkwürdig von unten herauf an.

»Zeig sie mir doch«, bat ich.

»Na, meinetwegen«, sagte er zu guter Letzt, holte den Schlüssel hervor und schloß widerwillig die Tür auf.

Ich warf einen Blick in die Rumpelkammer. Es war tatsächlich nichts Bemerkenswertes darin. An den Wänden hingen alte Porträts mit dunklen, fast schwarzen Gesichtern und bösen Augen. Auf dem Fußboden lag allerlei Gerümpel herum.

»Na, haben Sie jetzt genug gesehen?« fragte mich Lukjanytsch finster.

»Ja. Danke!« erwiderte ich hastig.

Er schlug die Tür zu. Und ich begab mich ins Vorzimmer und von dort auf den Hof.

Lukjanytsch begleitete mich hinaus, murmelte: »Wir bitten um Vergebung!« und zog sich in seine Behausung zurück.

»Wer war denn die Dame, die gestern bei euch zu Besuch war?« rief ich ihm nach. »Ich bin ihr heute früh im Wald begegnet.«

Ich hatte gehofft, ihn durch meine überraschende Frage zu irritieren und zu einer unüberlegten Antwort zu verleiten. Doch der Alte lachte nur in sich hinein und schlug die Tür seines Häuschens hinter sich zu.

Als ich nach Glinnoje zurückkehrte, schämte ich mich wie ein Junge, der Schelte bekommen hat.

Nein, sagte ich zu mir, dieses Rätsel werde ich wohl nie lösen. Ich geb's auf. Keinen Gedanken verschwend ich mehr daran.

Eine Stunde später war ich bereits auf dem Weg nach Hause, verärgert und gereizt.

Eine Woche verstrich. Wie sehr ich mich auch bemühte, die Erinnerungen an die Unbekannte und ihren Begleiter, an meine Begegnungen mit ihnen zu verdrängen, sie kamen doch immer wieder und belästigten mich so aufdringlich und hartnäckig wie eine Fliege an einem Sommernachmittag. Auch Lukjanytsch mit seinen geheimnisvollen Blicken, seiner Wortkargheit und dem traurig-kühlen Lächeln ging mir nicht aus dem Sinn. Selbst das Haus, sooft ich daran dachte, selbst jenes Haus schien mich durch seine halbgeschlossenen Fensterläden einfältig-verschmitzt anzusehen, mich gleichsam zu verspotten und zu mir zu sagen: Du wirst trotz allem nichts erfahren! Schließlich hielt ich es nicht mehr aus und fuhr eines schönen Tages wieder nach Glinnoje, und von dort begab ich mich zu Fuß ... wohin wohl? Der Leser wird es leicht erraten.

Ich muß gestehen, als ich mich dem geheimnisvollen Landsitz näherte, war ich ziemlich aufgeregt. Äußerlich hatte sich an dem Haus nichts verändert: Nach wie vor waren die Fenster geschlossen, nach wie vor sah es trostlos und verwaist aus; nur auf der Bank vor dem Nebengebäude saß statt des alten Lukjanytsch ein junger Bursche vom Gesinde. Er war etwa zwanzig Jahre alt und trug einen langschößigen Nankingrock und ein rotes Hemd. Den Lockenkopf in die Hand gestützt, döste er vor sich hin, geriet von Zeit zu Zeit ins Schwanken und fuhr dann zusammen.

»Guten Tag, mein Lieber!« sagte ich laut.

Im Nu war er auf den Beinen und glotzte mich fassungslos an.

»Guten Tag, mein Lieber!« grüßte ich abermals. »Wo ist denn der Alte?«

»Was für ein Alter?« fragte der Bursche bedächtig.

»Lukjanytsch.«

»Ach so, Lukjanytsch!« Er blickte zur Seite. »Von Lukjanytsch wollen Sie was?«

»Ja, von Lukjanytsch. Ist er nicht zu Haus?«

»N-nein«, erwiderte der Bursche zögernd. »Er ist ... Wie soll ich ... es Ihnen ... sagen ...«

»Ist er etwa krank?«

»Nein.«

»Was denn dann?«

»Er ist nicht mehr da.«

»Wie das?«

»Nun ja. Mit ihm ist ... was Schlimmes passiert.«

»Ist er gestorben?« fragte ich bestürzt.

»Er hat sich aufgehängt.«

»Er hat sich aufgehängt!« rief ich erschrocken aus und schlug die Hände über dem Kopf zusammen.

Stumm schauten wir einander an.

»Ist es schon lange her?« erkundigte ich mich schließlich.

»Heute sind es fünf Tage. Gestern ist er beerdigt worden.«

»Warum hat er sich denn aufgehängt?«

»Weiß der liebe Gott. Er war ein Freigelassener, bekam Lohn, kannte keine Not – die Herrschaft verwöhnte ihn wie einen leiblichen Verwandten. Wir haben ja eine Herrschaft – Gott schenke ihr ein langes Leben! Es ist einfach unbegreiflich, daß so was passieren konnte. Der Böse muß ihn dazu verleitet haben.«

»Wie hat er es denn angestellt?«

»Ganz einfach. Er hat sich mir nichts, dir nichts aufgehängt.«

»Und hat man ihm vorher nichts angemerkt?«

»Wie soll ich sagen ... Etwas Besonderes eigentlich nicht. Er war ja schon immer so ein Trauerkloß, so ein Mißtrauischer. Geächzt und gestöhnt hat er oft. ›Traurig zumut ist mir‹, sagte er manchmal. Nun, er hatte ja auch schon eine ganze Menge Jahre auf dem Buckel. In letzter Zeit schien er über etwas nachzugrübeln. Hin und wieder kam er zu uns ins Dorf; ich bin nämlich sein Neffe. ›Hör mal, mein lieber Wasja‹, sagte er, ›komm doch mit, mein Lieber, und übernachte bei mir!‹ – ›Warum denn, Onkelchen?‹ – ›Nun, so; mir ist irgendwie unheimlich und langweilig so allein.‹ Na, und da geht man eben mit. Manchmal ist er auf den Hof gegangen, guckte und guckte das Haus an, schüttelte den Kopf und seufzte wer weiß wie. Auch vor jener Nacht, das heißt, bevor er seinem Leben ein Ende machte, erschien er bei uns und lud mich zu sich ein. Na, und ich bin auch mitgegangen. Wir kamen also zu ihm nach Hause. Da saß er noch ein bißchen auf der Bank, stand dann auf und ging raus. Ich wartete. Wo bleibt er denn bloß so lange? sagte ich zu mir. Ich ging auf den Hof und rief: ›Onkelchen! He, Onkel!‹ Doch Onkelchen gab keine Antwort. Da dachte ich bei mir: Wo mag er bloß hingegangen sein? Vielleicht ins Herrenhaus? Ich ging also ins Haus. Es fing schon an dunkel zu werden. Wie ich an der Rumpelkammer vorbeikomme, hör ich doch was hinter der Tür rumoren. Ich nichts wie die Tür aufgemacht; und richtig: Da hockt er zusammengekrümmt vorm Fenster. ›Was tun Sie denn hier, Onkelchen?‹ frag ich. Da dreht er sich doch vielleicht um und schreit mich an, und seine Augen rollen nur so und funkeln wie bei einem Kater. ›Was willst du? Siehst du denn nicht, daß ich mich rasiere!‹ Seine Stimme klang ganz heiser. Mir standen plötzlich die Haare zu Berge, und mir wurde, ich weiß selbst nicht, warum, ganz unheimlich zumute. Zu der Zeit hatten ihn die Teufel wahrscheinlich schon in ihren Klauen. ›Im Dunkeln!‹ sagte ich, und mir schlotterten nur so die Knie. ›Nun‹, meinte er, ›'s ist schon gut, geh nur.‹ Ich ging, und er kam aus der Rumpelkammer raus und schloß die Tür hinter sich ab. Sobald wir wieder in seinem Häuschen waren, war meine Angst wie weggeblasen. ›Onkelchen‹, fragte ich, ›was hast du denn in der Rumpelkammer gemacht?‹ Da zuckte er vielleicht zusammen! ›Sei still‹, sagte er, ›schweig.‹ Und er kletterte auf die Ofenbank. Na, dachte ich bei mir, 's ist wohl besser, ich red nicht mehr mit ihm. Vielleicht hat er heute nicht alle Sinne beisammen, wahrscheinlich ist er krank. So legte ich mich denn auch auf die Ofenbank. In der Ecke brannte die Nachtlampe. Ich lieg also da, wissen Sie, und bin gerade am Einschlafen, da hör ich plötzlich, wie die Tür leise knarrt und aufgeht, so, ein bißchen nur. Onkelchen aber lag mit dem Rücken zur Tür und hörte, wie Sie sich vielleicht erinnern, immer sehr schlecht. Jetzt aber sprang er urplötzlich auf. ›Wer ruft mich da, hä? Wer? Er kommt mich holen, mich!‹ Und rannte ohne Mütze auf den Hof. Was hat er bloß? dachte ich und schlief, schwacher Mensch, der ich bin, gleich wieder ein. Als ich am andern Morgen aufwache, ist Lukjanytsch nicht da. Ich geh raus und ruf nach ihm, aber er ist nirgends. Ich frag den Wächter: ›Hast du meinen Onkel nicht rauskommen sehen?‹ – ›Nein‹, sagt er, ›den hab ich nicht gesehen.‹ – ›Daß er nicht da ist, mein Lieber‹, sag ich, ›ist irgendwie ...‹ – ›O weh!‹ Uns beiden wurde angst und bange. ›Komm, Fedossejitsch‹, sag ich, ›gehen wir doch mal nachgucken, ob er nicht im Herrenhaus ist.‹ – ›Ja, gehen wir, Wassili Timofejitsch‹, sagt er und ist dabei weiß wie eine Wand. Wir gingen also ins Haus. Als ich an der Rumpelkammer vorbeikam, bemerkte ich, daß das Vorhängeschloß offen an der Krampe hing. Ich wollte die Tür aufstoßen, aber sie war von innen zugeriegelt. Fedossejitsch lief sofort außen rum und sah durchs Fenster. ›Wassili Timofejitsch!‹ schreit er. ›Beine! Da hängen Beine!‹ Ich zum Fenster. Es sind seine, Lukjanytschs, Beine. Hat er sich doch mitten im Zimmer aufgehängt! Na, wir schickten gleich nach der Justiz. Sie nahmen ihn aus der Schlinge; zwölf Knoten waren im Strick.«

»Na, und was sagte die Justiz?«

»Was die Justiz sagte? Nichts. Sie überlegten hin und her, was wohl der Grund gewesen sein könnte. Aber es gab keinen Grund. So kamen sie zu dem Schluß, daß er nicht mehr recht bei Verstande gewesen sein mußte. Er hat ja auch in der letzten Zeit oft Kopfschmerzen gehabt und über seinen Kopf geklagt …«

Noch etwa eine halbe Stunde unterhielt ich mich mit dem jungen Burschen und ging schließlich recht beklommen davon. Ich muß gestehen, ich konnte dieses baufällige Haus nicht ohne geheime abergläubische Furcht ansehen. Einen Monat später reiste ich ab; und ganz allmählich schwanden mir all diese schrecklichen Eindrücke und geheimnisvollen Begegnungen aus dem Sinn.

2

Drei Jahre vergingen. Den größten Teil dieser Zeit verbrachte ich in Petersburg und im Ausland, und wenn ich einmal mein Landgut aufsuchte, dann immer nur für wenige Tage, so daß ich kein einziges Mal Gelegenheit hatte, nach Glinnoje oder Michailowskoje zu kommen. Weder meine Schöne noch jenen Mann sah ich wieder. Eines Tages aber, gegen Ende des dritten Jahres, traf ich in Moskau zufällig mit Frau Schlykowa und ihrer Schwester, Pelageja Badajewa, zusammen, jener Pelageja, die ich – irren ist menschlich – bis dahin für eine fiktive Person gehalten hatte; es war auf einer Soiree bei einer meiner Bekannten. Beide Damen waren nicht mehr die Jüngsten, doch von recht angenehmem Äußeren. In der Unterhaltung bewiesen sie Geist und Charme; sie waren viel in der Welt herumgekommen und hatten sichtlich davon profitiert. Im Umgang mit anderen legten sie eine ungezwungene Heiterkeit an den Tag. Mit meiner Unbekannten jedoch hatten sie beide entschieden nichts gemein. Ich wurde ihnen vorgestellt und kam mit Frau Schlykowa ins Gespräch; ihre Schwester hatte inzwischen ein durchreisender Geologe mit Beschlag belegt. Ich erklärte ihr, daß ich das Vergnügen hätte, ihr Nachbar im Kreis N. zu sein.

»Ach! Ich besitze dort in der Tat ein kleines Gut«, versetzte sie, »in der Nähe von Glinnoje.«

»Gewiß, gewiß«, erwiderte ich. »Ich kenne Ihr Michailowskoje. Halten Sie sich dort manchmal noch auf?«

»Ich? Selten.«

»Waren Sie nicht vor drei Jahren dort?«

»Warten Sie! Ich glaube, ja. Doch, es stimmt.«

»Mit Ihrem Fräulein Schwester oder allein?«

Sie sah mich an.

»Mit meiner Schwester. Acht Tage waren wir dort. In Geschäften, wissen Sie. Im übrigen sind wir mit niemand zusammengekommen.«

»Hm. Dort gibt es, glaub ich, auch nur wenige Nachbarn.«

»Ja, sehr wenige. Ich lege sowieso keinen Wert auf sie.«

»Sagen Sie«, fuhr ich fort, »bei Ihnen dort, glaub ich, ist doch im selben Jahr ein Unglück passiert. Lukjanytsch ...«

Frau Schlykowas Augen füllten sich augenblicklich mit Tränen.

»Sie haben ihn gekannt?« erkundigte sie sich lebhaft. »Solch ein Unglück! Er war ja ein so prächtiger, guter Alter! Und stellen Sie sich vor: Ohne jeden Grund ...«

»Ja, ja«, murmelte ich, »welch ein Unglück!«

Frau Schlykowas Schwester trat wieder zu uns. Sie hatte wahrscheinlich genug von den wissenschaftlichen Erörterungen des Geologen über die Uferbildung der Wolga.

»Denk dir, Pauline«, sagte meine Gesprächspartnerin, »Monsieur hat Lukjanytsch gekannt!«

»Tatsächlich? Der arme Alte!«

»Ich habe damals, als Sie dort waren – drei Jahre sind's her –, wiederholt in der Nähe von Michailowskoje gejagt«, bemerkte ich.

»Ich?« entgegnete Pelageja verwundert.

»Na ja, natürlich!« fiel ihr die Schweter hastig ins Wort. »Erinnerst du dich denn nicht mehr?«

Sie blickte sie beschwörend an.

»Ach, ja, ja. Stimmt«, besann sich Pelageja da auf einmal.

Von wegen! dachte ich bei mir. Du bist schwerlich damals in Michailowskoje gewesen, meine Beste!

»Wollen Sie uns nicht etwas vorsingen, Pelageja Fjodorowna?« fragte plötzlich ein hochaufgeschossener junger Mann mit blondem Haarschopf und schmachtenden Augen.

»Ich weiß wirklich nicht …«, erwiderte Fräulein Badajewa.

»Sie singen?« rief ich lebhaft aus und erhob mich von meinem Platz. »Bitte … Ach, singen Sie uns doch um Gottes willen etwas vor!«

»Ja, was soll ich denn singen?«

»Kennen Sie vielleicht ein italienisches Lied, das so anfängt: ›Passa que' colli‹?« fragte ich, bemüht, möglichst gleichgültig und unbefangen zu erscheinen.

»Ja, das kenn ich«, antwortete Pelageja ganz unschuldig. »Soll ich es Ihnen vorsingen? Einverstanden.«

Sie setzte sich ans Klavier. Lauernd wie Hamlet, heftete ich meine Blicke auf Frau Schlykowa. Mir kam es so vor, als zuckte sie beim ersten Ton leicht zusammen; im übrigen saß sie bis zum Ende ruhig da. Fräulein Badajewa sang nicht übel. Als das Lied zu Ende war, erscholl der übliche Applaus. Man bat sie, noch etwas zu singen; doch die beiden Schwestern verständigten sich mit einem Blick und brachen wenig später auf. Als sie das Zimmer verließen, glaubte ich das Wort »importun« zu hören.

Geschieht dir ganz recht! dachte ich bei mir. Ich bin ihnen nie wieder begegnet.

Noch ein Jahr verging. Ich war inzwischen nach Petersburg übergesiedelt. Der Winter brach an, und die Maskenbälle begannen. Als ich eines Abends zwischen zehn und elf das Haus eines Freundes verließ, überkam mich auf einmal eine so düstere Stimmung, daß ich beschloß, mich auf den Maskenball im Adelskasino zu begeben. Lange schlenderte ich mit undurchdringlicher Miene an Säulen und Spiegeln vorüber, jener Miene, die, wie ich bemerkt habe, in solchen Fällen selbst die bravsten Menschen zur Schau tragen – weshalb, das weiß Gott allein. Lange schlenderte ich so umher, wehrte hin und wieder mit einem Scherz hellstimmige Dominos in zweifelhaften Spitzen und nicht ganz sauberen Handschuhen ab und redete weitaus seltener selbst einen von ihnen an. Lange ließ ich das Gequake der Blasinstrumente und das Winseln der Geigen über mich ergehen. Schließlich aber, nachdem ich mich zur Genüge gelangweilt und Kopfschmerzen bekommen hatte, war ich drauf und dran, nach Hause zu fahren – und doch blieb ich da. Mein Blick war auf eine Frau in einem schwarzen Domino gefallen, die an einer Säule lehnte; ich sah sie, ich verharrte, ich ging auf sie zu und – werden meine Leser mir glauben? – entdeckte in ihr auf der Stelle meine Unbekannte wieder. Woran ich sie erkannte, ob an dem Blick, den sie durch die länglichen Schlitze in ihrer Maske zerstreut auf mich warf, an den herrlichen Konturen ihrer Schultern und Arme, an der ungewöhnlichen weiblichen Majestät ihrer ganzen Erscheinung, oder sagte es mir plötzlich eine geheimnisvolle innere Stimme – ich weiß es nicht; jedenfalls erkannte ich sie.

Mit zitterndem Herzen ging ich mehrmals an ihr vorüber. Sie rührte sich nicht. In ihrer Haltung war etwas so hoffnungslos Trauriges, daß mir bei ihrem Anblick unwillkürlich zwei Zeilen einer spanischen Romanze einfielen:

Soy un cuadro de tristeza,
Arrimado a la pared.

Ich trat hinter die Säule, an der sie lehnte, näherte meinen Mund ihrem Ohr und raunte ihr zu:

»Passa que'colli ...«

Da begann sie am ganzen Leibe zu zittern und wandte sich jäh zu mir um. Unsere Augen kamen einander so nahe, daß ich deutlich sehen konnte, wie sich ihre Pupillen vor Schreck weiteten. Bestürzt, die eine Hand leicht vorgestreckt, starrte sie mich an.

»Am sechsten Mai achtzehnhundert ... vierzig in Sorrent um zehn Uhr abends in der Via della Croce«, sagte ich langsam, ohne den Blick von ihr zu wenden. »Dann in Rußland, in Michailowskoje im Couvernement N., am zweiundzwanzigsten Juli achtzehnhundert ... vierzig.«

Ich sagte das alles auf französisch. Sie trat etwas zurück und maß mich von Kopf bis Fuß mit einem erstaunten Blick; dann flüsterte sie: »Venez!« und eilte aus dem Saal. Ich folgte ihr.

Wir schritten stumm dahin. Ich vermag mit Worten nicht wiederzugeben, was ich empfand, als ich so an ihrer Seite ging. Ein schöner Traum, der unversehens Wirklichkeit geworden war ... Die Statue der Galathea, vor den Augen des fassungslos dastehenden Pygmalion als lebendiges Weib von ihrem Sockel herabgestiegen ... Ich konnte es nicht glauben und wagte kaum zu atmen.

Wir durchschritten mehrere Zimmer. Schließlich steuerte sie in einem der Räume auf ein kleines Sofa am Fenster zu und nahm darauf Platz. Ich setzte mich neben sie.

Sie wandte mir langsam ihr Gesicht zu und musterte mich eingehend.

»Sie ... Sie kommen von *ihm*?« fragte sie. Ihre Stimme klang schwach und unsicher.

Die Frage verwirrte mich etwas.

»Nein. Nicht von ihm«, antwortete ich stotternd.

»Sie kennen ihn?«

»Ja, ich kenne ihn«, erwiderte ich mit bedeutungsvoller Miene, der Rolle getreu, die ich nun einmal übernommen hatte.

Sie sah mich zweifelnd an, wollte etwas sagen und schlug dann doch nur die Augen nieder.

»Sie haben in Sorrent auf ihn gewartet«, fuhr ich fort, »Sie haben sich in Michailowskoje mit ihm getroffen. Sie sind mit ihm ausgeritten ...«

»Wie konnten Sie ...«

»Ich weiß wirklich Bescheid. Ich weiß alles«, fiel ich ihr ins Wort.

»Ihr Gesicht kommt mir irgendwie bekannt vor«, sprach sie weiter. »Nein, doch nicht.«

»Nein, Sie kennen mich nicht.«

»Was wollen Sie denn dann von mir?«

»Aber ich weiß wirklich Bescheid«, beteuerte ich.

Ich begriff sehr wohl, daß ich den guten Anfang hätte besser nutzen und noch weitergehen sollen und daß meine wiederholten Beteuerungen: »Ich weiß alles, ich weiß wirklich Bescheid« auf die Dauer lächerlich wirkten; doch meine Aufregung war so groß, diese unerwartete Begegnung verwirrte mich dermaßen, daß ich völlig den Kopf verlor und nichts weiter zu sagen wußte. Überdies wußte ich ja wirklich nichts weiter. Ich spürte, daß ich auf einmal wie ein dummer Junge vor ihr stand, daß ich mich aus dem geheimnisvollen, allwissenden Wesen, als das ich ihr anfangs erschienen sein mußte, rasch in einen grinsenden Idioten verwandelte; aber es war nichts zu ändern.

»Ja, ich weiß alles«, murmelte ich noch einmal.

Sie sah mich kurz an, erhob sich eilig und wollte sich entfernen. Doch das wäre zu grausam gewesen. Ich ergriff sie bei der Hand.

»Um Gottes willen«, sagte ich, »setzen Sie sich wieder und hören Sie mich an!«

Sie überlegte eine Weile und nahm dann erneut Platz.

»Ich habe soeben behauptet, ich wüßte alles«, fuhr ich, mich in Eifer redend, fort. »Das ist Unsinn. Ich weiß nichts, absolut nichts. Ich weiß weder, wer Sie sind, noch wer er ist, und wenn ich Sie vorhin an der Säule durch meine Worte verblüffen konnte, so ist das einem Zufall zuzuschreiben, einem merkwürdigen, unbegreiflichen Zufall, der mich kurioserweise zweimal fast auf die gleiche Art mit Ihnen zusammenführte und zum Zeugen von Dingen machte, die Sie vielleicht geheimhalten wollten ...«

Und ich erzählte ihr alles, ohne etwas zu beschönigen oder auch nur das Geringste zu verschweigen. Ich erzählte von meinen Begegnungen mit ihr in Sorrent und in Rußland, von meinen vergeblichen Nachforschungen in Michailowskoje, ja sogar von meinem Gespräch mit Frau Schlykowa und deren Schwester in Moskau.

»Jetzt wissen Sie alles«, fuhr ich fort, nachdem ich meinen Bericht beendet hatte. »Ich will Ihnen nicht schildern, welch tiefen, welch bewegenden Eindruck Sie auf mich gemacht haben. Sie zu sehen und von Ihnen nicht bezaubert zu sein ist unmöglich. Andererseits brauche ich Ihnen auch nicht zu sagen, welcher Art dieser Eindruck war. Bedenken Sie, unter welchen Umständen ich Sie beide Male sah. Glauben Sie mir, ich bin der letzte, der sich törichten Hoffnungen hingibt, aber Sie müssen auch die unbeschreibliche Erregung verstehen, die sich meiner heute abend bemächtigt hat, und mir verzeihen, den plumpen Trick verzeihen, den ich angewendet habe, um Ihre Aufmerksamkeit auf mich zu ziehen, und sei es auch nur für einen Augenblick ...«

Sie hatte sich meine verworrenen Erklärungen angehört, ohne den Kopf zu heben.

»Was wollen Sie also von mir?« fragte sie schließlich.

»Ich? Nichts will ich. Ich bin auch so schon glücklich. Ich habe viel zuviel Achtung vor fremden Geheimnissen.«

»Wirklich? Bisher hatte ich eigentlich den Eindruck ... Doch ich will Ihnen keine Vorwürfe machen«, fuhr sie fort. »Jeder andere hätte wohl ebenso gehandelt. Außerdem hat der Zufall uns ja tatsächlich gar zu beharrlich zusammengeführt; das gibt Ihnen gleichsam ein gewisses Recht auf meine Offenherzigkeit. So hören Sie denn: Ich bin nicht eine von jenen unverstandenen und unglücklichen Frauen, die von einem Maskenball zum anderen fahren, um dort mit dem ersten besten über ihr Leid zu schwatzen und nach mitfühlenden Seelen zu suchen. Ich brauche kein Mitgefühl; mein Herz ist tot, und ich bin nur noch hergekommen, um es endgültig zu begraben.«

Sie führte ihr Taschentuch an die Lippen.

»Ich hoffe«, fuhr sie mit einiger Überwindung fort, »daß Sie meine Worte nicht als die üblichen Maskenballergüsse auffassen. Sie werden begreifen, daß mir danach wahrhaftig nicht zumute ist ...«

Und wirklich, ihre Stimme hatte, obwohl sie weich und einschmeichelnd klang, etwas Beängstigendes.

»Ich bin Russin«, erklärte sie auf russisch – bis dahin hatte sie französisch gesprochen –, »obschon ich kaum in Rußland gelebt habe. Meinen Namen brauchen Sie nicht zu wissen. Anna Fjodorowna ist eine alte Freundin von mir. Ich bin tatsächlich unter dem Namen ihrer Schwester in Michailowskoje gewesen. Damals durfte ich mich mit ihm nicht in der Öffentlichkeit blikken lassen. Man redete ohnehin schon über uns. Es gab noch Schwierigkeiten – er war noch nicht frei. Diese Schwierigkeiten sind inzwischen beseitigt; doch der, dessen Namen ich hätte tragen sollen, der, mit dem Sie mich gesehen haben, hat mich verlassen.«

Sie machte eine resignierende Handbewegung und schwieg eine Weile. Dann fragte sie mich:

»Sie kennen ihn wirklich nicht? Sind ihm nie begegnet?«

»Nein, niemals.«

»Er hat sich fast immer im Ausland aufgehalten. Übrigens ist er jetzt hier. – Das ist meine ganze Geschichte«, fügte sie hinzu. »Sie sehen, es ist nichts Geheimnisvolles daran.«

»Und Sorrent?« warf ich zaghaft ein.

»In Sorrent habe ich ihn kennengelernt«, erwiderte sie langsam und versank wieder in Nachdenken.

Wir schwiegen beide. Eine merkwürdige Beklommenheit bemächtigte sich meiner. Da saß ich nun neben ihr, neben jener Frau, deren Bild so oft meine Phantasie beschäftigt, die mich so qualvoll in Unruhe und Erregung versetzt hatte – saß neben ihr und verspürte nichts als Kälte und Betrübnis im Herzen. Ich wußte, daß nichts bei dieser Begegnung herauskommen würde, daß zwischen ihr und mir ein Abgrund klaffte und daß wir uns, nachdem wir uns getrennt, nie wiedersehen würden. Den Kopf vorgestreckt und die Hände kraftlos im Schoß, saß sie gleichgültig und schlaff da. Ich kenne diese Schlaffheit unheilbaren

Schmerzes, diese Gleichgültigkeit nicht wiedergutzumachenden Unglücks. Paarweise zogen Masken an uns vorüber. Die Klänge eines »so einförmigen und auch so närrischen Walzers« ertönten bald dumpf in der Ferne, bald drangen sie laut an unser Ohr; die fröhliche Ballmusik löste in mir quälende, gramvolle Unruhe aus. Ist denn diese Frau, dachte ich bei mir, wirklich dieselbe, die sich mir einst am Fenster jenes fernen Landhauses im vollen Glanz sieghafter Schönheit gezeigt hat? Und doch schien die Zeit spurlos an ihr vorübergegangen zu sein. Die untere Partie ihres Gesichts, die das Spitzengewirk der Maske nicht verdeckte, war beinahe kindlich zart; dennoch strahlte sie Kälte aus wie eine Statue. Galathea war wieder auf ihren Sockel zurückgekehrt und würde nie mehr von ihm herabsteigen.

Plötzlich straffte sich ihre Gestalt; sie blickte ins Nebenzimmer und erhob sich.

»Reichen Sie mir Ihren Arm«, forderte sie mich auf. »Kommen Sie schnell. Schneller!«

Wir kehrten in den Saal zurück. Sie hatte es so eilig, daß ich kaum mit ihr Schritt zu halten vermochte. Vor einer Säule blieb sie stehen.

»Warten wir hier«, flüsterte sie mir zu.

»Suchen Sie jemand?« erkundigte ich mich.

Doch sie schenkte mir keine Beachtung mehr, sondern starrte angespannt in die Menge. Düster und unheimlich blickten ihre großen dunklen Augen durch die Schlitze der schwarzen Maske.

Ich folgte ihrem Blick, und sofort war mir alles klar. Durch den von einer Säulenreihe und der Wand gebildeten Korridor schritt er, jener Mann, den ich an ihrer Seite im Wald gesehen hatte. Ich erkannte ihn auf der Stelle; er hatte sich kaum verändert. Noch ebenso schön wie damals kräuselte sich sein dunkelblonder Schnurrbart, und seine braunen Augen strahlten noch die gleiche ruhige und selbstsichere Heiterkeit aus. Ohne Eile, den schlanken Körper leicht vornübergeneigt, schritt er einher und erzählte etwas einer Dame im Domino, die er am Arm führte. Als er an uns vorüberkam, hob er plötzlich den Kopf und blickte erst mich an, dann jene, die neben mir stand; offenbar erkannte er sie, erkannte sie an ihren Augen, denn er runzelte leicht die Brauen, kniff die Augen zusammen, und ein kaum merkliches, doch unerträglich freches Lächeln spielte um seine Lippen. Er beugte sich zu seiner Begleiterin hin und flüsterte ihr etwas ins Ohr. Sofort schaute sie sich um, und ihre hellblauen kleinen Augen musterten uns beide mit raschem Blick; dann lachte sie leise und drohte ihm mit ihrer zierlichen Hand. Er zuckte leicht mit den Achseln, und sie schmiegte sich kokett an ihn.

Ich wandte mich meiner Unbekannten zu. Sie blickte dem sich entfernenden Paar nach, riß plötzlich ihren Arm aus dem meinen und stürzte zur Tür. Ich wollte ihr nacheilen, doch sie drehte sich noch einmal um und warf mir einen solchen Blick zu, daß ich stehenblieb und mich nur tief vor ihr verneigte. Ich begriff, daß es roh und dumm wäre, ihr weiter zu folgen.

»Sag mir doch bitte, mein Lieber«, fragte ich eine Viertelstunde später einen meiner Freunde, ein wandelndes Adreßbuch von Petersburg, »wer ist jener große, gutaussehende Herr dort mit dem Schnurrbart?«

»Der da? Das ist irgendein Ausländer, ein ziemlich undurchsichtiges Individuum, das recht selten an unserem Horizont auftaucht. Warum?«

»Nur so.«

Ich kehrte nach Hause zurück. Seit jener Zeit bin ich meiner Unbekannten nie mehr begegnet. Hätte ich den Namen des

Mannes gewußt, den sie liebte, so würde ich am Ende wohl auch herausbekommen haben, wer sie war; doch das wollte ich selber nicht. Ich habe weiter oben gesagt, diese Frau sei mir wie ein Traumbild erschienen – wie ein Traumbild zog sie auch an mir vorüber und verschwand auf Nimmerwiedersehen.

FAUST

Erzählung in neun Briefen

Entbehren sollst du, sollst entbehren.*
Faust, 1. Teil

ERSTER BRIEF

Von Pawel Alexandrowitsch B. an
Semjon Nikolajewitsch W.

Gutshaus M., den 6. Juni 1850

Vor drei Tagen bin ich hier angekommen, liebster Freund, und getreu meinem Versprechen, greife ich nun zur Feder und schreibe Dir. Seit dem Morgen fällt feiner Regen, man kann nicht hinaus, und ich möchte auch lieber mit Dir plaudern. So sitze ich denn wieder in meinem alten Nest, wo ich – schrecklich, es auszusprechen – volle neun Jahre nicht gewesen bin. Wenn man sich's so überlegt – es ist, als wäre ich ein anderer Mensch geworden. Und wirklich, ich bin ein anderer. Du erinnerst Dich vielleicht an den kleinen, ziemlich trüben Spiegel meiner Urgroßmutter im Empfangszimmer, den, der so wunderliche Schnörkel an den Ecken hat – Du stelltest damals oft Betrachtungen darüber an, was er hundert Jahre früher gesehen haben mochte; ich trat sogleich nach meiner Ankunft vor ihn und war einfach verblüfft. Ich sah plötzlich, daß ich in der letzten Zeit älter geworden bin und mich verändert habe. Übrigens bin nicht bloß ich älter geworden. Mein Häuschen, schon längst baufällig, hält sich kaum noch; es steht schief, sinkt in die Erde. Meine gute Wassiljewna, die Beschließerin (Du hast sie gewiß nicht vergessen, sie hat Dir immer so prächtiges Warenje vorgesetzt), ist ganz zusammengeschrumpft und krummgezogen. Als sie mich erblickte, brachte sie keinen Laut hervor, sie weinte auch nicht, sie ächzte nur und hüstelte, ließ sich erschöpft auf einem Stuhl nieder und winkte ab. Der alte Terenti hält sich noch wacker und aufrecht, ganz wie früher; er dreht auch noch beim Gehen die Füße nach außen, trägt ganz die gleichen gelben Nankinghosen und ganz die gleichen knarrenden bockledernen Schuhe mit hohem Blatt und jenen Bändchen, die Dich gar oft in Rührung versetzten. Aber, mein Gott, wie schlottern jetzt diese Hosen um seine mageren Beine! Wie ergraut ist sein Haar! Das Gesicht ist ganz verschrumpelt, und als er mit mir sprach, als er im Nebenzimmer anfing, Verfügungen zu treffen und Anweisungen zu geben, da mußte ich über ihn lachen, und zugleich tat er mir leid. Alle Zähne sind ihm ausgefallen, er bringt die Worte nur mühsam, mit Pfeifen und Zischen hervor. Dafür hat sich der Garten erstaunlich verschönert: Die bescheidenen Flieder-, Akazien- und Geißblattsträuchlein (weißt Du noch, wie wir beide sie pflanzten?) sind zu prächtigen, dichten Büschen herangewachsen; Birken und Ahornbäume – alles ist aufgeschossen und kräftig verzweigt; die Lindenalleen bieten einen besonders schönen Anblick. Ich liebe diese Alleen, liebe das zarte, lichte Grün und den feinen Duft unter ihren Gewölben; ich liebe das Geflecht heller Tupfen und Kringel auf der dunklen Erde – Du weißt, bei mir gibt es keinen Sand. Mein Lieblingsbäumchen, die Eiche, ist ein junger Baum geworden. Gestern, mitten am Tag, saß ich länger als eine Stunde in seinem Schatten auf der Bank. Mir war sehr wohl zumute. Ringsum blühte es so fröhlich aus dem Grase hervor; über allem lag goldenes Licht, stark und weich – es drang sogar in den Schatten. Und wie die Vögel sangen! Du hast, hoffe ich, nicht vergessen, daß Vögel meine Leidenschaft sind. Die Turteltauben gurrten unermüdlich, dann und wann flötete der Pirol, der Buchfink schmetterte seine liebliche Strophe, die Drosseln plapperten verärgert ohne Unterlaß, der Kuckuck ließ sich aus der Ferne hören; plötzlich schrie durchdringend, wie ein Verrückter, der Specht. Ich lauschte, lauschte all diesen weichen, ineinander verwobenen Tönen und mochte mich gar nicht bewegen, erfüllt von der Lust am Nichtstun oder auch von Rührung. Und nicht bloß der Garten hat sich herausgemacht; immerfort fallen mir die kräftigen, stämmigen Burschen auf, in denen ich beim besten Willen nicht die von früher vertrauten kleinen Jungen wiedererkennen kann. Und Dein Liebling, Timoscha, ist jetzt so ein Timofej geworden, daß Du Dir's überhaupt nicht vorstellen kannst. Du fürchtetest damals für seine Gesundheit, sagtest ihm Schwindsucht voraus; jetzt solltest Du einmal seine mächtigen roten Hände sehen, wie sie aus den engen Ärmeln der Nankingjacke hervorstarren – und wie sich überall seine runden, dicken Muskeln hervorwölben! Einen Nacken hat er wie ein Stier und auf dem Kopf einen dichten Pelz blonder Locken – ein vollkommener Farnesischer Herakles! Übrigens hat sich bei ihm das Gesicht weniger verändert als bei den anderen, es ist nicht einmal viel größer geworden, und das lustige, »gähnende« (wie Du es nanntest) Lächeln ist ihm geblieben. Ich habe ihn als Kammerdiener genommen; meinem Petersburger Diener habe ich in Moskau den Laufpaß gegeben – er liebte es gar zu sehr, mich zu beschämen und mich seine Überlegenheit im großstädtischen Umgang fühlen zu lassen. Von meinen Hunden fand ich keinen einzigen wieder; alle sind hinüber. Nefka hat am längsten gelebt, doch auch sie hat meine Rückkehr nicht erharrt, wie Argos des Ulysses Heimkehr erharrte; es war ihr nicht beschieden, mit erlöschenden Augen ihren einstigen Herrn und Jagdgefährten noch einmal zu sehen. Schawka freilich ist wohlauf und bellt so heiser wie eh und je; das eine

Ohr hat noch immer einen Riß, und der Schwanz ist voller Kletten, wie es sich gehört. Ich habe mich in Deinem früheren Zimmer eingerichtet. Zwar ist es der prallen Sonne ausgesetzt, und Fliegen gibt es da in großer Menge; dafür riecht es weniger als in den anderen Räumen nach altem Haus. Seltsam! Dieser muffige, säuerliche und faule Geruch wirkt stark auf meine Einbildungskraft. Ich will nicht sagen, daß er mir unangenehm sei, im Gegenteil; aber er ruft in mir Wehmut hervor, ja, er macht mich melancholisch. Mir geht es so wie Dir, ich liebe alte bauchige Kommoden mit Messingbeschlägen, weiße Sessel mit ovalen Rückenlehnen und geschwungenen Beinchen, fliegenverdreckte Kristallüster mit einem großen Ei aus lila schillerndem dünnem Metall in der Mitte, kurzum, jegliches altväterisches Möbel. Aber es ständig vor Augen haben, das vertrage ich nicht; dann überkommt mich eine beunruhigende Verdrossenheit (jawohl!). Das Zimmer, in dem ich mich niedergelassen habe, ist mit einfachsten, von Dorfhandwerkern angefertigten Möbeln ausgestattet; in der Ecke habe ich jedoch einen schmalen, langen Schrank stehenlassen, mit Fächern, in denen, unter der Staubschicht kaum sichtbar, altmodisches Geschirr aus geblasenem grünem und blauem Glas zu finden ist, und an der Wand ließ ich jenes Frauenbildnis im schwarzen Rahmen aufhängen, das Du (erinnerst Du Dich?) damals ein Porträt der Manon Lescaut nanntest. Es ist in den neun Jahren ein wenig nachgedunkelt; doch die Augen blicken noch genauso versonnen, listig und sanft, die Lippen lächeln noch ebenso leichtsinnig und wehmütig, und die halbzerpflückte Rose entgleitet noch genauso sacht den schmalen Fingern. Sehr vergnüglich finde ich die Rollvorhänge in meinem Zimmer. Früher einmal waren sie grün, nun sind sie von der Sonne vergilbt. Mit schwarzer Farbe sind darauf Szenen aus d'Arlincourts »Einsiedler« dargestellt. Auf dem einen Vorhang schleppt dieser Einsiedler – ein Mann mit riesigem Bart, hervorquellenden Augen und Sandalen an den Füßen – ein zerzaustes Fräulein ins Gebirge; auf dem anderen ist eben eine erbitterte Rauferei zwischen vier mit Barett und Puffärmeln ausstaffierten Recken im Gange, der eine liegt schon, en raccourci, tot am Boden – kurzum, alle möglichen Greuel sind ausgemalt, und ringsum herrscht dabei so ungestörte Ruhe, und selbst von den Rollvorhängen fällt so sanft gebrochenes Licht auf die Decke … In meiner Seele waltet wunderbarer Frieden, seit ich mich hier niedergelassen habe; nichts möchte man tun, niemanden sehen, von nichts träumen, über nichts nachdenken; aber sich den Gedanken überlassen, das möchte man schon – es sind eben zwei verschiedene Dinge, Du weißt es selbst recht gut. Zuerst bedrängten mich Kindheitserinnerungen. Wohin ich auch ging, was mein Blick auch berührte – überall erstanden sie vor mir, deutlich, ganz deutlich, bis in die letzte Einzelheit, und gleichsam reglos in ihrer klaren Bestimmtheit. Darauf wechselten diese Erinnerungen mit anderen, dann … dann löste ich mich ganz behutsam vom Vergangenen, und es blieb nur in der Brust etwas wie Schlummerschwere. Stell Dir vor! Da sitz ich so am Wehr, unter einer Weide, und auf einmal, ganz unerwartet, schießen mir Tränen in die Augen, und ich hätte lange geweint, trotz meinem vorgerückten Alter, hätte ich mich nicht vor den Bauernweibern geschämt, die des Weges kamen, mich neugierig anblickten, sich dann, ohne mir das Gesicht zuzuwenden, steif und tief verbeugten und weitergingen. Es wäre mir sehr lieb, könnte ich in solcher Stimmung (weinen werde ich selbstverständlich nicht mehr) bis zu meiner Abreise bleiben, das heißt bis zum September, und es würde mich sehr betrüben, wenn es einem meiner Nachbarn einfiele, mich zu besuchen. Übrigens scheinen Befürchtungen dieser Art grundlos zu sein; Nachbarn, die sehr nahe wohnen, habe ich hier gar nicht. Ich bin sicher, Du verstehst mich; Du weißt doch selbst aus Erfahrung, wie wohltuend Einsamkeit sein kann. Ich habe sie jetzt nötig, nachdem ich so lange in die Ferne geschweift bin.

Langweilen werde ich mich hier nicht. Ich habe etliche Bücher mitgebracht, und im Hause gibt es auch eine ganz ordentliche Bibliothek. Gestern öffnete ich alle Schränke und wühlte lange in den Büchern mit den schimmelnden Einbänden. Viel Interessantes fand ich, Sachen, die mir früher gar nicht aufgefallen waren: den »Candide« in handgeschriebener Übersetzung aus den siebziger Jahren; Zeitungen und Journale aus derselben Zeit; das »Triumphierende Chamäleon« (also Mirabeau); »Le paysan perverti« und so fort. Kinderbücher fielen mir in die Hand, teils aus meiner eigenen Kindheit, teils von meinem Vater und meiner Großmutter, ja sogar, stell Dir vor, von meiner Urgroßmutter. Auf einer ganz abgegriffenen französischen Grammatik in scheckigem Einband stand mit großen Buchstaben zu lesen: »Ce livre appartient à m-lle Eudoxie de Lavrine.« Und die Jahreszahl war hinzugesetzt: »1741«! Ich stieß auf Bücher, die ich einst vom Ausland mitgebracht hatte, so auch Goethes »Faust«. Möglicherweise ist Dir nicht bekannt, daß es eine Zeit gab, da ich den »Faust« (den ersten Teil, versteht sich) auswendig wußte, Wort für Wort; ich konnte mich gar nicht genug in dieses Werk vertiefen. Doch andere Tage, andere Träume – im Laufe der letzten neun Jahre geschah es fast nie, daß ich nach dem Goetheband griff. Mit welch unbeschreiblichem Gefühl erblickte ich jetzt das kleine, nur zu vertraute Büchlein (die schlechte Ausgabe von 1828). Ich nahm es mit, legte mich aufs Bett und begann zu lesen. Wie wirkte auf mich die ganze herrliche erste Szene! Das Erscheinen des Erdgeistes, seine Worte, weißt Du noch: »In Lebensfluten, im Tatensturm ...«, riefen in mir Schauer des Entzückens hervor, wie ich sie lange nicht empfunden hatte. An so vieles erinnerte ich mich: an Berlin, an die Studentenzeit, an Fräulein Klara Stich, an Seydelmann als Mephisto, an die Musik von Raziwill, an alles und jedes. Lange konnte ich nicht einschlafen: Meine Jugend kam zu mir, trat gespenstisch vor mich hin; wie Feuer, wie Gift schoß sie durch meine Adern, das Herz wurde mir weit und wollte sich nicht mehr zusammenziehen, etwas rührte mächtig die Saiten meines Fühlens, und Sehnsüchte wogten auf.

Solchen Truggebilden also gab sich Dein fast vierzigjähriger Freund hin, während er einsam in seinem einsamen Häuschen saß! Hätte mich nun aber jemand beobachtet? Wennschon! Ich hätte mich nicht im mindesten geschämt. Sich schämen ist auch ein Merkmal der Jugend. Weißt Du eigentlich, woran ich gemerkt habe, daß ich älter werde? Ich sage Dir's. Ich gebe mir jetzt Mühe, vor mir selbst meine heiteren Empfindungen zu fördern und die traurigen zu unterdrücken; in den Tagen der Jugend hielt ich es dagegen genau anders. In der Jugend trägt man wohl seine Wehmut wie einen Schatz mit sich herum, und eine Aufwallung von Heiterkeit scheint beinahe sündhaft.

Und dennoch, ungeachtet all meiner Lebenserfahrung, glaube ich, daß es noch Dinge gibt, mein Freund Horatio, von denen ich mir nichts hab träumen lassen, und daß eben diese Dinge womöglich das Wichtigste sind.

Sieh mal an, wohin ich so im Schreiben gerate! Leb wohl! Auf ein andermal. Was treibst Du so in Petersburg? Übrigens, Saweli, mein Dorfkoch, läßt Dich grüßen. Er ist auch gealtert, aber nicht gar zu sehr, dafür ein bißchen dick und schwammig geworden. Die Hühnersuppen mit zerkochter Zwiebel bereitet er noch genauso gut, auch den Quarkkuchen mit verziertem Rand und den Pigus, das berühmte Steppengericht, das Dir die Zunge weiß und pelzig machte, so daß Du sie volle vierundzwanzig Stunden nicht recht gebrauchen konntest. Den Braten freilich läßt er so prasseldürr werden – ganz wie früher –, daß Du damit auf den Teller trommeln kannst, richtig wie Pappe. Nun aber leb wohl.

Dein P. B.

ZWEITER BRIEF

Von demselben an denselben

Gutshaus M., den 12. Juni 1850

Ich habe Dir, bester Freund, eine ziemlich wichtige Neuigkeit zu melden. Vernimm! Gestern, vor dem Mittagessen, hatte ich Lust zu einem Spaziergang – bloß nicht im Garten; ich trat hinaus auf den Weg, der zur Stadt führt. Ohne jedes Ziel mit raschen Schritten auf einem geraden langen Weg zu wandern, das ist sehr angenehm. Du eilst, als warteten auf dich Geschäfte. Da seh ich, ein Wagen kommt mir entgegen. Doch nicht etwa zu mir? frage ich mich mit heimlicher Angst. Aber nein, im Wagen sitzt ein schnurrbärtiger Herr, den ich nicht kenne. Ich bin beruhigt. Doch plötzlich, eben als der Wagen an mir vorbeirollen will, befiehlt dieser Herr dem Kutscher anzuhalten. Er lüftet höflich die Mütze und fragt mich noch höflicher, ob ich nicht der und der sei, wobei er meinen Namen nennt. Ich bleibe meinerseits stehen und erwidere, mir ein Herz fassend, wie ein Angeklagter, den man zum Verhör führt, ja, der sei ich. Und ich starre wie ein Hammel auf den schnurrbärtigen Herrn und flüstere mir zu: Den hast du doch schon mal gesehn!

»Sie erkennen mich nicht?« spricht der andere weiter, während er vom Wagen herabsteigt.

»Kann mich leider nicht erinnern.«

»Aber ich habe Sie sofort wiedererkannt.«

Ein Wort gibt das andere. Es stellt sich heraus, daß es Priimkow ist, weißt Du noch, unser damaliger Kommilitone. Und das soll eine wichtige Neuigkeit sein? fragst Du wohl in diesem Augenblick, bester Semjon Nikolajitsch. Priimkow war doch – so denkst Du weiter –, wenn ich mich recht entsinne, ein ziemlich langweiliger Bursche, wenn auch nicht bösartig und nicht dumm. – Stimmt, Freundchen, doch vernimm, wie das Gespräch weiterging.

»Ich habe mich sehr gefreut«, sagt er, »als ich hörte, daß Sie auf Ihr Gut hier in unserer Nachbarschaft gekommen sind. Übrigens habe nicht nur ich mich gefreut.«

»Darf ich bitten, mir zu verraten«, frage ich, »wer noch so liebenswürdig war …«

»Meine Frau.«

»Ihre Frau?«

»Ja, meine Frau. Sie ist eine alte Bekannte von Ihnen.«

»Und verraten Sie mir bitte auch, wie Ihre Gattin heißt?« frage ich ihn.

»Sie heißt Wera Nikolajewna und ist eine geborene Jelzowa.«

»Wera Nikolajewna!« rufe ich unwillkürlich.

Dies nun ist die wichtige Neuigkeit, von der ich zu Beginn des Briefes sprach.

Aber vielleicht findest Du auch darin nichts Aufhebenswertes. So muß ich Dir denn etwas aus einem vergangenen … längst vergangenen Abschnitt meines Lebens erzählen.

Als wir beide im Jahre 183.. die Universität verließen, zählte ich dreiundzwanzig Jahre. Du tratest in den Staatsdienst, und ich beschloß, wie Du wohl weißt, nach Berlin zu reisen. Aber in Berlin hatte ich vor Oktober nichts zu tun. So wollte ich denn gern den Sommer noch in Rußland verbringen, auf dem Lande; ich wollte zum letztenmal nach Herzenslust faulenzen, um mich danach ernsthaft an die Arbeit zu machen. Inwieweit mir die letztere Absicht zu verwirklichen gelungen ist, darüber will ich mich jetzt nicht verbreiten ... Doch wo könnte ich den Sommer verbringen? fragte ich mich. Auf mein eigenes Gut zu fahren, hatte ich keine Lust: Mein Vater war längst gestorben, nähere Verwandte hatte ich hier nicht – ich fürchtete Einsamkeit, Langeweile. Deshalb nahm ich mit Freuden die Einladung eines Großonkels auf sein Gut im Gouvernement T. an. Er war ein wohlhabender, gutmütiger und schlichter Mann, lebte herrschaftlich und hatte ein Haus mit herrschaftlichen Räumen. Ich richtete mich bei ihm ein. Der Verwandte hatte eine große Familie: zwei Söhne und fünf Töchter. Außerdem logierten in seinem Hause noch in großer Zahl andere Leute. Unaufhörlich kamen Gäste angereist, und trotzdem wurde es nicht recht fröhlich. Die Tage gingen geräuschvoll dahin, unmöglich war es, sich zurückzuziehen. Alles wurde gemeinsam unternommen; alle waren darauf bedacht, sich zu zerstreuen, sich Neues auszudenken, und am Ende jedes Tages waren sie alle furchtbar erschöpft. Solches Leben hat etwas Fades, Plattes. Ich träumte schon vom Abreisen und wartete nur, daß der Namenstag des Großonkels vorbeigehe; doch gerade an diesem Namenstag sah ich auf dem Ball Wera Nikolajewna Jelzowa – und ich blieb.

Sie war damals sechzehn. Sie wohnte mit ihrer Mutter auf einem ganz kleinen Gut, etwa fünf Werst vom Gut meines Verwandten entfernt. Ihr Vater – ein bemerkenswerter Mensch, wie es hieß – hatte früh den Rang eines Obersten erreicht und hätte es noch weiter gebracht, wäre er nicht in jungen Jahren ums Leben gekommen – ein Kamerad erschoß ihn versehentlich auf der Jagd. Wera Nikolajewna war damals noch ein Kind gewesen. Auch ihre Mutter war eine ungewöhnliche Frau: Sie beherrschte mehrere Sprachen, wußte viel. Sie war sieben oder acht Jahre älter gewesen als der Mann, den sie aus Liebe geheiratet hatte; er hatte sie heimlich aus ihrem Elternhaus entführt. Seinen Verlust konnte sie kaum verwinden, und bis zu ihrem Tode (nach Priimkows Worten ist sie bald nach der Heirat ihrer Tochter gestorben) trug sie einzig schwarze Kleider. Ihr Gesicht steht mir noch deutlich vor Augen: ausdrucksvoll, dunkel, mit dichtem, ergrauendem Haar, großen, strengen, gleichsam erloschenen Augen und gerader, schmaler Nase. Ihr Vater – er hieß Ladanow – hatte fünfzehn Jahre in Italien gelebt. Wera Nikolajewnas Mutter war von einer einfachen Bäuerin aus Albano geboren worden, die einen Tag nach der Niederkunft starb, getötet von einem Mann aus Trastevere, ihrem früheren Verlobten, dem Ladanow sie weggenommen hatte. Diese Geschichte hatte damals großes Aufsehen erregt. Nach Rußland zurückgekehrt, verließ Ladanow nicht mehr sein Haus, nicht einmal sein Arbeitszimmer, er befaßte sich mit der Chemie, der Anatomie, mit der Kabbala, wollte das menschliche Leben verlängern, glaubte, daß man mit Geistern in Verkehr treten und die Seelen Verstorbener beschwören könne. Die Nachbarn hielten ihn für einen Zauberer. Seine Tochter liebte er über alle Maßen; er gab ihr selbst jeden Unterricht, aber er verzieh ihr niemals ihre Flucht mit Jelzow, ließ später weder sie noch ihren Mann jemals zu sich, sagte ihnen beiden ein trauriges Leben voraus und starb einsam. Als Witwe verwendete Frau Jelzowa ihre ganze freie Zeit auf die Erziehung der Tochter und empfing fast niemanden. Als ich mit Wera Nikolajewna bekannt wurde, war diese, stell Dir das vor, in ihrem ganzen Leben noch in keiner einzigen Stadt gewesen, nicht einmal in der Kreisstadt.

Wera Nikolajewna ähnelte in nichts den gewöhnlichen russischen Fräulein; ihr war ein besonderes Siegel aufgeprägt. Mich verwunderte von Anfang an die erstaunliche Ruhe all ihrer Bewegungen und Worte. Betriebsamkeit und Aufregung schienen ihr ganz fremd zu sein, sie antwortete einfach und klug, hörte aufmerksam zu. Ihr Gesicht drückte Aufrichtigkeit und Wahrhaftigkeit aus, wie das eines Kindes, doch auch eine gewisse Kühle und Unbewegtheit, ohne darum versonnen zu wirken. Fröhlich war sie nur selten und auch dann nicht so wie andere; die Reinheit einer unschuldigen Seele leuchtete, erquickender als alle Fröhlichkeit, aus ihrem ganzen Wesen. Sie war nicht groß, sehr gut gebaut, ein wenig schmal, hatte regelmäßige, feine Züge, eine untadelige glatte Stirn, goldblondes Haar, eine gerade Nase gleich der Mutter und ziemlich volle Lippen; die schwarzgrauen Augen blickten gleichsam allzu gerade unter den dichten, aufwärts geschwungenen Wimpern hervor. Ihre Hände waren klein, doch nicht sehr schön; talentierte Menschen haben gewöhnlich keine solchen Hände. Und in der Tat, besondere Talente hatte Wera Nikolajewna nicht aufzuweisen. Ihre Stimme klang wie die eines siebenjährigen Mädchens. Ich wurde auf dem Ball bei meinem Großonkel ihrer Mutter vorgestellt, und ein paar Tage später fuhr ich das erstemal zu ihnen.

Frau Jelzowa war eine sehr eigentümliche Persönlichkeit; charaktervoll, beharrlich und konzentriert. Auf mich übte sie großen Einfluß aus; ich verehrte sie und fürchtete sie zugleich. In allem, was sie tat, lag System, auch darin, wie sie ihre Tochter erzog, ohne daß sie indessen deren Freiheit einschränkte. Die Tochter vertraute ihr blind und liebte sie sehr. Frau Jelzowa brauchte ihr nur ein Buch zu geben und ihr zu sagen: Die und die Seite lies nicht!, und Wera Nikolajewna hätte eher noch die vorhergehende Seite ausgelassen, als daß sie auch nur einen Blick auf die verbotene geworfen hätte. Doch Frau Jelzowa hatte auch ihre idées fixes, ihre Steckenpferde. Zum Beispiel fürchtete sie wie das Feuer alles, was auf die Einbildungskraft wirken kann; darum hatte ihre Tochter mit ihren sechzehn Jahren noch keinen einzigen Roman, noch kein einziges Gedicht gelesen, während sie in Geographie, Geschichte und sogar in Naturgeschichte nicht selten mich, den Kandidaten, in Verlegenheit setzte, und wie Du Dich vielleicht erinnerst, war ich als Kandidat keiner der letzten. Einmal versuchte ich, mich mit Frau Jelzowa über ihr Steckenpferd zu unterhalten, obgleich es Mühe kostete, sie ins Gespräch zu ziehen, denn sie war sehr schweigsam. Sie schüttelte nur den Kopf.

»Sie meinen«, sagte sie schließlich, »Werke der Dichtkunst zu lesen sei sowohl nützlich als auch angenehm. Ich glaube, man muß früh im Leben wählen: entweder das Nützliche oder das Angenehme, und muß sich so ein für allemal entscheiden. Auch ich habe einst das eine mit dem anderen verbinden wollen … Es ist unmöglich, es führt zum Untergang oder zu abgeschmackter Plattheit.«

Ja, ein erstaunliches Geschöpf war diese Frau, ein ehrliches, stolzes Geschöpf nicht ohne Fanatismus und eine besondere Art von Aberglauben. »Das Leben macht mir angst«, sagte sie mir einmal. Und es stimmt, sie hatte Angst, Angst vor jenen geheimen Kräften, die auf dem Grunde des Lebens wirken und die manchmal unvermittelt hervorbrechen. Wehe ihrem Opfer! Frau Jelzowa hatte diese Kräfte furchtbar kennengelernt; denk nur an den Tod ihrer Mutter, ihres Mannes, ihres Vaters! Das hätte auch so manchen anderen bang gemacht. Ich sah sie niemals lächeln. Sie hatte sich gleichsam eingeschlossen und den Schlüssel ins Wasser geworfen. Viel Kummer muß sie in ihrem Leben erlitten haben, und niemals hat sie ihn mit jemandem geteilt, alles hat sie in sich verborgen gehalten. So sehr hatte sie sich angewöhnt, ihren Gefühlen keinen freien Lauf zu lassen, daß sie sich sogar scheute, ihre leidenschaftliche Liebe zur Tochter offen zu bekunden; kein einziges Mal küßte sie das Mädchen in meiner Gegenwart, und kein einziges Mal hörte ich sie ihr einen Kosenamen geben, immer sagte sie: Wera. Ich erinnere mich an eine Äußerung von ihr. Ich hatte ihr gegenüber einmal bemerkt, daß wir modernen Menschen uns alle etwas Gewalt antun. »Sich etwas Gewalt antun, das taugt zu nichts«, hatte sie erwidert. »Man muß sich ganz bezwingen oder gar nicht erst daran rühren.«

Nur wenige, sehr wenige Leute kamen gelegentlich als Gäste zur Jelzowa, ich hingegen besuchte sie oft. Insgeheim nahm ich wahr, daß sie mich recht gern mochte, und Wera Nikolajewna gefiel mir außerordentlich. Ich plauderte mit ihr, ging mit ihr spazieren ... Die Mutter hinderte uns nicht daran; die Tochter freilich entfernte sich nicht gern von der Mutter, und ich wiederum fühlte auch nicht das Bedürfnis nach Einsamkeit zu zweit. Wera Nikolajewna hatte die seltsame Gewohnheit, laut zu denken, und nachts im Schlaf sprach sie laut und deutlich von dem, was sie im Laufe des Tages bewegt hatte. Einmal sagte sie, nachdem sie mich lange angesehen und dabei, wie sie es liebte, das Kinn leicht mit der Hand gestützt hatte: »Mir scheint, B. ist ein guter Mensch, aber verlassen kann man sich auf ihn nicht.« Zwischen uns herrschten unbeschwerte Beziehungen, wie zwischen den besten Freunden; ein einziges Mal nur glaubte ich an ihr, ganz fern, ganz tief hinter ihren wachen Augen, etwas zu bemerken, was mich verwunderte, etwas wie wonniges Sehnen und Zärtlichkeit. Aber vielleicht irrte ich mich.

Indessen verstrich die Zeit, und ich mußte schon an die Abreise denken. Aber ich zögerte noch. Wenn ich recht erfaßte, daß ich bald dieses liebe Mädchen, zu dem es mich so hinzog, nicht mehr sehen würde, überlief es mich kalt. Berlin begann seine Anziehungskraft zu verlieren. Ich wagte mir selbst nicht zu gestehen, was in mir vorging, ja, ich begriff überhaupt nicht, was da in mir vorging – in meiner Seele wogte gleichsam ein Nebel. Endlich, eines Morgens, fielen mit einemmal die Schleier. Was soll ich noch suchen, dachte ich, wohin streben? Die Wahrheit wird uns ja doch nicht in die Hand gelegt. Wär's nicht besser, hierzubleiben, zu heiraten? – Und stell Dir vor, dieser Gedanke ans Heiraten erschreckte mich damals überhaupt nicht. Im Gegenteil, er machte mir Freude. Und nicht genug damit: Am selben Tage noch erklärte ich meine Absicht, freilich nicht gegenüber Wera Nikolajewna, wie es zu erwarten gewesen wäre, sondern gegenüber der Jelzowa. Die alte Dame blickte mich an.

»Nein«, sagte sie, »mein Lieber, fahren Sie nach Berlin, tun Sie sich noch ein bißchen Gewalt an. Sie sind ein guter Mensch, aber Wera braucht zur Ehe einen anderen.«

Ich senkte den Kopf, wurde rot, und was Dich wahrscheinlich noch mehr verblüffen wird: Im Grunde gab ich der Jelzowa sogleich recht. Eine Woche später reiste ich ab, und danach sah ich weder sie noch Wera Nikolajewna wieder.

Ich habe Dir meine Abenteuer in Kürze geschildert, weil ich weiß, daß Du das Weitläufige gar nicht liebst. In Berlin vergaß ich Wera Nikolajewna sehr rasch. Aber ich gestehe, es regte mich auf, als ich nun so unerwartet von ihr hörte. Der Gedanke, daß sie so nahe, daß sie meine Nachbarin ist, daß ich sie in den nächsten Tagen sehen werde, bewegt mich stark. Die Vergangenheit erhob sich, wie aus dem Boden gewachsen, unvermittelt vor mir und rückte gegen mich vor. Priimkow erklärte mir, eben darum sei er ja zu mir gekommen: Er wolle unsere alte Bekanntschaft erneuern und hoffe, mich in Bälde bei sich zu sehen. Er ließ mich wissen, daß er bei der Kavallerie gedient habe, als Leutnant in den Ruhestand getreten sei, ein Gut – acht Werst von meinem Dorf entfernt – erworben habe und sich nun mit der Landwirtschaft zu beschäftigen gedenke; er habe drei Kinder gehabt, doch zwei seien gestorben, eine fünfjährige Tochter sei ihm geblieben.

»Und Ihre Frau erinnert sich an mich?« fragte ich.

»Ja, gewiß«, antwortete er ein wenig zögernd. »Natürlich, damals war sie noch, man kann sagen, ein Kind; doch ihre Mutter hat Sie immer sehr gelobt, und Sie wissen ja, wie teuer ihr jedes Wort der Verstorbenen ist.«

Die Worte der Jelzowa, daß ich nicht der rechte Ehemann für Wera sei, kamen mir in den Sinn. *Du* also bist der rechte, dachte ich und warf einen schrägen Blick auf Priimkow. Er verbrachte mehrere Stunden bei mir. Er ist ein lieber, gutmütiger Kerl, er spricht so bescheiden, blickt so sanft – man muß ihn einfach gernhaben. Aber seine geistigen Fähigkeiten sind seit damals, als wir ihn kannten, nicht fortgeschritten. Ich fahre auf jeden Fall zu ihm, vielleicht schon morgen. Ich bin über alle Maßen gespannt, zu sehen, was aus Wera Nikolajewna geworden ist.

Du, alter Gauner, lachst jetzt wahrscheinlich über mich, während Du an Deinem Direktortisch sitzt. Ich werde Dir trotzdem schreiben, welchen Eindruck sie auf mich macht. Leb wohl! Bis zum nächsten Brief.

Dein P. B.

DRITTER BRIEF

Von demselben an denselben

Gutshaus M., den 16. Juni 1850

Nun, mein Lieber, ich bin bei ihr gewesen, habe sie gesehen. Zuallererst sollst Du von einem erstaunlichen Umstand erfahren: Glaub mir's oder glaub mir's nicht, wie Du willst, aber sie hat sich fast gar nicht verändert, weder im Gesicht noch in der Gestalt. Als sie mir entgegentrat, hätte ich beinahe Ah! gerufen, denn ich sah ein siebzehnjähriges Mädchen vor mir, wahrhaftig! Nur die Augen paßten nicht zu einem jungen Mädchen; übrigens waren auch damals ihre Augen zu wach gewesen, um kindlich zu sein. Aber ihre Ruhe ist geblieben, die Klarheit der Züge, die Stimme, keine einzige Falte auf der Stirn, so als hätte sie all die Jahre in Schnee gebettet verbracht. Dabei zählt sie jetzt achtundzwanzig und hat drei Kinder geboren. Unbegreiflich! Denk bitte nicht, daß ich etwa aus Sympathie übertreibe; im Gegenteil, mir hat diese ihre »Unveränderlichkeit« gar nicht gefallen.

Eine Frau von achtundzwanzig Jahren, Gattin und Mutter, darf nicht wie ein junges Mädchen aussehen; sie hätte dann doch umsonst gelebt. Sie empfing mich sehr freundlich, Priimkow aber war über meinen Besuch ganz außer sich vor Wonne. Dieser gutmütige Kerl sieht doch zu, wie er sich an jemanden anschließen kann. Ihr Haus ist sehr gemütlich und sauber. Wera Nikolajewna war auch wie ein junges Mädchen gekleidet: ganz in Weiß, mit einem blauen Gürtel um die Taille und einer feinen goldenen Kette um den Hals. Sie hat ein sehr liebes Töchterchen, das der Mutter überhaupt nicht ähnlich ist; es erinnert vielmehr an die Großmutter. Im Empfangszimmer, überm Sofa, hängt ein verblüffend gut getroffenes Porträt dieser seltsamen Frau. Es fiel mir sofort in die Augen, als ich eintrat. Es schien mir, als betrachtete sie mich streng und aufmerksam. Wir setzten uns, gedachten der alten Zeiten und kamen so allmählich in lebhaftes Plaudern. Unwillkürlich warf ich dann und wann einen Blick auf das düstere Porträt der Jelzowa. Wera Nikolajewna saß unmittelbar unter ihm; es ist ihr Lieblingsplatz. Stell Dir mein Staunen vor: Wera Nikolajewna hat bis zum heutigen Tag keinen einzigen Roman, kein einziges Gedicht gelesen – kurz, kein einziges, wie sie es nennt, ausgedachtes Werk. Solch unbegreifliche Gleichgültigkeit gegenüber den edelsten Freuden des Geistes brachte mich beinahe in Zorn. Bei einer so klugen und, soweit ich es beurteilen kann, feinfühligen Frau ist das einfach unverzeihlich.

»Wie denn«, fragte ich, »Sie haben es sich zur Regel gemacht, niemals solche Bücher zu lesen?«

»Ich hatte keine Gelegenheit«, antwortete sie, »keine Zeit.«

»Keine Zeit! Nicht zu fassen! Dann hätten wenigstens Sie«, fuhr ich, zu Priimkow gewandt, fort, »in Ihrer Frau den Sinn für die Dichtung wecken sollen.«

»Ich hätte es gern …«, setzte Priimkow an, doch Wera Nikolajewna unterbrach ihn.

»Verstell dich nicht, du bist selber kein großer Freund von Gedichten.«

»Gedichte – nun ja«, bekannte er, »die mag ich nicht sehr; aber Romane zum Beispiel …«

»Was tun Sie denn, womit beschäftigen Sie sich abends?« fragte ich. »Spielen Sie Karten?«

»Manchmal spielen wir«, antwortete sie, »aber gibt es denn nicht auch andere Beschäftigungen? Wir lesen auch; es gibt gute Bücher, in denen keine Gedichte stehen.«

»Warum fallen Sie so über die Gedichte her?«

»Ich falle nicht über sie her; ich bin einfach von Kindheit an gewöhnt, keine solchen ausgedachten Werke zu lesen. Meiner Mutter war es so recht, und ich – je länger ich lebe, desto mehr überzeuge ich mich davon, daß alles, was meine Mutter tat, alles, was immer sie sprach, die Wahrheit, die heilige Wahrheit war.«

»Nun, es ist Ihre Sache, aber zustimmen kann ich Ihnen nicht; ich bin überzeugt, es tut Ihnen nicht gut, daß Sie sich des reinsten, rechtmäßigsten Genusses berauben. Sie lehnen doch nicht die Musik, nicht die Malerei ab, warum dann die Dichtkunst?«

»Ich lehne sie nicht ab, ich bin nur bis heute nicht mit ihr bekannt geworden – das ist alles.«

»So nehme ich es auf mich! Ihre Mutter hat Ihnen doch nicht fürs ganze Leben verboten, Werke der schönen Literatur kennenzulernen?«

»Nein. Als ich heiratete, nahm meine Mutter jegliches Verbot zurück; mir selber ist es nie in den Sinn gekommen, solche … wie sagten Sie doch? … nun ja, jedenfalls Romane zu lesen.«

Ich konnte nicht recht fassen, was Wera Nikolajewna da sagte; so etwas hatte ich nicht erwartet.

Sie richtete ihren ruhigen Blick auf mich. So blicken Vögel, wenn sie keine Angst haben.

»Ich bringe Ihnen ein Buch!« rief ich aus. (Mir fiel eben der »Faust« ein, den ich jetzt wieder gelesen hatte.)

Wera Nikolajewna seufzte leise.

»Etwa … etwa von George Sand?« fragte sie nicht ohne Scheu.

»Das heißt, Sie haben doch von ihr gehört? Nun, wennschon, was wäre Schlimmes dabei? Aber nein, ich bringe Ihnen einen anderen Autor. Ihr Deutsch haben Sie doch nicht vergessen?«

»Nein.«

»Sie spricht wie eine Deutsche«, bestätigte Priimkow.

»Wunderbar! Ich bringe Ihnen ... Sie werden ja sehen, was für eine erstaunliche Sache ich Ihnen bringe.«

»Gut, ich werde sehen. Jetzt aber wollen wir in den Garten gehen; Natascha kann nicht länger still sitzen.«

Sie drückte sich einen runden Strohhut auf den Kopf, einen Kinderhut, gerade so einen, wie ihn die Tochter trug, bloß ein bißchen größer, und wir begaben uns in den Garten. Ich ging neben ihr. An der frischen Luft, im Schatten der hohen Linden, schien mir ihr Gesicht noch liebreizender, besonders wenn sie den Kopf ein wenig drehte und zurückbog, um den Blick unterm Hutrand hervor auf mich zu richten. Wäre nicht Priimkow gewesen, der uns folgte, und wäre nicht das vor uns hüpfende kleine Mädchen gewesen, ich hätte wahrhaftig glauben können, ich wäre nicht fünfunddreißig, sondern dreiundzwanzig Jahre alt und hätte die Reise nach Berlin noch vor mir; dies um so mehr, als auch der Garten, in dem wir uns befanden, jenem Garten außerordentlich glich, der zum Gut der Jelzowa gehört hatte. Ich konnte es nicht unterlassen, Wera Nikolajewna meinen Eindruck mitzuteilen.

»Alle sagen mir, ich hätte mich äußerlich wenig verändert«, erwiderte sie. »Übrigens bin ich auch innerlich dieselbe geblieben.«

Wir näherten uns einem Gartenhäuschen im chinesischen Stil.

»So ein Gartenhäuschen hatten wir in Ossinowka nicht«, sagte sie. »Doch achten Sie nicht darauf, wie verfallen und verwittert es aussieht; drinnen ist es sehr schön und kühl.«

Wir traten ein. Ich schaute mich um.

»Wissen Sie was, Wera Nikolajewna«, sagte ich, »lassen Sie zu meinem nächsten Besuch einen Tisch und ein paar Stühle herbringen. Hier ist es in der Tat wunderschön. Ich werde Ihnen hier vorlesen … Goethes ›Faust‹ – das ist es nämlich, was ich Ihnen vorlesen will.«

»Ja, hier gibt es keine Fliegen«, bemerkte sie einfältig. »Und wann kommen Sie wieder?«

»Übermorgen.«

»Gut«, entgegnete sie. »Ich werde die Anweisungen geben.«

Natascha, die zusammen mit uns eingetreten war, schrie plötzlich auf und fuhr ganz bleich zurück.

»Was hast du?« fragte Wera Nikolajewna.

»Ach, Mama«, antwortete das Mädchen und zeigte mit dem Finger in eine Ecke. »Sieh nur, was für eine schreckliche Spinne!«

Wera Nikolajewna blickte in die gewiesene Richtung – eine große gefleckte Spinne kroch langsam die Wand hinauf.

»Da brauchst du doch keine Angst zu haben«, sagte sie, »sie beißt nicht, paß auf.«

Bevor ich sie daran hindern konnte, nahm sie das scheußliche Insekt in die Hand und ließ es über die Handfläche laufen; dann warf sie es hinaus.

»Wie mutig Sie sind!« rief ich.

»Hier braucht es doch keinen Mut! Diese Spinne gehört nicht zu den giftigen.«

»Ich sehe, Sie kennen sie noch ebenso wie früher in der Naturgeschichte aus. Ich jedenfalls würde so eine Spinne nicht anfassen.«

»Man braucht keine Angst vor ihr zu haben«, wiederholte Wera Nikolajewna.

Natascha betrachtete uns schweigend und verzog den Mund zu einem Lächeln.

»Wie ähnlich sie Ihrer Mutter ist!« bemerkte ich.

»Ja«, erwiderte Wera Nikolajewna mit einem Lächeln der

Zufriedenheit, »ich freue mich sehr darüber. Geb's Gott, daß sie ihr nicht nur in den Gesichtszügen gleicht!«

Man rief uns zum Mittagessen, und nach dem Essen fuhr ich heim. (Für Dich, Du Fresser, setze ich hier in Klammern hinzu, daß das Essen sehr gut und schmackhaft war.) Morgen bringe ich ihnen den »Faust«. Hoffentlich falle ich mit dem alten Goethe nicht durch. Ich werde Dir über alles genau berichten.

Na, und was denkst Du jetzt von all diesen »Begebenheiten«? Sicher, daß sie auf mich starken Eindruck gemacht hat, daß ich drauf und dran bin, mich zu verlieben, und so fort. Unsinn, mein Bester! Man kommt in die Jahre, da man auf Würde und Anstand bedacht sein muß. Dummheiten hab ich genug angestellt, Schluß damit! Wenn man so alt ist wie ich, fängt man nicht noch einmal von vorn an. Außerdem haben mir auch früher Frauen von ganz anderem Typ gefallen. Übrigens, was waren das doch für Frauen, die mir einst gefielen!!

> Und ich seh schaudernd, welchen Götzen
> Einst meine Lüsternheit gefrönt!

Auf jeden Fall freue ich mich sehr über diese Nachbarschaft, über die Möglichkeit, dann und wann das kluge, schlichte und lichte Geschöpf zu sehen. Und was weiter geschieht, wirst Du zu gegebener Zeit erfahren.

Dein P. B.

VIERTER BRIEF

Von demselben an denselben

Gutshaus M., den 20. Juni 1850

Die Lesung fand gestern statt, lieber Freund; von den Einzelheiten berichte ich Dir dann noch. Zuallererst aber sollst Du wissen: Es war ein unerwarteter Erfolg ... das heißt, »Erfolg« ist nicht das richtige Wort. Also vernimm! Ich stellte mich zum Mittagessen ein. Bei Tisch waren wir zu sechst: sie, Priimkow, das Töchterchen, die Gouvernante (ein unbedeutendes blasses Wesen), ich und ein alter Deutscher in ziemlich kurzem braunem Frack, sauber, gut rasiert, bescheiden, mit dem ergebensten und ehrlichsten Gesicht, einem zahnlosen Lächeln und dem Geruch von Zichorienkaffee – alle alten Deutschen riechen so. Man machte mich mit ihm bekannt: Er heißt Schimmel und ist Deutschlehrer bei Priimkows Nachbarn, den Fürsten Ch. Wera Nikolajewna scheint ihn zu begönnern und hatte ihn eingeladen, an der Lesung teilzunehmen. Man speiste spät und blieb noch lange am Tisch sitzen; nachher brach man zu einem Spaziergang auf. Das Wetter war prachtvoll. Am Morgen hatte es geregnet, und es war stürmisch gewesen; zum Abend aber beruhigte sich alles. Wir traten – sie mit uns – auf eine Lichtung. Gerade über der Lichtung schwebte leicht und hoch eine große rosafarbene Wolke; rauchgleich zogen sich graue Streifen über sie hin; an ihrem äußersten Ende zitterte, bald sich zeigend, bald verschwindend, ein Sternchen, und nicht weit davon ließ sich auf dem purpurn überhauchten Blau die weiße Sichel des Mondes blicken. Ich zeigte Wera Nikolajewna diese Wolke.

»Ja«, sagte sie, »sie ist wunderschön, aber schauen Sie dorthin.«

Ich drehte mich um. Die untergehende Sonne verdeckend,

schob sich eine riesige dunkelblaue Gewitterwolke herauf; sie bot das Bild eines feuerspeienden Berges. Von ihrem Gipfel sprühte eine breite Garbe über den Himmel; unheildrohendes Flammenrot faßte sie mit einem grellen Saum, und an einer Stelle, genau in der Mitte, durchbrach dieses Rot die schwere Masse, wie emporgeschleudert aus glühendem Schlund.

»Es wird ein Gewitter geben«, bemerkte Priimkow.

Doch ich komme von der Hauptsache ab. Im letzten Brief vergaß ich Dir zu sagen, daß ich es nach meinem vorigen Besuch bei den Priimkows bereute, gerade den »Faust« genannt zu haben; für den Anfang hätte sich Schiller weit besser geeignet, wenn man schon bei den Deutschen bleiben will. Besorgnis hegte ich vor allem wegen der ersten Szenen, vor der Bekanntschaft mit Gretchen; auch hinsichtlich Mephistos war mir nicht ganz geheuer. Aber ich stand unter dem Einfluß des »Faust«, und nichts anderes hätte ich jetzt mit Lust gelesen. Als es schon ganz dunkel war, begaben wir uns zum chinesischen Gartenhäuschen; man hatte es am Vortage in Ordnung gebracht. Genau gegenüber der Tür, vor einem kleinen Sofa, stand ein runder Tisch, darauf lag ein dickes Tuch. Rundherum waren Sessel und Stühle verteilt. Auf dem Tisch brannte eine Lampe. Ich setzte mich auf das kleine Sofa, holte das Buch hervor. Wera Nikolajewna ließ sich etwas abseits vom Tisch, in einem Sessel nahe der Tür, nieder. Draußen hob sich, von der Lampe beschienen, ein schwankender grüner Akazienzweig vom dunklen Hintergrund ab; dann und wann drang ein Schwall frischer nächtlicher Luft in den Raum. Priimkow nahm neben mir am Tische Platz, der Deutsche ihm zur Seite. Die Gouvernante war mit Natascha im Wohnhaus geblieben. Ich sprach ein paar Worte zur Einführung: erwähnte die alte Legende vom Doktor Faust, äußerte mich über die Rolle des Mephistopheles, über Goethe selbst und bat die Anwesenden, mich zu unterbrechen, wenn etwas unverständlich sein sollte. Dann räusperte ich mich. Priimkow fragte mich, ob ich ein Glas Zuckerwasser haben möchte, und es war ihm deutlich anzusehen, daß es ihn sehr befriedigte, mir diese Frage gestellt zu haben. Ich lehnte ab. Tiefes Schweigen trat ein. Ich begann zu lesen, ohne die Augen vom Buch zu heben; mir war beklommen zumute, das Herz pochte, und die Stimme zitterte. Der erste Laut des Mitfühlens entrang sich dem Deutschen, und auch später brach einzig er das Schweigen meiner Zuhörer. »Wunderbar! Erhaben!« wiederholte er in gewissen Abständen, und manchmal fügte er hinzu: »Oh, das ist tiefsinnig.« Priimkow langweilte sich, das war unverkennbar; er versteht ja ziemlich wenig Deutsch und hat selbst zugegeben, daß er Verse nicht mag! Was zwang ihn aber auch, dabeizusein! Bei Tisch hatte ich andeuten wollen, daß die Lesung auch ohne ihn stattfinden könne, aber ich hatte es doch nicht gewagt. Wera Nikolajewna rührte sich nicht. Zwei-, dreimal warf ich ihr verstohlen einen Blick zu; ich sah ihre Augen gerade auf mich geheftet, und ihr Gesicht schien mir blaß. Nach der ersten Begegnung zwischen Faust und Gretchen richtete sie sich im Sessel auf, faltete die Hände und verharrte so unbeweglich bis zum Schluß. Ich spürte, daß es Priimkow recht unbehaglich zumute war, und das kühlte mich ab; doch allmählich vergaß ich ihn – ich begeisterte mich und las hingerissen, mit Feuer. Ich las einzig für Wera Nikolajewna; eine innere Stimme sagte mir, daß der »Faust« auf sie wirke. Als ich geendet hatte (den Walpurgisnachttraum ließ ich aus, weil dieses Stück seiner Art nach schon zum zweiten Teil gehört; auch sonst kürzte ich die Walpurgisnacht), als das letzte »Heinrich!« verklungen war, sagte der Deutsche gerührt: »Mein Gott, wie schön!« Priimkow sprang mit geradezu strahlender Miene auf (der Arme!), holte geräuschvoll Luft und dankte mir umständlich für das

Vergnügen, das ich allen bereitet hätte. Aber ich erwiderte ihm nichts, ich blickte auf Wera Nikolajewna. Auf ihr Urteil kam es mir an. Sie stand auf, trat mit unsicheren Schritten zur Tür, hielt eine Weile auf der Schwelle inne und ging dann ganz sacht hinaus in den Garten. Ich stürzte ihr nach. Sie hatte sich indessen schon ein paar Schritte entfernt; ihr Kleid schimmerte schwach im dichten Schatten.

»Nun«, rief ich, »hat es Ihnen gefallen?«

Sie blieb stehen.

»Können Sie mir das Buch dalassen?« fragte sie zurück.

»Ich schenke es Ihnen, Wera Nikolajewna, wenn Sie es haben möchten.«

»Vielen Dank!« antwortete sie und war verschwunden.

Priimkow und der Deutsche traten zu mir.

»Wie erstaunlich warm es ist!« bemerkte Priimkow. »Beinahe schwül. Aber wohin ist meine Frau gegangen?«

»Offenbar zum Haus«, antwortete ich.

»Ich denke, es ist bald Zeit zum Abendessen«, erklärte er. »Sie haben vortrefflich gelesen«, fügte er nach einer Weile hinzu.

»Der ›Faust‹ scheint Wera Nikolajewna gefallen zu haben«, sagte ich.

»Ohne Zweifel!« erwiderte Priimkow.

»Oh, natürlich«, bestätigte Schimmel.

Wir erreichten das Wohnhaus.

»Wo ist die gnädige Frau?« fragte Priimkow die Zofe, die uns eben in den Weg lief.

»Sie geruhten ins Schlafzimmer zu gehen.«

Priimkow begab sich ins Schlafzimmer.

Ich trat mit Schimmel auf die Terrasse. Der alte Mann hob die Augen zum Himmel.

»So viele Sterne!« meinte er bedächtig und schnupfte Tabak. »Und ebenso viele Welten!« ergänzte er und nahm eine zweite Prise.

Ich hielt es nicht für nötig, ihm zu antworten, blickte nur schweigend hinauf. Eine bange Frage bedrückte meine Seele. Die Sterne, so schien es mir, sahen ernst auf uns herab. Nach fünf Minuten zeigte sich Priimkow und holte uns ins Speisezimmer. Bald darauf kam auch Wera Nikolajewna.

Wir setzten uns.

»Schauen Sie mal auf Werotschka«, sagte Priimkow zu mir.

Ich betrachtete sie.

»Nun? Fällt Ihnen nichts auf?«

Ich bemerkte in der Tat in ihren Zügen eine Veränderung, aber ich antwortete, ich weiß nicht warum:

»Nein, nichts.«

»Ihre Augen sind gerötet«, fuhr Priimkow fort.

Ich blieb stumm.

»Stellen Sie sich vor, ich ging hinauf zu ihr, und was mußte ich sehen: Sie weinte. Das ist schon lange nicht mehr vorgekommen. Ich kann Ihnen sagen, wann sie das letztemal geweint hat: als wir unsere Sascha verloren. Das also haben Sie mit Ihrem ›Faust‹ angerichtet!« fügte er lächelnd hinzu.

»Also jetzt, Wera Nikolajewna«, begann ich, »sehen Sie selbst, daß ich recht hatte, als …«

»Ich hatte das nicht erwartet«, unterbrach sie mich, »aber vorerst weiß Gott allein, ob Sie recht hatten. Vielleicht hat mir meine Mutter eben deswegen verboten, solche Bücher zu lesen; sie wußte …«

Wera Nikolajewna hielt inne.

»Was wußte sie?« drängte ich. »Sprechen Sie.«

»Wozu? Mir ist es schon peinlich genug – warum habe ich eigentlich geweint? Im übrigen werden wir uns noch darüber unterhalten. Manches habe ich gar nicht begriffen.«

»Warum haben Sie mich nicht unterbrochen?«

»Die Worte habe ich alle verstanden, auch ihren Sinn, aber ...«

Sie sprach nicht weiter und wurde nachdenklich. In diesem Augenblick drang vom Garten das Rauschen der unvermittelt von einem Windstoß bewegten Blätter herein. Wera Nikolajewna erbebte und wandte ihr Gesicht dem offenen Fenster zu.

»Nun, was habe ich gesagt? Es gibt ein Gewitter!« rief Priimkow. »Doch warum erschrickst du da so, Werotschka?«

Sie sah ihn stumm an. Der Widerschein eines schwach und fern aufflammenden Blitzes huschte geheimnisvoll über ihr starres Gesicht.

»Alles von ›Fausts‹ Gnaden«, fuhr Priimkow fort. »Nach dem Abendessen sollten wir uns gleich zur Ruhe begeben, nicht wahr, Herr Schimmel?«

»Nach einem geistigen Genuß ist physische Erholung ebenso wohltuend wie nützlich«, erwiderte der gute Deutsche und trank ein Gläschen Wodka.

Als das Essen beendet war, gingen wir sogleich auseinander. Ich sagte Wera Nikolajewna gute Nacht und drückte ihr dabei die Hand – ihre Hand war kalt. Ich suchte das Zimmer auf, das man für mich hergerichtet hatte, und dachte noch lange nicht daran, mich auszuziehen und niederzulegen, vielmehr stellte ich mich ans Fenster und blickte lange hinaus. Priimkows Vorhersage erwies sich als richtig – das Gewitter rückte näher und entlud sich. Ich horchte auf das Rauschen des Windes, das Trommeln und Klatschen des Regens, beobachtete, wie bei jedem Blitz die Kirche, die in der Nähe, am Ufer des Sees, erbaut war, bald mit einem Schlage schwarz auf weißem Hintergrund, dann wieder weiß auf schwarzem Hintergrund erschien, um sogleich wieder vom Dunkel verschlungen zu werden. Meine Gedanken freilich beschäftigten sich mit anderem. Ich dachte an Wera Nikolajewna, dachte daran, was sie mir wohl sagen werde, wenn sie selber den »Faust« gelesen haben wird, dachte an ihre Tränen und erinnerte mich, wie sie zugehört hatte.

Unterdessen zog das Gewitter vorüber, die Sterne leuchteten auf, alles ringsum verstummte. Ein mir unbekannter Vogel sang auf die mannigfaltigste Weise, wobei er immer mehrere Male dieselbe Strophe wiederholte. Seine einsame, voll tönende Stimme klang seltsam in der tiefen Stille, und ich legte mich noch immer nicht ins Bett.

Am nächsten Morgen ging ich früher als alle anderen ins Empfangszimmer hinunter und blieb vor dem Bildnis der Jelzowa stehen. Siehst du, dachte ich mit ein wenig triumphierendem Spott, nun hab ich's doch geschafft, deiner Tochter ein verbotenes Buch vorzulesen! Plötzlich kam es mir vor – du hast sicher auch schon bemerkt, daß Augen, die en face gemalt sind, sich immer gerade auf den Betrachter zu richten scheinen –, also diesmal kam es mir wahrhaftig so vor, als blickte mich die alte Frau vorwurfsvoll an.

Ich wandte mich ab, trat zum Fenster und sah draußen Wera Nikolajewna. Den Sonnenschirm über die Schulter gelegt, ein leichtes weißes Tüchlein um den Kopf, spazierte sie durch den Garten. Ich ging sogleich hinaus und begrüßte sie.

»Die ganze Nacht habe ich nicht geschlafen«, sagte sie zu mir. »Der Kopf tut mir weh, deshalb bin ich an die Luft gegangen – vielleicht vergehen die Schmerzen.«

»Doch hoffentlich nicht wegen der gestrigen Lesung?« fragte ich.

»Natürlich wegen der Lesung – an so etwas bin ich nicht gewöhnt. In Ihrem Buch gibt es Dinge, die ich einfach nicht loswerden kann; sie sind es wohl, die mir im Kopf so brennen«, meinte sie und legte die Hand auf die Stirn.

»Eigentlich wunderbar«, erwiderte ich, »nur eines ist schlimm: Ich fürchte, diese Schlaflosigkeit, diese Kopfschmerzen nehmen Ihnen die Lust, solche Sachen zu lesen.«

»Glauben Sie?« entgegnete sie und riß im Vorbeigehen von einem Pfeifenstrauch ein Zweiglein ab. »Weiß der Himmel! Mir scheint, wer diesen Weg einmal betreten hat, kann nicht mehr zurück.« Sie warf unvermittelt den Zweig beiseite. »Setzen wir uns in diese Laube«, fuhr sie fort, »und bitte, solange ich nicht selbst davon anfange, erwähnen Sie mir nicht ... dieses Buch.« (Sie schien Angst zu haben, den Namen »Faust« auszusprechen.)

Wir traten in die Laube, setzten uns.

»Ich werde nichts vom ›Faust‹ sagen«, begann ich, »aber erlauben Sie mir, Sie zu beglückwünschen und Ihnen zu verraten, daß ich Sie beneide.«

»Sie beneiden mich?«

»Ja; denn Ihnen, so wie ich Sie jetzt kenne, mit Ihrer Seele, stehen unvergleichliche Genüsse bevor! Neben Goethe gibt es andere große Dichter: Shakespeare, Schiller ... Ja, auch unseren Puschkin – auch mit ihm müssen Sie bekannt werden.«

Sie schwieg und kritzelte mit der Sonnenschirmspitze in den Sand.

Oh, Semjon Nikolajitsch, mein Freund! Hättest Du sehen können, wie reizend sie in diesem Augenblick war: blaß, beinahe durchsichtig, leicht nach vorn geneigt, müde, im Innern aufgewühlt und dennoch eine Erscheinung, licht wie der Himmel! Ich redete, redete lange, dann verstummte ich – und so saß ich schweigend und sah sie an.

Sie hob nicht die Augen, kritzelte weiter mit dem Sonnenschirm oder verwischte das, was sie vorher gekritzelt hatte. Plötzlich waren flinke Kinderschritte zu hören; Natascha rannte in die Laube herein. Wera Nikolajewna straffte sich, stand auf und schlang zu meiner Verwunderung mit beinahe ungestümer Zärtlichkeit die Arme um ihre Tochter. Das ist sonst nicht ihre Art. Wenig später erschien Priimkow. Herr Schimmel, das große Kind – grauhaarig, doch akkurat –, war schon vor Tagesanbruch abgefahren, um nicht seinen Unterricht zu versäumen. Wir gingen Tee trinken.

Jetzt bin ich aber müde; es wird Zeit, den Brief abzuschließen. Er muß Dir wirr und dunkel vorkommen. Ich fühle mich selbst ganz verwirrt. Mir ist gar nicht wohl. Ich weiß nicht, was mit mir vorgeht. Immer wieder sehe ich mich in den kleinen Raum mit den kahlen Wänden versetzt, sehe die Lampe, die geöffnete Tür, nehme den Duft und die Frische der Nacht wahr und erkenne neben der Tür ein aufmerksames junges Gesicht, leichte weiße Kleider ... Jetzt begreife ich, warum ich sie hatte heiraten wollen; offenbar bin ich damals, vor der Reise nach Berlin, doch nicht so dumm gewesen, wie ich bisher glaubte. Ja, Semjon Nikolajitsch, in einer seltsamen Gemütsverfassung befindet sich Dein Freund. Ich weiß, das alles geht vorüber, und wenn es nicht vorübergeht, was tut's? Dann bleibt es eben. Trotzdem bin ich mit mir zufrieden; denn erstens habe ich einen wunderbaren Abend verbracht, und zweitens – wenn ich diese Seele aufgeweckt habe, wer kann mir daraus einen Vorwurf machen? Die alte Jelzowa ist an die Wand geheftet und muß schweigen. Die alte Frau! Mir sind nicht alle Einzelheiten ihres Lebens bekannt, doch ich weiß, daß sie aus dem Vaterhaus geflohen ist – offenbar war sie nicht umsonst von einer Italienerin geboren. Sie hatte ihre Tochter wohl beschirmen wollen ... Wir werden sehen.

Ich werfe die Feder hin. Du spottlustiger Mensch, denk nun über mich, was Du willst, bitte sehr; aber gieß Deinen Spott über mich nicht schriftlich aus. Wir sind alte Freunde und sollten einander schonen. Leb wohl!

Dein P. B.

FÜNFTER BRIEF

Von demselben an denselben

Gutshaus M., den 26. Juli 1850

Lange habe ich Dir nicht geschrieben, mein lieber Semjon Nikolajitsch, ich glaube, über einen Monat nicht. Zu berichten gab es viel, doch die Trägheit war stärker. Offen gesagt, ich habe in der ganzen Zeit kaum an Dich gedacht. Aber aus Deinem letzten Brief an mich kann ich schließen, daß Du hinsichtlich meiner Person Vermutungen hegst, die ungerechtfertigt, das heißt nicht ganz gerechtfertigt sind. Du meinst, ich hätte mich von Wera (es behagt mir nicht, sie Wera Nikolajewna zu nennen) ganz bezaubern lassen; Du irrst Dich. Gewiß, ich sehe sie oft, sie gefällt mir außerordentlich … Doch wem würde sie nicht gefallen? Ich wüßte gern, was Du an meiner Stelle tätest. Ein erstaunliches Geschöpf! Aufblitzende Geistesschärfe neben der Unerfahrenheit eines Kindes, ein klarer, gesunder Verstand und ein angeborenes Gefühl für Schönheit, beständiges Trachten nach Wahrheit, Streben nach Höherem, Verständnis für alles, selbst für das Verwerfliche, selbst für das Lächerliche, und über allem, gleich weißen Engelsflügeln, sanfte weibliche Anmut. Was soll ich noch sagen! Wir haben in diesem Monat viel gelesen, uns lange unterhalten. Mit ihr zu lesen ist eine Wonne, wie ich sie noch nie empfunden hatte. Es ist, als entdeckte man neue Länder. In lautes Entzücken ist sie durch nichts zu bringen, alles Lärmende ist ihr fremd; es geht ein stilles Leuchten von ihr aus, wenn ihr etwas gefällt, und ihr Gesicht blickt dann so edel und gut ... jawohl, gut. Von frühester Kindheit an weiß Wera nicht, was Lüge ist; sie kennt nur Wahrheit, atmet Wahrheit, und deshalb scheint ihr in der Dichtkunst einzig die Wahrheit natürlich. Sie erkennt sie sofort, ohne Mühe und Aufwand, erkennt sie wie ein vertrautes Gesicht. Ein großer Vorzug und ein großes Glück! Dafür muß man wirklich ihrer Mutter freundlich gedenken. Viele Male sagte ich mir, wenn ich Wera betrachtete: Ja, Goethe hat recht, »ein guter Mensch in seinem dunklen Drange ist sich des rechten Weges wohl bewußt«. Eins freilich ist ärgerlich: Ihr Mann ist immer dabei. (Bitte, nur kein dummes Grinsen! Nicht einmal in Gedanken sollst Du unsere reine Freundschaft beschmutzen.) Er versteht von der Dichtkunst ebensoviel wie ich vom Flötenspiel, und doch läßt er seine Frau nicht allein; er wünscht sich gleichfalls zu bilden. Manchmal stellt sie selbst meine Geduld auf eine harte Probe; da kommen plötzlich Launen über sie: Sie will weder lesen noch sich unterhalten, setzt sich über den Stickrahmen, widmet sich Natascha, gibt der Beschließerin Anweisungen, läuft in die Küche oder sitzt einfach da und schaut mit verschränkten Armen zum Fenster hinaus, wenn sie nicht gar darauf verfällt, mit der Kinderfrau Schafskopf zu spielen. Ich habe bemerkt, daß man in solchen Fällen nicht auf sie einreden darf, sondern besser abwartet, bis sie von selbst kommt, sich wieder zum Sprechen bereit findet oder zum Buch greift. Selbständigkeit besitzt sie viel, und darüber freue ich mich sehr. Weißt Du noch, in unserer Jugend geschah es doch manchmal, daß einem irgend so ein Mädchen schlecht und recht die eigenen Worte wiederholte; man war außer sich vor Entzücken ob dieses Echos, vertraute ihm wohl grenzenlos, bis einem endlich ein Licht aufging. Bei ihr aber ist es ganz anders – sie plappert nichts nach. Auf Treu und Glauben nimmt sie nichts an, mit

Autorität kann man sie nicht schrecken; sie streitet zwar nicht, aber sie gibt auch nicht nach. Über den »Faust« haben wir uns mehr als einmal unterhalten; aber merkwürdigerweise spricht sie von sich aus niemals über Gretchen, sie hört sich nur an, was ich sage. Mephistopheles erschreckt sie nicht als Teufel, sondern als »so etwas, was in jedem Menschen sein kann«. Das sind ihre eigenen Worte. Ich wollte ihr auseinandersetzen, daß wir dieses »Etwas« Reflexion nennen; doch sie verstand das Wort »Reflexion« nicht in dem Sinne, wie es im Deutschen gebraucht wird. Sie kennt nur die französische »réflexion« und ist gewohnt, sie als nützlich zu beurteilen. Seltsam sind unsere Beziehungen! In gewisser Hinsicht kann ich behaupten, daß ich auf sie großen Einfluß habe und sie gleichsam erziehe; aber auch sie formt mich, ohne es selbst zu bemerken, in manchem zum Besseren um. Zum Beispiel habe ich es ihr zu verdanken, daß ich jetzt entdeckte, wie unendlich viel Konventionelles, Rhetorisches in so manchem sehr schönen und bekannten poetischen Werk steckt. Was sie kalt läßt, ist in meinen Augen schon verdächtig. Ja, ich bin besser geworden, und heller ist es in mir. Ihr nahe zu sein, sie oft zu sehen und derselbe zu bleiben, der man war – das ist unmöglich.

Was soll aus alledem werden? wirst Du fragen. Ja, ich meine, eigentlich gar nichts. Ich werde die Zeit bis zum September höchst angenehm verbringen und dann abreisen. Ich ahne, in den ersten Monaten danach wird mir das Leben düster und langweilig sein. Doch ich werde mich daran gewöhnen. Ich weiß, wie gefährlich jegliche Art Beziehung zwischen einem Mann und einer jungen Frau ist, wie unmerklich das eine Gefühl in ein anderes übergeht. Gewiß brächte ich es fertig, mich loszureißen, wenn ich nicht deutlich spürte, daß wir beide ganz ruhig bleiben. Einmal freilich ist zwischen uns etwas Seltsames vorgefallen. Ich erinnere mich, wir lasen den »Onegin«, und – ich weiß nicht, wie es kam – ich küßte ihr die Hand. Sie rückte ein wenig zur Seite, sah mich mit großen Augen an (außer bei ihr habe ich bei niemandem je einen solchen Blick bemerkt; in ihm verrät sich Nachdenken und Aufmerksamkeit und eine gewisse Strenge), errötete plötzlich, stand auf und ging fort. An jenem Tag gelang es mir nicht mehr, mit ihr allein zu sein. Sie wich mir aus und spielte geschlagene vier Stunden mit ihrem Mann, der Kinderfrau und der Gouvernante ihre Kartenpartien! Am nächsten Morgen schlug sie mir einen Spaziergang im Garten vor. Wir durchquerten ihn ganz und erreichten den See. Dort flüsterte sie unvermittelt, ohne sich umzuwenden: »Bitte, tun Sie das nicht wieder!« Und begann mir sogleich etwas zu erzählen. Ich war sehr beschämt.

Ich muß gestehen, ihr Bild kommt mir nicht mehr aus dem Sinn, und fast schreibe ich Dir diesen Brief nur, weil er mir Gelegenheit bietet, an sie zu denken und von ihr zu sprechen. Ich höre Pferde trappeln und schnauben – mein Wagen steht bereit. Ich fahre zu ihnen. Mein Kutscher fragt schon nicht mehr, wohin es geht, wenn ich mich in den Wagen setze; er bringt mich geradeswegs zu den Priimkows. Zwei Werst von ihrem Dorf, wo der Weg sich scharf wendet, schaut ihr Gutshaus unvermittelt hinter einem Birkenhain hervor. Jedesmal wird mir freudig ums Herz, sobald ich in der Ferne ihre Fenster blitzen sehe. Schimmel (dieser arglose alte Mann stellt sich von Zeit zu Zeit bei ihnen ein; mit den Fürsten Ch. sind sie, Gott sei Dank, nur einmal zusammengekommen), Schimmel also hat einmal mit der ihm eigenen bescheidenen Feierlichkeit vor dem Haus, in dem Wera wohnt, sehr treffend gesagt: »Es ist ein Hort des Friedens!« Hier scheint sich der Engel des Friedens tatsächlich niedergelassen zu haben.

Mit deinem Flügel schirme mich,
Schenk dem gequälten Herzen Ruh!

Ich fühl's, die Seele wonniglich
Verzauberst und erquickest du.

Jetzt aber ist es genug, sonst stellst Du Dir Gott weiß was vor. Bis zum nächstenmal. Was werde ich Dir wohl das nächstemal zu schreiben haben? Leb wohl! Übrigens sagt sie niemals: »Leben Sie wohl«, sondern immer: »Nun, leben Sie wohl.« Mir gefällt das schrecklich.

Dein P. B.

PS: Ich kann mich nicht besinnen, ob ich Dir's gesagt habe: Sie weiß, daß ich einmal um ihre Hand anhielt.

SECHSTER BRIEF

Von demselben an denselben

Gutshaus M., den 10. August 1850

Gib's zu, Du erwartest von mir einen Brief entweder voll Verzweiflung oder voll Entzücken. Doch nichts dergleichen! Mein Brief wird so sein wie alle Briefe. Nichts Neues hat sich ereignet, es kann sich offenbar auch gar nichts ereignen. Kürzlich machten wir eine Bootsfahrt auf dem See. Das will ich Dir schildern. Wir waren zu dritt: sie, Schimmel und ich. Ich begreife nicht, was für ein Vergnügen sie daran findet, so oft den alten Mann einzuladen. Die Fürsten Ch. beschweren sich schon, sie sagen, er vernachlässige den Unterricht. Diesmal unterhielt er uns übrigens aufs beste. Priimkow fuhr nicht mit uns, er hatte Kopfschmerzen. Das Wetter war prächtig, heiter: große, an den Rändern zerrissene weiße Wolken auf blauem Himmel, überall Glanz, Rauschen in den Bäumen, Plätschern am Ufer, flüchtiges, sich schlängelndes Goldflimmern auf den Wellen, Frische und Sonne! Zuerst ruderten der Deutsche und ich, dann hißten wir das Segel und flogen dahin. Munter furchte der Bug das Wasser, und hinterm Heck brodelte und schäumte unsere Spur. Sie hatte sich ans Steuer gesetzt und führte es. Um den Kopf hatte sie ein Tuch gebunden, denn einen Hut hätte es weggeweht; ein paar Locken stahlen sich unter dem Tuch hervor und spielten weich im Wind. Sie hielt das Ruder fest in ihrer kleinen sonnenverbrannten Hand und lächelte über die Spritzer, die ihr dann und wann ins Gesicht flogen. Ich kauerte auf den Bodenplanken, nicht weit von ihren Füßen; der Deutsche holte die Pfeife hervor, stopfte sie mit seinem Knaster und – stell Dir vor – fing an zu singen, mit recht angenehmem Baß. Zuerst sang er das alte Lied *»Freut euch des Lebens!«* *, dann eine Arie aus der »Zauberflöte«, darauf noch ein Lied, das hieß *»Das ABC der Liebe«* *. Da werden – mit den entsprechenden Verschen, versteht sich – alle Buchstaben des Alphabets durchgenommen; es beginnt mit *»A, B, C, D, wenn ich dich seh«** und endet mit *»U, V, W, X, mach einen Knicks!*«*. Er trug alle Strophen recht gefühlvoll vor; aber man muß gesehen haben, wie schalkhaft er bei dem Wort *»Knicks«** das linke Auge zukniff! Wera lachte auf und drohte ihm mit dem Finger. Ich bemerkte gegenüber Herrn Schimmel, er habe es gewiß in seiner Jugend faustdick hinter den Ohren gehabt. »O ja«, erwiderte er mit bedeutsamer Miene, »ich wußte meinen Mann zu stehen!« Er klopfte die Asche aus der Tabakspfeife auf seine Handfläche, dann hielt er die Pfeife verwegen mit den Zähnen im Mundwinkel, während er mit den Fingern in den Tabaksbeutel fuhr. »Wie ich Student war«, sprach er weiter, »ohoho!« Mehr sagte er nicht, aber was war das für ein Ohoho! Wera bat ihn, ein Studentenlied zu singen, und er sang für sie das vom *»Knaster, dem gelben«**; bei der letzten Note freilich schnappte die Stimme über. Er war eben sehr ausgelassen. Unterdessen hatte sich der Wind verstärkt, die Wellen gingen ziemlich hoch, das Boot schlingerte ein wenig; die Schwalben schossen in geringer Höhe um uns herum. Wir holten das Segel dicht, begannen zu kreuzen. Plötzlich sprang der Wind um, wir kamen nicht zurecht – eine Welle schlug herein, das Boot schöpfte viel Wasser. Auch hier erwies sich der Deutsche als tüchtiger Kerl; er riß mir die Schot aus der Hand und brachte das Segel in die richtige Lage, wobei er sagte: *»So macht man's in Cuxhaven!«**

Wera erschrak wahrscheinlich, denn sie wurde blaß, aber nach ihrer Gewohnheit sprach sie kein Wort; sie raffte ein wenig das Kleid und stemmte die Fußspitzen gegen einen Spanten des Bootes. Ich erinnerte mich plötzlich an ein Gedicht von Goethe (seit einiger Zeit nimmt er mich ganz gefangen); weißt Du, es heißt dort: »Auf der Welle blinken tausend schwebende Sterne ...« Ich deklamierte es laut, und als ich an die Stelle kam: »Aug', mein Aug', was sinkst du nieder?«, hob sie sacht die Augen (ich saß tiefer als sie; ihr Blick traf mich von oben) und schaute lange, wegen des Windes blinzelnd, in die Ferne. Unvermittelt setzte ein schwacher Regen ein; die Tropfen riefen Bläschen auf der Wasserfläche hervor. Ich bot ihr meinen Paletot an; sie legte ihn um die Schultern. Wir stießen ans Ufer – nicht am Landesteg – und gingen zu Fuß nach Hause. Sie nahm den Arm, den ich ihr reichte. Die ganze Zeit drängte es mich, ihr etwas zu sagen, aber ich schwieg. Immerhin besinne ich mich, sie gefragt zu haben, warum sie zu Hause stets unter Frau Jelzowas Bildnis sitze, wie ein Vogeljunges unterm Flügel der Mutter. »Ihr Vergleich trifft es genau«, erwiderte sie, »ich hätte ewig unter ihrem Flügel bleiben mögen.« – »Und sich niemals Freiheit gewünscht?« fragte ich weiter. Sie antwortete nichts.

Ich weiß nicht, warum ich Dir diese Bootsfahrt geschildert

habe, vielleicht deswegen, weil sie in meinem Gedächtnis als eines der freudigsten Ereignisse der letzten Tage haftengeblieben ist, wenn es auch im Grunde gar kein Ereignis war. Mir ist so vergnügt und unsäglich heiter ums Herz gewesen, und Tränen, Tränen der Wonne und des Glücks sind mir noch und noch in die Augen gestiegen.

Ja, stell Dir vor, wie ich am Tag darauf im Garten an der Laube vorbeigehe, höre ich plötzlich eine angenehme, voll klingende Frauenstimme singen: *»Freut euch des Lebens ...«** Ich blicke in die Laube – es ist Wera. »Bravo!« rufe ich. »Ich habe gar nicht gewußt, daß Sie so eine prächtige Stimme haben!« Sie schämt sich und verstummt. Ernsthaft, sie hat einen vortrefflichen, kräftigen Sopran. Dabei ahnt sie, glaube ich, überhaupt nicht, wie gut ihre Stimme ist. Wieviel ungehobene Schätze ruhen noch in ihr! Sie kennt sich selber nicht. Nicht wahr, so eine Frau ist in unseren Tagen eine Seltenheit!

12. August

Ein höchst merkwürdiges Gespräch hatten wir gestern. Die Rede kam zuerst auf Geistererscheinungen. Stell Dir vor, sie glaubt an so etwas und meint, sie habe dafür ihre Gründe. Priimkow, der dabeisaß, senkte den Blick und wiegte das Haupt, als bestätige er ihre Worte. Ich wollte in sie dringen, bemerkte aber bald, daß ihr dieses Gespräch unangenehm war. Darauf unterhielten wir uns über die Phantasie, über die Vorstellungskraft. Ich erzählte, daß ich mich in meiner Jugend oft Träumereien vom Glück hingab (eine übliche Beschäftigung für Menschen, die im Leben kein Glück hatten und keines haben) und daß einer dieser Träume darin bestand, mir vorzugaukeln, welch eine Wonne es wäre, mit einer geliebten Frau ein paar Wochen in Venedig zu verbringen. So oft dachte ich daran, besonders nachts, daß sich in meinem Kopf allmählich ein ganzes Bild zusammenfügte, das ich nach Wunsch heraufbeschwören konnte. Ich brauchte nur die Augen zu schließen. Und meine Sinne faßten dann: die Nacht, den Mond, sein Licht – ganz weich und schmeichelnd; einen Duft, aber nicht etwa von Zitronen, nein, von Vanille, von Kakteen; einen weiten Wasserspiegel; eine flache Insel mit Olivenbäumen; auf der Insel, dicht am Ufer, ein kleines Marmorhaus mit geöffneten Fenstern; Musik ertönt, Gott weiß wo; im Hause hohe zierende Gewächse mit dunklen Blättern und das Licht einer halb verhängten Lampe; über die Brüstung eines der Fenster ist ein schwerer Samtmantel mit goldenen Fransen geworfen, das eine Ende taucht ins Wasser; und die Arme auf den Mantel gestützt, sitzen nebeneinander *er* und *sie* und schauen in die Ferne, dorthin, wo sie Venedig erblicken. All das malte ich mir so deutlich aus, als hätte ich es mit eigenen Augen gesehen. Sie hörte sich meine Phantastereien an und sagte, daß auch sie oft träume, daß ihre Träume aber von anderer Art seien: Sie stelle sich vor, die Steppen Afrikas zusammen mit einem kühnen Forscher zu durchmessen oder den Spuren Franklins übers Eismeer zu folgen; lebhaft male sie sich alle Entbehrungen aus, die sie auf sich nehmen, alle Schwierigkeiten, mit denen sie kämpfen müsse.

»Du hast zuviel Reisebeschreibungen gelesen«, bemerkte ihr Mann.

»Mag sein«, erwiderte sie, »aber wenn man schon träumt, warum dann vom Unerfüllbaren?«

»Und warum nicht?« entgegnete ich. »Was hat das arme Unerfüllbare verschuldet?«

»Ich habe mich falsch ausgedrückt«, sprach sie weiter, »ich wollte sagen: Was sollen die Träumereien über das eigene Leben, das eigene Glück? Mit den Gedanken holt man das Glück nicht herbei – warum also die Gedanken nach ihm ausschicken! Mit dem Glück verhält es sich wie mit der Gesundheit: Wenn wir es nicht bemerken, heißt das, daß wir es haben.«

Diese Worte setzten mich in Erstaunen. Eine große Seele hat diese Frau, glaub mir's. Über Venedig kamen wir auf Italien zu sprechen, auf die Italiener. Priimkow ging hinaus; ich blieb mit Wera allein.

»Auch in Ihren Adern fließt italienisches Blut«, sagte ich.

»Ja«, antwortete sie, »wenn Sie möchten, zeige ich Ihnen ein Bild meiner Großmutter.«

»Bitte, seien Sie so gut.«

Sie ging in ihr Kabinett und holte ein ziemlich großes goldenes Medaillon. Ich öffnete es und erblickte vortrefflich gemalte Miniaturporträts vom Vater der Jelzowa und seiner Frau – ebenjener Bäuerin aus Albano. Mich überraschte die Ähnlichkeit zwischen Weras Großvater und seiner Tochter – nur daß seine Züge, gesäumt von einer weißen Puderwolke, noch strenger, spitzer und schärfer schienen und in den kleinen gelben Augen eine Art finsterer Trotz flackerte. Aber die Italienerin – was für ein Antlitz! Wollustatmend, aufgetan wie eine voll erblühte Rose, mit großen, ein wenig vorstehenden feuchten Augen und selbstgefällig lächelnden blutroten Lippen. Die feinen, sinnlichen Nasenflügel schienen zu zittern und sich zu weiten wie nach eben empfangenen Küssen; die bräunlichen Wangen strömten Glut und Gesundheit, jugendliche Fülle und weibliche Kraft aus. Diese Stirn hatte niemals nachgedacht – zu ihrem Glück! Die Frau war in ihrer Tracht vom Albanersee dargestellt; der Maler (ein Meister!) hatte ihr pechschwarzes, hier und da blaugrau schillerndes Haar mit einem Rebenzweig geschmückt, und diese bacchantische Zutat paßte aufs allerbeste zu ihrem Gesichtsausdruck. Weißt Du, an wen mich dieses Gesicht erinnerte? An meine Manon Lescaut im schwarzen Rahmen. Und das erstaunlichste: Während ich das Medaillon betrachtete, erkannte ich, daß bei Wera, ungeachtet der völligen Verschiedenheit in den Hauptzügen, mitunter etwas aufblitzt, was dem Lächeln, dem Blick auf diesem Bilde gleicht.

Ja, ich wiederhole es: Noch weiß niemand – weder sie selbst noch irgend jemand sonst auf der Welt –, was sich alles in ihr verbirgt.

Übrigens, die Jelzowa hat vor der Heirat ihrer Tochter dieser ihre ganze Lebensgeschichte erzählt: vom Tod ihrer Mutter und von allem anderen, wahrscheinlich mit belehrender Absicht. Auf Wera hat besonders das gewirkt, was sie über ihren Großvater hörte, jenen geheimnisvollen Ladanow. Ob sie wohl deswegen an Geistererscheinungen glaubt? Merkwürdig! Selber ist sie ein so reines, lichtes Wesen, dabei fürchtet sie sich vor allem Finsteren, Unterirdischen und glaubt daran.

Doch genug jetzt. Wozu schreibe ich das alles? Ach was, da es schon geschrieben steht, soll es Dir auch geschickt werden.

Dein P. B.

SIEBENTER BRIEF

Von demselben an denselben

Gutshaus M., den 22. August

Zehn Tage nach dem letzten Brief greife ich wieder zur Feder. Oh, mein Freund, ich kann es nicht länger verhehlen. Wie schwer ist mir zumute! Wie liebe ich sie! Du kannst Dir vorstellen, mit welch bitterem Schaudern ich dieses Schicksalswort niederschreibe. Ich bin kein Knabe, bin auch kein Jüngling mehr; ich stehe nicht mehr in dem Alter, da es beinahe unmöglich ist, einen anderen zu täuschen, und so leicht, sich selbst zu betrügen. Ich weiß alles und sehe es ganz deutlich. Ich weiß, daß ich fast vierzig bin, daß sie das Weib eines anderen ist, daß sie ihren Mann liebt; ich weiß sehr gut, daß ich von dem unglückseligen Gefühl, das Gewalt über mich gewonnen hat, nichts zu erwarten habe als heimliche Qual und das Aufzehren aller Lebenskräfte; alles weiß ich, ich hoffe auf nichts und strebe nach nichts, doch davon wird mir nicht leichter. Seit einem Monat schon bemerke ich, daß meine Neigung zu ihr immer stärker wird. Das hat mich teils verwirrt, teils auch gefreut. Aber konnte ich denn ahnen, daß sich mit mir das wiederholen würde, was anscheinend doch ebensowenig wiederkehrt wie die Jugend? Was sag ich da! So habe ich ja niemals geliebt, nein, niemals! Frauen nach Art der Manon Lescaut, der Frétillon waren meine Götzen. Solche Götzenbilder zerschlägt man leicht; jetzt aber ... Erst jetzt habe ich erfahren, was es heißt, eine Frau zu lieben. Ich schäme mich, davon zu sprechen, aber es ist wahr. Ich schäme mich ... Liebe ist immerhin Egoismus, und in meinen Jahren darf man kein Egoist sein; es geht nicht an, mit siebenunddreißig Jahren um seiner selbst willen zu leben, nein, da muß man nützlich sein, ein Ziel auf Erden verfolgen, seine Pflicht erfüllen, sein Werk tun. Darum hatte ich mich ja an die Arbeit gemacht. Und nun ist wieder alles zerstoben wie unter einem Wirbelwind. Jetzt begreife ich, wovon ich Dir in meinem ersten Brief schrieb, ich begreife, welche Art Erfahrung mir noch fehlte. Wie unvermutet traf dieser Schlag mein Haupt! Ich stehe und starre sinnlos in die Zukunft; ein schwarzer Schleier hängt dicht vor meinen Augen, auf meiner Seele liegt eine beklemmende Last. Ich kann mich beherrschen; äußerlich bleibe ich ruhig, nicht nur in Gegenwart anderer, sondern auch, wenn ich allein bin – schließlich kann ich nicht in Raserei verfallen wie ein dummer Junge!

Doch der Wurm hat sich in mein Herz gestohlen und nagt an ihm Tag und Nacht. Wie soll das enden? Anfangs überfielen mich Schmerz und Aufregung, wenn ich fern von ihr war, in ihrer Nähe aber fand ich sogleich Ruhe. Jetzt hingegen macht mich ihre Gegenwart unruhig – eben das erschreckt mich. Oh, mein Freund, wie schwer ist es, sich seiner Tränen schämen und sie verbergen zu müssen! Einzig die Jugend darf weinen. Tränen geziemen ihr allein.

Ich kann den Brief nicht noch einmal durchlesen; er ist aus mir hervorgebrochen wie ein Stöhnen. Ich kann nichts hinzufügen, nichts erzählen. Laß mir Zeit, ich werde mich fassen, mich beherrschen, werde als Mann mit Dir sprechen; jetzt aber würde ich so gerne meinen Kopf an Deine Brust legen und …

O Mephistopheles! Auch du hilfst mir nicht. Ich habe absichtlich innegehalten, absichtlich meinen Sinn für Ironie gereizt, habe mir selbst vor Augen gestellt, wie lächerlich und abgeschmackt mir nach einem Jahr, nach einem halben Jahr all diese Klagen, diese Ergüsse vorkommen werden. Nein, Mephistopheles ist machtlos, sein Zahn ist abgestumpft. Leb wohl.

Dein P. B.

ACHTER BRIEF

Von demselben an denselben

Gutshaus M., den 8. September 1850

Semjon Nikolajitsch, liebster Freund!

Du hast Dir meinen letzten Brief zu sehr zu Herzen genommen. Du weißt, wie sehr ich immer dazu neige, meine Empfindungen zu übertreiben. Das geschieht irgendwie gegen meinen

Willen: eine Weiberart! Natürlich wird es mit den Jahren vorübergehen; aber ich erkenne bedauernd, daß ich mich bis heute noch nicht gebessert habe. Darum kannst Du Dich beruhigen. Ich will nicht leugnen, welchen Eindruck Wera auf mich gemacht hat, wiederum sage ich Dir: In alldem liegt nichts Ungewöhnliches. Du schreibst, Du willst herkommen – dazu hast Du wahrhaftig gar keinen Anlaß. Tausend Werst weit galoppieren. Gott weiß warum – das wäre doch Irrsinn! Aber ich bin Dir sehr dankbar für diesen neuen Beweis Deiner Freundschaft, und ich werde ihn, glaub mir's, nicht vergessen. Deine Reise hierher ist um so weniger angebracht, als ich selbst in Kürze nach Petersburg zu fahren gedenke. Auf Deinem Sofa sitzend, werde ich Dir dann so manches erzählen, jetzt aber habe ich wirklich keine Lust dazu; womöglich finge ich doch bloß wieder an zu schwatzen und alles durcheinanderzubringen. Vor der Abreise schreibe ich Dir noch. Nun denn, auf baldiges Wiedersehn. Bleib gesund, sei fröhlich, und sorg Dich nicht gar zu sehr um das Schicksal des Dir ergebenen

P. B.

NEUNTER BRIEF

Von demselben an denselben

Gut P., den 10. März 1853

Dein Brief ist lange ohne Antwort geblieben; doch all die Tage habe ich über ihn nachgedacht. Ich habe gefühlt, daß nicht müßige Neugier ihn diktierte, sondern wahre freundschaftliche Anteilnahme. Und dennoch zögerte ich – sollte ich Deinem Rat folgen, Deinen Wunsch erfüllen? Nun habe ich mich entschlossen – ich werde Dir alles erzählen. Ob mir nach meiner Beichte leichter ums Herz sein wird, wie Du annimmst, das weiß ich nicht, aber ich glaube, ich habe kein Recht, Dir das zu verheimlichen, was mein Leben für immer verändert hat; mir scheint, ich würde mich sogar schuldig machen … o weh, noch schuldiger machen vor ihrem unvergessenen lieben Schatten, wenn ich nicht unser schmerzliches Geheimnis der einzigen Seele anvertraute, die mir noch teuer ist. Vielleicht bist Du außer mir der einzige Mensch auf Erden, der sich an Wera erinnert, und dabei urteilst Du leichtfertig und falsch über sie. Das kann ich nicht hinnehmen. So erfahr denn alles! Aber ach, dieses Alles läßt sich mit ein paar Worten wiedergeben. Was zwischen uns war, flammte auf wie ein Blitz, und wie ein Blitz brachte es Tod und Verderben.

Seit sie dahingegangen ist, seit ich mich in diese Einöde geflüchtet habe, die ich bis ans Ende meiner Tage nicht verlassen werde, sind mehr als zwei Jahre verstrichen, und dabei ist alles noch so lebendig in meiner Erinnerung, noch so frisch sind meine Wunden, so bitter ist mein Leid …

Ich werde nicht klagen. Klagen mögen manchen Schmerz, indem sie ihn wachrufen, zugleich lindern, nicht aber meinen. Ich werde erzählen.

Erinnerst Du Dich an meinen letzten Brief, den Brief, mit dem ich Deine Befürchtungen zu zerstreuen hoffte und Dir abriet, von Petersburg hierherzukommen? Du mißtrautest seiner vorgetäuschten Unbeschwertheit, Du glaubtest nicht an ein so baldiges Wiedersehen, und Du hattest recht. Als ich Dir schrieb, hatte ich einen Tag zuvor erfahren, daß ich geliebt werde.

Jetzt, da ich diese Worte auf dem Papier vor mir sehe, begreife ich, wie schwer es mir fallen wird, meinen Bericht bis zum Ende fortzuführen. Der unabweisliche Gedanke an ihren Tod wird mich mit verdoppelter Kraft martern, die Erinnerungen werden mich wie Feuer berühren. Aber ich will mir Mühe geben, mich zu beherrschen, und lieber aufhören zu schreiben als unnütze Worte sagen.

Nun höre, wie ich erfuhr, daß Wera mich liebe. Vor allem muß ich Dir sagen (und Du wirst mir glauben), daß ich bis zu jenem Tage nichts, gar nichts geahnt hatte. Freilich zeigte sie sich in der letzten Zeit manchmal versonnen, was früher bei ihr nicht vorkam; doch ich begriff nicht, was in ihr vorging. Endlich, eines Tages, am siebenten September – einem für mich denkwürdigen Tag –, geschah es. Du weißt, wie ich sie liebte, wie schwer mir zumute war. Ich strich umher wie ein Schatten; nirgendwo litt es mich. Eigentlich hatte ich zu Hause bleiben wollen; aber ich hielt es nicht aus und fuhr zu ihr. Ich fand sie allein in ihrem Kabinett. Priimkow war nicht da, er war auf der Jagd. Als ich bei Wera eintrat, blickte sie starr auf mich, ohne meinen Gruß zu erwidern. Sie saß am Fenster. Auf den Knien hatte sie ein Buch liegen, das ich sofort erkannte – es war mein »Faust«. Ihr Gesicht verriet Ermüdung. Ich setzte mich ihr gegenüber. Sie bat mich, die Szene zwischen Faust und Gretchen vorzulesen, wo sie ihn fragt, ob er an Gott glaube. Ich nahm das Buch und begann zu lesen. Als ich geendet hatte, sah ich sie an. Zurückgelehnt im Sessel, die Arme über der Brust gekreuzt, blickte sie noch immer starr auf mich.

Ich weiß nicht, warum mein Herz plötzlich wild zu pochen anfing.

»Was haben Sie mir angetan!« sprach sie mit zaudernder Stimme.

»Wie meinen Sie?« fragte ich bestürzt.

»Ja, was haben Sie mir angetan!« wiederholte sie.

»Sie wollen sagen, ich hätte Sie nicht dazu bringen sollen, solche Bücher zu lesen?« erwiderte ich.

Sie stand schweigend auf und ging zur Tür. Ich blickte ihr nach.

Auf der Schwelle blieb sie stehen und wandte sich zu mir um.

»Ich liebe Sie«, sagte sie. »Das haben Sie mir angetan.«

Mir schoß das Blut in den Kopf.

»Ich liebe Sie, ich bin in Sie verliebt«, wiederholte Wera.

Sie ging hinaus und schloß hinter sich die Tür. Ich versuche gar nicht, Dir zu beschreiben, wie es da in mir aussah. Ich weiß noch, ich lief in den Garten, verzog mich hinter dichtes Gebüsch, lehnte mich an einen Baum. Wie lange ich dort stand, kann ich nicht sagen. Ich war wie gelähmt; eine Woge von Glückseligkeit berührte von Zeit zu Zeit mein Herz. Nein, ich versuche gar nicht, davon zu sprechen. Priimkows Stimme riß mich aus der Erstarrung. Man hatte nach ihm geschickt und ihm melden lassen, daß ich gekommen sei; er hatte die Jagd abgebrochen und suchte mich nun. Es überraschte ihn, mich im Garten zu finden, allein, ohne Hut, und er bat mich ins Haus. »Meine Frau ist im Empfangszimmer«, sagte er, »gehn wir zu ihr.« Du kannst Dir vorstellen, mit was für Gefühlen ich die Schwelle des Empfangszimmers überschritt. Wera saß in einer Ecke überm Stickrahmen. Ich warf ihr einen heimlichen Blick zu und hob dann lange nicht die Augen. Zu meinem Erstaunen gab sie sich ruhig; weder ihre Worte noch der Klang ihrer Stimme verrieten Aufregung. Endlich wagte ich sie anzusehen. Unsere Blicke trafen sich. Sie errötete kaum merklich und beugte sich über ihre Handarbeit. Nun beobachtete ich sie. Sie schien ratlos; ein unfrohes Lächeln spielte dann und wann um ihre Lippen.

Priimkow ging hinaus. Plötzlich hob sie den Kopf und fragte mich ziemlich laut:

»Was gedenken Sie jetzt zu tun?«

Die Frage verwirrte mich, und hastig, mit tonloser Stimme

antwortete ich, daß ich gewillt sei, zu tun, was Ehre und Anstand gebieten: mich zu entfernen, »denn«, so fuhr ich fort, »ich liebe Sie, Wera Nikolajewna, Sie haben es gewiß längst bemerkt«. Sie beugte sich abermals über die Handarbeit und dachte nach.

»Ich muß mich mit Ihnen besprechen«, sagte sie. »Kommen Sie heute abend nach dem Tee in unser Gartenhäuschen. Sie wissen, dorthin, wo Sie den ›Faust‹ gelesen haben.«

Das sagte sie so vernehmlich, daß ich noch heute nicht fassen kann, wie es geschah, daß Priimkow, der in demselben Augenblick das Zimmer betrat, nichts hörte. Langsam, quälend langsam verging dieser Tag. Wera blickte zuweilen mit einem Ausdruck umher, als frage sie sich selbst, ob sie träume oder wache. Und zugleich verrieten ihre Züge Entschlossenheit. Ich aber, ich konnte nicht zu mir kommen. Wera liebt mich! Diese Worte kreisten mir unaufhörlich im Kopf; aber ich verstand sie nicht, verstand auch nicht mich selbst und nicht sie. Ich glaubte nicht an solches unerwartetes, solches aufwühlendes Glück. Zwingen mußte ich mich, mir das ins Gedächtnis zu rufen, was sich da begeben hatte, und auch ich schaute um mich und sprach wie im Traum.

Nach dem Tee, als ich mir schon zu überlegen begann, wie ich unbemerkt aus dem Haus schlüpfen könne, äußerte sie plötzlich den Wunsch, spazierenzugehen, und bat mich, sie zu begleiten. Ich stand auf, nahm den Hut und folgte ihr. Zu reden wagte ich nicht; ich atmete kaum, ich wartete darauf, daß sie das erste Wort spreche, wartete auf eine Erklärung, doch sie schwieg. Schweigend erreichten wir das Gartenhäuschen, schweigend traten wir ein, und hier – bis heute weiß ich nicht, kann ich nicht fassen, wie es geschah –, auf einmal fanden wir uns einander umarmend. Eine unsichtbare Kraft hatte mich zu ihr und sie zu mir gedrängt. Beim erlöschenden Tageslicht erstrahlte ihr Gesicht mit den zurückfallenden Locken in einem Lächeln glückseligen Selbstvergessens, und unsere Lippen vereinten sich zum Kuß.

Dieser Kuß war der erste und der letzte.

Wera riß sich plötzlich aus meinen Armen, und mit dem Ausdruck des Entsetzens in den geweiteten Augen taumelte sie zurück.

»Drehen Sie sich um«, sagte sie mit bebender Stimme, »sehen Sie nichts?«

Ich drehte mich rasch um.

»Nein. Und Sie, Sie sehen etwas?«

»Jetzt nicht mehr, aber ich habe es gesehen.«

Sie atmete tief und stockend.

»Wen? Was?«

»Meine Mutter«, antwortete sie zögernd und am ganzen Leibe zitternd.

Auch ich erbebte wie unter eisigem Hauch. Plötzlich grauste mir, als hätte ich ein Verbrechen begangen. War ich in diesem Augenblick nicht wirklich ein Verbrecher?

»Aber nicht doch!« entgegnete ich. »Wie kommen Sie darauf? Sagen Sie mir lieber ...«

»Nein, um Gottes willen, nein!« unterbrach sie mich und umfaßte mit beiden Händen ihren Kopf. »Es ist Wahnsinn. Ich werde wahnsinnig. Damit darf man nicht scherzen – das ist der Tod ... Leben Sie wohl.«

Ich streckte die Arme nach ihr aus.

»Bleiben Sie, um des Himmels willen, noch einen Augenblick!« rief ich – es brach aus mir hervor. Ich wußte nicht, was ich redete, hielt mich kaum aufrecht. »Um des Himmels willen ... es ist zu grausam.«

Sie sah mich an.

»Morgen, morgen abend«, sagte sie, »nicht heute, ich bitte

Sie … Fahren Sie heute nach Hause, und kommen Sie morgen abend zur Gartenpforte am Seeufer. Ich werde dort sein, bestimmt. Ich schwöre dir's, ich komme.« Sie sprach wie entrückt, und ihre Augen blitzten. »Ich komme, wer immer sich mir in den Weg stellen mag, ich schwöre es! Alles werde ich dir sagen, nur laß mich heute gehen.«

Und ehe ich noch ein Wort erwidern konnte, war sie verschwunden.

Bis ins Innerste erschüttert, blieb ich zurück. In meinem Kopf wirbelte es. In die wahnwitzige Freude, die mein ganzes Wesen erfüllte, stahl sich ein banges Gefühl. Ich schaute mich um. Unheimlich war mir jetzt zumute in dem öden, feuchten Raum, wo ich stand, mit der niedrigen Decke und den dunklen Wänden.

Ich lief hinaus und schleppte mich mit bleischweren Füßen zum Wohnhaus. Wera wartete auf der Terrasse; sie ging hinein, sobald sie mich sah, und zog sich sogleich in ihr Schlafzimmer zurück.

Ich fuhr nach Hause.

Wie ich die Nacht und den nächsten Tag bis zum Abend verbrachte, das ist unmöglich wiederzugeben. Ich erinnere mich nur, daß ich ausgestreckt dalag, das Gesicht nach unten, in die Hände gepreßt, daß ich ihr Lächeln heraufbeschwor, das Lächeln vor dem Kuß, und flüsterte: »Das ist sie, endlich …«

Auch eine Äußerung der Jelzowa kam mir in den Sinn – ich hatte sie von Wera erfahren. Die Jelzowa hatte einst zu ihrer Tochter gesagt: »Du bist wie Eis. Solang du nicht taust, bist du hart wie Stein; sobald du taust, bleibt keine Spur von dir.«

Und noch etwas fiel mir ein: Ich hatte einmal mit Wera über Fähigkeiten und Talente geplaudert.

»Ich habe nur die eine Fähigkeit«, hatte sie gesagt, »zu schweigen bis zur letzten Minute.«

Damals hatte ich nichts verstanden.

Doch daß sie so erschrak, was bedeutet das? fragte ich mich. Hat sie wirklich ihre Mutter gesehen? Spiel der Einbildung! dachte ich und gab mich von neuem den Erwartungen hin.

An jenem Tag schrieb ich dir (mit was für Gedanken – eine gräßliche Erinnerung!) jenen Brief, der Dich täuschen sollte.

Am Abend stand ich – die Sonne war noch nicht untergegangen – ungefähr fünfzig Schritt von der Gartenpforte entfernt in hohem, dichtem Weidengebüsch am Ufer des Sees. Zu Fuß war ich von meinem Gutshaus hergewandert. Zu meiner Schande muß ich gestehen: Angst, die armseligste Angst erfüllte meine Brust. Unaufhörlich überliefen mich Schauer, aber ich spürte keine Reue. Hinterm Gezweig versteckt, behielt ich ohne Unterlaß die Pforte im Auge. Sie wurde nicht geöffnet. Da ging die Sonne unter, da senkte sich die Dämmerung herab, da traten die Sterne hervor, da schwärzte sich der Himmel. Niemand zeigte sich. Fieber überkam mich, schüttelte mich. Die Nacht brach an. Ich ertrug es nicht länger, schob mich vorsichtig aus dem Weidengebüsch und stahl mich zur Pforte. Alles blieb still im Garten. Ich flüsterte Weras Namen, flüsterte ihn noch einmal, ein drittes Mal. Keine Stimme gab Antwort. Noch eine halbe Stunde verging, eine Stunde; stockdunkel wurde es. Das Warten peinigte mich. Ich griff nach der Pforte, öffnete sie mit einem Ruck und schlich mich wie ein Dieb auf den Zehen zum Haus. Im Schatten der Linden hielt ich inne.

Drin waren fast alle Fenster erleuchtet; Menschen liefen von einem Zimmer ins andere. Das verwunderte mich, denn meine Uhr, soweit ich sie beim schwachen Licht der Sterne erkennen konnte, zeigte auf halb zwölf. Da hörte ich Pferdegetrappel hinterm Haus – ein Wagen fuhr vom Hof.

Offenbar Gäste, sagte ich mir. Da ich jede Hoffnung, Wera

zu sehen, nun aufgab, verließ ich den Garten und machte mich eilenden Schrittes auf den Heimweg. Es war eine dunkle Septembernacht, doch mild und windstill. Das Gefühl, das mich eine Weile beherrscht hatte – Verdruß und mehr noch Trauer –, ließ allmählich von mir ab, und als ich zu Hause ankam, war ich zwar ein wenig müde vom schnellen Ausschreiten, doch zugleich besänftigt durch die Stille der Nacht, ja glücklich und beinahe fröhlich. Ich ging ins Schlafzimmer, schickte Timofej fort, warf mich, ohne mich auszuziehen, aufs Bett und versank in Nachdenken.

Anfangs stiegen helle, lichte Bilder vor mir auf, doch bald bemerkte ich in mir eine seltsame Veränderung. Schwermut überfiel mich und ein Schmerz, der tief im Innern wühlte und mich beunruhigte. Ich konnte mir nicht erklären, woher das kam; aber mir wurde so bang, so beklommen zumute, als drohte mir sogleich ein Unglück, als müßte ein lieber Mensch in diesem Augenblick leiden und riefe mich zu Hilfe. Die Wachskerze auf dem Tisch brannte mit kleiner, unbewegter Flamme; die Pendeluhr tickte schwer und gemessen. Ich stützte den Kopf auf die Hand und starrte in das öde Halbdunkel meines einsamen Zimmers. Ich dachte an Wera, und das Herz tat mir weh. Alles, was mich so mit Freude erfüllt hatte, erschien mir nun, wie es nicht anders sein konnte, als Unglück, als Verderben, dem man nicht entrinnen kann. Die Schwermut breitete sich immer mehr in mir aus; ich konnte nicht länger still liegen. Plötzlich vermeinte ich jemanden mit flehender Stimme nach mir rufen zu hören. Ich hob den Kopf; ein Zucken durchlief mich – jawohl, ich hatte mich nicht getäuscht. Ein Klagelaut schwebte aus der Ferne heran und brach sich, schwach klirrend, an den schwarzen Fensterscheiben. Mich grauste. Ich sprang vom Bett auf, öffnete das Fenster. Ein deutlich vernehmbares Stöhnen drang ins Zimmer und kreiste gleichsam über mir. Von eisigem Entsetzen gepackt, vernahm ich seine letzten, ersterbenden Schwingungen. Es war, als würde in der Ferne jemand hingemordet und als flehte das unglückliche Opfer vergebens um Gnade. Ob da eine Eule im Wäldchen gerufen oder ein anderes Wesen den Klagelaut ausgestoßen hatte, danach fragte ich damals nicht; vielmehr antwortete ich mit einem Schrei auf den unheilkündenden Laut, so wie Mazeppa dem Kotschubej antwortete.

»Wera, Wera!« schrie ich. »Bist du's, die mich ruft?«

Timofej tauchte, verschlafen und verwundert, vor mir auf.

Ich kam zu mir, trank ein Glas Wasser, ging in ein anderes Zimmer. Aber der Schlaf wollte sich nicht einstellen. Mein Herz schlug stockend und doch aufgeregt. Den Träumereien vom Glück konnte ich mich nicht mehr hingeben; ich wagte nicht mehr an das Glück zu glauben.

Am Tag darauf fuhr ich gegen Mittag zu Priimkow. Er empfing mich mit besorgter Miene.

»Meine Frau ist krank«, sagte er, »sie liegt zu Bett; ich mußte den Arzt holen lasen.«

»Was ist mit ihr?«

»Ich kann es nicht verstehen. Gestern gegen Abend ging sie hinaus in den Garten, aber wenige Augenblicke später kehrte sie zurück – entsetzt, außer sich. Die Zofe kommt zu mir gelaufen. Ich gehe zu meiner Frau, frage sie: ›Was hast du?‹ Sie gibt keine Antwort, legt sich gleich nieder; in der Nacht beginnt sie zu phantasieren. Sie redet im Fieberwahn weiß Gott was, erwähnt auch Sie. Die Zofe hat mir eine ganz merkwürdige Geschichte erzählt: Werotschka habe ihr gesagt, ihr sei im Garten ihre verstorbene Mutter erschienen; es habe ausgesehen, als komme ihr die Mutter mit ausgebreiteten Armen entgegen.«

Du kannst Dir wohl vorstellen, was ich bei diesen Worten empfand.

»Natürlich ist das Unsinn«, fuhr Priimkow fort. »Ich muß freilich zugeben, daß in dieser Hinsicht mit meiner Frau zuweilen ungewöhnliche Dinge geschehen sind.«

»Sagen Sie, ist Wera Nikolajewna sehr krank?«

»Ja, sehr. In der Nacht war es schlimm, jetzt liegt sie bewußtlos.«

»Was sagt der Arzt?«

»Der Arzt sagt, die Krankheit äußere sich noch nicht mit Bestimmtheit.«

12. März

Ich kann nicht so weiterschreiben, wie ich angefangen habe, bester Freund; es kostet mich gar zu große Mühe und reißt gar zu schmerzhaft meine Wunden wieder auf. Die Krankheit, um mit den Worten des Arztes zu sprechen, äußerte sich bald mit Bestimmtheit, und Wera starb an ihr. Keine zwei Wochen mehr lebte sie nach jenem Schicksalstage unseres so kurzen Stelldicheins. Ich sah sie noch einmal vor dem Ende. Keine meiner Erinnerungen ist grausamer. Ich wußte schon vom Arzt, daß keine Hoffnung mehr bestand. Spät am Abend, als sich alle im Hause zur Ruhe begeben hatten, schlich ich mich zur Tür ihres Schlafzimmers und schaute hinein. Wera lag im Bett, die Augen geschlossen, mager, klein, mit Fieberröte auf den Wangen. Wie versteinert starrte ich sie an. Auf einmal öffnete sie die Augen, richtete sie lange und forschend auf mich, dann streckte sie den abgemagerten Arm aus und sprach:

»Was will der an dem heiligen Ort?
Der! Der!«

Sie sprach es mit so furchtbarer Stimme, daß ich entsetzt fortlief. Fast die ganze Zeit ihrer Krankheit phantasierte sie vom »Faust« und von ihrer Mutter, die sie bald Frau Marthe, bald Gretchens Mutter nannte.

Wera starb. Ich war bei ihrem Begräbnis zugegen. Danach gab ich alles auf und ließ mich hier für immer nieder.

Bedenk nun alles, was ich Dir berichtet habe; denk an sie, an dieses Wesen, das so früh hat sterben müssen. Wie es geschah, wie man das unbegreifliche Einmischen eines Toten in die Geschicke der Lebenden zu deuten hat, das weiß ich nicht, und ich werde es nie wissen. Du aber gib zu, daß nicht eine Laune, nicht ein Anfall von Melancholie, wie Du Dich ausdrückst, mich bewog, künftig die Menschen zu meiden. Ich bin ein anderer geworden, bin jetzt ganz anders, als Du mich kanntest; jetzt glaube ich an so manches, woran ich früher nicht glaubte. Wieviel habe ich in der ganzen Zeit über die unglückliche Frau (beinahe hätte ich gesagt: das unglückliche Mädchen) nachgedacht, über ihre Herkunft, über das undurchschaubare Spiel des Schicksals, das wir, selber blind, den blinden Zufall nennen! Wer weiß, was jeder, der auf Erden lebt, an Saatkörnern zurückläßt, denen erst nach seinem Tode aufzugehen beschieden ist? Wer kann sagen, mit welch geheimnisvoller Kette das Schicksal des Menschen mit dem Schicksal seiner Kinder, seiner Nachkommen verbunden ist und wie sein Sehnen und Trachten sich in ihnen spiegelt, seine Fehler an ihnen geahndet werden? Wir alle sollen demütig sein und das Haupt vor dem Unbekannten, Unerkennbaren neigen.

Ja, Wera ist gestorben, und ich bin am Leben geblieben. Ich erinnere mich, als ich noch Kind war, hatten wir zu Hause eine herrliche Vase aus durchsichtigem Alabaster. Auch nicht der kleinste Fleck entweihte ihr jungfräuliches Weiß. Einmal, als ich allein war, begann ich an dem Sockel zu rütteln, auf dem sie stand. Die Vase fiel herab und zerbrach in viele Stücke. Ich erstarrte vor Schrecken und verharrte unbeweglich vor den Scherben. Mein Vater trat ein, sah mich und sagte: »Sieh dir an, was du getan hast. Unsere wunderschöne Vase gibt es nicht mehr; auf keine Weise läßt sie sich wieder heil und ganz machen.« Ich schluchzte. Ich glaubte ein Verbrechen begangen zu haben.

Dann reifte ich zum Mann – und zerschlug leichtfertig ein Gefäß, das tausendmal kostbarer war.

Vergebens rede ich mir zu, eine solche Wendung, ein solcher jäher Ausgang sei nicht zu erwarten gewesen, er habe mich selbst in seiner Plötzlichkeit überrascht und verblüfft, ich hätte ja nicht ahnen können, was für ein Mensch Wera war. Wahrhaftig, sie verstand bis zur letzten Minute zu schweigen. Ich hätte fliehen müssen, sobald ich spürte, daß ich sie liebte, daß ich das Weib eines anderen liebte; aber ich war geblieben – und so fiel das herrliche Geschöpf in Scherben, und mit stummer Verzweiflung blicke ich auf das Werk meiner Hände.

Ja, die Jelzowa hat ihre Tochter eifersüchtig bewacht. Sie hat sie behütet bis zum Ende und sie beim ersten unvorsichtigen Schritt zu sich ins Grab geholt.

Es ist Zeit, den Brief abzuschließen. Nicht einmal den hundertsten Teil dessen habe ich Dir gesagt, was ich hätte sagen sollen; doch auch dies fiel mir schwer genug. Mag nun wieder alles, was aus der Seele aufgestiegen ist, auf ihren Grund sinken. Zum Schluß laß mich Dir sagen, daß ich eine Überzeugung aus den Erfahrungen der letzten Jahre gewonnen habe: Das Leben ist kein Scherz und kein Vergnügen, das Leben ist nicht einmal Genuß, nein, das Leben ist schwere Mühe. Entsagung, fortwährende Entsagung – das ist sein geheimer Sinn, die Lösung seines Rätsels: Nicht seine Lieblingsgedanken, seine Lieblingsträume zu verwirklichen, wie erhaben sie auch sein mögen, sondern seine Pflicht zu erfüllen – danach soll der Mensch trachten. Wenn er sich nicht selber Ketten anlegt, die eisernen Ketten der Pflicht, wird er niemals ohne Straucheln das Ende seines Weges erreichen. In der Jugend freilich denken wir: Je freier, desto besser, desto weiter kommt man. Der Jugend mag es erlaubt sein, so zu denken; doch schändlich ist es, sich selbst zu betrügen, nachdem einem das strenge Gesicht der Wahrheit schließlich in die Augen geblickt hat.

Leb wohl! früher hätte ich hinzugefügt: Sei glücklich! Jetzt sage ich Dir: Bemüh Dich, zu leben, es ist nicht so leicht, wie es scheint. Gedenke manchmal meiner, doch nicht in Stunden der Trauer, sondern in Stunden des Nachdenkens, und bewahre in Deiner Seele Weras Bild in seiner ganzen makellosen Reinheit. Noch einmal: Leb wohl!

Dein P. B.

EIN BRIEFWECHSEL

Vor einigen Jahren weilte ich in Dresden.

Ich war in einem Hotel abgestiegen. Vom frühen Morgen bis zum späten Abend durchstreifte ich die Stadt und hielt es eigentlich für überflüssig, mich mit meinen Zimmernachbarn bekannt zu machen, schließlich erfuhr ich durch einen Zufall, daß in dem gleichen Hotel ein kranker Russe wohnte. Ich suchte ihn auf und fand einen an hochgradiger Schwindsucht leidenden Mann vor. Mein Interesse für Dresden begann zu erlahmen, und ich siedelte zu meinem neuen Bekannten um. Bei einem Kranken zu sitzen ist langweilig, aber selbst Langeweile kann manchmal angenehm sein; zudem verzagte mein Kranker nicht und war immer zu Gesprächen aufgelegt. Wir versuchten auf die verschiedenste Weise die Zeit totzuschlagen, spielten zu zweit Karten oder lästerten über den Arzt. Mein Landsmann erzählte diesem fast kahlköpfigen Deutschen unglaubliche Geschichten über sein Befinden, die der Doktor immer »schon lange vorausgesehen« hatte; er äffte die Art nach, in der jener sich über einen ungewöhnlichen, neuen Anfall wunderte, warf seine Medikamente zum Fenster hinaus und so weiter. Ich machte meinen Freund übrigens mehrmals darauf aufmerksam, daß es angebracht wäre, nach einem guten Arzt zu schicken, solange es noch nicht zu spät sei, daß man mit seiner Krankheit nicht spaßen solle. Doch Alexej (mein Bekannter hieß Alexej Petrowitsch S.) tat das alles mit ein paar scherzhaften Bemerkungen über die Ärzte im allgemeinen und über seinen insbesondere ab. An einem regnerischen Herbstabend schließlich reagierte er auf mein ständiges Drängen mit einem so bekümmerten Blick, schüttelte so traurig den Kopf und lächelte so eigenartig, daß ich ein gewisses Unbehagen verspürte. In der gleichen Nacht verschlimmerte sich sein Zustand, und am anderen Tag starb Alexej. Unmittelbar vor seinem Tode ließ ihn seine gewohnte Heiterkeit im Stich; unruhig warf er sich auf seinem Lager hin und her, seufzte tief und blickte schwermütig um sich. Dann ergriff er meine Hand, flüsterte unter Anstrengung: »Es stirbt sich doch nicht so leicht ...«, ließ den Kopf auf das Kissen sinken und weinte. Ich wußte nicht, was ich ihm sagen sollte, und saß wortlos an seinem Bett. Bald darauf allerdings triumphierte Alexej über seine letzte, verspätete Rührung ... »Sie werden sehen«, so sagte er mir, »unser Doktor kommt heute und findet mich tot ... Ich kann mir sein dummes Gesicht vorstellen ...« Und der Sterbende versuchte ihn nachzuahmen ... Er bat mich, alle seine Sachen nach Rußland zu schicken, an seine Verwandten, mit Ausnahme eines kleinen Päckchens, das er mir zum Andenken schenkte.

Dieses Päckchen enthielt Briefe – die Briefe eines Mädchens an Alexej und die Kopien seiner Briefe an sie. Insgesamt waren es fünfzehn. Alexej Petrowitsch S. kannte Marja Alexandrowna B. schon lange, vermutlich seit seiner Kindheit. Alexej Petrowitsch hatte einen Cousin, Marja Alexandrowna eine Schwester. Sie hatten einmal alle in demselben Dorf gewohnt, zogen dann aber an verschiedene Orte und sahen sich lange nicht; erst Jahre darauf trafen sie sich im Sommer zufällig alle in diesem Dorf wieder und verliebten sich – Alexejs Cousin in Marja Alexandrowna und Alexej in ihre Schwester. Der Sommer verging, und der Herbst brach an; sie mußten sich wieder trennen. Als nüchtern denkender Mensch überzeugte sich Alexej recht bald, daß er überhaupt nicht verliebt war – und ging mit seiner Schönen recht elegant auseinander; sein Cousin schrieb sich noch fast zwei Jahre mit Marja Alexandrowna, doch auch er kam schließlich zu der Einsicht, daß er ihr und sich nur etwas vormachte, und verstummte ebenfalls.

Ich könnte Ihnen, verehrter Leser, noch einiges über Marja Alexandrowna erzählen, aber sie werden sie durch ihre Briefe selbst kennenlernen. Alexej schrieb ihr seinen ersten Brief, kurz nachdem sie sich endgültig von seinem Cousin getrennt hatte. Er hielt sich damals in Petersburg auf, ging dann unerwartet ins Ausland, wurde in Dresden krank und starb. Ich habe mich entschlossen, seinen Briefwechsel mit Marja Alexandrowna zu veröffentlichen, und hoffe auf eine gewisse Nachsicht seitens der Leser, schon allein deshalb, weil es keine Liebesbriefe sind – bei Gott nicht! Liebesbriefe werden meistens nur von zwei Personen gelesen (dafür unzählige Male hintereinander), auf einen Dritten wirken sie unerträglich, wenn nicht gar lächerlich.

I

Alexej Petrowitsch an Marja Alexandrowna

St. Petersburg, am 7. März 1840

Teure Marja Alexandrowna!

Ich glaube, ich habe noch nie an Sie geschrieben, jetzt aber tue ich es … Nicht wahr, ich habe dafür einen ungewöhnlichen Zeitpunkt gewählt? Folgendes hat mich dazu bewogen. Mon cousin Théodore hat mich heute besucht und mir, ja, wie soll ich sagen … mir also unter dem Siegel der Verschwiegenheit mitgeteilt (anders teilt er nie etwas mit), er habe sich in die Tochter eines hiesigen Gutsbesitzers verliebt und sei diesmal fest entschlossen zu heiraten und habe bereits den ersten Schritt getan, nämlich ihr seine Liebe gestanden! Natürlich gratulierte ich ihm zunächst einmal zu diesem für ihn so angenehmen Ereignis; diese Erklärung war schon lange fällig ... aber ich gestehe, in meinem Inneren war ich doch etwas erstaunt. Obwohl ich weiß, daß zwischen ihm und Ihnen alles vorbei ist, schien mir dennoch ... Mit einem Wort – ich war erstaunt. Heute wollte ich eigentlich jemanden besuchen, doch ich bin zu Hause geblieben, um mit Ihnen ein wenig zu plaudern. Sollten Sie keine Lust haben, mich anzuhören, so werfen Sie den Brief schnell ins Feuer. Ich verspreche Ihnen, ich werde ganz offen sein, wenngleich ich fühle, daß Sie das Recht haben, mich für einen ziemlich aufdringlichen Menschen zu halten. Bedenken Sie jedoch, ich hätte niemals zur Feder gegriffen, wüßte ich nicht, daß Ihre Schwester nicht bei Ihnen ist; soviel ich von Théodore weiß, wird sie sich den ganzen Sommer bei Ihrer Tante, Frau B., aufhalten ... Möge Gott sie beschützen!

So hat also alles sein Ende gefunden ... Doch ich will Ihnen nicht etwa jetzt meine Freundschaft anbieten und so weiter; überhaupt scheue ich feierliche Reden und »Herzensergüsse«. Mit diesem Brief folge ich einfach einer momentanen Eingebung; sollte in mir noch ein anderer Beweggrund verborgen sein, so mag er es vorläufig auch bleiben.

Ich habe auch nicht vor, Sie zu trösten. Mit ihrer Trösterei versuchen die Menschen meistens, möglichst schnell das unangenehme Gefühl unfreiwilligen, selbstsüchtigen Mitleids loszuwerden ... Ich akzeptiere ehrliche und herzliche Anteilnahme ... doch nicht von jedem nimmt man sie entgegen ... Zürnen Sie mir ruhig ... Denn dann werden Sie meinen Brief wahrscheinlich zu Ende lesen.

Aber was gibt mir das Recht, Ihnen zu schreiben, von meiner Freundschaft, meinen Gefühlen und von Trost zu sprechen?

Nichts, absolut nichts, das muß ich zugeben, und ich kann daher nur auf Ihre Nachsicht hoffen.

Wissen Sie, woran die Einleitung meines Briefes erinnert? An folgendes: Ein Herr X. betritt den Salon einer Dame, die gar nicht ihn, sondern vielleicht einen anderen erwartet … Er begreift, daß er ungelegen kommt, aber was soll er tun … Er nimmt also Platz, beginnt ein Gespräch über Gott weiß was – über Poesie, die Schönheiten der Natur, die Vorteile einer guten Erziehung … mit einem Wort, er redet dummes Zeug … Inzwischen sind die ersten fünf Minuten vergangen, er hat es sich auf seinem Platz bequem gemacht; die Dame ergibt sich in ihr Schicksal, und Herr X. hat sich wieder gefaßt, ist entspannt und redet jetzt, wie er es versteht.

Trotz meiner vielen schönen Worte ist mir nicht ganz wohl zumute. Ich sehe Ihr verständnisloses, sogar etwas verärgertes Gesicht geradezu vor mir; ich spüre, daß es Ihnen fast unmöglich ist, mir nicht verborgene Absichten zu unterstellen, und deshalb hülle ich mich wie ein Römer, der eine Dummheit begangen hat, voller Erhabenheit in meine Toga und erwarte schweigend Ihren endgültigen Urteilsspruch …

Und zwar: Darf ich Ihnen weiterhin schreiben?

Mit aufrichtigen Grüßen der Ihnen treu ergebene

Alexej S.

II

Marja Alexandrowna an Alexej Petrowitsch

Dorf … no, am 22. März 1840

Sehr geehrter Herr Alexej Petrowitsch!
Ihren Brief habe ich erhalten, und ich weiß wirklich nicht, was ich Ihnen sagen soll. Ich hätte Ihnen sogar überhaupt nicht geantwortet, schiene es mir nicht, daß sich hinter Ihren Scherzen tatsächlich ein sehr freundschaftliches Gefühl verbirgt. Ihr Brief hat auf mich einen unangenehmen Eindruck gemacht. Erlauben Sie mir, Ihnen als Antwort auf Ihre – wie Sie es nennen – »vielen schönen Worte« auch eine Frage zu stellen: *Wozu das alles?* Was gehen Sie mich an, was ich Sie? Ich unterstelle Ihnen keinerlei unlautere Absichten, im Gegenteil, ich bin für Ihre Anteilnahme dankbar … doch wir sind uns fremd, und ich verspüre, zumindest im Augenblick, nicht das geringste Verlangen, zu irgend jemandem in nähere Beziehungen zu treten.

Mit aufrichtiger Hochachtung und so weiter verbleibe ich

Marja B.

III

Alexej Petrowitsch an Marja Alexandrowna

St. Petersburg, am 30. März

Ich danke Ihnen, Marja Alexandrowna, danke Ihnen für Ihren Brief, so kurz und bündig er auch ist. Die ganze Zeit über war ich sehr unruhig; zwanzigmal am Tage dachte ich an Sie und meinen Brief. Sie können sich nicht vorstellen, wie sehr ich mich selbst verspottet habe; jetzt aber bin ich bester Laune und äußerst zufrieden mit mir! Marja Alexandrowna, ich werde Ihnen weiterschreiben! Seien Sie ehrlich, das konnten Sie nach Ihrer Antwort nicht erwarten; ich staune selbst über meine Kühnheit ... aber ich riskiere es! Doch keine Sorge, ich möchte nicht von Ihnen schreiben, sondern von mir. Wissen Sie, ich muß mich unbedingt – wie man so gern sagt – mit jemandem aussprechen. Einverstanden, ich habe kein Recht, Sie zu meiner Vertrauten zu machen, aber ich verlange von Ihnen ja auch keine Antwort auf meine Briefe, ich will nicht einmal wissen, ob Sie meine »vielen schönen Worte« lesen, aber schicken Sie sie mir um alles, was Ihnen heilig ist, nicht zurück!

Sehen Sie, ich bin völlig allein auf dieser Welt. In meiner Jugend lebte ich sehr zurückgezogen, obwohl, soweit mir erinnerlich, ich mich niemals als ein Byron fühlte; aber zum einen die Umstände und zum anderen meine Fähigkeit zu träumen und meine Lust an der Phantasie, mein reichlich kühles Blut, mein Stolz, meine Trägheit – mit einem Wort, die verschiedensten Gründe hielten mich von der Gesellschaft anderer Menschen fern. Der Übergang von diesem geträumten Leben zur Wirklichkeit hat sich bei mir spät, wohl zu spät und vielleicht bis jetzt noch nicht einmal endgültig vollzogen. Solange mir meine eigenen Gedanken und Gefühle Vergnügen bereiteten, solange ich imstande war, mich grundloser, stummer Begeisterung und so weiter hinzugeben, habe ich mich über meine Einsamkeit nicht beklagt. Ich hatte keine richtigen, sondern nur sogenannte Freunde. Manchmal bedurfte ich ihrer Gegenwart, so wie eine elektrische Maschine einen Ableiter braucht – mehr nicht. Und die Liebe ... aber davon wollen wir vorerst schweigen. Doch jetzt, ich gestehe es, jetzt bedrückt mich die Einsamkeit, und ich sehe keinen Ausweg aus meiner Situation. Ich klage nicht etwa mein Schicksal an, denn ich bin selbst schuld und werde zu Recht bestraft. In meiner Jugend beschäftigte mich nur eines – mein eigenes *Ich;* ich hielt meinen anspruchslosen Egoismus für Keuschheit; ich mied die Gesellschaft anderer – und nun habe ich mich selbst gründlich satt. Was soll ich tun? Ich liebe niemanden, alle meine Versuche, anderen Menschen näherzukommen, sind irgendwie verkrampft und unaufrichtig; auch fehlt es mir an Erinnerungen, da ich in meinem ganzen bisherigen Leben nichts anderes finde als mein eigenes Ich. Retten Sie mich, denn Ihnen habe ich niemals überschwenglich meine Liebe geschworen, Sie habe ich nie durch einen Schwall wohlklingender Worte betäubt, an Ihnen bin ich ziemlich kühl vorübergegangen, und deshalb wage ich es jetzt, mich zu Ihnen zu flüchten. (Ich habe bereits früher daran gedacht, doch damals waren Sie gebunden ...) Unter all meinen selbstgerechten Empfindungen, Freuden und Leiden war das einzig echte Gefühl jene bescheidene, aber spontane Sympathie für Sie, die damals dahinwelkte wie eine vereinzelte Ähre inmitten von Unkraut ... Lassen Sie mich wenigstens einmal einen Blick in eine andere Seele, in ein anderes Gesicht tun – mein eigenes ist mir zuwider; ich gleiche einem Menschen, der dazu verdammt ist, sein ganzes Leben in einem Raum mit Spiegelwänden zu verbringen ... Ich verlange von Ihnen keinerlei Geständnisse – bei Gott nicht! Schenken Sie mir die stumme Anteilnahme einer Schwester oder wenigstens die bloße Neugier eines Lesers – und ich werde Sie gewißlich nicht langweilen.

Im übrigen habe ich die Ehre zu verbleiben als Ihr ergebener Freund

A. S.

IV

Alexej Petrowitsch an Marja Alexandrowna

Petersburg, am 7. April 1840

Ich schreibe Ihnen schon wieder, obwohl ich voraussehe, daß ich ohne eine Ermunterung von Ihnen bald verstummen werde. Ich gebe zu, Sie können nicht umhin, mir gegenüber ein gewisses Mißtrauen zu hegen. Na schön, vielleicht haben Sie damit recht. Früher hätte ich Ihnen feierlich erklärt (und mir dabei jedes Wort geglaubt), daß ich mich seit unserer Trennung »entwickelt« habe und vorangekommen sei; mit dünkelhafter, nahezu zartfühlender Geringschätzung hätte ich mich über meine Vergangenheit ausgelassen, mit zu Herzen gehender Wichtigtuerei Sie in die Geheimnisse meines jetzigen wahren Lebens eingeweiht ... aber nun kann ich Ihnen, Marja Alexandrowna, versichern, daß ich mich sogar schäme und mit Abscheu daran denke, wie ich mir früher in meiner schäbigen Eigenliebe gefiel und Vergnügen an ihr fand. Doch keine Angst, ich beabsichtige nicht, Ihnen irgendwelche großen Wahrheiten, irgendwelche tiefen Einsichten aufzudrängen, denn sie fehlen mir, diese Wahrheiten und Einsichten. Ich bin ein netter Kerl geworden, wirklich. Ich fühle mich einsam, Marja Alexandrowna, unerträglich einsam. Deshalb schreibe ich Ihnen ... Ich glaube tatsächlich, wir könnten Freunde werden ...

Allerdings bin ich ganz und gar außerstande, mit Ihnen zu sprechen, solange Sie mir nicht Ihre Hand reichen, solange Sie mir nicht das kleine Wörtchen ja geschrieben haben. Marja Alexandrowna, wollen Sie mich anhören? Das ist die Frage.

Ihr ergebener A. S.

V

Marja Alexandrowna an Alexej Petrowitsch

Dorf ... no, am 14. April

Was sind Sie doch für ein eigenartiger Mensch! Meinetwegen – ja!

Marja B.

VI

Alexej Petrowitsch an Marja Alexandrowna

Petersburg, am 2. Mai 1840

Hurra! Danke, Marja Alexandrowna, danke! Sie sind ein sehr liebes und nachsichtiges Geschöpf.

Ich beginne, wie versprochen, von mir zu reden, und ich werde es mit einem Vergnügen tun, das an wahren Heißhunger grenzt ... Jawohl. Von allem in der Welt kann man mit Eifer, mit Begeisterung, mit Hingabe sprechen, aber mit Heißhunger nur über sich selbst.

Wissen Sie, in diesen Tagen ist etwas höchst Eigenartiges mit mir geschehen – ich habe zum erstenmal auf meine Vergangenheit zurückgeblickt. Verstehen Sie mich recht: Jeder von uns erinnert sich oft an Gewesenes – mit Bedauern, mit Mißbehagen oder einfach so, weil er nichts Besseres zu tun hat, aber einen kühlen, klaren Blick auf sein ganzes bisheriges Leben werfen, wie ein Wanderer, der sich auf einem hohen Berg umwendet und auf die zurückgelegte Strecke schaut, das kann man nur in einem bestimmten Alter ... und eine heimliche Kälte erfaßt das Herz jenes Menschen, der das zum erstenmal tut. Meines jedenfalls hat sich schmerzhaft zusammengezogen. Solange wir jung sind, ist ein *solcher* Blick zurück unmöglich. Doch meine Jugend ist vorbei, und wie dem Wanderer auf dem Berg stand mir alles klar vor Augen …

Ja, meine Jugend ist vorbei, unwiederbringlich vorbei … Sie liegt nun offen ausgebreitet vor mir …

Ein unerfreulicher Anblick! Ich gestehe, Marja Alexandrowna, ich tue mir sehr leid. Mein Gott! Mein Gott! Wie ist es nur möglich, daß ich mir selbst mein Leben derart verdorben habe, daß ich mich so erbarmungslos irregemacht und gequält habe … Jetzt bin ich zur Einsicht gekommen, aber es ist schon zu spät. Haben Sie jemals eine Fliege aus einem Spinnennetz gerettet? Ja? Sie werden sich erinnern, Sie haben sie an die Sonne gesetzt, doch ihre Flügel und ihre Beine sind zusammengeklebt … Wie ungeschickt sie sich bewegt, wie unbeholfen sie sich zu putzen versucht! … Nach langen Bemühungen erholt sie sich wieder etwas, kriecht, versucht die Flügel auszubreiten … allein sie wird nie mehr wie früher herumspazieren, nicht sorglos in der Sonne summen, wenn sie durch ein geöffnetes Fenster in ein kühles Zimmer fliegt oder ungehindert hinausfliegt in die warme Luft …

Wenigstens ist sie nicht freiwillig in das verhängnisvolle Netz gegangen … wohl aber ich!

Ich war meine eigene Spinne!

Dennoch liegt nicht die ganze Schuld bei mir. Und überhaupt, sagen Sie bitte, wer ist denn irgendwann einmal an irgend etwas ganz allein schuld? Oder besser gesagt, wir haben zwar alle Schuld auf uns geladen, trotzdem kann man uns nicht anklagen. Die Verhältnisse prägen uns; sie drängen uns auf diesen oder jenen Weg, und sie sind es auch, die über uns dann ihr schlimmes Urteil fällen. Jeder Mensch hat sein Schicksal … Doch warten Sie!

Was das betrifft, so kommt mir ein komplizierter, aber wohl berechtigter Vergleich in den Sinn. So, wie sich die Wolken zuerst aus den Dämpfen der Erde bilden, wie sie aus ihrem Schoß aufsteigen, sich dann von ihr lösen, von ihr entfernen, um ihr schließlich Segen oder Unheil zu bringen, so bildet sich um jeden von uns und aus uns … wie soll ich es sagen? Es entsteht eine Art elementare Kraft, die dann zerstörend oder segenbringend auf uns selbst zurückwirkt … Diese Kraft nenne ich Schicksal … Mit anderen Worten und einfacher gesagt: Jeder ist Schöpfer und zugleich Geschöpf seines Schicksals …

Jeder ist also Schöpfer seines Schicksals – das ist gewiß! … Doch unsereins übertreibt es – das ist unser Unglück! Zu früh erwacht in uns das Selbstbewußtsein; zu früh beginnen wir uns selbst zu beobachten … Wir Russen sehen keine andere Aufgabe im Leben, als nur unsere Persönlichkeit zu entwickeln, und so geschieht es, daß wir, kaum dem Kindesalter entwachsen, sofort anfangen, sie zu entfalten, diese unsere unglückliche Persönlichkeit! Ohne von außen eine bestimmte Richtung bekommen zu haben, ohne etwas wirklich zu achten, ohne an etwas fest zu glauben, können wir aus uns machen, was wir wollen … man kann doch nicht von jedem verlangen, daß er sogleich die Fruchtlosigkeit eines Geistes begreift, »der inhaltslos durchs Leben wankt«[1] … und schon gibt es eine Mißgeburt mehr auf der Welt, eines jener nichtigen Geschöpfe, in denen die Gewohnheiten eines Egoisten das Streben nach Wahrheit verfälschen, in denen komische Einfalt neben niedriger Arglist existiert … eines jener Geschöpfe, deren kraftloses, unruhiges Denken weder die Befriedigung natürlichen Handelns noch echten Schmerz oder

1 Aus dem Versroman »Eugen Onegin« von Alexander Puschkin (Siebentes Kapitel, Strophe 22).

den wahren Triumph der Überzeugung je erfährt ... Die Schwächen aller Altersstufen in uns vereinend, nehmen wir jedem Mangel seine gute, erlösende Seite ... Wir sind einfältig wie Kinder, aber nicht so aufrichtig wie sie; wir sind kalt wie Greise, aber uns fehlt die Weisheit des Alters ... Dafür aber sind wir Psychologen. O ja, wir sind große Psychologen! Doch unsere Psychologie neigt eher zur Pathologie; unsere Psychologie – das ist das eifrige Studium der Gesetze eines ungesunden Zustandes und einer ungesunden Entwicklung, für die sich normale Leute überhaupt nicht interessieren ...

Doch was am schwersten wiegt – wir sind trotz unserer Jugend nicht jung!

Doch warum sich selbst diskreditieren? Warum so tun, als wären wir niemals jung gewesen, als hätte niemals des Lebens Kraft in uns geperlt, gebrodelt und gebebt. Auch für uns gab es ein Arkadien, durch dessen helle Fluren wir streiften! ... Haben Sie beim Spazierengehen durch ein Gehölz schon einmal einen jener dunklen Grashüpfer gesehen, die unter Ihren Füßen hervorspringen, mit einem Knacken plötzlich die grellroten Flügel ausbreiten, ein paar Schritt weit fliegen und gleich wieder im Gras landen? Genauso hat unsere törichte Jugend zuweilen ihre kleinen bunten Flügel für ein paar Augenblicke zu einem kurzen Flug ausgebreitet ... Erinnern Sie sich noch unserer stillen Abendspaziergänge zu viert entlang der Einfriedung Ihres Gartens, nach einem langen, freundschaftlichen und lebhaften Gespräch? Erinnern Sie sich noch jener glücklichen Augenblicke? Die Natur hatte uns zärtlich und erhaben in ihr Reich aufgenommen. Ehrfurchtsvoll ließen wir uns von Wogen der Seligkeit dahintragen. Eine zarte Abendröte war plötzlich aufgeflammt; der in rotes Licht getauchte Himmel, die aufleuchtende Erde, alles schien das Feuer und die Frische der Jugend, den freudigen Triumph eines unvergänglichen Glücks zu atmen. Wie die Flammen des Abendrotes, so still und leidenschaftlich loderten unsere begeisterten Herzen, und der jungen Bäume zarte Blätter über uns zitterten leise und kaum wahrnehmbar, als reagierten sie auf das Schwingen der unklaren Gefühle und Erwartungen in uns. Erinnern Sie sich dieser Keuschheit, dieser Unverfälschtheit und Gläubigkeit unserer Gedanken, der Regung edler Hoffnungen, dieses Schweigens, das aus übervollem Herzen kam? Sollten wir auch damals wirklich zu nichts Besserem fähig gewesen sein als zu dem, was das Leben dann aus uns gemacht hat? Warum nur war es uns beschieden, das ersehnte Ufer nur hin und wieder zu erblicken und nicht auf ihm Fuß zu fassen, es nie zu erreichen:

> Nicht Freudentränen wie die Kinder Israels
> zu weinen an der Schwelle des Gelobten Landes?

Diese beiden Zeilen von Fet[1] erinnern mich an andere von ihm ... Wissen Sie noch, wie wir einmal unseren Schritt verhielten, als wir in der Ferne ein Wölkchen rosafarbenen Staubes sahen, den ein leichter Windhauch der untergehenden Sonne entgegentrieb? »Ist's ein Reiter«, begannen Sie damals zu zitieren, und wir alle wurden sogleich still und hörten Ihnen zu:

> Ist's ein Reiter, ist's ein Wandrer,
> Den mir dort der Staub verhüllt,
> Hoch in Wolken aufgewirbelt!
> Sieh, des Weges sprengt ein Reiter ...
> Ferner Freund, gedenke mein!

1 Pseudonym des russischen Lyrikers Afanassi Afanassjewitsch Schenschin (1820-1892), eines Vertreters der »reinen Kunst«.

Sie verstummten ... Wir waren so ergriffen, als hätte der Hauch der Liebe unsere Herzen gestreift, und jeden von uns – davon bin ich überzeugt – zog es unwiderstehlich in die Ferne, jene unbekannte Ferne, in der sich das Trugbild der Glückseligkeit lockend aus dem Nebel erhebt. Beachten Sie dabei das Sonderbare: Warum eigentlich lockte uns die Ferne? Waren wir nicht ineinander verliebt? War das Glück nicht »uns so nahegebracht«[1]? Und auch jetzt noch frage ich Sie: Warum haben wir damals das ersehnte Ufer nicht erreicht? Weil die Lüge uns begleitete, weil sie unsere erhabensten Gefühle vergiftet hatte, weil alles in uns unecht und verkrampft war, weil wir uns gar nicht liebten, sondern uns nur bemühten zu lieben, weil wir uns einbildeten, es zu tun ...

Doch nun genug, genug davon! Wozu alte Wunden wieder aufreißen? Wo doch alles unwiederbringlich vorüber ist. Was es in unserer Vergangenheit an Schönem gegeben hat, das läßt mich Rührung verspüren, und mit diesem Gefühl des Schönen verabschiede ich mich vorerst von Ihnen. Es ist auch höchste Zeit, diesen langen Brief zu beenden. Ich werde etwas hiesige Maienluft atmen gehen, in der der Frühling mit seiner feuchten und plötzlichen Wärme die trockene Festung des Winters durchdringt. Leben Sie wohl.

Ihr A. S.

1 Aus dem Versroman »Eugen Onegin« von Alexander Puschkin (Achtes Kapitel, Strophe 47).

VII

Marja Alexandrowna an Alexej Petrowitsch

Dorf ...no, am 20. Mai 1840

Ihren Brief, Alexej Petrowitsch, habe ich erhalten, und wissen Sie, was für ein Gefühl er in mir hervorgerufen hat? Entrüstung ... ja, Entrüstung ... Und ich möchte Ihnen gleich erklären, warum gerade dieses Gefühl. Das Dumme ist nur, ich bin kein Meister der Feder und habe selten geschrieben, ich kann meine Gedanken nicht präzise und in wenigen Worten ausdrükken; aber ich hoffe, Sie helfen mir. Versuchen Sie mich zu verstehen, und sei es nur, um zu erfahren, warum ich entrüstet bin.

Sagen Sie mir, als kluger Mensch, haben Sie sich jemals gefragt, was das ist – die russische Frau? Welches Schicksal sie hat, welche Stellung sie in der Gesellschaft einnimmt, mit einem Wort – wie ihr Leben aussieht. Ich weiß nicht, ob Sie je Zeit hatten, sich mit dieser Frage zu befassen, und ich kann mir nicht vorstellen, was Sie antworten würden ... Vielleicht könnte ich Ihnen in einem Gespräch meine Gedanken dazu mitteilen, aber in einem Brief vermag ich es kaum. Doch gleichviel, es geht um folgendes: Sie stimmen mir gewiß zu, daß wir Frauen, zumindest jene, die nicht in den üblichen Sorgen eines Hausfrauendaseins ihre Befriedigung finden, unsere Bildung eigentlich immer von ihnen, von den Männern, erhalten, denn sie üben einen großen Einfluß auf uns aus. Und nun schauen Sie sich einmal an, was sie mit uns machen. Zunächst möchte ich von jungen Mädchen sprechen, besonders von jenen, die, wie ich, in ländlicher Abgeschiedenheit leben, und davon gibt es in Rußland viele. Allerdings kenne ich andere nicht und kann über sie nicht urteilen. Doch stellen Sie sich solch ein Mädchen vor. Sagen wir, ihre Ausbildung ist abgeschlossen; sie beginnt zu leben, sich zu amüsieren, aber nur Amüsement ist ihr zuwenig. Sie erwartet viel vom Leben, sie liest und träumt … von Liebe. Immer nur Liebe, werden Sie sagen … Vielleicht haben Sie recht, allein für so ein Mädchen bedeutet dieses Wort viel. Außerdem möchte ich noch hinzufügen, daß ich nicht von einem Mädchen spreche, dem das Denken lästig und langweilig ist … Sie schaut sich um, wartet, wann endlich jener kommt, nach dem sie sich sehnt … Schließlich tritt er in ihr Leben; sie ist hingerissen, ist wie Wachs in seinen Händen. Alles – das Glück, die Liebe, der Gedanken Fülle – ist mit ihm auf einmal da; alle Besorgnis ist verflogen, alle Zweifel sind durch ihn zerstreut, aus seinem Munde scheint die reine Wahrheit zu sprechen; sie blickt zu ihm auf, schämt sich ihres Glücks, bildet sich, liebt ihn. In dieser Zeit hat er grenzenlose Macht über sie! … Wäre er ein Held, er würde sie entflammen, sie lehren, sich zu opfern, und die Opfer würden ihr leichtfallen! Aber in unserer Zeit gibt es keine Helden … Dennoch lenkt er sie, wohin er möchte; sie geht in dem auf, was ihn beschäftigt, jedes seiner Worte dringt in ihre Seele ein, weil sie zu dem Zeitpunkt noch nicht weiß, wie nichtig und hohl, wie verlogen ein Wort sein kann, wie wenig es den kostet, der es ausspricht, und welch geringen Glauben es verdient! Dieser ersten Zeit des Glücks und der Hoffnung folgt gewöhnlich – durch die Umstände bedingt (die immer schuld sind) – die Trennung. Es soll Fälle gegeben haben, daß sich zwei verwandte Seelen, nachdem sie sich gefunden hatten, sogleich und für immer verbanden; ich habe auch gehört, daß sie es dabei nicht immer leicht hatten … Aber was ich nicht selbst erlebt habe, darüber möchte ich nicht sprechen, doch daß in einem jungen Herzen kleinliche Berechnung und beklagenswerter Mangel an Courage im Verein mit leidenschaftlichster Verzückung existieren können –

das habe ich leider am eigenen Leibe erfahren. Und so kommt es also zur Trennung ... Glücklich jenes Mädchen, welches gleich begreift, daß alles vorbei ist, welches sich nicht mehr in Hoffnung wiegt! Aber ihr, ihr tapferen und gerechten Männer, habt meistens weder den Mut noch den Wunsch, uns die Wahrheit zu sagen ... es ist bequemer für euch, uns zu betrügen ... Ich bin übrigens bereit, zu glauben, daß ihr euch dabei selbst betrügt ... Trennung! Sie zu ertragen ist schwer und leicht zugleich. Wenn nur der Glaube an den unversehrt bleibt, den man liebt – dann kann die Seele den Trennungsschmerz besiegen ... Mehr noch: Nur dann, allein gelassen, wird ein Mädchen die Wonne der Einsamkeit erfahren, keiner fruchtlosen, sondern einer voller Erinnerungen und Gedanken; nur dann erkennt sie sich selbst, findet zu sich, richtet sich auf ... in den Briefen des fernen Freundes hat sie eine Stütze, in ihren eigenen spricht sie sich vielleicht zum erstenmal richtig aus ... Doch wie zwei Menschen, die sich von der Quelle eines Flusses aus, jeder an einem Ufer, auf den Weg machen, sich erst noch an den Händen halten können, dann sich nur noch durch Zurufe verständigen und sich schließlich aus den Augen verlieren, so werden zwei Menschenkinder durch eine Trennung auseinandergerissen. Na und, werden Sie sagen, offenbar ist es ihnen nicht beschieden, ihren Weg gemeinsam zu gehen ... Hier nun zeigt sich der Unterschied zwischen Mann und Frau. Dem Mann macht es nichts aus, ein neues Leben zu beginnen, die ganze Vergangenheit von sich abzuschütteln – eine Frau jedoch kann das nicht. Nein, sie kann ihre Vergangenheit nicht einfach abstreifen, kann sich nicht von ihrer Wurzel losreißen – nein, tausendmal nein! Und dann kommt es zu einem bedauernswerten, lächerlichen Schauspiel ... Da sie allmählich die Hoffnung und den Glauben an sich selbst verliert – und wie schmerzhaft das ist, können Sie sich nicht vorstellen –, verlischt sie und welkt dahin, krampfhaft an ihre Erinnerungen geklammert und abgewandt von allem, was ihre Umgebung bietet ... Und er? ... Ihn können Sie suchen! Wo ist er hin! Lohnt sich für ihn ein Blick zurück? Wann sollte er sich umwenden? Für ihn gehört das alles der Vergangenheit an. Manchmal gibt es auch noch folgendes: Es kommt vor, daß er plötzlich den Wunsch verspürt, den Gegenstand seiner früheren Zuneigung wiederzusehen, er fährt sogar extra zu ihm hin ... Aber, mein Gott, aus welch kleinlicher Eitelkeit heraus tut er das! In seinem glattzüngigen Mitleid, in seinen angeblich freundschaftlichen Ratschlägen, in seiner arroganten Erklärung des Geschehenen spürt man nichts als das Bewußtsein der eigenen Überlegenheit! Es bereitet ihm Vergnügen, sich selbst jeden Augenblick sagen zu können, wie klug er doch ist und wie gütig! Wie wenig begreift er von dem, was er angerichtet hat! Wie unfähig ist er sogar, zu erraten, was im Herzen einer Frau vor sich geht, und wie sehr erniedrigt sein Mitleid, falls er es doch erahnt! ...

Woher, so frage ich Sie, soll sie die Kraft nehmen, das alles zu ertragen? Noch etwas sollten Sie bedenken: Wenn ein Mädchen, das unglücklicherweise angefangen hat nachzudenken, einen Mann liebt und unter seinen Einfluß geraten ist, löst sie sich meistens unwillkürlich von ihrer Familie und ihren Bekannten. Sie fand auch früher schon keine Befriedigung in deren Lebensart, war aber bei ihnen geblieben, ihre geheimsten Wünsche im Herzen verbergend ... Allein der Riß wird bald sichtbar ... Die Menschen ihrer Umgebung verstehen sie nicht mehr, beargwöhnen jede ihrer Regungen ... Zuerst interessiert sie das nicht, doch später dann, wenn sie verlassen worden ist, wenn ihr das, was sie erstrebte und wofür sie alles geopfert hat, versagt blieb und das greifbar Nahe, das Mögliche in die Ferne gerückt ist – was hält sie dann aufrecht? Spott, Anspielungen, den billigen Triumph der rauhen Vernunft erträgt sie noch irgendwie … aber was soll sie tun, wohin soll sie flüchten, wenn ihre eigene innere Stimme ihr sagt, daß jene recht hatten, während sie irrte, daß ein Leben, wie immer auch beschaffen, besser ist als Träume, so wie Gesundheit besser ist als Krankheit … wenn ihre Lieblingsbeschäftigungen, ihre Lieblingsbücher sie anöden, Bücher, aus denen man sich nicht das Glück herauslesen kann, was, so frage ich Sie, hält sie dann aufrecht? Wie soll sie in einem solchen Kampf nicht zugrunde gehen? Wie in so einer Leere überleben und weiter existieren? Ihre Niederlage zugeben und die Hand wie ein Bettler gleichgültigen Menschen entgegenstrecken und hoffen, daß sie wenigstens zu jener Anteilnahme fähig sind, ohne die das stolze Herz einstmals glaubte existieren zu können – das wäre noch nicht so schlimm! Aber sich lächerlich vorkommen, während man bittere Tränen vergießt … davor sollte einen Gott bewahren …

Meine Hände zittern, und ich fühle mich wie im Fieber. Mein Gesicht glüht. Ich sollte aufhören … Den Brief schicke ich sofort ab, solange ich mich meiner Schwäche noch nicht schäme. Verlieren Sie, um des Himmels willen, in Ihrer Antwort keine Silbe des Mitleids, verstehen Sie, keine Silbe, ich könnte Ihnen nie wieder schreiben. Verstehen Sie mich recht: Ich möchte nicht, daß Sie diesen Brief als den Erguß eines unverstandenen Herzens auffassen, welches sich beklagt … Ach, mir ist alles gleich! Leben Sie wohl.

M.

VIII

Alexej Petrowitsch an Marja Alexandrowna

St. Petersburg, am 28. Mai 1840

Marja Alexandrowna, Sie sind ein prächtiger Mensch ... Sie ... Ihr Brief hat mir endlich die Augen geöffnet! Mein Gott, welche Qual! Der Mensch glaubt oft, daß er es geschafft hat, einfach zu sein, daß er sich nichts mehr vormacht, sich natürlich gibt, nicht lügt ... doch sieht man ihn sich etwas gründlicher an, ist er fast noch schlechter geworden, als er früher war. Und auch das muß ich noch sagen: Allein, das heißt von selber, gelangt der Mensch niemals zu dieser Erkenntnis, wie sehr er sich auch bemühen mag; er bemerkt die eigenen Fehler nicht, so wie das abgestumpfte Auge eines Setzers den Druckfehler nicht bemerkt; hier bedarf es eines anderen, eines frischen, ungetrübten Blickes. Danke, Marja Alexandrowna ... Sie sehen, ich spreche von mir; von Ihnen zu sprechen, wage ich nicht ... Ach, wie lächerlich kommt mir jetzt mein letzter, so wortreicher und gefühlvoller Brief vor! Ich bitte Sie inständigst, fahren Sie in Ihrer Beichte fort; ich glaube, Ihnen wird leichter davon, und auch ich habe meinen Nutzen. Nicht zufällig lautet ein russisches Sprichwort: »Der Verstand einer Frau ist besser als viele Gedanken«, und das Herz einer Frau ist es bei Gott um so mehr! Wüßten die Frauen, um wieviel besser, großherziger und klüger – jawohl klüger – sie sind als die Männer, sie würden hoffärtig werden und schlecht; glücklicherweise wissen sie es nicht, und das nur, weil sie nicht daran gewöhnt sind, ihre Gedanken allein auf sich zu richten, wie es unsereiner tut. Sie denken wenig an sich selbst – das ist ihre Schwäche und ihre Stärke zugleich; darin besteht das ganze Geheimnis unserer Macht, um nicht zu sagen unserer Überlegenheit. Sie verschenken freigebig ihr Herz, wie ein großzügiger Erbe den väterlichen Besitz, während wir für jede Kleinigkeit Zinsen fordern. Wie sollten sie es da mit uns aufnehmen? ... Das alles sind keine Komplimente, das ist die schlichte, durch Erfahrung bewiesene Wahrheit. Ich bitte Sie noch einmal, Marja Alexandrowna, schreiben Sie mir weiterhin ... Wenn Sie wüßten, was mir alles durch den Kopf geht! Aber ich möchte jetzt nicht darüber sprechen, ich möchte Sie anhören ... Was ich zu sagen habe, sage ich später. Schreiben Sie mir, schreiben Sie.

Ihr ergebener A. S.

IX

Marja Alexandrowna an Alexej Petrowitsch

Dorf ...no, am 12. Juni 1840

Kaum hatte ich meinen letzten Brief an Sie abgeschickt, Alexej Petrowitsch, als ich es auch schon bereute, aber es war bereits zu spät. Eines hat mich ein wenig beruhigt: Ich bin überzeugt, Sie haben begriffen, welch lange unterdrückten Gefühle beim Schreiben in mir lebendig wurden, und Sie haben mir verziehen. Ich habe damals nicht noch einmal überflogen, was ich geschrieben hatte; ich weiß aber noch, mein Herz schlug so stark, daß der Federhalter in meiner Hand zitterte. Übrigens – ich hätte mich wahrscheinlich auch anders ausgedrückt, wenn ich mir Zeit zum Überlegen gelassen hätte, dennoch habe ich nicht die Absicht, meine Worte zurückzunehmen oder mich von meinen Gefühlen loszusagen, die ich Ihnen, so gut ich konnte, geschildert habe. Heute bin ich viel beherrschter und habe mich weit mehr in der Gewalt ...

Wie ich mich erinnere, schrieb ich am Schluß meines Briefes etwas über die schwierige Situation eines Mädchens, das sich sogar im Kreis der Ihren einsam fühlt ... Ich möchte mich darüber nicht weiter verbreiten, lieber teile ich Ihnen ein paar Einzelheiten mit, weil ich glaube, daß ich Sie damit weniger langweile.

Erstens sollten Sie wissen, daß ich in der ganzen Nachbarschaft nicht anders als die Philosophin genannt werde; besonders die Damen titulieren mich so. Manche behaupten, ich schliefe mit dem Lateinbuch im Arm und mit Brille, andere – ich könnte irgendwelche Quadratwurzeln ziehen; keine bezweifelt, daß ich heimlich Männerkleidung trage und anstatt »Guten Tag« »George Sand« hervorstoße – und die Abneigung gegen die Philosophin wird immer größer. Wir haben einen Nachbarn von ungefähr fünfundvierzig Jahren, ein scharfsinniger Witzbold ... zumindest wird er dafür gehalten ... für ihn ist meine arme Person ein unerschöpfliches Thema seines Spotts. Er hat überall herumerzählt, ich würde, kaum sei der Mond aufgegangen, kein Auge mehr von selbigem wenden können, und er spielt seinen Zuhörern sogar vor, wie ich ihn angeblich anstarre; er erzählt ferner, ich tränke selbst den Kaffee nicht mit Sahne, sondern mit Mondlicht, das heißt, ich stellte meine Tasse in seinen Schein. Er schwört bei Gott, daß ich Sätze wie: »Das ist leicht, weil es schwer ist, obwohl es andererseits schwer ist, weil es leicht ist ...« gebrauche. Er versichert, ich sei ständig auf der Suche nach irgendeinem Wort, strebe immer »dahin«, und er fragt mit gespieltem Eifer: »Wohin – dahin? Wohin?« Er hat sogar das Gerücht über mich verbreitet, ich ritte nachts durch die Furt des Flusses hinüber und herüber und sänge dabei eine Schubertserenade oder stöhnte einfach nur »Beethoven, Beethoven!«. So eine leidenschaftliche alte Jungfer sei ich angeblich und so weiter und so weiter. Natürlich erfahre ich das alles sofort. Das wundert Sie vielleicht, doch vergessen Sie nicht, seit Ihrem letzten Aufenthalt in unserer Gegend sind vier Jahre verstrichen. Erinnern Sie sich, wie uns damals alle scheel angesehen haben? Jetzt ist ihre Stunde gekommen. Aber das ist noch nicht alles. Manchmal höre ich Worte, die mich bedeutend mehr treffen, ganz zu schweigen davon, daß meine liebe arme Mama mir die Gleichgültigkeit der Männer nicht verzeihen kann; mein ganzes Leben ist zur Schau gestellt, wie meine Kinderfrau immer sagt. »Natürlich«, so höre ich wieder und wieder, »wir können dir nicht das Wasser reichen! Wir sind einfache Leute, lassen uns nur vom gesunden Menschenverstand leiten; aber wenn du es dir richtig überlegst, alles dieses Nachdenken, die Bücher, die Bekanntschaften mit Gelehrten – wohin hat dich das alles gebracht?« Vielleicht erinnern Sie sich an meine Schwester, nicht die, die Sie einmal verehrt haben, sondern die andere, die ältere, die verheiratet ist. Ihr Mann – sicher wissen Sie das noch – ist so ein einfacher, etwas eigenartiger Mensch; Sie haben ihn damals oft gefoppt. Aber meine Schwester ist glücklich, sie hat Kinder, liebt ihren Mann, und der hat einen Narren an ihr gefressen … »Ich bin wie alle«, sagt sie manchmal zu mir, »aber du?« Und sie hat recht, ich beneide sie …

Und trotzdem möchte ich mit ihr nicht tauschen. Soll man mich ruhig Philosophin, Sonderling oder sonstwie nennen – ich bleibe bis zuletzt treu … nur wem? Etwa einem Ideal? Ja, einem Ideal. Ich bleibe bis zuletzt dem treu, was zum erstenmal mein Herz höher schlagen ließ, dem, was ich als wahr, als gut anerkannte und anerkenne … Wenn nur meine Kraft dazu ausreicht, wenn sich mein Ideal nur nicht als seelenloses und stummes Idol erweist …

Sollten Sie wirklich Freundschaft für mich empfinden, sollten Sie mich wirklich nicht vergessen haben, dann müssen Sie mir helfen, Sie müssen meine Zweifel zerstreuen und mich in meinem Glauben bestärken …

Aber wie können Sie mir helfen? »Das ist alles dummes Zeug, unnützes Geschwätz«, sagte gestern mein Onkel zu mir, den Sie, glaube ich, nicht kennen, er ist früher zur See gefahren und recht gescheit. »Ein Mann, Kinder, ein Topf mit Kohlsuppe, für Mann und Kinder sorgen, auf den Topf aufpassen – das ist es, was eine Frau braucht …« Meinen Sie auch, daß er recht hat?

Wenn ja, kann ich meine Vergangenheit noch korrigieren, kann ich noch ins übliche Geleise kommen. Worauf warte ich? Worauf kann ich noch hoffen? In einem Ihrer Briefe schrieben Sie von den Flügeln der Jugend. Wie oft, wie lange sind sie doch gefesselt! Und dann kommt eine Zeit, da fallen sie ab, und man kann sich nicht mehr über die Erde erheben und gen Himmel fliegen. Schreiben Sie mir

Ihre M.

X

Alexej Petrowitsch an Marja Alexandrowna

St. Petersburg, am 16. Juni 1840

Liebe Marja Alexandrowna, ich will sogleich auf Ihren Brief antworten. Ich gestehe, gäbe es hier nicht wichtige Dinge – in Wirklichkeit gibt es sie nicht –, nein, gäbe es nicht die dumme Gewöhnung an diesen Ort hier, ich würde zu Ihnen kommen und mich richtig aussprechen, denn auf dem Papier wirkt alles so kalt und leblos …

Marja Alexandrowna, ich wiederhole noch einmal: Frauen sind besser als Männer, und Sie sollten das durch die Tat auch beweisen. Mag unsereiner seine Überzeugungen wegwerfen wie abgetragene Kleider, sie gegen ein Stück Brot eintauschen, sie schließlich dahinsterben lassen und für sie wie für einen teuren Toten einen Grabstein setzen, den man nur selten aufsucht, um zu beten, mag das unsereiner alles tun, aber sie, die Frauen, dürfen sich nicht untreu werden, dürfen ihr Ideal nicht verraten … Dieses Wort klingt jetzt lächerlich, aber wer das Lächerliche fürchtet, verschmäht die Wahrheit. Oft veranlaßt das törichte Lachen eines Dummkopfes sogar gute Menschen, so manches nicht zu tun … und wenn es nur das Eintreten für einen abwesenden Freund ist … ich selbst bekenne mich da schuldig. Aber, um es noch einmal zu sagen, ihr Frauen seid besser als wir … In Kleinigkeiten gebt ihr schneller nach als unsereiner; doch dem Teufel ins Auge sehen, das könnt ihr besser als wir. Nicht Rat oder Hilfe will ich Ihnen anbieten – wie könnte ich! Das ist es auch nicht, was Sie brauchen, aber ich reiche Ihnen meine Hand und rufe Ihnen zu: Halten Sie durch, kämpfen Sie bis zuletzt, und vergessen Sie nie, das Bewußtsein eines ehrlich durchgestandenen Kampfes ist als Gefühl fast noch wertvoller als der Triumph eines Sieges … Ein Sieg hängt nicht von uns ab.

Ihr Onkel hat in gewisser Hinsicht natürlich recht, denn das Familienleben bedeutet einer Frau alles, ein anderes Leben gibt es für sie nicht.

Aber was beweist das? Nur die Jesuiten behaupten, daß jedes Mittel recht ist, Hauptsache, man erreicht damit sein Ziel. Das stimmt nie und nimmer! Mit Füßen, an denen noch der Staub des Weges haftet, sollte man keinen reinen Tempel betreten. Am Ende Ihres Briefes findet sich ein Satz, der mir nicht gefällt: Sie wollen in das übliche Geleise kommen! Geben Sie acht, daß Sie dabei nicht stolpern! Bedenken Sie, man kann Vergangenes nicht korrigieren, und sosehr Sie sich auch bemühen mögen, sosehr

Sie sich auch zwingen mögen – so wie Ihre Schwester werden Sie nicht. Sie stehen über ihr, allerdings ist Ihre Seele gewissermaßen angeknickt, die Ihrer Schwester ist heil. Zu ihr hinabsteigen, sich zu ihr hinunterbeugen – das können Sie, aber die Natur fordert ihr Recht, und eine geknickte Stelle verwächst nicht wieder …

Sie befürchten – ohne Umschweife gesagt –, eine alte Jungfer zu werden. Ich weiß, daß Sie bereits sechsundzwanzig sind. Die Situation einer alten Jungfer ist in der Tat nicht beneidenswert, allzugern wird sie belächelt, jedermann bemerkt mit einer Art Schadenfreude ihre Eigenheiten und Schwächen; sähe man sich jedoch einen alternden Junggesellen etwas genauer an, so könnte man auch auf ihn mit Fingern zeigen, denn man fände wahrlich genug, worüber man laut lachen könnte. Was läßt sich da tun? Das Glück ist nicht im Sturm zu erobern. Aber man sollte nie vergessen, daß nicht das Glück, sondern die Würde des Menschen das wichtigste Ziel im Leben ist.

Sie schildern Ihre Situation mit viel Humor. Ich begreife sehr wohl, wieviel Bitterkeit darin liegt; Ihre Situation ist durchaus tragisch zu nennen. Aber Sie sollten wissen, daß es Ihnen nicht allein so geht, es gibt heutzutage kaum einen Menschen, der sich nicht in einer ähnlichen Lage befindet. Sie werden einwenden, daß Ihnen das nicht hilft, aber ich denke, es ist ein Unterschied, ob man mit Tausenden anderen leidet oder allein. Hier handelt es sich nicht um Egoismus, sondern um das Gefühl einer allgemeinen Notwendigkeit.

Alles schön und gut, werden Sie wahrscheinlich sagen … doch in der Praxis nicht anwendbar. Aber warum denn nicht? Bis jetzt habe ich gedacht, und ich hoffe, ich werde es auch weiter tun, daß in Gottes weiter Welt alles Ehrliche, Gute, Wahre anwendbar ist und sich früher oder später erfüllen wird und sich nicht nur erfüllen wird, sondern schon jetzt erfüllt; jeder muß nur fest auf seinem Platz stehen, Geduld bewahren, nicht etwas Unmögliches herbeisehnen, sondern handeln, solange seine Kraft reicht. Mir scheint, ich habe mich schon zu weit ins Abstrakte begeben. Ich verschiebe die Fortsetzung meiner Überlegungen bis zum nächsten Brief, aber ich möchte meine Feder nicht aus der Hand legen, ohne Ihnen ganz fest die Hand gedrückt und von ganzem Herzen alles Gute gewünscht zu haben.

Ihr A. S.

PS Noch etwas! Sie schreiben, Sie hätten nichts mehr zu erwarten und auf nichts mehr zu hoffen. Darf ich fragen, woher Sie das wissen?

XI

Marja Alexandrowna an Alexej Petrowitsch

Dorf ...no, am 30. Juni 1840

Wie dankbar bin ich Ihnen für Ihren Brief, Alexej Petrowitsch! Er hat mir viel geholfen! Ich sehe, Sie sind wirklich ein guter, vertrauenswürdiger Mensch, deshalb werde ich zu Ihnen auch ganz offen sein. Ich glaube Ihnen und weiß, daß Sie meine Offenheit nicht mißbrauchen und mir einen freundschaftlichen Rat geben. Es geht um folgendes.

Ihnen ist am Ende meines Briefes ein Satz aufgefallen, der Ihnen nicht so recht behagen will. Er bezieht sich auf folgendes: Wir haben einen Nachbarn ... er war nicht hier, als Sie uns besuchten, deshalb haben Sie ihn nicht gesehen. Er ... Er würde mich heiraten, wenn ich das wollte; er ist noch jung, hat Bildung und Vermögen. Schwierigkeiten von seiten meiner Eltern gäbe es nicht, im Gegenteil, ich bin überzeugt, daß sie diese Heirat wünschen; er ist ein guter Mensch und scheint mich zu lieben … aber er ist so energielos und kleinlich, sein ganzes Wollen bewegt sich in so engen Grenzen, daß ich nicht umhinkann, mich ihm überlegen zu fühlen; er spürt das und freut sich noch darüber, und gerade das ist es, was mich an ihm abstößt; ich kann ihn nicht achten, obwohl er ein gutes Herz hat. Was soll ich nur machen? Denken Sie einmal für mich darüber nach und schreiben Sie mir Ihre ehrliche Meinung.

Wie dankbar bin ich Ihnen für Ihren Brief! … Wissen Sie, ab und zu beschleichen mich sehr trübe Gedanken … Manchmal war ich schon fast so weit, daß ich mich eines jeden – ganz zu schweigen von den überschwenglichen –, daß ich mich eines jeden tiefen Gefühls schämte, ich legte verärgert ein Buch beiseite, wenn darin von Hoffnung und Glück die Rede war, ich wandte mich vom wolkenlosen Himmel ab, vom frischen Grün der Bäume, von allem, was schön ist und Freude macht. Was war das nur für ein trauriger Zustand! Ich sage »war«, denn er scheint vorüber zu sein!

Ob er das wirklich ist, kann ich nicht sagen, ich weiß nur, daß ich es Ihnen verdanke, wenn er nicht wiederkehrt. Sehen Sie, Alexej Petrowitsch, wieviel Gutes Sie getan haben, ohne es vielleicht selbst zu ahnen! Wissen Sie übrigens, daß Sie mir sehr leid tun? Wir haben jetzt den strahlendsten Sommer, die Tage sind herrlich, der Himmel ist blau und klar … Selbst in Italien kann er nicht schöner sein, Sie aber hocken in einer stickigen und staubigen Stadt, laufen durch drückend heiße Straßen. Was gefällt Ihnen nur daran? Sie könnten doch wenigstens irgendwohin in ein Landhaus übersiedeln. Es soll an der Küste hinter Petershof zauberhafte Fleckchen geben.

Eigentlich wollte ich noch mehr schreiben, aber es geht einfach nicht, denn vom Garten her weht ein so süßer Duft ins Zimmer, daß es mich nicht länger drinnen hält. Ich werde jetzt meinen Hut aufsetzen und spazierengehen ... Bis zum nächsten Mal, lieber Alexej Petrowitsch.

Ihre ergebene M. B.

PS Etwas habe ich noch vergessen ... Stellen Sie sich vor, jener Spötter, von dem ich Ihnen unlängst schrieb, hat mir in feurigsten Worten eine Liebeserklärung gemacht. Anfangs glaubte ich, er wolle sich einen dummen Scherz erlauben, aber er schloß seine Erklärung mit einem formvollendeten Heiratsantrag – und das alles nach seinen vielen Verleumdungen! Aber er ist entschieden zu alt. Um ihn zu ärgern, habe ich mich gestern nacht bei Mondschein vor das offene Fenster ans Klavier gesetzt und Beethoven gespielt. Es war ein wonnigliches Gefühl für mich, das kalte Licht des Mondes auf dem Gesicht zu spüren und die duftende Nachtluft mit den edlen Klängen der Musik zu erfüllen, die ab und zu vom Schlagen der Nachtigall übertönt wurde. Ich war lange nicht so glücklich. Vergessen Sie nicht, mir das zu schreiben, worum ich Sie am Anfang des Briefes bat, es ist sehr wichtig.

XII

Alexej Petrowitsch an Marja Alexandrowna

St. Petersburg, am 8. Juli 1840

Liebe Marja Alexandrowna, hier in wenigen Worten meine Meinung: Geben Sie sowohl dem alten Junggesellen als auch dem jungen Anbeter einen Korb! Etwas anderes kommt nicht in Frage.

Weder der eine noch der andere sind Ihrer wert, das ist so klar, wie zwei mal zwei vier ist. Vielleicht ist der junge Nachbar wirklich ein guter Mensch, aber was soll's? Ich bin sicher, es gibt zwischen ihm und Ihnen nichts Gemeinsames, und da können Sie sich ja vorstellen, wie gut Sie mit ihm leben würden! Und warum diese Eile? Es kann doch wohl nicht sein, daß eine Frau wie Sie – ich möchte Ihnen keine Komplimente machen, deshalb führe ich das nicht weiter aus –, daß eine solche Frau nicht jemanden findet, der sie zu schätzen weiß. Nein, Marja Alexandrowna, hören Sie auf mich, wenn Sie wirklich glauben, daß ich Ihr Freund bin und Ihnen mein Rat etwas nützt. Gestehen Sie, es war für Sie eine Genugtuung, als dieses alte Schandmaul Ihnen zu Füßen lag! … An Ihrer Stelle hätte ich ihn gezwungen, die ganze Nacht im Angesicht des Mondes die Adelaide von Beethoven zu singen.

Aber genug nun von Ihren Verehrern! Nicht über sie wollte ich mich heute mit Ihnen unterhalten. Durch einen Brief, den ich gestern erhielt, bin ich jetzt in einer eigenartigen halb gereizten, halb erregten Stimmung. Ich lege Ihnen eine Abschrift bei. Der Brief stammt von einem meiner sehr alten Freunde und früheren Kollegen, einem gutherzigen, aber recht anspruchslosen Menschen. Vor ungefähr zwei Jahren ist er ins Ausland gegangen und hat mir seitdem kein einziges Mal geschrieben. Hier nun sein Brief. Übrigens ist er ein recht gut aussehender Mann.

Cher Alexis,
ich bin in Neapel und sitze am Fenster meines Zimmers auf der Chiaja[1]! Das Wetter ist herrlich. Erst habe ich lange aufs Meer hinausgeschaut, dann wurde ich etwas unruhig, und plötzlich

1 (ital.) Uferstraße.

kam mir der großartige Einfall, an Dich zu schreiben. Zu Dir, mein Freund, fühlte ich mich tatsächlich immer hingezogen. Deshalb verspürte ich auch jetzt den Wunsch, mich in Deinem Schoße auszuweinen … So heißt es doch wohl in Eurer manierierten Ausdrucksweise. Der Grund für meine Ungeduld ist folgender. Ich warte auf eine Frau; wir wollen gemeinsam nach Baja hinausfahren, um Austern und Apfelsinen zu essen und zuzuschauen, wie die sonnengebräunten Hirten in ihren roten Mützen Tarantella tanzen, um wie die Eidechsen in der Sonne zu liegen, mit einem Wort – um das Leben in vollen Zügen zu genießen. Mein lieber Freund, ich bin unsagbar glücklich. Wäre es mir gegeben, so schreiben zu können wie Du – oh! welch ein Bild würde ich vor Deinen Augen erstehen lassen! Leider aber bin ich, wie Du weißt, ein schlechter Schreiber. Die Frau, die ich erwarte und die mich schon länger als eine Stunde immer wieder emporfahren und nach der Tür schauen läßt, liebt mich, doch wie sehr ich sie liebe, das könntest selbst Du mit Deiner gewandten Feder wahrscheinlich nicht schildern.

Du mußt wissen, unsere Bekanntschaft währt schon drei Monate, und vom ersten Tag an kennt meine Liebe nur das Crescendo, sie verläuft wie eine chromatische Tonleiter, wird immer höher und höher, und in diesem Augenblick ist sie schon über den siebenten Himmel hinaus. Ich scherze natürlich, aber meine Zuneigung zu dieser Frau ist tatsächlich irgendwie ungewöhnlich, überirdisch. Stell Dir vor, ich spreche kaum mit ihr, sondern blicke sie nur an und freue mich närrisch. Wenn ich ihr zu Füßen sitze, fühle ich, daß ich entsetzlich töricht und glücklich bin, unverschämt glücklich. Manchmal legt sie ihre Hand auf meinen Kopf … Also weißt Du, dann … Aber Du kannst das gewiß nicht verstehen, warst Du doch Dein Leben lang ein Philosoph und bist es auch heute noch. Sie heißt Nina,

Ninetta, wenn es beliebt, und ist die Tochter eines hiesigen wohlhabenden Kaufmanns. Schön ist sie wie alle Madonnen Raffaels zusammengenommen, quicklebendig, heiter und so klug, daß es verwundert, wie sie sich ausgerechnet in mich Trottel verlieben konnte; sie singt wie ein Vogel und hat Augen –

Entschuldige bitte diesen ungewollten Gedankenstrich … Mir war so, als hätte die Tür geknarrt … Nein, sie kommt noch nicht, dieses kleine Biest! Du wirst wissen wollen, wie das alles enden soll, was ich vorhabe und ob ich lange hier bleiben werde. Das, mein Lieber, weiß ich alles nicht und will es auch nicht wissen. Mag da kommen, was will … Wenn man dauernd einhalten und überlegen wollte …

Ich höre etwas! Sie kommt die Treppe herauf und trällert ein Lied … Jetzt ist sie da. Nun, mein Freund, lebe wohl … Nun habe ich keine Zeit mehr für Dich. Verzeih – die Wasserflecken auf dem Brief sind von ihr, weil sie mit einem feuchten Blumenstrauß auf das Papier getippt hat. Erst glaubte sie, ich schriebe an eine Frau; als sie dann erfuhr, daß es ein Freund ist, bat sie, Dich zu grüßen und zu fragen, ob es bei Euch auch Blumen gibt und ob sie duften. Jetzt aber endgültig – lebe wohl … Wenn Du hören könntest, wie sie lacht … Kein Silber kann so klingen; welche Güte klingt aus jedem Laut – ich könnte ihr die Füße küssen. Wir fahren jetzt los. Sei nicht böse wegen der liederlichen Schrift und beneide Deinen

M.

Der Brief war tatsächlich voller Wasserflecken und roch nach Pomeranzenblüten … zwei weiße Blütenblätter klebten noch an dem Papier. Er hat mich sehr bewegt, denn ich mußte an meinen Aufenthalt in Neapel denken … Damals war auch herrliches Wetter, wir hatten Anfang Mai, ich war kurz vorher dreiundzwanzig geworden, allerdings fehlte mir eine Ninetta. Ich irrte allein umher, verzehrt von dem Verlangen nach Glückseligkeit, einem sowohl quälenden als auch süßen, und zwar so süßen Verlangen, daß es selbst schon fast an Glückseligkeit grenzte ... Was doch Jugend alles vermag! ... Ich erinnere mich noch an eine nächtliche Bootsfahrt auf dem Golf. Wir waren zu zweit – der Ruderer und ich ... oder was hatten Sie gedacht? Was für eine Nacht war das, was für ein Himmel, was für Sterne, deren Widerschein auf den Wellen tanzte und von ihnen gebrochen wurde! Wie flüssiges Feuer sprühte und flammte das Wasser unter den Ruderschlägen auf, ein angenehmer Duft lag über dem Meer – ich kann es nicht beschreiben, wie »gewandt« meine Feder auch sein möge. Auf der Reede lag ein französisches Passagierschiff. Seine Lichter erhellten es schemenhaft; über das dunkle Meer zogen sich lange rotglitzernde Streifen, die Widerspiegelung der beleuchteten Fenster. Der Kapitän des Schiffes gab einen Ball. Fetzen lustiger Weisen tönten zu mir herüber; besonders erinnere ich mich an den Triller einer kleinen Flöte inmitten der gedämpften Trompetenklänge; einem Schmetterling gleich flatterte er um mein Boot. Ich ließ mich zum Schiff rudern, welches wir zweimal umfuhren. Frauengestalten huschten an den Fenstern vorbei, getragen vom fröhlichen Walzerwirbel ... Ich hieß den Ruderer, auf das offene Meer hinauszufahren ... Ich weiß noch, wie mich die Klänge der Musik lange und beharrlich verfolgten. Endlich erstarben sie. Ich stand im Boot auf und breitete in stummer Sehnsucht meine Arme gegen das Meer hin aus ... Oh, wie weh war mir damals ums Herz! ... Wie schwer lastete meine Einsamkeit auf mir! Wie gern hätte ich mich damals jemandem völlig hingegeben, wenn ich nur jemanden gehabt hätte! Mit welch bitterem Gefühl im Herzen ließ ich mich auf den Boden des Bootes sinken und bat, wie Repetilow[1], mich einfach irgendwohin zu rudern!

Mein Freund dagegen braucht so etwas nicht durchzumachen. Warum sollte er auch? Er hat es viel klüger als ich angefangen. Er kostet sein Leben aus … und ich … Nicht zufällig nennt er mich einen Philosophen … Seltsam! Auch Sie werden Philosophin genannt … Warum steht nur solch ein Unstern über uns?

Das ist kein Leben, was ich führe … Aber wer ist daran schuld? Warum sitze ich hier in Petersburg? Was tue ich hier? Warum schlage ich einen Tag nach dem anderen tot? Warum fahre ich nicht aufs Land? Was gefällt mir an unseren Steppen nicht? Kann man da etwa nicht frei atmen? Sind sie nicht weit genug? Es ist sinnlos, Träumen nachzuhängen, während das Glück vielleicht greifbar nahe ist! Es sei beschlossen! Ich fahre, wenn möglich, gleich morgen. Ich fahre zu mir nach Hause, das heißt zu Ihnen – das ist dasselbe, denn wir wohnen doch nur zwanzig Werst voneinander entfernt. Warum soll ich eigentlich hier versauern! Wieso ist mir dieser Gedanke nicht schon früher gekommen! Liebe Marja Alexandrowna, wir sehen uns bald wieder. Es ist wirklich eigenartig, daß ich nicht schon früher daran gedacht habe! Ich hätte längst fahren sollen. Auf Wiedersehen, Marja Alexandrowna.

am 9. Juli

Absichtlich habe ich mir vierundzwanzig Stunden Bedenkzeit gelassen, doch nun bin ich endgültig überzeugt, daß ich hier nichts mehr zu suchen habe. Der Staub auf den Straßen ist so beißend, daß einem die Augen davon schmerzen. Noch heute fange ich

1 Gestalt aus der Komödie »Verstand schafft Leiden« (1824) des russischen Dramatikers Alexander Sergejewitsch Gribojedow (1795-1829).

an zu packen, wahrscheinlich werde ich übermorgen von hier abreisen, und in ungefähr zehn Tagen werde ich die Freude haben, Sie zu sehen. Ich hoffe, Sie empfangen mich wie früher. Übrigens – Ihre Schwester ist doch noch bei der Tante zu Besuch, nicht wahr?

Marja Alexandrowna, lassen Sie mich Ihnen ganz fest die Hand drücken und von ganzem Herzen sagen: Auf baldiges Wiedersehen. Ich hatte auch so schon vor zu kommen, doch der Brief hat meine Absicht noch beschleunigt. Nehmen wir ruhig an, der Brief bewiese gar nichts, nehmen wir an, Ninetta würde einem anderen, mir zum Beispiel, nicht gefallen, trotzdem reise ich, das steht endgültig fest. Auf Wiedersehen.

Ihr A. S.

XIII

Marja Alexandrowna an Alexej Petrowitsch

Dorf ...no, am 16. Juli 1840

Ist es wirklich wahr, Alexej Petrowitsch, daß Sie auf dem Wege hierher sind, daß Sie bald bei uns sein werden? Ich will nicht verhehlen, daß mich diese Nachricht sowohl freut als auch beunruhigt ... Wie wird unser Wiedersehen sein? Hält jenes geistige Band, das, so will es mir jedenfalls scheinen, zwischen uns bereits geknüpft ist? Wird es bei unserer Begegnung nicht zerreißen? Ich kann mir nicht helfen, irgendwie habe ich ein eigenartiges Gefühl. Ihren letzten Brief möchte ich jetzt nicht beantworten, obgleich ich viel zu sagen hätte; ich behalte mir das bis zu unserem Wiedersehen vor. Meine Mutter freut sich sehr über Ihr Kommen ... Sie weiß, daß wir uns schreiben. Das Wetter ist ganz herrlich; wir werden viel spazierengehen, und ich zeige

Ihnen neue, von mir entdeckte Plätze … besonders schön ist ein enges, langes Tal, es windet sich zwischen bewaldeten Hügeln dahin, als wollte es sich zwischen ihnen verbergen. Ein Bächlein fließt darin, und nur mit Mühe kann es sich seinen Weg durch das dichte Gras und die Blumen bahnen … Aber Sie werden es ja selbst sehen. Ich erwarte Sie, vielleicht wird es Ihnen bei uns gefallen.

M. B.

PS Ich glaube, meine Schwester werden Sie nicht zu Gesicht bekommen, denn sie ist immer noch bei meiner Tante zu Besuch. Wenn mich nicht alles täuscht, wird sie einen sehr netten jungen Mann heiraten (aber das bleibt unter uns) – und zwar einen Offizier. Warum haben Sie mir diesen Brief aus Neapel geschickt? Angesichts dieses Luxus und dieses Glanzes kommt einem das hiesige Dasein unwillkürlich ganz trübe und ärmlich vor. Mademoiselle Ninette irrt allerdings, denn auch bei uns gibt es duftende Blumen.

XIV

Marja Alexandrowna an Alexej Petrowitsch

Dorf …no, im Januar 1841

Ich habe Ihnen schon ein paarmal geschrieben, Alexej Petrowitsch, doch Sie haben mir nicht geantwortet. Leben Sie noch? Oder hat Sie unser Briefwechsel schon gelangweilt? Vielleicht haben Sie Zerstreuung gefunden, die Ihnen mehr Freude bereitet als die Briefe eines Fräuleins vom Lande? Sicherlich haben Sie sich meiner nur aus Langerweile erinnert. Wenn dem so ist, dann wünsche ich Ihnen Glück. Sollten Sie mir auch jetzt nicht antworten, werde ich Sie nicht länger belästigen; ich kann nur bedauern, daß ich so unvorsichtig war, mich umsonst aus der Reserve locken zu lassen, jemandem die Hand entgegenzustrecken und, wenn auch nur für einen Augenblick, aus meinem Winkel der Einsamkeit herauszutreten. Ich hätte ihn nicht verlassen, mich dahin für immer zurückziehen sollen – das ist mein Schicksal, das Schicksal aller alternden Mädchen. Mit diesem Gedanken muß ich mich abfinden. Warum in die Welt hinaustreten, wozu sich nach frischer Luft sehnen, wenn es das Herz nicht erträgt. Wir sind zur Zeit übrigens rundherum völlig eingeschneit. In Zukunft werde ich klüger sein … An Langerweile ist noch niemand gestorben, an Sehnsucht aber kann man sehr wohl zugrunde gehen. Sollte ich nicht recht haben, dann könnten Sie es mir beweisen. Aber ich glaube, ich irre mich nicht. Jedenfalls leben Sie wohl, ich wünsche Ihnen Glück.

M. B.

XV

Alexej Petrowitsch an Marja Alexandrowna

Dresden, im September 1842

Liebe Marja Alexandrowna, ich will Ihnen noch einmal schreiben, und zwar nur, weil ich nicht sterben möchte, ohne mich von Ihnen verabschiedet, ohne Sie an mich erinnert zu haben. Die Ärzte haben mich aufgegeben … und ich spüre auch selbst, daß mein Leben zu Ende geht. Auf meinem Tisch steht ein Strauß Rosen; ehe sie verblüht sind, werde ich nicht mehr sein. Aber das ist ein etwas unglücklicher Vergleich. Der Strauß ist viel interessanter als ich.

Wie Sie sehen, bin ich im Ausland. Schon seit sechs Monaten halte ich mich in Dresden auf. Ich schäme mich, gestehen zu müssen, daß ich Ihre letzten Briefe bereits vor mehr als einem Jahr bekommen habe; ein paar sind mir verlorengegangen, und ich habe Ihnen nicht geantwortet ... Den Grund dafür werden Sie gleich erfahren. Doch es erweist sich, daß Sie mir immer lieb und teuer waren, denn außer von Ihnen möchte ich von niemandem Abschied nehmen. Aber vielleicht habe ich auch niemanden, von dem ich mich verabschieden könnte.

Bald nach meinem letzten Brief an Sie (ich stand kurz vor der Abreise in Ihre Gegend und hatte mir bereits vorher verschiedene Pläne gemacht) ereignete sich etwas, was mein Leben nachteilig beeinflußte, so nachteilig, daß ich jetzt an den Folgen dieses Ereignisses sterbe. Was ist geschehen? Ich war ins Theater gegangen, um mir ein Ballett anzusehen. Eigentlich habe ich Ballettaufführungen nie gemocht, und all den Schauspielerinnen, Sängerinnen und Tänzerinnen gegenüber verspürte ich immer eine heimliche Abneigung ... Doch offensichtlich kann man weder seinem Schicksal entgehen, noch kennt man sich selbst genug, und auch die Zukunft läßt sich nicht voraussehen. In Wirklichkeit tritt im Leben immer das Unerwartete ein, und wir tun eigentlich nichts anderes, als uns den Ereignissen anzupassen ... Aber ich glaube, ich philosophiere schon wieder. Eine alte Gewohnheit! Kurz gesagt – ich verliebte mich in eine Tänzerin.

Das war um so unerklärlicher, als man sie nicht einmal hübsch nennen konnte. Allerdings hatte sie wunderbares aschblondes Haar und große helle Augen, die nachdenklich und dreist zugleich blickten ... Wer sollte besser als ich diesen Blick kennen? Schmolz ich doch ein ganzes Jahr lang in seinen Strahlen dahin! Sie war herrlich gewachsen, und wenn sie ihren Volkstanz aufführte, trampelten und schrien die Zuschauer manchmal vor Begeisterung ... Außer mir hatte sich wohl noch niemand in sie verliebt, auf jeden Fall nicht so wie ich. Von dem Augenblick an, da ich sie zum erstenmal sah (glauben Sie mir, auch jetzt brauche ich nur die Augen zu schließen, und sofort ersteht vor mir das Theater, die fast leere Bühne, die einen Wald vorstellte, und sie kommt von rechts aus den Kulissen, einen Weinlaubkranz auf dem Kopf und ein Tigerfell um die Schultern) – von jenem verhängnisvollen Augenblick an gehörte ich ihr, so wie ein Hund seinem Herrn, und wenn ich ihr jetzt, in meiner Todesstunde, nicht gehöre, dann nur, weil sie mich verlassen hat.

Um die Wahrheit zu sagen – sie hat sich nie besonders um mich gekümmert. Sie hat mich kaum beachtet, obwohl sie recht ungeniert von meinem Geld Gebrauch machte. Für sie war ich – wie sie sich in ihrem gebrochenen Französisch ausdrückte – »oun Rousso, boun enfan«[1], nichts weiter. Ich dagegen … ich konnte nirgends leben, wo sie nicht war; ich hatte mich mit einem Ruck von all dem losgerissen, was mir teuer gewesen, selbst von der Heimat, und bin dieser Frau überallhin gefolgt.

Vielleicht meinen Sie, sie wäre klug gewesen? Mitnichten! Man brauchte nur ihre niedrige Stirn zu sehen, nur einmal ihr stumpfes und oberflächliches Lachen zu hören, um sich sogleich von ihren bescheidenen geistigen Fähigkeiten zu überzeugen. Ich habe mir auch nie eingebildet, sie wäre eine ungewöhnliche Frau. Keinen Augenblick habe ich mich ihr gegenüber einer Illusion hingegeben, aber es half alles nichts. Was ich in ihrer Abwesenheit auch immer über sie denken mochte – in ihrer Gegenwart verspürte ich allein servile Anbetung … In deutschen Märchen verfallen Ritter häufig in eine derartige Erstarrung. Ich konnte den Blick nicht von ihr wenden, konnte mich an ihrer Stimme nicht satt hören, an jeder ihrer Bewegungen nicht satt

1 (franz.) ein einfältiger Russe.

sehen; ich habe in ihrer Gegenwart sogar kaum zu atmen gewagt. Sie war gutmütig, gab sich ungezwungen, sogar etwas zu ungezwungen, tat nicht affektiert, wie es die meisten Künstler tun. Sie steckte voller Leben, das heißt, in ihr floß reichlich jenes berühmte südliche Blut, in das die dortige Sonne einen Teil ihrer Strahlen ergossen haben muß. Sie schlief neun Stunden am Tag, aß gern, las keine einzige Zeile, außer Zeitschriftenartikel, in denen sie erwähnt wurde, und das wohl einzige zärtliche Gefühl ihres Lebens war ihre Anhänglichkeit an il signore Carlino, einem kleinen und geizigen Italiener, der als Sekretär in ihren Diensten stand und den sie dann auch heiratete. In so eine Frau mußte ich mich, der ich doch in so vielen geistigen Genüssen erfahren bin, in meinem Alter noch verlieben! ... Wer hätte das gedacht? Ich jedenfalls nicht. Ich habe nie erwartet, einmal eine solche Rolle spielen zu müssen. Ich habe nie geglaubt, daß ich einmal zu allen Proben rennen, hinter den Kulissen frieren, mich langweilen, Bühnenstaub atmen und die verschiedensten, wenig ehrenwerten Personen kennenlernen würde ... was sage ich kennenlernen – den Hut vor ihnen ziehen würde; ich habe nie gedacht, daß ich einmal einer Tänzerin den Schal hinterhertragen, ihr neue Handschuhe kaufen und ihre alten mit Weißbrot reinigen würde (das habe ich tatsächlich getan), daß ich ihre Blumensträuße nach Hause tragen, ihretwegen Journalisten und Direktoren die Vorzimmer einrennen, Geld ausgeben, Serenaden veranstalten, mich erkälten und krank werden würde ... Ich habe mir nie träumen lassen, daß ich in einer deutschen Kleinstadt schließlich den Spitznamen »Kunstbarbar« erhalten würde. Und das alles für nichts, im wahrsten Sinne des Wortes für nichts! Das ist es ja eben ... Wissen Sie noch, wie wir beide uns mündlich und schriftlich über die Liebe ausgelassen haben, bis in welche Feinheiten wir uns verstiegen; im Ernstfall erweist es sich, daß wahre Liebe ein Gefühl ist, welches unserer Vorstellung überhaupt nicht entspricht. Eigentlich ist Liebe gar kein Gefühl, sie ist eine Krankheit, ein bestimmter Zustand der Seele und des Körpers; sie entwickelt sich nicht allmählich, man kann sie nicht in Frage stellen, sie läßt sich nicht überlisten, auch wenn sie nicht immer in gleicher Form auftritt; gewöhnlich ergreift sie von einem Menschen Besitz, ohne ihn zu fragen, plötzlich, entgegen seinem Willen – so wie die Cholera oder ein Fieber ... Sie greift den Ärmsten wie der Geier das Kücken und entführt ihn, wohin sie will, sosehr er sich auch sträuben und wehren mag ... In der Liebe gibt es keine Gleichheit, keinen sogenannten Herzensbund aus freiem Willen und andere erhabene Dinge, die deutsche Professoren in ihren Mußestunden erdacht haben ... Nein, in der Liebe ist einer der Sklave, der andere der Herr, und nicht zufällig sprechen die Dichter von Fesseln, die einem die Liebe anlegt. Ja – die Liebe ist eine Fessel, und zwar die härteste. Zumindest bin ich durch meine eigene Erfahrung zu dieser Überzeugung gelangt, und ich habe diese Überzeugung mit dem Preis meines Lebens bezahlt, da ich als Sklave sterbe.

Wenn man es recht überlegt – was hatte ich doch für ein Schicksal! In meiner frühen Jugend wollte ich unbedingt die Sterne vom Himmel holen ... dann träumte ich vom Wohl der ganzen Menschheit, vom Wohl meiner Heimat; als auch das vorüber war, dachte ich nur noch daran, wie ich mein häusliches, familiäres Leben gestalten könnte ... stolperte dabei über einen kleinen Stein, kam zu Fall und gehe jetzt ins Grab ... Wie meisterlich verstehen wir Russen es doch, auf diese Weise zu enden!

Aber es ist Zeit, höchste Zeit sogar, all das hinter sich zu lassen. Möge diese Bürde zusammen mit meinem Leben von meiner Seele genommen werden! Ich möchte, wenn auch nur für einen Augenblick, noch ein letztes Mal jenes wohltuende, sanfte Gefühl auskosten, das sich wie mildes Licht in mir ausbreitet, sobald ich an Sie denke. Die Erinnerung an Sie ist mir jetzt doppelt teuer ... Mit ihr ersteht vor mir das Bild meiner Heimat, und ich entbiete ihr und Ihnen meinen letzten Gruß. Ich wünsche Ihnen ein langes und glückliches Leben, und vergessen Sie eines nicht: Ganz gleich, ob Sie in jener einsamen Steppe bleiben, in der es Ihnen manchmal so schwer ums Herz ist, wo ich aber so gern meine letzten Stunden verbringen würde, oder ob Sie von dort weggehen, vergessen Sie niemals: das Leben enttäuscht nur den nicht, der sich über das Dasein keine Gedanken macht und, ohne von ihm viel zu erwarten, gelassen seine wenigen Gaben entgegennimmt und sie zufrieden genießt. Gehen Sie Ihren Weg, solange Sie können, und sollten Ihre Beine einmal den Dienst versagen, dann setzen Sie sich am Wege nieder und lassen die anderen ohne Ärger und Neid vorüberziehen, denn auch sie kommen nicht weit! Früher habe ich ganz anders gesprochen, aber der Tod ist jedem ein Lehrmeister. Wer sagt uns übrigens, was Leben, was Wahrheit ist? Erinnern Sie sich, wer auf diese Frage keine Antwort gewußt hat ... Und nun zum letztenmal: Leben Sie wohl, Marja Alexandrowna, leben Sie wohl und behalten Sie in guter Erinnerung

Ihren armen Alexej

ASJA

I

Ich war damals fünfundzwanzig Jahre alt – begann N. N. seine Erzählung–, und das ist, wie Sie sehen, schon lange her. Endlich war ich frei und konnte ins Ausland fahren, nicht um »meine Bildung zu vollenden«, wie es damals hieß, sondern ich wollte Gottes schöne Welt kennenlernen. Jung, gesund, froh und wohlhabend, kannte ich keine Sorgen, lebte in den Tag hinein und genoß das blühende Leben. Auf den Gedanken, daß ich keine Pflanze sei und es den Menschen nicht vergönnt ist, die Blüte ihrer Jugend und ihres Glückes lange zu genießen, kam ich gar nicht. Die Jugend ißt golden glänzende Honigkuchen und vergißt, daß sie nicht das tägliche Brot sind. Es kommt aber die Zeit, da auch das Brot fehlt. Doch es hat keinen Zweck, viele Worte darüber zu verlieren.

Planlos reiste ich umher, blieb, wo es mir gefiel, und fuhr weiter, sobald ich den Wunsch verspürte, neue Gesichter zu sehen; ja, auf die Gesichter kam es mir vor allem an. Nur die Menschen interessierten mich, ich haßte berühmte Kunstdenkmäler und Sammlungen; der Anblick eines Lohndieners erfüllte mich mit Trauer und Zorn, und im Dresdner »Grünen Gewölbe« verlor ich beinahe den Verstand. Die Natur wirkte stark auf mich, aber ihre sogenannten Schönheiten, den Anblick mächtiger Berge, Felsen und Wasserfälle, liebte ich nicht; sie durften sich mir nicht aufdrängen und nicht stören. Doch die lebendigen Gesichter der Menschen, ihre Reden, Bewegungen, ihr Lachen, das zog mich an und verlieh meinem Dasein Freude und Inhalt. In einer großen Menge fühlte ich mich stets wohl, es war mir ein Vergnügen, dahin zu gehen, wohin die anderen gingen, da zu schreien, wo andere schrien, und dabei gleichzeitig den Schreienden zuzusehen. Es war mir ein Genuß, die Menschen zu beobachten ... ich beobachtete sie nicht nur, ich nahm ihren Anblick in mich auf, mit freudiger, unersättlicher Neugierde ... Aber nun weiche ich vom Thema ab.

Vor zwanzig Jahren lebte ich in der kleinen Stadt S. am linken Rheinufer. Ich suchte Einsamkeit. Eine junge Witwe, die ich in einem Bad kennengelernt, hatte mein Herz gewonnen. Sie war sehr schön und klug, kokettierte mit allen und auch mit mir jungem Sünder, ermutigte mich anfangs sogar und kränkte mich dann tief, als sie meine Liebe einem rotwangigen bayrischen Leutnant opferte. Offen gestanden war die Wunde nicht sehr tief, aber ich hielt es für meine Pflicht, mich eine Zeitlang in Einsamkeit der Trauer zu ergeben – in der Jugend findet man auch daran Gefallen –, und ließ mich in S. nieder.

Dieses Städtchen gefiel mir wegen seiner Lage am Fuß zweier Berge, wegen seiner altersgrauen Mauern und Türme, der uralten Linden und der steilen Brücke über ein helles Nebenflüßchen des Rheins, vor allem aber wegen seines ausgezeichneten Weins. Reizende blonde deutsche Mädchen promenierten nach Sonnenuntergang – es war Juni – in den engen Gäßchen und grüßten die Ausländer mit einem freundlichen »Guten Abend«. Manche von ihnen gingen auch dann nicht nach Hause, wenn der Mond hinter den Giebeldächern der kleinen Häuser emporstieg und die kleinen Pflastersteine sich im reglosen Glanz der blassen Strahlen deutlich abzeichneten. Zu dieser Stunde wanderte ich gern durch die Straßen. Vom klaren Himmel sah der Mond unverwandt auf sie herab, und die Stadt schien diesen Blick zu fühlen; friedlich, aber mit wachen Sinnen lag sie da, übergossen von seinem Licht, diesem sanften und doch die Seele leicht erregenden Licht. Der Hahn auf dem hohen gotischen Kirchturm leuchtete in mattem Gold, und dasselbe Gold funkelte im schwarzen Glanz der Wellen. Schmale Kerzen schimmerten bescheiden in den Fenstern unter dunklen Schieferdächern, geheimnisvoll streckten Weinreben ihre krausen Fühler aus, eine Gestalt huschte im Schatten des alten Brunnens auf dem dreieckigen Marktplatz vorüber, das schläfrige Trompeten des Nachtwächters ertönte plötzlich in der Stille, ein gutmütiger Hund knurrte leise, die Luft kühlte wohltuend das Gesicht, und die Linden dufteten so süß, daß man unwillkürlich tiefer atmete und das Wort »Gretchen« sich halb als Anruf, halb als Frage auf die Lippen drängte.

Das Städtchen S. liegt zwei Kilometer vom Rhein entfernt. Oft ging ich zu dem majestätischen Fluß und verbrachte manche Stunde auf der Steinbank unter einer gewaltigen, einsamen Esche, in Gedanken an die hinterlistige Witwe versunken. Aus den Zweigen lugte das kindliche Gesicht einer Madonna mit rotem, von Schwertern durchbohrtem Herzen. Am anderen Ufer lag das Städtchen L., ein wenig größer als der Ort, in dem ich wohnte.

Eines Abends saß ich auf meiner Lieblingsbank, in den Anblick des Flusses, des Himmels und der Weinberge versunken. Blonde Buben kletterten an den Planken eines Bootes herum, das an Land gezogen war und mit dem geteerten Kiel nach oben lag. Langsam glitten kleine Schiffe mit schwach geblähten Segeln den Strom entlang, von grünlichen Wellen umspült, die leise anschwellend und rauschend an mir vorbeizogen. Plötzlich vernahm ich Musik. Ich lauschte. Im Städtchen L. wurde ein Walzer gespielt, der Baß brummte in abgerissenen Tönen, leise sang die Geige, munter pfiff die Flöte.

»Was ist das?« fragte ich einen alten Mann, der gerade kam.

Er trug eine gestickte Weste, blaue Strümpfe und Schnallenschuhe.

»Das?« fragte er und schob seine Pfeife aus einem Mundwinkel in den anderen, »das sind Bonner Studenten, die ihren Kommers abhalten.«

»Diesen Kommers sehe ich mir an«, dachte ich. »Übrigens bin ich noch nie in L. gewesen.« Ich suchte einen Fährmann und ließ mich übersetzen.

2

Vielleicht weiß nicht jeder, was ein Kommers ist. Das ist ein feierliches Gelage, zu dem die Studenten einer Landsmannschaft zusammenkommen. Fast alle Teilnehmer am Kommers erscheinen in der von alters her üblichen Tracht der deutschen Studenten: Rock, hohe Stiefel und kleine Mütze mit farbigem Rand; sie versammeln sich gewöhnlich zum Mittagessen unter dem Vorsitz des Seniors und zechen bis zum frühen Morgen, trinken, singen ihre Lieder: den Landesvater, das Gaudeamus, rauchen, beschimpfen die Philister; manchmal lassen sie auch ein Orchester spielen.

Gerade solch ein Kommers fand in L. vor dem kleinen Gasthaus »Zur Sonne« statt, im Garten, der unmittelbar an der Straße lag. Über dem Gasthaus und dem Garten wehten Fahnen; die Studenten saßen an Tischen unter gestutzten Linden; eine riesige Bulldogge lag unter einem der Tische; etwas abseits in einer Efeulaube waren die Musikanten untergebracht, eifrig spielend und sich des öfteren mit Bier stärkend. Auf der Straße vor dem niedrigen Gartenzaun hatten sich viele Leute versammelt: die braven Bürger von L. wollten die Gelegenheit, die angereisten

Gäste anzustaunen, nicht ungenutzt lassen. Ich mischte mich unter die Zuschauermenge. – Es machte mir Spaß, die Gesichter der Studenten zu betrachten; ihre Umarmungen, Ausrufe, die unschuldige Koketterie der Jugend, die feurigen Blicke, das grundlose Lachen – dieses schönste Lachen der Welt –, die schäumende Lebensfreude, der Drang in die Ferne – wohin es auch gehen möge, nur vorwärts –, all dieser gutmütige Übermut rührte und reizte mich. »Ob ich nicht zu ihnen gehe?« fragte ich mich.

»Asja, hast du nun genug?« fragte plötzlich hinter mir eine männliche Stimme in russischer Sprache.

»Warten wir noch ein bißchen«, erwiderte eine weibliche Stimme in derselben Sprache.

Ich wandte mich schnell um. Mein Blick fiel auf einen hübschen jungen Mann. Er trug eine Mütze und eine weite Jacke und stand Arm in Arm mit einem nicht sehr großen jungen Mädchen, dessen Gesicht zur Hälfte von einem Strohhut beschattet war. »Sind Sie Russen?« entfuhr es mir unwillkürlich.

Der junge Mann lächelte und sagte: »Ja, wir sind Russen.«

»Das hätte ich nicht erwartet ... an diesem weltfremden Ort ...«, fing ich an.

»Wir auch nicht«, unterbrach er mich. »Doch um so besser. Gestatten Sie, daß ich mich vorstelle. Mein Name ist Gagin, und das ist meine ...«, er stockte einen Augenblick, »meine Schwester. Darf ich um Ihren Namen bitten?«

Ich nannte meinen Namen, und wir kamen ins Gespräch. Ich erfuhr, daß Gagin, der gleich mir zum Vergnügen umherreiste, vor einer Woche nach L. gekommen und da hängengeblieben war. Aufrichtig gesagt, ich mache auf der Reise nicht gern Bekanntschaft mit Russen, ich erkenne sie schon von weitem an ihrem Gang, am Schnitt der Kleidung, vor allem aber an ihrem

Gesichtsausdruck. Für gewöhnlich ungemein selbstzufrieden und verächtlich, oft gebieterisch, werden sie plötzlich unsicher und zaghaft ... zucken zusammen, die Augen irren unruhig hin und her ... »Mein Gott! Habe ich mich nicht verplappert, lacht man nicht über mich?« scheinen die schweifenden Blicke zu fragen. Wenige Sekunden – und die alte Würde ist wiederhergestellt, um nur ab und zu stumpfsinniger Verwunderung zu weichen. Ja, ich ging den Russen aus dem Wege; Gagin aber gefiel mir auf den ersten Blick. Es gibt auf der Welt solch glückliche Gesichter, die jeder gern sieht, der Blick ihrer Augen scheint zu wärmen und zu streicheln. Gagin hatte solch Gesicht, nett, freundlich, mit großen, milden Augen und weichem, lockigem Haar. Ohne daß man sein Gesicht sah, erriet man am bloßen Klang der Stimme, daß er lächelte.

Das Mädchen, das er seine Schwester genannt hatte, schien mir auf den ersten Blick sehr reizend. Sie war von graziösem Wuchs, wohl aber noch nicht voll entwickelt, und sah ihrem Bruder gar nicht ähnlich.

»Wollen Sie zu uns kommen?« wandte sich Gagin an mich, »ich meine, wir haben die Deutschen genug beobachtet. Unsere Leute hätten wohl die Scheiben zerschlagen und die Stühle zertrümmert, diese aber sind gar zu bescheiden. Was meinst du, Asja, gehen wir nach Hause?«

Das Mädchen nickte zustimmend.

»Wir wohnen vor der Stadt«, fuhr Gagin fort, »in einem Häuschen oben im Weinberg. Es ist sehr nett bei uns, Sie werden sehen. Die Wirtin hat uns dicke Milch versprochen. Bald ist es Nacht, Sie werden die Fahrt über den Rhein im Mondschein viel mehr genießen.«

Wir machten uns auf den Weg und schritten durch das niedrige Stadttor (eine uralte Steinmauer umgab die Stadt von allen

Seiten, sogar die alten Schießscharten waren noch nicht alle eingefallen). Nachdem wir etwa hundert Schritt an einer niedrigen Mauer entlanggegangen waren, blieben wir vor einem schmalen Pförtchen stehen. Gagin schloß auf und führte uns einen steilen Pfad bergauf. Die Abhänge zu beiden Seiten waren mit Wein bepflanzt; die Sonne war eben untergegangen, und die grünen Reben schimmerten noch in ihrer Glut, die die hohen Stöcke, den trockenen, mit Steinen besäten Boden und die weiße Wand des winzigen Hauses in Flammen tauchte. Das Häuschen mit schwarzen Querbalken und vier Fenstern stand ganz oben auf dem Berge, den wir erklommen. »Hier wohnen wir!« rief Gagin, als wir uns dem Häuschen näherten, »und da kommt auch schon die Wirtin mit der Milch. Guten Abend, Madame! ... Wir wollen gleich essen; vorher jedoch«, fügte er hinzu, »sehen Sie sich um ... was sagen Sie zu dieser Aussicht?«

Die Aussicht war in der Tat wunderbar. Vom grünen Schimmer der Reben umrahmt, glitzerte der Rhein wie Silber. An einer Stelle spiegelte sich das Feuer des Sonnenuntergangs. Deutlich zeichneten sich die Häuser und Straßen des kleinen Städtchens ab, das sich ans Ufer schmiegte, weit dehnten sich Felder und Hügel. Noch schöner war es aber hier oben. Vor allem bezauberte mich die Reinheit und Tiefe des Himmels, die durchsichtige, leuchtende Klarheit der Luft. Frisch und leicht wogte sie, als freue sie sich der Höhe.

»Sie haben sich ein prächtiges Quartier ausgesucht«, sagte ich.

»Das hat Asja gefunden«, erwiderte Gagin. »Nun, Asja«, fuhr er fort, »spiele die Hausfrau. Laß alles hierher bringen. Wir wollen im Freien essen. Hier hört man die Musik besser. Haben Sie es auch bemerkt«, sagte er zu mir, »in der Nähe taugt mancher Walzer gar nichts – rohe und banale Töne –, aber aus der Ferne klingt er wunderbar und bewegt alle romantischen Saiten der Seele.«

Asja – eigentlich hieß sie Anna, aber Gagin nannte sie Asja, und darum sei es mir gestattet, sie ebenfalls so zu nennen –, Asja ging ins Haus und kam bald mit der Wirtin zurück. Sie trugen zu zweien ein großes Tablett mit einem Topf Milch, Tellern, Löffeln, Zucker, Beeren, Brot. Wir setzten uns und begannen zu essen. Asja hatte den Hut abgenommen; ihr schwarzes, nach Knabenart gestutztes und gekämmtes Haar fiel in großen Locken auf Hals und Schultern. Anfangs erschien sie mir schüchtern, aber Gagin sagte: »Zier dich nicht so, Asja, er beißt nicht.«

Sie lächelte, und bald darauf redete sie mich selbst an. Ich habe nie ein Wesen gesehen, das so geschäftig war wie sie. Nicht einen Augenblick saß sie still; sie stand auf, lief ins Haus, kam zurück, sang vor sich hin, lachte auf, und zwar ganz merkwürdig: es war, als lache sie nicht über das, was sie hörte, sondern über allerlei Gedanken, die ihr durch den Kopf gingen. Ihre großen Augen blickten frei, hell und kühn, nur bisweilen kniff sie die Lider leicht zusammen, und dann wurde ihr Blick plötzlich tief und zärtlich.

Wir schwatzten zwei Stunden. Der Tag war erloschen, die goldenen Flammen wichen einem klaren zarten Rosa, das zum trüben Grau der Dämmerung verblaßte und sich in der schwarzen Finsternis der Nacht verlor. Unsere Rede aber floß dahin, sanft und friedlich wie die Luft, die uns umwehte. Gagin ließ eine Flasche Rheinwein holen; wir tranken sie ohne Hast. Die Musik klang immer noch zu uns herüber, doch ihre Töne schienen uns süßer und zarter; Lichter glühten in der Stadt und über dem Wasser auf. Asja senkte plötzlich den Kopf, so daß ihre Locken über die Augen fielen, verstummte und seufzte; dann sagte sie, sie wolle schlafen gehen, und verschwand ins Haus; ich sah aber, wie sie lange ohne Licht vor dem geschlossenen Fenster stand. Der Mond stieg auf, und seine Strahlen tanzten flimmernd in den Wogen des Rheins, alles wurde heller, nur die Schatten vertieften sich und verliehen der Erde ein fremdes Antlitz. Sogar der Wein in unseren Gläsern schimmerte geheimnisvoll. Der Wind hatte sich wie ein fluglahmer Vogel gelegt, ein warmer Duft stieg von der nächtlichen Erde auf.

»Es ist Zeit«, rief ich, »sonst finde ich am Ende keinen Fährmann mehr!«

»Ja«, sagte Gagin.

Wir gingen den steilen Pfad abwärts. Plötzlich rollten Steine hinter uns: Asja kam uns nach.

»Schläfst du denn nicht?« fragte der Bruder, aber sie lief ohne Antwort an uns vorbei. Die letzten erlöschenden Pechpfannen, von den Studenten im Wirtshausgarten angezündet, beleuchteten von unten die Blätter der Bäume und verliehen ihnen ein festlich-phantastisches Aussehen. Wir fanden Asja am Ufer; sie sprach mit dem Fährmann. Ich sprang ins Boot und verabschiedete mich von meinen neuen Bekannten. Gagin versprach, mich am folgenden Tage zu besuchen; ich drückte seine Hand und streckte sie auch Asja hin; sie sah mich aber nur an und nickte. Das Boot stieß ab und wurde vom schnellen Strom ergriffen. Der Fährmann, ein rüstiger Greis, tauchte die Ruder kraftvoll in die dunkle Flut.

»Sie sind durch einen Mondstrahl gefahren und haben ihn zerbrochen!« rief Asja mir zu.

Ich senkte den Blick; um das Boot plätscherten schwarz die Wellen.

»Leben Sie wohl!« hörte ich wieder ihre Stimme.

»Bis morgen!« rief Gagin.

Das Boot legte an. Ich stieg aus und sah mich um. Drüben

war niemand mehr zu sehen. Der Mondstrahl zog sich wieder als goldene Brücke über den ganzen Fluß. Wie zum Abschied tönten die Klänge eines alten Lannerschen Walzers herüber. Gagin hatte recht: ich fühlte alle Saiten meiner Seele im Einklang mit den lockenden Melodien erbeben. Durch dunkle Felder schritt ich heim, langsam die würzige Luft atmend, und erreichte, von der süßen Sehnsucht großer, gegenstandsloser Erwartung berauscht, das Haus. Ich war glücklich. Aber weshalb? Ich wünschte nichts und dachte an nichts … ich war einfach glücklich.

Nahezu lachend im Überschwang angenehmer und heiterer Empfindungen, schlüpfte ich ins Bett und hatte schon die Augen geschlossen, als mir plötzlich einfiel, daß ich den ganzen Abend nicht ein einziges Mal an meine grausame Schöne gedacht hatte … »Was soll das bedeuten?« fragte ich mich, »bin ich denn nicht verliebt?« Aber nachdem ich mir diese Frage gestellt hatte, schlief ich sofort ein wie ein Kind in der Wiege.

3

Am nächsten Morgen – ich war schon wach, aber noch nicht aufgestanden – klopfte jemand mit einem Stock an mein Fenster, und eine Stimme, die ich sofort als diejenige Gagins erkannte, sang:

> »Du schläfst? Meine Laute
> verscheucht deinen Schlaf.«

Ich eilte, ihm die Tür zu öffnen.

»Guten Tag«, sagte Gagin eintretend, »ich habe Sie recht früh aufgestöbert, aber schauen Sie, welch ein Morgen! Frische Luft, Tau, Lerchensang ...«

Mit seinem krausen, glänzenden Haar, dem bloßen Hals und den rosigen Backen war er selbst frisch wie der Morgen.

Ich kleidete mich an, wir gingen in den Garten, setzten uns auf die Bank, ließen uns Kaffee geben und kamen bald ins Gespräch. Gagin erzählte mir seine Zukunftspläne; er besaß ein bedeutendes Vermögen, war ganz unabhängig und hatte daher beschlossen, sich der Malerei zu widmen; er bedauerte nur, daß er so spät darauf gekommen sei und viel Zeit unnütz vergeudet habe; auch ich sprach von meinen Absichten und weihte ihn bei der Gelegenheit in das Geheimnis meiner unglücklichen Liebe ein. Er hörte mir nachsichtig zu, ohne jedoch tiefere Teilnahme an meiner Liebe zu verraten. Er seufzte wohl aus Höflichkeit ein paarmal mit mir, schlug dann aber vor, zu ihm zu kommen und seine Studien anzusehen. Ich war sogleich einverstanden.

Wir fanden Asja nicht vor. Sie war, wie die Wirtin sagte, zur »Ruine« gegangen, den etwa zwei Werst von L. entfernten Überresten einer Ritterburg. Gagin zeigte mir all seine Mappen. Seine Entwürfe verrieten Lebenswahrheit, Weite und Freiheitsdrang; aber nicht einer von ihnen war beendet, und die Zeichnung schien mir flüchtig und ungenau. Ich sagte ihm ganz offen meine Meinung.

»Ja, ja«, fiel er mit einem Seufzer ein, »Sie haben recht; alles ist schlecht und unreif. Was soll man tun? Ich habe nichts richtig studiert, und die verdammte slawische Nachlässigkeit kommt noch dazu! Solange man von der Arbeit träumt, schwebt man wie ein Adler in den Lüften, man glaubt, die Erde aus den Angeln heben zu können; geht man aber an die Ausführung, so wird man schwach und matt.«

Ich suchte ihn aufzumuntern, er machte aber eine abwehrende

Handbewegung, packte seine Blätter zusammen und warf sie auf das Sofa.

»Aus mir kann etwas werden, wenn ich Ausdauer und Geduld habe«, brummte er zwischen den Zähnen, »wenn nicht, bleibe ich ein unfertiger Landjunker. Wollen wir lieber nachsehen, wo Asja steckt.«

Wir gingen.

4

Der Weg zur Ruine schlängelte sich am Abhang einer schmalen Waldschlucht entlang. Unten rauschte ein Bach und sprang glucksend über Geröll, als strebe er eilig nach der Vereinigung mit dem mächtigen Fluß, dessen schimmernde Glätte friedlich hinter der dunklen Linie schroff zerschnittener Gebirgskämme glänzte. Gagin lenkte meine Aufmerksamkeit auf einige schön beleuchtete Punkte, und seine Worte verrieten, wenn auch nicht den Maler, so immerhin einen Künstler. Bald erblickten wir die Ruine. Auf einem Berggipfel ragte ein viereckiger schwarzer, fester Turm auf, in dem ein tiefer Riß klaffte. Moosbewachsene Mauern stießen an diesen Turm; hier und da rankte Efeu empor; aus den altersgrauen Schießscharten und zusammengebrochenen Gewölben drängten verkümmerte Bäumchen hervor. Ein steiniger Pfad führte zu dem guterhaltenen Tor. Wir näherten uns, als plötzlich eine weibliche Gestalt vor uns auftauchte, schnell über einen Trümmerhaufen lief und sich auf einen Mauervorsprung unmittelbar über dem Abgrund setzte. »Da ist ja Asja!« rief Gagin, »sie ist verrückt!« Wir durchschritten das Tor und traten in einen kleinen Hof, der zur Hälfte mit wilden Apfelbäumen und Brennesseln bewachsen war. Auf dem Vorsprung saß tatsächlich Asja. Sie wandte uns ihr Gesicht zu und lachte, rührte sich aber nicht vom Platze. Gagin drohte ihr mit dem Finger, und ich tadelte sie laut für ihre Unvorsichtigkeit.

»Lassen Sie das«, flüsterte Gagin mir zu; »necken Sie sie nicht. Sie kennen sie nicht, sonst klettert sie noch auf den Turm. Bewundern Sie lieber die Geschäftstüchtigkeit der hiesigen Bevölkerung.«

Ich sah mich um. In einer Ecke im Schutze eines winzigen Holzverschlags saß eine alte Frau mit einem Strickstrumpf und guckte über ihre Brillengläser zu uns herüber. Sie verkaufte den Touristen Bier, Kuchen und Selterwasser. Wir setzten uns auf eine Bank und tranken recht kaltes Bier aus schweren Zinnkrügen. Asja saß immer noch unbeweglich, die Füße eingezogen und den Kopf in einen Musselinschal gehüllt; der Umriß ihres schlanken Körpers hob sich deutlich und schön vom klaren Himmel ab; ich betrachtete sie aber mit einem gewissen Widerwillen. Schon am vergangenen Tage hatte ich etwas Gekünsteltes, Unnatürliches in ihr entdeckt. »Sie will uns überraschen«, dachte ich, »wozu? Was ist das für ein Unsinn?« Als hätte sie meine Gedanken erraten, warf sie mir plötzlich einen schnellen, durchdringenden Blick zu, lachte wieder, sprang mit zwei Sätzen von der Mauer, lief auf die Alte zu und bat sie um ein Glas Wasser.

»Meinst du vielleicht, ich will es trinken?« fragte sie ihren Bruder. »Nein, die Blumen auf der Mauer will ich damit begießen!«

Gagin antwortete nicht; sie aber kletterte, das Glas in der Hand, über die Trümmer, blieb ab und zu stehen, bückte sich und verspritzte mit komischer Wichtigtuerei Wasser aus dem Glase; die Tropfen glänzten hell im Sonnenlicht. Ihre Bewegungen waren sehr graziös, aber ich ärgerte mich immer noch über sie, obwohl ich mich über ihre Leichtigkeit und Gewandtheit freuen mußte. An einer gefährlichen Stelle schrie sie absichtlich auf und brach dann in lautes Gelächter aus ... Ich ärgerte mich noch mehr.

»Sie klettert wie eine Ziege«, brummte die Alte vor sich hin, für einen Augenblick von ihrem Strumpf aufschauend.

Endlich hatte Asja das Glas geleert und kam schelmisch schwankend zu uns zurück. Ein sonderbares Lächeln zuckte leicht um ihre Brauen, Nüstern und Lippen; halb herausfordernd, halb spöttisch kniff sie die dunklen Augen zu.

»Sie finden mein Betragen unpassend«, schien ihr Gesicht zu sagen, »mir ist das gleich; ich weiß, daß Sie sich an meinem Anblick erfreuen.«

»Fein, Asja, fein«, sagte Gagin halblaut.

Sie schien sich plötzlich zu schämen, senkte die langen Wimpern und setzte sich bescheiden, mit schuldbewußter Miene zu uns. Jetzt konnte ich ihr Gesicht zum erstenmal genau betrachten. Es war das veränderlichste Gesicht, das ich je gesehen: nur wenig später war es blaß und blickte ernst, fast traurig; ihre Züge erschienen mir größer, strenger, schlichter. Sie war ganz still geworden. Wir gingen um die Ruine – Asja hinter uns her – und bewunderten die Aussicht. Inzwischen nahte die Mittagsstunde. Als er die Alte bezahlte, ließ Gagin sich noch einen Krug Bier geben und rief mir mit neckendem Lächeln zu: »Auf das Wohl Ihrer Herzensdame!«

»Hat er denn ... haben Sie denn solch eine Dame?« fragte Asja plötzlich.

»Wer hat sie nicht?« erwiderte Gagin.

Asja sann einen Augenblick nach. Ihr Gesicht veränderte sich, wieder zeigte sich das herausfordernde, beinah freche Lächeln.

Auf dem Rückweg lachte und tollte sie noch mehr. Sie riß einen langen Zweig ab, legte ihn wie ein Gewehr über die Schulter, band den Schal um den Kopf. Ich erinnere mich noch, wie eine große Familie blonder, steifer Engländer uns entgegenkam: Wie auf Kommando starrten sie Asja mit ihren kühlen, gläsernen Augen überrascht an, sie aber stimmte – wohl ihnen zum Trotz – laut ein Liedchen an. Zu Hause angelangt, ging sie sofort in ihr Zimmer und kam erst zum Mittagessen wieder, in ihrem besten Kleide, sorgfältig gekämmt, geschnürt und in Handschuhen. Bei Tisch hielt sie sich sehr würdevoll, beinah steif, kostete kaum von den Speisen und trank Wasser aus einem Weinglas.

Offensichtlich wollte sie mir eine neue Rolle vorspielen – die Rolle eines feinen, wohlerzogenen Fräuleins. Gagin hinderte sie nicht; man sah deutlich, daß er es gewohnt war, ihr in allem nachzugeben. Er blickte nur von Zeit zu Zeit mit leichtem Achselzucken zu mir herüber und lächelte gutmütig, als wolle er sagen: »Sie ist ein Kind; seien Sie nicht zu streng.« Kaum war das Mittagessen beendet, so stand Asja auf, machte uns einen Knicks, setzte ihren Hut auf und fragte Gagin, ob sie zu Frau Luise gehen dürfe.

»Seit wann bittest du um Erlaubnis?« erwiderte er mit einem etwas verlegenen Lächeln, »langweilst du dich etwa in unserer Gesellschaft?«

»Nein, aber ich hatte Frau Luise schon gestern versprochen, sie zu besuchen; zudem meinte ich, ihr würdet euch zu zweien gemütlicher fühlen; Herr N.« – sie zeigte auf mich – »erzählt dir vielleicht noch etwas.« Sie ging.

»Frau Luise«, begann Gagin und bemühte sich, meinem Blick auszuweichen, »ist die Witwe eines hiesigen Bürgermeisters, eine gute, übrigens unbedeutende, alte Frau. Sie hat Asja sehr liebgewonnen. Asja hat eine Leidenschaft, sich Leuten aus niederen Kreisen anzuschließen, und die Ursache ist, wie ich bemerkt habe, stets der Stolz. Sie wird sehr von mir verwöhnt, wie Sie sehen«, fügte er nach kurzem Schweigen hinzu, »aber was soll man tun? Ich kann nicht streng sein, vor allem zu ihr nicht. Ich bin verpflichtet, nachsichtig gegen sie zu sein.«

Ich schwieg. Gagin wechselte das Thema. Je näher ich ihn kennenlernte, desto besser gefiel er mir. Ich verstand ihn bald. Er war ein echt russischer Charakter, offen, ehrlich, schlicht, aber leider etwas ernergielos, ohne Ausdauer und inneres Feuer. Die Jugend loderte in ihm nicht als helle Flamme, sie leuchtete sanft. Er war sehr liebenswürdig und intelligent, aber ich konnte mir nicht vorstellen, wie er sich als reifer Mann ausnehmen würde ... Künstler werden ... ohne bittere, ständige Arbeit gibt es keinen Künstler ... »und arbeiten«, dachte ich, wenn ich seine weichen Gesichtszüge betrachtete und seiner langsamen Rede lauschte, »nein, arbeiten wirst du nicht, du verstehst dich nicht einzuschränken!« Aber liebgewinnen mußte man ihn: man fühlte sich förmlich zu ihm hingezogen. So verbrachten wir vier Stunden, saßen nebeneinander auf dem Sofa, gingen langsam vor dem Hause auf und ab, und in diesen vier Stunden wurden wir endgültig Freunde.

Die Sonne sank, es war Zeit, daß ich heimkehrte. Asja war noch immer nicht zurück.

»Das ist ein unbändiges Ding!« sagte Gagin. »Wenn's Ihnen recht ist, begleite ich Sie. Wir sprechen unterwegs bei Frau Luise vor; ich erkundige mich, ob sie noch da ist. Der Umweg ist nicht groß.«

Wir gingen in die Stadt, bogen in eine enge, krumme Quergasse ein und blieben vor einem Hause stehen, das nur zwei Fenster breit war, aber drei Stockwerke zählte. Das erste Stockwerk sprang über dem Erdgeschoß vor, das zweite und dritte noch mehr; das ganze Haus mit seinem alten Schnitzwerk, den zwei dicken Pfeilern unten, dem spitzen Ziegeldach und dem schnabelartigen, vorgestreckten Dachreiter sah wie ein großer zusammengekrümmter Vogel aus. »Asja!« rief Gagin, »bist du hier?«

Ein erleuchtetes Fenster im zweiten Obergeschoß klirrte und ging auf, wir erblickten Asjas dunkles Köpfchen. Hinter ihr zeigte sich das zahnlose schmaläugige Gesicht einer alten Frau. »Hier bin ich«, sagte Asja, sich kokett aufs Fensterbrett stützend, »ich fühle mich hier sehr wohl. Da, nimm!« fügte sie hinzu und warf Gagin einen Geraniumstengel zu, »bilde dir ein, ich wäre deine Herzensdame!« Frau Luise lachte.

»N. geht nach Hause«, erwiderte Gagin, »er will sich von dir verabschieden.«

»Wirklich?« sagte Asja, »dann gib ihm meinen Stengel, ich komme gleich nach Hause.«

Sie schlug das Fenster zu und gab, wie es schien, Frau Luise einen Kuß. Gagin reichte mir schweigend den Stengel. Ich schob ihn ebenso schweigend in die Tasche, ging zur Fähre hinunter und war bald am anderen Ufer.

Ich erinnere mich, daß ich nach Hause schlenderte, ohne an etwas Bestimmtes zu denken, doch mit einem sonderbar schweren Gefühl, als hätte mich plötzlich ein starker, wohlbekannter, aber in Deutschland seltener Geruch überrascht. Ich blieb stehen und erblickte ein kleines Hanfbeet am Wege. Sein Geruch erinnerte mich an die heimatliche Steppe und weckte leidenschaftliche Sehnsucht in meiner Seele. Ich wollte russische Luft atmen, über russische Erde schreiten. »Was tue ich hier? Warum treibe ich mich im fremden Lande unter fremden Leuten herum?« rief ich aus, und die tote Last, die ich auf dem Herzen gefühlt hatte, löste sich plötzlich in bitterer, brennender Erregung auf. Ich kam in einer ganz anderen Stimmung als am vergangenen Tage nach Hause, war beinahe zornig und konnte mich lange nicht beruhigen. Ein mir selbst unbegreiflicher Ärger hatte mich gepackt. Endlich setzte ich mich, dachte an meine tückische Witwe – mit dem pflichtgemäßen Gedanken an diese Dame wurde jeder Tag beschlossen – und nahm einen ihrer Briefe zur Hand. Aber ich öffnete ihn nicht, meine Gedanken bewegten sich sofort in anderer Richtung. Ich dachte … dachte an Asja. Es fiel mir ein, daß Gagin im Gespräch auf einige Hindernisse angespielt hatte, die ihm die Rückkehr nach Rußland erschwerten. »Ist sie auch wirklich seine Schwester?« fragte ich laut.

Ich kleidete mich aus, legte mich zu Bett und versuchte einzuschlafen, aber eine Stunde später saß ich aufrecht im Bett, den Arm auf das Kissen gestützt, und dachte an das »launische Mädchen mit dem gezwungenen Lachen …« – »Sie ähnelt der kleinen Raffaelschen Galatea in der Farnesina«, flüsterte ich, »ja, und sie ist nicht seine Schwester.«

Der Brief der Witwe aber lag friedlich auf dem Fußboden und schimmerte weiß im Mondlicht …

5

Am nächsten Morgen begab ich mich wieder nach L. Ich redete mir ein, daß ich Gagin besuchen wollte, insgeheim aber lockte es mich zu sehen, was Asja tut, ob sie wieder solche »Possen treiben« werde wie tags zuvor. Ich fand beide in der Wohnstube, und seltsam – vielleicht, weil ich in der Nacht und am Morgen viel an Rußland gedacht hatte? –, Asja machte den Eindruck eines einfachen russischen Mädchens, fast wie aus der Gesindestube. Sie trug ein altes Kleidchen, das Haar war glatt hinter die Ohren gekämmt, und sie saß am Fenster, unverwandt über den Stickrahmen gebeugt, bescheiden, still, als hätte sie sich ihr Leben lang mit nichts anderem beschäftigt. Sie sprach fast nicht, blickte ruhig auf ihre Arbeit, und ihre Züge hatten einen so unbedeutenden, alltäglichen Ausdruck, daß ich unwillkürlich an unsere heimischen Katjas und Maschas denken mußte. Um die Ähnlichkeit vollständig zu machen, sang sie noch mit halblauter Stimme: »Mütterlein, lieb Mütterlein«. Ich betrachtete ihr gelbliches, mattes Gesichtchen, dachte an die gestrigen Träume und hatte das Gefühl, etwas verloren zu haben. Das Wetter war herrlich. Gagin erklärte, er werde heute im Freien nach der Natur zeichnen; ich fragte ihn, ob er mir gestatte, ihn zu begleiten, oder ob ich ihn stören würde.

»Im Gegenteil«, sagte er. »Sie können mir manchen guten Rat geben.«

Er setzte einen runden Hut à la van Dyck auf, zog ein Hemd an, nahm den Zeichenkarton unter den Arm und machte sich auf den Weg; ich ging langsam hinter ihm her. Asja blieb zu Hause. Beim Fortgehen bat Gagin sie, dafür zu sorgen, daß die Suppe nicht zu wässerig ausfalle; Asja versprach, in der Küche nachzusehen. Gagin wanderte in das mir bereits bekannte Tal und machte sich daran, eine alte hohle Eiche zu zeichnen. Ich legte mich ins Gras und holte ein Buch hervor, las jedoch nicht mehr als zwei Seiten, er aber verkritzelte nur sein Papier; wir unterhielten uns die ganze Zeit, und zwar, soweit ich es beurteilen konnte, recht klug und feinsinnig über die Frage, wie man arbeiten müssen, was zu vermeiden und was zu beachten wäre und worin überhaupt die Bedeutung des Künstlers in unserem Jahrhundert läge. Gagin erklärte schließlich, er wäre heute »nicht in Stimmung«, warf sich neben mich ins Gras, und nun strömten unsere jugendlichen Reden frei dahin, jene leidenschaftlichen, bald nachdenklichen, bald begeisterten, aber fast immer unklaren Reden, in denen der russische Mensch sich so gern ergeht. Als wir uns zur Genüge ausgeschwatzt hatten und ein Gefühl der

Befriedigung uns erfüllte, als hätten wir wirklich etwas geleistet, kehrten wir nach Hause zurück. Ich fand Asja, wie ich sie verlassen hatte. Sosehr ich mich bemühte, sie zu beobachten – ich bemerkte nichts von Koketterie, nichts von bewußtem Komödienspiel; diesmal konnte ich ihr keine Unnatürlichkeit vorwerfen. »Aha!« sagte Gagin, »heute heißt es fasten und sich kasteien.«

Gegen Abend gähnte sie etliche Male ganz offenherzig und zog sich zurück. Ich selbst verabschiedete mich bald von Gagin und gab mich, zu Hause angekommen, keinerlei Träumereien hin: dieser Tag war von nüchternen Empfindungen beherrscht. Ich erinnere mich aber, daß ich beim Schlafengehen unwillkürlich laut sagte: »Dieses Mädchen ist das reine Chamäleon!« Und nach einigem Überlegen fügte ich hinzu: »Und sie ist doch nicht seine Schwester.«

6

Zwei Wochen waren seitdem vergangen. Ich hatte Gagins jeden Tag besucht. Asja schien mir aus dem Wege zu gehen, erlaubte sich jedoch keine der kleinen Unarten mehr, die mich in den ersten zwei Tagen unserer Bekanntschaft so überrascht hatten. Sie schien insgeheim betrübt oder verlegen zu sein und lachte auch weniger. Ich beobachtete sie aufmerksam.

Sie sprach recht gut Deutsch und Französisch; es war aber aus allem zu ersehen, daß sie von klein auf nicht unter weiblicher Leitung gestanden und überhaupt eine merkwürdige, ungewöhnliche Erziehung erhalten hatte, die von der, die Gagin genossen, sehr abwich. Trotz seines van Dyck-Hutes und seiner Bluse war er der richtige weiche, verzärtelte großrussische Aristokrat, sie aber glich durchaus keinem adligen Fräulein, in ihren Bewegungen war etwas Unruhiges; diese wilde Pflanze war erst kürzlich gepfropft worden, der Most war noch in Gärung. Von Natur schamhaft und zaghaft, ärgerte sie sich über ihre eigene Schüchternheit und zwang sich in ihrem Ärger zu kühnem und vorlautem Auftreten, was ihr nicht immer gelang. Mehrere Male brachte ich die Rede auf ihr Leben in Rußland, ihre Vergangenheit; sie antwortete ungern auf meine Fragen, ich erfuhr aber, daß sie vor der Reise ins Ausland lange auf dem Lande gelebt hatte. Einmal traf ich sie allein mit einem Buche. Den Kopf auf beide Hände gestützt und die Finger tief ins Haar vergraben, verschlang sie die Zeilen mit den Augen. »Bravo!« sagte ich, herantretend, »wie fleißig Sie sind!« Sie hob den Kopf und sah mich würdevoll und streng an. »Sie meinen, ich könnte immer nur lachen«, sagte sie und wollte gehen.

Ich warf einen Blick auf den Titel des Buches, es war ein französischer Roman.

»Ich kann Ihre Wahl aber nicht gutheißen«, bemerkte ich.

»Was soll man denn lesen?« rief sie und warf das Buch auf den Tisch. »Dann will ich lieber Unsinn machen«, fügte sie hinzu und lief in den Garten.

Am selben Tage abends las ich Gagin »Hermann und Dorothea« vor, Asja huschte zuerst immer nur um uns herum, dann blieb sie plötzlich stehen, horchte auf, setzte sich leise neben mich und hörte der Lektüre bis zum Schluß zu. Am Tag darauf war sie nicht wiederzuerkennen, bis ich erriet, was ihr plötzlich in den Sinn gekommen war: sie wollte häuslich und sittsam wie Dorothea sein. Jedenfalls blieb sie mir ein halbes Rätsel. In ihrer starken, fast bis zum äußersten gesteigerten Eigenliebe fesselte sie mich, auch wenn ich böse auf sie war. Meine Überzeugung, daß sie nicht Gagins Schwester war, verstärkte sich immer mehr. Er behandelte sie auch nicht wie ein Bruder: er war zu freundlich, zu nachsichtig und seine Haltung ein wenig gezwungen. Ein sonderbarer Zufall schien meinen Verdacht zu bestätigen.

Als ich eines Abends zu dem Weinberg kam, wo Gagins wohnten, fand ich das Pförtchen verschlossen. Ohne lange zu überlegen, begab ich mich zu einer schon früher wahrgenommenen schadhaften Stelle an der Mauer und kletterte hinüber. Nicht weit davon, abseits vom Wege, befand sich eine kleine Akazienlaube; ich hatte sie eben erreicht und wollte schon vorübergehen … da vernahm ich plötzlich Asjas Stimme, die leidenschaftlich und unter Tränen folgende Worte sprach: »Nein, ich will keinen lieben außer dir; nein, nein, nur dich will ich lieben – und für alle Zeit.«

»Laß doch, Asja, beruhige dich«, sagte Gagin, »du weißt, daß ich dir glaube.«

Die Stimmen drangen aus der Laube. Ich sah sie beide durch das undichte Geflecht der Zweige. Sie bemerkten mich nicht.

»Dich, dich allein«, wiederholte sie, fiel ihm um den Hals, küßte ihn unter krampfhaftem Schluchzen und schmiegte sich an seine Brust.

»Laß doch, laß doch«, wiederholte er, mit der Hand leicht über ihr Haar streichend.

Einige Augenblicke stand ich unbeweglich. Plötzlich fuhr ich auf. Sollte ich zu ihnen gehen? »Nimmermehr!« fuhr es mir durch den Kopf. Schnellen Schrittes wandte ich mich zurück zur Mauer, kletterte hinüber und lief beinahe nach Hause. Ich lächelte, rieb mir die Hände, staunte über den Zufall, der meine Vermutungen plötzlich bestätigt hatte – ich zweifelte keinen Augenblick an ihrer Richtigkeit –, in meinem Herzen aber stieg ein Gefühl der Bitterkeit auf. »Die können sich aber meisterhaft verstellen«, dachte ich. »Und warum? Weshalb wollen sie mich betrügen, zum besten halten? Von ihm hatte ich es nicht erwartet ... Und was für ein leidenschaftliches Bekenntnis war das?«

7

Ich schlief schlecht, stand am nächsten Morgen früh auf, schnallte mein Reiseränzlein um, sagte meiner Wirtin, sie solle mich zur Nacht nicht erwarten, und wanderte in die Berge, den Fluß aufwärts, an dem das Städtchen S. liegt. Die Berge, Ausläufer des Hunsrück, sind in geologischer Beziehung sehr interessant; besonders bemerkenswert sind sie durch die Regelmäßigkeit und Reinheit der Basaltschichten; aber es war mir nicht um geologische Studien zu tun. Ich legte mir keine Rechenschaft darüber ab, was eigentlich in mir vorging; nur über ein Gefühl war ich mir im klaren: ich wollte Gagin und seine angebliche Schwester nicht mehr sehen. Ich redete mir ein, die einzige Ursache meiner plötzlichen Abneigung wäre der Ärger über ihre Hinterlist. Wer hatte sie gezwungen, sich für Geschwister auszugeben? Übrigens gab ich mir Mühe, nicht an sie zu denken; ohne mich zu beeilen, streifte ich über Berg und Tal, saß lange in ländlichen Wirtschaften und unterhielt mich friedlich mit Wirten und Gästen, oder ich streckte mich auf einem platten erwärmten Stein aus und sah, wie die Wolken über mir segelten; denn es war wunderbares Wetter. So verbrachte ich drei Tage, und zwar recht vergnügt, obwohl mein Herz mitunter schwer war. Die friedliche Natur jener Gegend war das richtige für meine seelische Verfassung.

Ich überließ mich völlig dem leisen Spiel des Zufalls, den von selbst mir zuströmenden Eindrücken; ohne Hast wechselnd, zogen sie durch meine Seele und hinterließen schließlich ein Gefühl, in dem alles zusammenfloß, was ich in diesen drei Tagen gesehen, gefühlt, gehört hatte – alles: der zarte Harzgeruch in den Wäldern, das Geschrei und Hämmern der Spechte, das unermüdliche Plaudern der klaren Bäche mit ihren bunten Forellen auf sandigem Boden, die nicht allzukühnen Umrisse der Berge, die düsteren Felsen, die reinlichen Dörfer mit ihren ehrwürdigen alten Kirchen und Bäumen, die Störche auf den Wiesen, die lauschigen Mühlen mit schnell kreisenden Rädern, die freundlichen Gesichter der Landleute, ihre blauen Hemden und grauen Strümpfe, die knarrenden, langsamen Karren, mit fetten Pferden, manchmal auch Kühen bespannt, die jungen langhaarigen Wanderer auf den reinlichen, mit Apfel- und Birnbäumen bestandenen Landstraßen …

Sogar jetzt noch tut es mir wohl, meiner damaligen Eindrükke zu gedenken. Ich grüße dich aus der Ferne, du bescheidenes Fleckchen deutschen Landes, mit deiner schlichten Behaglichkeit, den unzähligen Spuren fleißiger Hände, geduldiger, nicht überhasteter Arbeit … Ich grüße dich! Friede sei mit dir!

Am Abend des dritten Tages kehrte ich nach Hause zurück. Ich vergaß zu erwähnen, daß ich aus Ärger über die Gagins das Bild der unbarmherzigen Witwe in meinem Herzen zu neuem Leben zu erwecken suchte – aber meine Bemühungen waren vergeblich. Ich erinnere mich, wie ich einmal, als ich von ihr zu träumen begann, plötzlich ein etwa fünfjähriges Bauernmädchen vor mir sah, mit rundem, neugierigem Gesichtchen, unschuldig aufgerissenen Äuglein. Es sah mich so kindlich-treuherzig an … Ich mußte mich vor diesem reinen Blick schämen, konnte vor ihm nicht lügen, und so sagte ich endgültig meiner verflossenen Göttin Lebewohl.

Zu Hause fand ich ein Briefchen von Gagin vor. Er war über

meinen plötzlichen Entschluß verwundert, machte mir Vorwürfe, daß ich ihn nicht mitgenommen hätte, und bat mich, zu ihnen zu kommen, sobald ich zurückgekehrt sei. Ich war wenig erfreut über diesen Brief, begab mich aber sogleich am nächsten Tage nach L.

8

Gagin begrüßte mich sehr herzlich und überschüttete mich mit freundschaftlichen Vorwürfen. Asja aber hatte mich kaum erblickt, als sie auch schon in lautes, völlig grundloses Gelächter ausbrach, um dann nach ihrer Gewohnheit davonzulaufen. Gagin wurde verlegen, brummte ihr nach, sie wäre verrückt, und bat mich in ihrem Namen um Entschuldigung. Ich gestehe, daß ich mich sehr über Asja ärgerte: ohnedies war ich nicht in der besten Stimmung, und nun wieder dieses unnatürliche Lachen, die seltsamen Grimassen! Ich gab mir aber den Anschein, als hätte ich nichts bemerkt, und berichtete Gagin von meiner kleinen Wanderung. Er wiederum erzählte, was er in meiner Abwesenheit getrieben hatte. Doch unsere Unterhaltung wollte nicht recht in Fluß kommen; Asja trat ins Zimmer und lief wieder hinaus; ich erklärte endlich, ich hätte eine dringende Arbeit und müßte nach Hause. Gagin suchte mich erst zurückzuhalten, erbot sich dann aber, nachdem er mich scharf angeblickt hatte, mich zu begleiten. Im Flur trat Asja plötzlich auf mich zu und reichte mir die Hand; ich drückte ihre Finger leicht und verbeugte mich kaum. Gagin und ich ließen uns über den Rhein setzen, und als wir bei meiner geliebten Esche mit dem Madonnenbild angelangt waren, setzten wir uns auf die Bank, um die Aussicht zu genießen. Und hier entspann sich ein bedeutsames Gespräch.

Erst wechselten wir ein paar Worte, dann verstummten wir, vom Anblick des schimmernden Flusses gefesselt. »Sagen Sie«, fing Gagin plötzlich mit seinem seltsamen Lächeln an, »was halten Sie von Asja? Nicht wahr, sie muß Ihnen etwas sonderbar vorkommen?«

»Ja«, antwortete ich einigermaßen verwundert. Ich hatte nicht erwartet, daß er von ihr sprechen würde.

»Man muß sie sehr genau kennenlernen, um über sie urteilen zu können«, sagte er, »sie hat ein gutes Herz, aber einen tollen Kopf. Es ist schwer mit ihr auszukommen. Übrigens darf man ihr nicht alle Schuld beimessen, und wenn Sie ihre Geschichte kennten ...«

»Ihre Geschichte?« unterbrach ich ihn, »ist sie denn nicht Ihre ...«

Gagin sah mich an.

»Denken Sie etwa, sie wäre nicht meine Schwester? ... Nein«, fuhr er fort, ohne sich um meine Verlegenheit zu kümmern, »sie ist wirklich meine Schwester, meines Vaters Tochter. Hören Sie mich an. Ich habe Vertrauen zu Ihnen und will Ihnen alles erzählen.

Mein Vater war ein sehr guter, kluger, gebildeter und – unglücklicher Mensch. Das Schicksal hat ihn nicht schlechter behandelt als manchen andern, aber er vermochte schon dem ersten Schlage nicht zu widerstehen. Er hatte früh aus Liebe geheiratet; seine Frau, meine Mutter, starb bald, ich war damals ein Kind von sechs Monaten. Der Vater brachte mich auf sein Gut und verließ es sechs Jahre lang nicht. Er beschäftigte sich selbst mit meiner Erziehung und hätte sich nie von mir getrennt, wenn nicht sein Bruder, mein Onkel, uns auf dem Gute besucht hätte. Dieser Onkel lebte ständig in Petersburg und bekleidete ein ziemlich hohes Amt. Er überredete meinen Vater, mich ihm, dem Onkel, nach Petersburg mitzugeben, da der Vater um nichts in der Welt das Gut verlassen wollte. Der Onkel erklärte ihm, wie schädlich es für einen Knaben in meinem Alter sei, in völliger Einsamkeit zu leben, daß ich mit einem so trübsinnigen und schweigsamen Erzieher wie meinem Vater hinter meinen Altersgenossen zurückbleiben müsse, daß auch mein Charakter sich leicht ungünstig entwickeln könne. Mein Vater widersetzte sich diesen Mahnungen seines Bruders lange Zeit, gab aber schließlich nach. Ich weinte, als ich vom Vater Abschied nahm, ich liebte ihn, obgleich ich nie ein Lächeln auf seinem Antlitz gesehen hatte … Aber als ich in Petersburg war, vergaß ich unser düsteres, freudloses Haus sehr bald. Ich besuchte die Militärschule und trat dann in ein Garderegiment ein. Jedes Jahr kam ich für einige Wochen auf unser Gut und fand den Vater jedesmal trauriger, in sich gekehrter, nachdenklicher und schüchterner. Er ging täglich in die Kirche und hatte das Sprechen fast verlernt. Bei einem Besuch – ich war damals schon über zwanzig Jahre alt – sah ich zum erstenmal in unserem Hause ein mageres schwarzäugiges Mädchen von etwa zehn Jahren: Asja. Der Vater sagte, sie sei ein Waisenkind, das er aufziehen wolle, geradeso drückte er sich aus. Ich beachtete sie damals kaum; sie war scheu, behend und schweigend wie ein kleines wildes Tier, und kaum trat ich ins Lieblingszimmer meines Vaters – einem riesengroßen finsteren Raum, in dem einst meine Mutter gestorben war und wo selbst bei Tage Kerzen brennen mußten –, so versteckte sie sich sofort hinter seinem großen Lehnstuhl oder hinter dem Bücherschrank. Es fügte sich so, daß in den nächsten drei, vier Jahren mein Dienst mich verhinderte, aufs Land zu fahren. Ich bekam jeden Monat vom Vater einen kurzen Brief; Asja erwähnte er selten und immer nur ganz flüchtig. Er war schon über fünfzig Jahre alt, sah aber immer noch wie ein junger Mann aus. Stellen Sie sich also mein Entsetzen vor: Eines Tages erhalte ich ganz unerwartet einen Brief vom Gutsinspektor, mein Vater sei todkrank, und ich möge so schnell wie möglich kommen, um ihn noch zu sehen. Ich stürzte Hals über Kopf hin, traf den Vater zwar noch lebend, aber schon in den letzten Zügen. Er freute sich ungemein über mein Kommen, legte seine abgemagerten Arme um mich, sah mir lange in die Augen mit einem halb fragenden, halb flehenden Blick, und nachdem er mir mein Wort abgenommen hatte, seine letzte Bitte zu erfüllen, befahl er seinem alten Kammerdiener, Asja hereinzuführen. Der Alte brachte sie: sie konnte sich kaum auf den Füßen halten und zitterte am ganzen Leibe.

›Hier‹, stieß mein Vater mühsam hervor, ›hinterlasse ich dir meine Tochter, deine Schwester. Du wirst alles von Jakob erfahren‹, fügte er hinzu und wies auf den Kammerdiener.

Asja warf sich schluchzend über das Bett ... Eine halbe Stunde später war mein Vater tot.

Ich erfuhr nun folgendes: Asja war ein Kind meines Vaters und der früheren Zofe meiner Mutter, Tatjana. Ich erinnere mich dieser Tatjana noch lebhaft, sehe ihre hohe, schlanke Gestalt vor mir, ihr wohlgeformtes, strenges, kluges Gesicht mit den großen dunklen Augen. Sie galt als ein stolzes und sprödes Mädchen. Soviel ich aus den ehrfurchtsvollen Andeutungen Jakobs verstehen konnte, hatte sich mein Vater ihr wenige Jahre nach dem Tode meiner Mutter genähert. Tatjana wohnte damals schon nicht mehr im Herrenhause, sondern bei ihrer verheirateten Schwester, der Kuhmagd. Mein Vater gewann sie sehr lieb und wollte sie, nachdem ich das Gut verlassen hatte, sogar heiraten, aber sie weigerte sich, seine Frau zu werden, sosehr er auch bat.

›Die selige Tatjana Wlassjewna‹, berichtete Jakob, an der Tür stehend, die Hände auf dem Rücken gefaltet, ›war eine sehr vernünftige Frau und wollte Ihren Herrn Vater nicht in Ungelegenheiten bringen. Wie kann ich Ihnen zur Gattin taugen? Was bin ich für eine gnädige Frau? pflegte sie zu sagen, ich selbst habe es oft gehört.‹

Tatjana wollte nicht einmal in unser Haus übersiedeln, sie blieb mit Asja bei ihrer Schwester. Als Kind hatte ich Tatjana nur an Feiertagen in der Kirche gesehen. Im dunklen Kopftuch, einen gelben Schal um die Schultern, stand sie in der Menge, dicht am Fenster – ihr strenges Profil zeichnete sich scharf vom hellen Glas ab –, und betete demütig und würdevoll, sich nach alter Sitte tief zu Boden neigend. Als der Onkel mich mitnahm, war Asja erst zwei Jahre alt, und als neunjähriges Kind verlor sie ihre Mutter.

Kaum war Tatjana gestorben, so nahm mein Vater Asja zu sich ins Haus. Er hatte schon früher den Wunsch geäußert, sie bei sich zu haben, aber Tatjana hatte ihm auch das verweigert. Stellen Sie sich nun vor, was in Asja vorgehen mußte, als sie zum gnädigen Herrn kam. Sie hat heute noch nicht den Augenblick vergessen, da man ihr zum ersten Mal ein seidenes Kleid anzog und ihr die Hand küßte. Die Mutter hatte sie, solange sie lebte, streng gehalten; beim Vater genoß sie volle Freiheit. Er war ihr Lehrer, außer ihm sah sie niemand. Er verwöhnte sie nicht, das heißt, er verhätschelte sie nicht, aber er liebte sie leidenschaftlich und verbot ihr nie etwas; er glaubte in ihrer Schuld zu stehen. Asja begriff bald, daß sie die Hauptperson im Hause, daß der gnädige Herr ihr Vater war, sie begriff aber ebensobald das Schiefe ihrer Lage; ihr Stolz und ihr Selbstbewußtsein entwickelten sich stark, ebenso das Mißtrauen, schlechte Angewohnheiten faßten Wurzel, die Schlichtheit schwand. Sie wollte – sie gestand es mir einmal selbst –, daß die ganze Welt ihre Herkunft vergesse, sie schämte sich ihrer Mutter und schämte sich ihrer Scham und war doch wieder stolz auf sie. Sie sehen, daß sie vieles wußte und weiß, was sie in ihren Jahren nicht wissen sollte ... Ist sie daran schuld? Die jungen Kräfte regten sich in ihr, ihr Blut war heiß, und niemand widmete sich ihrer Erziehung. Volle Unabhängigkeit in allem! Ist sie leicht zu ertragen? Sie wollte nicht schlechter als die anderen jungen Damen sein, stürzte sich auf Bücher, und was kam dabei heraus? Das falsch begonnene Leben verlief auch weiterhin falsch; aber ihr Herz verdarb nicht, ihr Geist blieb gesund.

Und nun stand ich zwanzigjähriger Junge mit dem dreizehnjährigen Kinde da! In den ersten Tagen nach dem Tode des Vaters wurde sie bei dem bloßen Klang meiner Stimme geradezu von Fieberschauern gepackt, meine Liebkosungen machten sie traurig, und nur allmählich gewöhnte sie sich an mich. Freilich, später, als sie sich überzeugt hatte, daß ich sie wirklich für meine Schwester ansah und wie eine Schwester liebte, schloß sie sich mir mit leidenschaftlicher Zuneigung an, sie kennt keine halben Gefühle.

Ich nahm sie mit nach Petersburg. So schwer mir die Trennung von ihr fiel – bleiben konnte sie nicht bei mir; ich brachte sie in einem der besten Pensionate unter. Asja begriff die Notwendigkeit der Trennung, erkrankte aber bald darauf und starb beinahe. Später gewöhnte sie sich jedoch ein und hielt es im Pensionat vier Jahre aus, blieb aber zu meiner Überraschung so, wie sie gewesen war. Die Vorsteherin beklagte sich des öfteren über sie: ›Man kann sie nicht strafen‹, sagte sie, ›und mit Freundlichkeit ist auch nichts zu erreichen.‹ Asja war außerordentlich intelligent, lernte ausgezeichnet, besser als alle Gefährtinnen, wollte sich aber nicht fügen und anpassen, war eigensinnig, hielt sich von den anderen fern ... Ich konnte ihr das nicht allzusehr zum Vorwurf machen, in ihrer Lage mußte sie entweder die Demütige oder die Stolze spielen. Nur einer einzigen Mitschülerin schloß sie sich an, einem häßlichen, verängstigten, armen Mädchen. Die anderen – meist Kinder aus guter Familie – liebten sie nicht, neckten sie und stichelten, soviel sie konnten. Asja gab nie nach. Einmal in der Religionsstunde sprach der Lehrer von den menschlichen Lastern. ›Schmeichelei und Feigheit sind die schlimmsten Laster‹, erklärte Asja laut. So ging sie ihren eigenen Weg, nur ihre Manieren waren besser geworden, obgleich sie auch in dieser Beziehung anscheinend nicht allzugroße Fortschritte gemacht hatte.

Endlich wurde sie siebzehn Jahre alt, im Pensionat konnte sie nicht länger bleiben. Ich befand mich in einer ziemlich schwierigen Lage. Da kam mir ein glücklicher Gedanke: den Dienst quittieren, für ein oder zwei Jahre ins Ausland ziehen und Asja mitnehmen. Gedacht, getan, und so sind wir beide jetzt am Rhein, wo ich mich bemühe, ein Maler zu werden, und sie – ihr wunderliches Wesen weitertreibt. Ich hoffe aber nun, daß Sie sie nicht allzu streng beurteilen werden; denn wenn sie sich auch den Anschein gibt, die Meinung Fremder sei ihr gleichgültig, schätzt sie diese Meinung doch, besonders aber die Ihrige.«

Und Gagin lächelte wieder in seiner stillen Art. Ich drückte ihm kräftig die Hand.

»So ist es«, fuhr Gagin fort, »ich habe es nicht leicht mit ihr. Ein Pulverfaß, das jeden Augenblick in die Luft gehen kann! Bisher hat ihr noch niemand gefallen. Aber wehe, wenn sie einmal jemanden liebt! Manchmal weiß ich nicht, wie ich mich verhalten soll. Vor einigen Tagen fiel ihr ein, mir Vorwürfe zu machen, ich wäre kalt und gleichgültig geworden. Sie erklärte, sie liebe mich und würde mich in alle Ewigkeit lieben ... Und dann brach sie in Tränen aus.«

»Also das war's ...«, fing ich an, verstummte aber rechtzeitig. »Sagen Sie mir«, fragte ich Gagin, »da wir nun einmal offen miteinander reden: hat ihr wirklich niemand bisher gefallen? Hat sie in Petersburg keine jungen Leute gesehen?«

»Eben die gefielen ihr ganz und gar nicht. Nein, Asja braucht einen Helden, einen ungewöhnlichen Menschen – oder einen malerischen Hirten in einer Bergschlucht. Übrigens, ich bin wieder ins Schwatzen gekommen und halte Sie auf«, fügte er hinzu und erhob sich.

»Gehen wir zu Ihnen«, schlug ich vor, »ich möchte noch nicht nach Hause.«

»Und Ihre Arbeit?«

Ich antwortete nicht. Gagin lachte gutmütig auf, und wir kehrten nach L. zurück. Als ich den bekannten Weinberg und das weiße Häuschen auf der Höhe sah, empfand ich eine süße – ja, wirklich süße – Freude im Herzen, als hätte man mir heimlich Honig eingeträufelt. Nach dem Gespräch mit Gagin fühlte ich mich ganz erleichtert.

9

Asja kam uns auf der Schwelle des Hauses entgegen; ich glaubte, sie würde uns lachend empfangen; aber sie stand bleich und stumm mit niedergeschlagenen Augen da.

»Da ist er wieder«, sagte Gagin, »und merk es dir: er wollte selbst zurückkommen.«

Asja sah mich fragend an. Ich streckte ihr die Hand entgegen und drückte diesmal ihre kalten Finger sehr fest. Sie tat mir leid; ich begriff jetzt vieles, was mich an ihr irregemacht hatte: ihre innere Unruhe, ihr ungeschicktes Benehmen, ihre Neigung zum Posieren, alles war mir nun verständlich. Ich hatte einen Blick in diese Seele geworfen, ein heimlicher Kummer bedrückte sie, verworren regte sich ihr unerfahrenes Selbstgefühl, aber ihr ganzes Wesen strebte nach Wahrheit. Ich begriff, weshalb das eigenartige Mädchen mich so fesselte; es war nicht nur der wilde Reiz des Ursprünglichen, den ihr ganzer Körper auszustrahlen schien, auch ihr Wesen gefiel mir.

Gagin kramte in seinen Zeichnungen. Ich schlug Asja einen Gang durch den Weinberg vor. Sie stimmte sofort mit einer heiteren, beinahe ergebenen Bereitwilligkeit zu. Wir stiegen den Berg halb hinab und setzten uns auf eine breite Steinplatte.

»Haben Sie sich ohne uns nicht gelangweilt?« fing Asja an.

»Und Sie ohne mich?« fragte ich.

Asja sah mich von der Seite an.

»Ja«, erwiderte sie. »Ist es schön in den Bergen?« fuhr sie hastig fort, »sind sie hoch? Höher als die Wolken? Erzählen Sie mir, was Sie gesehen haben. Sie haben es meinem Bruder erzählt, ich habe aber nichts gehört.«

»Warum gingen Sie denn fort?« bemerkte ich.

»Ich ging ... weil ... Jetzt gehe ich nicht mehr fort«, fügte sie mit zutraulicher Freundlichkeit hinzu. »Sie waren heute böse.«

»Ich?«

»Ja, Sie.«

»Wieso denn, ich bitte Sie ...«

»Ich weiß nicht, warum, aber Sie waren böse, auch als Sie fortgingen. Es tat mir sehr leid, daß Sie so gehen konnten, und ich bin so froh, daß Sie wiedergekommen sind.«

»Ich ebenfalls«, sagte ich.

Asja zuckte die Achseln, wie Kinder, wenn sie sich wohlfühlen.

»Oh, ich habe die Gabe, alles zu erraten«, fuhr sie fort, »ich erriet manchmal aus Papas Husten im Nebenzimmer, ob er mit mir zufrieden war oder nicht.«

Bis zu diesem Tage hatte Asja mit mir niemals von ihrem Vater gesprochen. Ihre Worte verblüfften mich.

»Liebten Sie Ihren Vater sehr?« fragte ich und fühlte plötzlich zu meinem großen Ärger, wie ich errötete.

Sie antwortete nicht und errötete ebenfalls. Wir schwiegen beide. Unten auf dem Rhein zog ein in graue Rauchwolken gehüllter Dampfer unsere Aufmerksamkeit auf sich. Langsam glitt er dahin.

»Warum erzählen Sie mir nichts?« flüsterte Asja.

»Weshalb haben Sie heute gelacht, als Sie mich erblickten?« fragte ich.

»Ich weiß es nicht. Manchmal möchte ich weinen, und statt dessen lache ich ... Sie dürfen mich nicht danach ... nicht nach meinem Benehmen beurteilen. Ach ja, was ist das für eine Geschichte von der Lorelei? Ist das in der Ferne nicht ihr Felsen? Man sagt, sie hätte erst alle Männer ertrinken lassen und sich dann selbst in den Rhein gestürzt, als sie einen liebgewann. Mir gefällt dieses Märchen. Frau Luise erzählt mir allerlei Geschichten. Sie hat einen schwarzen Kater mit gelben Augen ...«

Asja hob den Kopf und schüttelte die Locken.

»Ach, wie glücklich bin ich!« sagte sie.

In diesem Augenblick drangen abgerissene, eintönige Laute zu uns herauf. Hunderte von Stimmen wiederholten gleichzeitig und in regelmäßigen Abständen die Weise eines Bittgesangs: ein Zug von Wallfahrern mit Kreuzen und Fahnen pilgerte unten die Straße entlang.

»Wenn ich doch mit ihnen gehen könnte«, sagte Asja und lauschte den allmählich verklingenden Stimmen.

»Sind Sie so fromm?«

»In die Ferne ziehen, beten, eine große Heldentat vollbringen«, fuhr sie fort. »Die Tage vergehen, das Leben schwindet dahin, und was haben wir geleistet?«

»Sie sind ehrgeizig«, sagte ich, »Sie wollen nicht umsonst gelebt haben, Sie wollen eine Spur hinterlassen …«

»Ist das unmöglich?«

»Unmöglich«, hätte ich fast wiederholt. Aber ich blickte in ihre hellen Augen und sagte nur: »Versuchen Sie es.«

»Sagen Sie«, begann Asja wieder nach einer kurzen Pause, in der ein Schatten über ihr blaßgewordenes Gesicht lief. »Gefiel Ihnen jene Dame sehr? … Erinnern Sie sich nicht? Mein Bruder trank auf ihr Wohl in der Ruine am zweiten Tage unserer Bekanntschaft.«

Ich lachte.

»Ihr Bruder scherzte, mir hat noch keine einzige Dame gefallen, wenigstens gefällt mir jetzt keine.«

»Was gefällt Ihnen an den Frauen?« fragte Asja und warf in unschuldiger Neugier den Kopf zurück.

»Welch seltsame Frage!« rief ich aus.

Asja wurde etwas verlegen.

»Ich hätte Sie nicht so fragen sollen, nicht wahr? Verzeihen Sie, ich bin gewohnt, alles hervorzusprudeln, was mir in den Kopf kommt. Darum fürchte ich mich zu reden.«

»Reden Sie, um Gottes willen, ohne Scheu«, fiel ich ein, »ich bin so froh, daß Sie endlich nicht mehr schüchtern sind!«

Asja schlug die Augen nieder und lachte leise und leicht, ich hatte dieses Lachen noch nie von ihr gehört.

»Erzählen Sie doch«, fuhr sie fort, die Falten ihres Kleides glatt streichend und über den Knien ordnend, als beabsichtige sie, noch lange sitzen zu bleiben, »erzählen Sie oder tragen Sie etwas vor, wissen Sie, wie Sie uns neulich aus dem ›Onegin‹ vortrugen …«

Sie sann plötzlich nach.

»Es weben Schatten um das Kreuz
und meiner armen Mutter Grab«,

sagte sie halblaut.

»Bei Puschkin heißt es anders«, bemerkte ich.

»Ich würde gern Tatjana sein«, sagte sie immer noch nachdenklich. »Erzählen Sie doch!« rief sie dann lebhaft. Aber ich war nicht zum Erzählen aufgelegt. Ich betrachtete sie. Sanft und ruhig saß sie da, vom hellen Glanz der Sonne umwoben. Und um uns strahlte alles freudig, über uns die helle Klarheit des Himmels, unter uns Wasser und Erde, sogar die Luft schien dieses selige Leuchten auszustrahlen.

»Schauen Sie, wie herrlich es ist«, sagte ich, unwillkürlich die Stimme senkend.

»Ja, sehr schön!« antwortete sie ebenso leise, ohne mich anzusehen. »Wenn wir beide Vögel wären, wie würden wir uns aufschwingen, wie flögen wir davon! ... Wir tauchten ein in dieses Blau ... Doch wir sind keine Vögel.«

»Aber Flügel können uns wachsen«, erwiderte ich.

»Wie?«

»Kommt Zeit, kommt Rat. Es gibt Gefühle, die uns über die Erde erheben. Seien Sie ganz ruhig, Ihnen wachsen noch einmal Flügel.«

»Und Ihnen?«

»Wie soll ich es sagen ... Ich glaube, bisher habe ich noch nicht fliegen können.«

Asja wurde wieder nachdenklich. Ich beugte mich leicht zu ihr hinüber.

»Können Sie Walzer tanzen?« fragte sie plötzlich.

»Freilich«, erwiderte ich einigermaßen verblüfft.

»So kommen Sie doch, kommen Sie ... Ich will meinen Bruder bitten, einen Walzer zu spielen ... Wir wollen uns dabei denken, daß wir fliegen, daß uns Flügel gewachsen sind.«

Sie lief dem Hause zu. Ich eilte ihr nach, und wenige Augenblicke später drehten wir uns schon im engen Zimmer zu den süßen Klängen Lanners. Asja tanzte ausgezeichnet, mit voller Hingabe. Die Strenge ihrer ernsten Mädchenzüge war dem weichen Zauber eines Frauenantlitzes gewichen. Lange noch spürte meine Hand die Berührung ihres zarten Körpers, hörte ich ihren schnellen Atem, so nah an meinem Gesicht, sah ich den unverwandten Blick der dunklen, beinah geschlossenen Augen im blassen lebhaften Antlitz, um das die dunklen Locken wehten.

10

Ich verbrachte diesen Tag ausgezeichnet. Wir tobten wie ausgelassene Kinder umher. Asja war nett und natürlich, und Gagin freute sich über sie. Ich verließ sie erst spät. Als mein Boot in der Mitte des Rheins war, bat ich den Fährmann, es stromabwärts treiben zu lassen. Der Alte hob die Ruder, und nun glitten wir dahin über den königlichen Strom. Ich sah mich um, lauschte, Erinnerungen stiegen in mir auf, eine innere Unruhe ergriff mich plötzlich. Ich schaute zum Himmel empor, aber auch seine Klarheit verriet keine Ruhe und war im flimmernden Sternenlicht nur zitternde Bewegung, die in hellen, bebenden Lichtwogen herabfloß. Ich neigte mich zu den schwarzen Fluten, doch in ihrer kalten, dunklen Tiefe tanzte, wie von Angst gepeitscht, das Licht der Sterne. Von allen Seiten drang heimliche Erregung auf mich ein und steigerte sich in mir. Ich stützte mich auf den Bootsrand ... Das Rauschen des Windes, das leise Plätschern der Wellen im Kielwasser wirkten aufreizend, und der frische Atem der

Fluten kühlte mein Gesicht nicht. Am Ufer sang eine Nachtigall, und das süße Gift ihrer Triller schien in mein Blut zu dringen. Tränen, nicht nur von der Begeisterung hervorgerufen, stiegen in meine Augen. Was ich empfand, war nicht jenes verworrene Gefühl allumfassenden Verlangens, das der Seele Flügel verleiht, damit sie in Liebe und Verständnis zur Umwelt zu tönen beginne ... Nein, es war die Sehnsucht nach dem Glück. Noch wagte ich dieses Gefühl nicht näher zu bezeichnen, aber Glück, Glück bis zur Übersättigung – danach verlangte ich, danach sehnte ich mich ... Inzwischen glitt das Boot dahin, und der alte Fährmann saß über seine Ruder gebeugt und schien zu schlafen.

11

Als ich am nächsten Tage zu Gagin ging, fragte ich mich nicht, ob ich Asja liebe, ich dachte aber viel über sie nach, ihr Schicksal beschäftigte mich, ich freute mich unserer unerwarteten Annäherung. Ich fühlte, daß ich sie erst gestern wirklich kennengelernt hatte, bis dahin war sie mir aus dem Wege gegangen. Und nun, da sie mir endlich ihr Herz erschlossen, erstrahlte ihr Antlitz in einem neuen, hellen Licht, voll eines geheimnisvollen, schüchternen Zaubers.

Rüstig schritt ich den bekannten Weg entlang, schaute immer wieder nach dem weißen Häuschen aus, dachte nicht an die Zukunft und nicht einmal an den kommenden Tag, mir war so wohl zumute.

Asja errötete, als ich ins Zimmer trat. Sie trug ein hübsches Kleid, zu dem aber ihr Gesichtsausdruck nicht paßte; denn sie sah traurig aus. Und ich war so froh gewesen! Es kam mir sogar vor, als wolle sie ihrer Gewohnheit nach davonlaufen; aber sie nahm sich zusammen und blieb. Gagin befand sich in jenem seltsamen Zustand künstlerischer Glut und Ekstase, der Dilettanten wie ein Krampf erfaßt, wenn sie glauben, es wäre ihnen endlich gelungen, »die Natur am Schopf zu packen«, wie sie es nennen. Er stand zerzaust, mit Farbe befleckt vor der ausgespannten Leinwand und fuhr mit dem Pinsel wild hin und her, begrüßte mich mit einem fast grimmigen Kopfnicken, trat zurück, kniff die Augen zu und stürzte sich wieder auf seine Malerei. Ich störte ihn nicht und setzte mich zu Asja. Langsam wandte sie mir ihre dunklen Augen zu.

»Sie sind heute nicht so wie gestern«, bemerkte ich nach mehreren vergeblichen Versuchen, ein Lächeln auf ihren Lippen hervorzurufen.

»Nein«, erwiderte sie langsam mit dumpfer Stimme. »Das macht nichts. Ich habe schlecht geschlafen, habe die ganze Nacht nachgedacht.«

»Worüber?«

»Ach, alles mögliche, es ist meine Gewohnheit von Kindheit an, noch aus der Zeit, als ich bei meiner Mutter war ...«

Sie sprach das Wort Mutter nur mit Mühe aus und wiederholte dann: »Als ich bei meiner Mutter war ... habe ich darüber nachgedacht, warum niemand wissen kann, was mit ihm geschehen wird. Manchmal sieht man auch das Unheil kommen und kann sich doch nicht retten ... Und weshalb darf man nie die ganze Wahrheit sagen? ... Dann dachte ich daran, daß ich nichts weiß und lernen muß. Ich muß erzogen werden, ich bin so schlecht erzogen. Spiele nicht Klavier, zeichne nicht, nähe sogar schlecht, habe keinerlei Begabung, sehr langweilig muß es mit mir sein.«

»Sie sind ungerecht gegen sich selbst«, entgegnete ich. »Sie haben viel gelesen, sind gebildet, und mit Ihrer Klugheit ...«

»Bin ich klug?« fragte sie mit so naiver Wißbegierde, daß ich wider Willen lachen mußte, sie aber lächelte nicht einmal. »Bruder, bin ich klug?« fragte sie Gagin.

Er antwortete ihr nicht, sondern arbeitete weiter, die Pinsel immerfort wechselnd und den Arm hochhebend.

»Ich weiß mitunter selbst nicht, was in meinem Kopf vorgeht«, fuhr Asja mit derselben nachdenklichen Miene fort. »Manchmal fürchte ich mich vor mir selbst. Ach, ich wollte ... Ist es wahr, daß Frauen nicht viel lesen sollen?«

»Nicht viel, aber ...«

»Sagen Sie mir, was soll ich lesen? Sagen Sie, was soll ich tun? Ich will alles tun, was Sie mir sagen«, fügte sie hinzu, mit unschuldigem Vertrauen zu mir aufblickend.

Ich wußte nicht sogleich, was ich ihr erwidern sollte.

»Langweilen Sie sich mit mir?«

»Ich bitte Sie ...«, fing ich an.

»Danke«, erwiderte Asja, »ich dachte schon, ich langweile Sie!« Und ihre kleine heiße Hand drückte die meine kräftig.

»N ...!« schrie Gagin plötzlich. »Ist dieser Hintergrund nicht zu dunkel?«

Ich trat zu ihm, Asja stand auf und ging hinaus.

12

Sie kam nach einer Stunde wieder, blieb an der Tür stehen und winkte mir.

»Wären Sie traurig, wenn ich stürbe?« fragte sie.

»Was haben Sie heute für Gedanken!« rief ich aus.

»Ich bilde mir ein, daß ich bald sterben werde; manchmal scheint es mir, als verabschiede sich alles um mich her von mir. Sterben ist besser, als so weiterzuleben! ... Ach, schauen Sie mich nicht so an, ich verstelle mich wirklich nicht, sonst werde ich mich wieder vor Ihnen fürchten.«

»Haben Sie sich denn vor mir gefürchtet?«

»Ich bin nicht daran schuld, wenn ich so seltsam bin«, entgegnete sie. »Ich kann schon nicht mehr lachen …«

Sie blieb traurig und sorgenvoll bis zum Abend. Etwas ging in ihr vor, was ich nicht begriff. Ihr Blick war oft auf mich gerichtet, mein Herz zuckte unter diesem rätselhaften Blick leise zusammen. Sie schien ruhig, mich aber drängte es immer wieder, ihr zu sagen, sie solle sich nicht aufregen. Ich freute mich an ihrem Anblick, ich entdeckte einen rührenden Reiz in ihren bleichen Zügen, in ihren unentschlossenen Bewegungen, sie aber bildete sich ein, ich wäre schlechter Laune.

»Wissen Sie«, sagte sie, kurz bevor ich mich von ihr verabschiedete, »mich quält der Gedanke, daß Sie mich für leichtsinnig halten … Glauben Sie in Zukunft alles, was ich sage, aber seien auch Sie aufrichtig zu mir. Immer werde ich Ihnen die Wahrheit sagen, ich gebe Ihnen mein Ehrenwort.«

Dieses Ehrenwort rief wieder meine Heiterkeit hervor.

»Ach, lachen Sie nicht«, sagte sie lebhaft, »sonst sage ich heute, was Sie gestern zu mir sagten: ›Warum lachen Sie?‹« Und nach kurzem Schweigen fügte sie hinzu: »Sie sprachen gestern von Flügeln … erinnern Sie sich noch? … Die Flügel sind mir gewachsen, doch weiß ich nicht, wohin ich fliegen soll.«

»Ich bitte Sie«, rief ich aus, »alle Wege stehen Ihnen offen.« Asja sah mir forschend in die Augen.

»Sie denken heute schlecht von mir«, sagte sie mit gerunzelter Stirn.

»Ich? Schlecht? Von Ihnen?!«

»Ihr seid ja beide so schwermütig. Was ist los?« unterbrach Gagin mich. »Soll ich wieder einen Walzer spielen wie gestern?«

»Nein, nein«, rief Asja aus und preßte ihre Hände krampfhaft aneinander, »heute nicht, auf keinen Fall!«

»Ich zwinge dich ja nicht, reg dich nicht auf.«

»Auf keinen Fall«, wiederholte sie erblassend.

»Kann es sein, daß sie mich liebt?« dachte ich, als ich mich den schnell dahinrollenden dunklen Wogen des Rheins näherte.

13

»Liebt sie mich wirklich?« fragte ich am nächsten Tage, als ich kaum erwacht war. Ich wollte nicht in mein Inneres schauen und fühlte, daß ihr Bild, das Bild des »Mädchens mit dem gezwungenen Lachen«, sich meines Herzens bemächtigt hatte und diese Herrschaft nicht so bald aufgeben würde. Ich ging nach L. und blieb den ganzen Tag dort, sah Asja aber nur flüchtig. Sie fühlte sich nicht wohl und hatte Kopfschmerzen. Für einen Augenblick erschien sie mit verbundener Stirn, bleich, mager, die Augen halb geschlossen, lächelte matt und sagte: »Das vergeht schon, alles vergeht, nicht wahr?« Dann verschwand sie wieder. Ich empfand plötzlich eine innere Leere und Traurigkeit, wollte jedoch nicht fortgehen und kehrte erst spät heim, ohne sie gesehen zu haben.

Den ganzen nächsten Morgen befand ich mich in einem Zustand, den ich als halbwaches Träumen bezeichnen möchte. Ich wollte arbeiten, aber es gelang mir nicht, wollte nichts tun und nichts denken; auch das mißlang. Ich streifte durch die Stadt, kam nach Hause, lief wieder hinaus.

»Sind Sie Herr N.?« vernahm ich plötzlich eine Kinderstimme hinter mir. Ich sah mich um: vor mir stand ein kleiner Junge. »Von Fräulein Annette«, sagte er und reichte mir ein Briefchen.

Ich öffnete es und erkannte Asjas unregelmäßige, hastige Schriftzüge. »Ich muß Sie unbedingt sehen«, schrieb sie mir, »kommen Sie heute um vier Uhr zu der steinernen Kapelle an der Straße, die zur Ruine führt. Ich habe heute eine große Unvorsichtigkeit begangen. Kommen Sie um Gottes willen, Sie werden alles erfahren … Sagen Sie dem Boten ›ja‹.«

»Haben Sie etwas auszurichten?« fragte der Knabe.

»Sag dem Fräulein: Ja«, erwiderte ich. Der Knabe lief davon.

14

Ich kam in mein Zimmer, setzte mich und überlegte. Mein Herz schlug heftig. Mehrere Male überlas ich Asjas Briefchen. Ich sah nach der Uhr: es war noch nicht zwölf. Die Tür ging auf, Gagin trat ein.

Sein Gesicht war finster. Er faßte meine Hand und drückte sie kräftig. Er schien sehr erregt.

»Was ist mit Ihnen?« fragte ich.

Gagin nahm einen Stuhl und setzte sich mir gegenüber. »Vor drei Tagen«, begann er mit gezwungenem Lächeln und stockend, »habe ich Sie durch meine Erzählung überrascht, heute werden Sie noch mehr staunen. Einem andern gegenüber würde ich es kaum wagen … so ohne weiteres … Aber Sie sind ein anständiger Kerl und mein Freund, nicht wahr? Hören Sie also: Meine Schwester Asja ist in Sie verliebt.«

Ich zuckte zusammen und richtete mich auf.

»Ihre Schwester, sagen Sie …«

»Ja, ja«, fiel Gagin ein. »Ich sage Ihnen, sie ist verrückt und bringt auch mich noch um den Verstand. Aber glücklicherweise kann sie nicht lügen – und vertraut mir. Ach, was hat dieses

Mädchen für eine Seele ... aber sie richtet sich zugrunde, unbedingt.«

»Sie täuschen sich«, fing ich an.

»Nein, ich täusche mich nicht. Gestern hat sie beinah den ganzen Tag gelegen, nichts gegessen, sich aber nicht beklagt ... Das tut sie nie. – Ich machte mir keine Sorgen, obwohl sie am Abend ein wenig fieberte. Heute um zwei Uhr nachts weckte mich unsere Wirtin. ›Gehen Sie zu Ihrer Schwester‹, sagte sie, ›sie fühlt sich schlecht!‹ – Ich lief hin und fand Asja angezogen, in Tränen aufgelöst und fiebernd vor. Ihr Kopf war heiß, die Zähne schlugen wie im Schüttelfrost aufeinander. ›Was ist mit dir?‹ fragte ich. ›Bist du krank?‹ Sie fiel mir um den Hals und flehte mich an, sie so bald wie möglich fortzubringen, wenn mir daran liege, sie am Leben zu erhalten ... Ich begriff nichts, versuchte sie zu beruhigen ... sie schluchzte immer leidenschaftlicher ... und plötzlich gestand sie mir unter Tränen ... gestand mir, daß sie Sie liebt. – Glauben Sie mir, wir vernünftigen Leute können uns die Tiefe und Stärke dieses Empfindens gar nicht vorstellen, es bricht ebenso unerwartet und unwiderstehlich über sie herein wie ein plötzliches Gewitter ... Sie sind ein netter Mensch«, fuhr Gagin fort, »aber warum Asja Sie so liebt, kann ich offen gestanden nicht begreifen. Sie sagt, sie hätte sich vom ersten Tage an zu Ihnen hingezogen gefühlt. Darum weinte sie auch neulich, als sie mir schwor, nur mich zu lieben. Sie glaubte, Sie verachteten sie, wüßten wahrscheinlich, wer sie ist; sie fragte mich, ob ich Ihnen ihre Geschichte erzählt hätte. Ich verneinte natürlich, aber ihr Ahnungsvermögen ist erschreckend. Sie will nur eins: schnell fort von hier. Ich saß bis zum Morgen bei ihr und versprach ihr, morgen abzureisen; dann erst schlief sie ein. Lange habe ich überlegt ... und den Entschluß gefaßt, mit Ihnen zu sprechen. Meiner Ansicht nach hat Asja recht, das beste ist, wir reisen beide ab. Und ich hätte es bereits getan, wenn mir nicht ein Gedanke gekommen wäre, der mir Einhalt gebot, vielleicht ... wie kann ich's wissen ... gefällt Ihnen meine Schwester? Weshalb sollte ich dann abreisen? – Und da beschloß ich, jede falsche Scham beiseite lassend – übrigens war mir auch manches aufgefallen –, Sie zu fragen ...« Der arme Gagin wurde verlegen. »Entschuldigen Sie bitte«, fügte er hinzu: »Ich bin solche Unterhaltungen nicht gewöhnt ...« Ich ergriff seine Hand.

»Sie wollen wissen, ob mir Ihre Schwester gefällt?« fragte ich mit fester Stimme. – »Ja, sie gefällt mir.«

»Aber«, sagte er stockend. »Sie werden sie nicht heiraten?«

»Wie können Sie in dieser Frage eine sofortige Antwort verlangen? Urteilen Sie selbst, ob ich jetzt ...«

»Ich weiß, ich weiß«, unterbrach Gagin mich. »Ich habe kein Recht dazu, und meine Frage war nicht angebracht ... Aber was soll ich tun? Mit Feuer scherzt man nicht. Sie kennen Asja nicht, sie ist imstande, krank zu werden, durchzubrennen, sich heimlich mit Ihnen zu treffen ... Eine andere würde alles geheimhalten und abwarten, aber so ist sie nicht. Sie erlebt zum erstenmal, das ist das Schlimme! Sie würden meine Befürchtungen begreifen, hätten Sie gesehen, wie sie heute zu meinen Füßen schluchzte.«

Ich überlegte. Gagins Worte »heimlich mit Ihnen zu treffen« saßen wie ein Hieb. Es schien mir unehrenhaft, seiner Offenheit nicht mit gleicher Offenheit zu begegnen.

»Ja«, sagte ich endlich. »Sie haben recht. Vor einer Stunde erhielt ich einen Brief von Ihrer Schwester. Hier ist er.«

Gagin nahm den Zettel, überflog ihn und ließ die Hände sinken. Seine Überraschung hätte erheiternd wirken können, aber mir war nicht zum Lachen zumute.

»Ich wiederhole, Sie sind ein edler Mensch«, sagte er, »aber was geschieht nun? Wie? Sie will abreisen, schreibt Ihnen und macht sich Vorwürfe wegen Ihrer Unvorsichtigkeit ... Wann hat sie übrigens Zeit zum Schreiben gehabt? Was will sie von Ihnen?« Ich beruhigte ihn, und wir erörterten so sachlich wie möglich, was nun zu unternehmen sei. Endlich einigten wir uns: Um weiteres Unheil zu verhüten, sollte ich zur Kapelle kommen und mich mit Asja ehrlich aussprechen. Gagin verpflichtete sich, zu Hause zu bleiben und nicht zu verraten, daß er von ihrem Brief wisse, abends wollten wir wieder zusammenkommen.

»Ich verlasse mich ganz auf Sie«, sagte Gagin und drückte mir kräftig die Hand, »schonen Sie Asja und mich. Aber morgen reisen wir doch«, fügte er hinzu und stand auf; »denn Sie heiraten Asja nicht.«

»Geben Sie mir Zeit bis zum Abend«, erwiderte ich.

»Meinetwegen, aber heiraten werden Sie sie nicht.«

Er ging. Ich warf mich aufs Sofa und schloß die Augen. Ein Chaos verworrener Eindrücke bedrängte mich. Ich ärgerte mich über Gagins Offenheit, ärgerte mich über Asja; ihre Liebe freute und verwirrte mich gleichzeitig. Ich konnte nicht begreifen, was sie veranlaßt hatte, dem Bruder alles zu gestehen, die Notwendigkeit einer schnellen, beinahe augenblicklichen Entscheidung quälte mich ...

»Ein siebzehnjähriges Mädchen mit ihrem Chatakter heiraten! Ja, wie ist denn das möglich!« sagte ich, als ich aufstand.

15

Zur verabredeten Stunde ließ ich mich über den Rhein setzen. Die erste Person, die mir auf dem anderen Ufer begegnete, war derselbe Knabe, der am Morgen bei mir gewesen war. Er schien mich zu erwarten.

»Von Fräulein Annette«, flüsterte er und reichte mir einen neuen Zettel.

Asja teilte mir mit, daß wir uns an einem anderen Ort treffen müßten. Ich sollte nach anderthalb Stunden ins Haus der Frau Luise kommen, unten klopfen und in den zweiten Stock steigen.

»Soll ich wieder ›ja‹ sagen?« fragte mich der Junge.

»Ja«, wiederholte ich und ging am Ufer entlang. Ich hatte keine Zeit, nach Hause zu gehen, und keine Lust, durch die Straßen zu irren. Außerhalb der Stadtmauer befand sich ein kleiner Garten mit einer einfachen Kegelbahn und ein paar Tischen für Biertrinker. Ich begab mich dahin. Ein paar ältere Männer kegelten, die hölzernen Kugeln rollten donnernd die Bahn entlang, hin und wieder vernahm man Beifallsrufe. Eine hübsche Kellnerin mit verweinten Augen brachte mir einen Krug Bier, ich sah ihr ins Gesicht. Sie wandte sich ab und ging fort.

»Ja, ja«, sagte ein dicker, rotbackiger Mann, der am Nebentisch saß, »unser Hannchen ist heute sehr betrübt: ihr Bräutigam ist Soldat geworden.«

Ich blickte zu ihr hinüber. Sie war in eine Ecke geflüchtet und saß dort, den Kopf auf die Hand gestützt, die Tränen rannen über ihre Finger. Jemand verlangte Bier, sie brachte ihm einen Krug und kehrte auf ihren alten Platz zurück. Ihr Kummer steckte mich an. Meine Gedanken an die bevorstehende Zusammenkunft waren sorgenvoll und trübe. Ich dachte nicht mit leichtem Herzen an das Wiedersehen mit Asja; denn ich durfte mich nicht der Freude unserer gegenseitigen Liebe hingeben, sondern mußte eine schwere Pflicht erfüllen und mein Wort halten. »Mit ihr darf man nicht scherzen.« Gagins Worte waren wie glühende Pfeile in mein Herz gedrungen. Und hatte ich mich nicht vor einigen Tagen nach Glück gesehnt, in dem Boot, das die Strömung dahintrug? Dieses Glück konnte Wirklichkeit werden, ich aber schwankte, stieß es zurück, mußte es zurückstoßen … Es brach so plötzlich über mich herein, und das verwirrte mich. Ich gestehe, daß ich mich vor Asja, diesem leidenschaftlichen anziehenden Geschöpf mit der seltsamen Vergangenheit und der eigenartigen Erziehung, fürchtete. Zweierlei Empfindungen kämpften gegeneinander, die verabredete Stunde rückte aber immer näher.

»Ich kann sie nicht heiraten«, beschloß ich endlich. »Und ich werde ihr auch nicht verraten, daß ich sie liebe.«

Ich stand auf, drückte dem armen Hannchen einen Taler in die Hand – sie dankte mir nicht einmal – und begab mich nach dem Hause der Frau Luise. Schon breiteten sich die Dämmerungsschatten aus, und der schmale Streifen Himmel über der dunklen Straße glänzte im Widerschein der Abendröte. Ich klopfte leise an die Tür, sie öffnete sich sofort. Ich trat über die Schwelle und befand mich in einem dunklen Raum.

»Hierher!« vernahm ich eine Stimme, die Stimme einer alten Frau. »Sie werden erwartet.«

Ich tastete mich zwei Schritte vorwärts, eine knochige Hand ergriff meine Hand.

»Sind sie es, Frau Luise?« fragte ich.

»Ich bin es«, antwortete dieselbe Stimme, »ich bin es, mein schöner junger Herr.« Die Alte führte mich eine steile Treppe hinauf. Im matten Schein, der aus dem winzigen Fenster fiel, erkannte ich das runzlige Gesicht der Bürgermeisterswitwe. Ein widerliches, hinterhältiges Lächeln verzog ihre eingefallenen Lippen und verengte die trüben Augen. Sie wies auf eine kleine Tür. Ich öffnete sie mit krampfhafter Gebärde und schloß sie hinter mir.

16

In dem Zimmerchen war es ziemlich dunkel, und ich erblickte Asja nicht sofort. In einen langen Schal gehüllt, saß sie auf einem Stuhl vor dem Fenster, den abgewandten Kopf wie ein verschüchtertes Vögelchen beinah versteckt. Sie atmete rasch und zitterte. Unsägliches Mitleid ergriff mich. Ich trat zu ihr. Sie wandte den Kopf noch mehr ab.

»Anna Nikolajewna«, sagte ich.

Sie richtete sich plötzlich ganz gerade auf, wollte mir ins Gesicht sehen – und konnte es nicht. Ich ergriff ihre Hand, sie war kalt und lag wie tot in der meinen.

»Ich wollte …«, fing Asja an und bemühte sich zu lächeln, allein die bleichen Lippen gehorchten ihr nicht, »ich wollte … Nein, ich kann nicht«, sagte sie und verstummte. Ihre Stimme brach bei jedem Wort.

Ich setzte mich neben sie.

»Anna Nikolajewna«, wiederholte ich und wußte nichts hinzuzufügen.

Wir schwiegen. Ich hielt immer noch ihre Hand und sah sie an. Sie saß nach wie vor zusammengekrümmt da, atmete schwer und biß sich auf die Unterlippe, um nicht zu weinen, um die emporquellenden Tränen zurückzudrängen. Ich sah sie an. Ihre schüchterne Reglosigkeit verriet rührende Hilflosigkeit, als hätte sie sich, eine furchtbare Müdigkeit überwindend, mit Aufbietung ihrer letzten Kraft zum Stuhl geschleppt. Ich fühlte, wie mein Herz weich wurde.

»Asja«, sagte ich leise.

Sie schaute langsam zu mir auf … Oh, dieser Blick einer liebenden Frau, wer könnte ihn je beschreiben! Die Augen flehten mich an, vertrauten, fragten und verrieten eine grenzenlose Hingabe … Ich konnte ihrem Zauber nicht widerstehen. Eine Flamme schien mein Blut aufzupeitschen. Ich beugte mich herab und drückte meine Lippen auf ihre Hand …

Der zitternde Laut, den ich vernahm, glich einem schweren Seufzer. Ich spürte eine schwache Hand auf meinem Kopf, die wie Espenlaub zitterte, sah auf und erblickte ihr Gesicht. Wie hatte es sich verändert! Die Angst war verschwunden, der Blick war in weite Fernen gerichtet und entführte auch mich dahin, die Lippen öffneten sich ein wenig, die Stirn war blaß wie Marmor, die Locken zurückgeschoben, als hätte sie ein Wind zurückgeweht. Ich vergaß alles, riß sie an mich, ihre Hand, ihr ganzer Körper gaben willig nach, der Schal glitt von ihrer Schulter, ihr Kopf lag an meiner Brust, unter meinen brennenden Lippen.

»Dein …«, flüsterte sie.

Meine Hände glitten über ihren Leib. Da durchzuckte mich der Gedanke an Gagin wie ein Blitz.

»Was tun wir?« rief ich aus und prallte wie im Krampf zurück. »Ihr Bruder … weiß ja alles … Er weiß, daß wir uns treffen …«

Asja sank auf den Stuhl.

»Ja«, fuhr ich fort, stand auf und ging in die andere Ecke des Zimmers. »Ihr Bruder weiß alles. Ich mußte ihm alles sagen …«

»Sie mußten?« fragte sie undeutlich. Sie schien noch so verwirrt, daß sie mich nicht verstand.

»Ja, ja«, wiederholte ich mit einer gewissen Erbitterung, »und daran sind Sie allein schuld, Sie allein. Warum haben Sie unser Geheimnis verraten? Wer zwang Sie, alles Ihrem Bruder zu sagen? Er war heute bei mir und teilte mir die Unterhaltung mit.« Ich bemühte mich, Asja nicht anzusehen, und ging mit großen Schritten im Zimmer auf und ab. »Jetzt ist alles verloren, alles, alles.«

Asja wollte sich erheben.

»Bleiben Sie«, rief ich, »bleiben Sie, ich bitte Sie darum. Sie haben es mit einem ehrenhaften Mann zu tun, ja, mit einem ehrenhaften ... Aber sagen Sie mir um Gottes willen, weshalb Sie so erregt waren? Haben Sie eine Veränderung an mir bemerkt? Ich konnte mich vor Ihrem Bruder nicht verstellen, als er mich heute aufsuchte.«

»Was rede ich?« dachte ich, und der Gedanke, daß ich ein ehrloser Schurke sei, daß Gagin von unserer Verabredung wußte, daß alles entstellt, seines Zaubers enthüllt, verraten sei, bedrängte mich.

»Ich habe meinen Bruder nicht gerufen«, flüsterte Asja erschrocken, »er ist von selbst gekommen.«

»Sehen Sie, was Sie angerichtet haben«, fuhr ich fort, »jetzt wollen Sie abreisen ...«

»Ja, ich muß abreisen, ich habe Sie nur hierher gebeten, um mich von Ihnen zu verabschieden.«

»Meinen Sie etwa, es fällt mir leicht, mich von Ihnen zu trennen?« entgegnete ich.

»Warum haben Sie es dem Bruder gesagt?« wiederholte Asja bestürzt.

»Ich sage Ihnen doch – ich konnte nicht anders handeln. Hätten Sie sich nicht selbst verraten ...«

»Ich hatte mich in meinem Zimmer eingeschlossen«, erwiderte sie treuherzig, »ich wußte nicht, daß die Wirtin einen zweiten Schlüssel hatte.«

Die naive Entschuldigung für ihr Verhalten erzürnte mich beinah in diesem Augenblick ... heute kann ich kaum ohne Rührung daran denken. Armes, ehrliches, aufrichtiges Kind!

»Und nun ist alles aus«, fing ich wieder an. »Alles! Nun müssen wir uns trennen!«

Ich sah Asja verstohlen an ... ihr Gesicht errötete. Ich merkte, sie schämte und fürchtete sich, ich fühlte es. Ich selbst redete wie im Fieber und lief im Zimmer hin und her.

»Sie haben das Gefühl, das zu reifen begann, nicht zur Entfaltung kommen lassen, haben das Band zwischen uns zerrissen, hatten kein Vertrauen zu mir, zweifelten an mir ...«

Während ich redete, beugte sich Asja immer mehr vor. Plötzlich sank sie in die Knie, verbarg den Kopf in den Händen und brach in Schluchzen aus. Ich lief auf sie zu, versuchte sie aufzuheben, aber sie wehrte sich. Ich ertrage Frauentränen nicht, bei ihrem Anblick verliere ich die Fassung.

»Anna Nikolajewna, Asja!« wiederholte ich, »ich bitte Sie, ich flehe Sie an, um Gottes willen, hören Sie auf ...« Ich ergriff wieder ihre Hand ...

Zu meiner größten Überraschung sprang sie plötzlich auf, stürzte zur Tür – und verschwand ...

Als Frau Luise einige Minuten später hereinkam, stand ich immer noch, wie vom Donner gerührt, mitten im Zimmer. Ich begriff nicht, wie die Zusammenkunft so schnell, so dumm enden konnte, ehe ich auch nur den hundertsten Teil dessen gesagt hatte, was ich sagen wollte, sagen mußte, als ich selbst noch nicht wußte, zu welchem Ergebnis sie führen würde ...

»Ist das Fräulein fort?« fragte Frau Luise, die gelben Brauen bis zu den Stirnlocken emporziehend.

Ich sah sie an wie ein Narr und ging hinaus.

17

Ich lief aus der Stadt, geradewegs ins Freie. Zorn, wilder Zorn nagte an mir. Ich machte mir die bittersten Vorwürfe. Wie hatte ich nicht begreifen können, aus welchem Grund Asja den

Ort unserer Begegnung geändert hatte, wie hatte ich es nicht würdigen können, was es sie gekostet hatte, zu dieser Alten zu gehen, warum hatte ich sie nicht zurückgehalten! Ich war mit ihr in diesem dunklen, dumpfen Zimmer gewesen und hatte die Kraft, die Härte besessen, sie von mir zu stoßen, ihr sogar Vorwürfe zu machen ... Ihr Bild verfolgte mich, ich bat sie in Gedanken um Verzeihung. Die Erinnerung an das bleiche Gesicht, die feuchten, bangen Augen, die gelösten Locken um den gebeugten Hals, die leichte Berührung meiner Brust durch ihren Kopf – diese Erinnerung brannte in mir. »Dein!« hörte ich sie flüstern. »Ich habe nach meinem Gewissen gehandelt«, suchte ich mich zu beruhigen ... Lüge! Wollte ich wirklich diesen Ausgang? War ich denn imstande, mich von ihr zu trennen? Konnte ich sie verlieren? »Narr! Narr!« wiederholte ich erbittert.

Inzwischen wurde es Nacht. Mit großen Schritten näherte ich mich dem Hause, in dem Asja wohnte.

18

Gagin kam mir entgegen.

»Haben Sie meine Schwester gesehen?« rief er mir schon von weitem zu.

»Ist sie nicht zu Hause?« fragte ich.

»Nein.«

»Ist sie nicht zurückgekehrt?«

»Nein. Verzeihen Sie«, fuhr Gagin fort, »aber ich konnte mich nicht länger beherrschen, bin gegen unsere Abmachung zur Kapelle gegangen und fand sie dort nicht. Ist sie nicht gekommen?«

»An der Kapelle war sie nicht.«

»Sie haben sie also nicht gesehen?«

Ich mußte gestehen, daß ich sie gesehen hatte.

»Wo?«

»Bei Frau Luise. Wir trennten uns vor einer Stunde«, fügte ich hinzu, »ich war überzeugt, sie sei nach Hause gegangen.«

»Warten wir«, sagte Gagin.

Wir gingen ins Haus, setzten uns nebeneinander und schwiegen. Es war sehr peinlich. Ständig sahen wir uns um, blickten zur Tür, horchten. Gagin erhob sich endlich.

»Unerträglich!« rief er aus, »ich bin außer mir. Sie bringt sich um, bei Gott! Kommen Sie, suchen wir sie.«

Wir gingen hinaus. Draußen war es bereits dunkel.

»Worüber haben Sie denn mit ihr geredet?« fragte Gagin, den Hut tiefer in die Stirn rückend.

»Ich habe sie nur fünf Minuten gesehen«, erwiderte ich, »und habe mit ihr wie verabredet gesprochen.«

»Wissen Sie«, sagte er, »wir gehen lieber getrennt, so stoßen wir eher auf sie. Jedenfalls kommen Sie nach einer Stunde wieder her.«

19

Ich stieg eilig den Weinberg hinunter und rannte in die Stadt. Rasch durchlief ich die Straßen, guckte überall hinein, sogar in Frau Luises Fenster, kehrte an den Rhein zurück und ging am Ufer entlang ... Hin und wieder begegnete mir eine weibliche Gestalt, aber Asja war nirgends zu sehen. Der Ärger war einer geheimen Angst gewichen, die mich quälte, und nicht sie allein ... nein, ich empfand Reue, brennendes Bedauern und Liebe – jawohl! die allerzärtlichste Liebe. Ich rang die Hände, ich rief Asjas Namen in die Finsternis der Nacht, erst halblaut, dann immer lauter; ich wiederholte hundertmal, daß ich sie liebte, schwor, mich nie von ihr zu trennen, und hätte alles in der Welt dafür gegeben, noch einmal ihre kalte Hand zu halten, ihre leise Stimme zu hören, sie wieder vor mir zu sehen ... Sie war mir so nahe, so nahe gewesen, war mit freudiger Entschlossenheit, mit unschuldigem Herzen zu mir gekommen und hatte mir ihre unberührte Jugend gebracht ... Ich aber hatte mich des Glükkes beraubt, ihr liebes Gesicht vor Freude und Seligkeit erglühen zu sehen. Dieser Gedanke raubte mir beinah den Verstand.

»Wo kann sie hingegangen sein, was hat sie sich angetan?« rief ich in hilfloser Verzweiflung ... Etwas Weißes schimmerte am Wasser dicht am Ufer auf. Ich kannte die Stelle: ein halb in die Erde versunkenes Steinkreuz mit einer alten Inschrift stand über dem Grabe eines Mannes, der vor siebzig Jahren hier ertrunken war ... Mein Herzschlag stockte ... Ich lief zum Kreuz, die weiße Gestalt verschwand; »Asja!« schrie ich. Meine wilde Stimme erschreckte mich, aber niemand antwortete ...

Ich beschloß, hinaufzugehen, um zu erfahren, ob Gagin sie gefunden hatte.

20

Als ich den Pfad durch den Weinberg hastig emporstieg, sah ich Licht in Asjas Zimmer ... Das beruhigte mich etwas.

Ich näherte mich dem Haus, die Tür war verschlossen. Ich klopfte. Ein unbeleuchtetes Fenster im unteren Stockwerk wurde vorsichtig geöffnet, und Gagins Kopf erschien.

»Gefunden?« fragte ich ihn.

»Sie ist zurückgekommen«, antwortete er flüsternd, »ist in ihrem Zimmer und kleidet sich aus. Alles ist in Ordnung.«

»Gott sei Dank!« rief ich in unbeschreiblicher Freude, »Gott sei Dank! Nun ist alles wieder gut! Aber wir müssen noch vieles besprechen!«

»Ein andermal«, erwiderte er und zog das Fenster leise an sich, »ein andermal, und nun leben Sie wohl.«

»Bis morgen«, sagte ich, »morgen muß sich alles entscheiden.«

»Leben Sie wohl«, wiederholte Gagin. Das Fenster wurde geschlossen.

Fast hätte ich ans Fenster geklopft. Ich wollte Gagin sofort sagen, daß ich um die Hand seiner Schwester bitte ... Aber ein derartiger Heiratsantrag in solcher Stunde ... »Bis morgen«, dachte ich, »morgen bin ich glücklich ...«

Morgen bin ich glücklich! Das Glück kennt kein Morgen, es hat auch kein Gestern, es erinnert sich des Vergangenen nicht und denkt nicht ans Künftige, es hat nur eine Gegenwart – und nicht einmal einen Tag, nur den Augenblick!

Ich weiß nicht, wie ich nach S. kam. Es waren nicht meine Füße, die mich trugen, es war nicht das Boot, das mich über den Fluß setzte, starke, breite Flügel hoben mich empor. Ich kam an dem Busch vorbei, in dem die Nachtigall sang, ich blieb stehen und hörte lange zu: es war mir, als sänge sie von meiner Liebe und von meinem Glück.

21

Als ich mich am nächsten Morgen Asjas Häuschen näherte, sah ich voller Bestürzung, daß Fenster und Türen geöffnet waren und Papierfetzen vor der Türschwelle umherlagen. Ein Mächen erschien mit einem Besen in der Hand. Ich ging auf sie zu.

»Abgereist!« sprudelte sie hervor, noch ehe ich gefragt hatte, ob Gagin zu Hause sei.

»Abgereist?« wiederholte ich. »Wieso abgereist? Wohin?«

»Heute früh um sechs sind die Herrschaften abgereist, ohne zu sagen, wohin. Warten Sie – Sie sind doch Herr N.?«

»Ja, ich bin Herr N.«

»Bei der Wirtin liegt ein Brief für Sie.« Das Mädchen ging die Treppe hinauf und kam mit einem Brief zurück. »Hier, bitte schön.«

»Das ist doch ganz unmöglich ... Wie können sie ...?« begann ich. Das Mädchen sah mich blöde an und kehrte weiter.

Ich öffnete den Brief. Er war von Gagin. Asja hatte keine Zeile hinzugefügt. Er fing mit der Bitte an, ihm wegen der plötzlichen Abreise nicht zu zürnen, er wäre überzeugt, daß ich nach reiflicher Überlegung seinen Entschluß billigen würde. Er fände keinen anderen Ausweg aus einer Lage, die schwierig und gefährlich werden könne. »Gestern abend«, schrieb er, »während wir beide schweigend auf Asja warteten, kam ich endgültig zu der Überzeugung, daß die Trennung notwendig sei. Es gibt Vorurteile, die ich achte, ich verstehe, daß Sie Asja nicht heiraten können. Sie hat mir alles gesagt, um ihrer Ruhe willen mußte ich ihren wiederholten, dringenden Bitten nachgeben.« Am Schluß des Briefes sprach er sein Bedauern aus, daß unsere Bekanntschaft so schnell abgebrochen werden mußte, wünschte mir alles Gute und flehte mich an, nicht nach ihnen zu forschen.

»Was für Vorurteile?« rief ich aus, als ob er mich hören könne. »Welch ein Unsinn! Wer gab ihm das Recht, sie mir zu entführen? ...« Ich faßte mich an den Kopf ...

Das Dienstmädchen rief laut nach der Wirtin, ihr Erschrecken brachte mich wieder zur Besinnung. Nur ein Gedanke brannte in mir: sie finden, sie wiederfinden, koste es, was es wolle. Diesen Schlag hinnehmen, mich in diese Lösung fügen war unmöglich. Ich erfuhr von der Wirtin, daß sie um sechs Uhr morgens mit dem Dampfboot rheinabwärts gefahren wären, und begab mich nach dem Schiffahrtskontor; dort hörte ich, daß sie Karten nach Köln gelöst hätten. Ich ging nach Hause, um sofort meine Sachen zu packen und ihnen nachzureisen. Mein Weg führte mich an Frau Luises Haus vorbei … Plötzlich hörte ich, wie jemand meinen Namen rief. Ich hob den Kopf und erblickte im Fenster desselben Zimmers, wo ich mich gestern mit Asja getroffen hatte, die Bürgermeisterswitwe. Sie lächelte mir in ihrer widerwärtigen Weise zu und rief mich. Ich wandte mich ab und wollte weitergehen, aber sie schrie mir nach, sie hätte etwas für mich. Ich trat ins Haus. Wie soll ich schildern, was ich empfand, als ich dieses Zimmer wieder erblickte …

»Eigentlich sollte ich Ihnen das nur geben, wenn Sie mich von selber aufsuchen«, sagte sie, einen kleinen Zettel zeigend. »Da Sie aber ein so netter, junger Mann sind … Da haben Sie ihn!« Ich ergriff den Zettel.

Auf dem winzigen Blättchen standen folgende, hastig mit Bleistift hingekritzelte Worte:

»Leben Sie wohl, wir sehen uns nie wieder. Ich gehe nicht aus Stolz – nein, ich kann nicht anders. Hätten Sie mir nur ein einziges Wort gesagt, als ich gestern weinte, so wäre ich geblieben. Sie sagten es nicht. Vielleicht ist es besser so … Leben Sie wohl.«

Ein Wort … O ich Narr! Dieses Wort … Ich hatte es gestern unter Tränen immer wieder ausgesprochen, hatte es dem Wind entgegengeschleudert und in die einsamen Felder geschrien … aber ihr hatte ich es nicht gesagt … hatte ihr nicht gestanden, daß ich sie liebe … Ja, damals konnte ich dieses Wort nicht aussprechen. Als ich mich mit ihr in dem verhängnisvollen Zimmer getroffen hatte, war mir meine Liebe noch nicht bewußt geworden, auch später nicht, als ich mit ihrem Bruder bedrückt und schweigend dagesessen hatte. Mit ungeheurer Kraft flammte die Gewißheit erst in mir auf, als ich sie, von der Möglichkeit eines Unglücks erschreckt, zu suchen begann … Da war es aber zu spät … »Das ist ausgeschlossen«, wird mancher sagen. Ich weiß nur, daß es so ist. Asja wäre nicht fortgefahren, wenn sie auch nur einen Schimmer Koketterie besessen hätte und wenn ihre Lage nicht unmöglich gewesen wäre. Was jede andere Frau ertragen hätte, konnte sie nicht ertragen, ich aber hatte es nicht begriffen. Ein böser Dämon verschloß mir den Mund und drängte das Geständnis zurück, als ich Gagin zum letztenmal im verdunkelten Fenster sah. Der letzte Faden, an den ich mich noch hätte halten können, glitt aus meinen Händen.

Am selben Tage kehrte ich mit meinem Koffer nach L. zurück und fuhr mit dem Dampfer nach Köln. Ich erinnere mich noch, wie das Schiff abstieß und ich in Gedanken von diesen Straßen, von all den Stätten, die ich nie vergessen sollte, Abschied nahm – und wie ich da plötzlich Hannchen erblickte. Sie saß am Ufer auf einer Bank. Ihr Gesicht war bleich, aber nicht traurig, ein junger hübscher Bursche stand neben ihr und erzählte ihr lachend etwas; am andern Rheinufer aber blickte meine kleine Madonna bekümmert aus dem dunklen Grün der alten Esche.

22

In Köln fand ich Gagins Spuren. Ich erfuhr, daß sie nach London gefahren seien, und folgte ihnen dahin, aber in London blieb alles Suchen erfolglos. Lange wollte ich mich nicht fügen, wehrte mich hartnäckig gegen mein Geschick, mußte aber schließlich jede Hoffnung aufgeben, sie zu finden.

Ich habe sie nie mehr gesehen, bin Asja nie wieder begegnet. Verworrene Gerüchte über sie gelangten zu mir, sie aber war aus meinem Dasein verschwunden. Ich weiß nicht einmal, ob sie noch lebt.

Vor einigen Jahren erblickte ich auf einer Auslandsreise in einem Eisenbahnwagen flüchtig eine Frau, deren Gesicht mich lebhaft an die teuren Züge erinnerte ... vielleicht hatte mich eine zufällige Ähnlichkeit getäuscht. In meiner Erinnerung lebt Asja als jenes Mädchen weiter, das ich in der schönsten Zeit meines Lebens gekannt und zum letztenmal, über die Lehne des niedrigen Holzstuhls gebeugt, gesehen habe.

Offen gestanden trauerte ich ihr damals nicht lange nach und gelangte sogar zu der Überzeugung, das Schicksal hätte es gut gemeint, als es mich von Asja trennte. Ich tröstete mich mit dem Gedanken, daß ich mit ihr nicht glücklich geworden wäre. Damals war ich noch jung, und die Zukunft, die kurze, rasch dahineilende Zukunft, erschien mir unendlich. »Kann sich, was einst gewesen ist, nicht wiederholen?« dachte ich. »Vielleicht sogar herrlicher, beglückender?« ... Ich habe viele Frauen gekannt, aber das Gefühl, das Asja in mir geweckt hatte, ein Gefühl, so zärtlich, leidenschaftlich und tief, wiederholte sich nie mehr. Nein, kein Augenpaar vermochte die Augen Asjas zu ersetzen, deren Blick so viel Liebe verriet; keinem Herzen, das an meiner Brust geruht, vermochte mein Herz mit so freudigem Beben entgegenzuschlagen. Zu der Einsamkeit eines alternden Junggesellen verurteilt, verbringe ich still die letzten, leeren Jahre meines Lebens. Wie ein Heiligtum bewahre ich Asjas Zettel und die vertrocknete Geraniumblüte, die sie mir einst aus dem Fenster zuwarf. Immer noch entströmt ihr ein leiser Duft, und die Hand, die ich nur einmal an meine Lippen gedrückt, modert vielleicht schon längst unter der Erde ... Und was ist aus mir geworden? Aus jenen seligen, bewegten Tagen, diesen beflügelten Hoffnungen und Bestrebungen? So überlebt ein vertrocknetes Pflänzchen Glück und Leiden eines Menschenlebens – überlebt den Menschen selbst.

ERSTE LIEBE

Die Gäste waren längst gegangen. Die Uhr hatte halb eins geschlagen. Im Zimmer befanden sich nur noch der Hausherr, Sergei Nikolajewitsch und Wladimir Petrowitsch.

Der Hausherr klingelte und befahl, die Reste des Abendessens fortzuräumen.

»Wir haben also beschlossen«, sagte er, sich tiefer in den Sessel setzend und eine Zigarre anzündend, »daß jeder von uns die Geschichte seiner ersten Liebe erzählt. Sie sind an der Reihe, Sergei Nikolajewitsch.«

Sergei Nikolajewitsch, ein rundes, pausbäckiges, blondes Männchen, sah den Hausherrn an und schlug die Augen zur Decke empor.

»Ich habe keine erste Liebe gehabt«, erklärte er schließlich, »ich habe sogleich mit der zweiten begonnen.«

»Wieso denn das?«

»Ganz einfach. – Ich war achtzehn Jahre alt, als ich zum erstenmal einem reizenden jungen Mädchen nachstieg. Doch machte ich ihr den Hof, als wäre es mir nichts Neues, genauso wie ich später den anderen Frauen den Hof gemacht habe. Verliebt war ich aber zum ersten- und zum letztenmal mit sechs Jahren in meine Kinderfrau – das ist schon lange her –, die Einzelheiten unserer Beziehungen sind meinem Gedächtnis entschwunden. Wen hätten sie auch interessieren können, wenn ich sie noch wüßte?«

»Was nun?« rief der Hausherr aus. »Auch meine erste Liebe bietet wenig Interessantes. Ich habe mich zum erstenmal in meine jetzige Frau, Anna Iwanowna, verliebt, es ging alles wie am Schnürchen, unsere Väter wünschten diese Ehe, sehr bald gewannen wir einander lieb und heirateten, ohne noch lange zu überlegen. Meine Geschichte ist nicht lang. – Ich gestehe, meine Herren, daß ich, als ich die Frage der ersten Liebe aufwarf, meine Hoffnungen auf Sie, wenn auch nicht alte, aber immerhin nicht jugendliche Hagestolze setzte. Und wie ist es mit Ihnen, Wladimir Petrowitsch?«

»Meine erste Liebe zählt allerdings nicht zu den alltäglichen«, erwiderte zögernd Wladimir Petrowitsch, ein Vierziger mit schwarzem, graumeliertem Haar.

»Ah!« riefen der Hausherr und Sergei Nikolajewitsch gleichzeitig aus. »Um so besser … Berichten Sie!«

»Gern … aber nein, ich bin kein Meister im Erzählen, das würde trocken, kurz und nüchtern oder zu weitschweifig und falsch werden. Gestatten Sie mir, meine Erinnerungen aufzuschreiben und sie Ihnen vorzulesen?«

Die Freunde wollten anfangs nicht darauf eingehen, aber Wladimir Petrowitsch bestand darauf. Zwei Wochen später trafen sie sich wieder. Wladimir Petrowitsch hatte sein Versprechen gehalten. Folgendes stand in seinem Heft:

I

Ich war damals sechzehn Jahre alt. – Die Geschichte spielte sich im Sommer 1833 ab.

Ich wohnte in Moskau bei meinen Eltern, die eine Villa in der Nähe des Kalugaer Tors gegenüber dem Neskutschny-Park gemietet hatten, und bereitete mich für die Universität vor, arbeitete aber wenig und beeilte mich nicht allzusehr.

Niemand schränkte meine Freiheit ein. Ich tat, was ich wollte, vor allem seit der Zeit, da ich mich von meinem französischen

Erzieher getrennt hatte, der sich nicht an den Gedanken gewöhnen konnte, daß er »wie eine Bombe« (»comme une bombe«) nach Rußland hineingeplatzt sei, und deshalb ganze Tage mit verbittertem Gesicht im Bett verbrachte. Mein Vater behandelte mich mit gleichgültiger Gutmütigkeit, die Mutter beachtete mich überhaupt nicht, obwohl ich ihr einziges Kind war; denn sie hatte andere Sorgen. Mein Vater – ein junger und sehr gut aussehender Mann – hatte sie aus Berechnung geheiratet. Sie war zehn Jahre älter als er und führte nun ein trauriges Leben, regte sich ständig auf, war eifersüchtig und ärgerte sich, aber nie in Gegenwart des Vaters; sie fürchtete ihn sehr, er dagegen benahm sich streng, kalt und abweisend ... Ich bin noch nie einem Menschen begegnet, der so ausgesprochen ruhig, selbstsicher und beherrscht gewesen wäre.

Nie werde ich die ersten Wochen in dieser Villa vergessen! Wir waren am 9. Mai übergesiedelt, und das Wetter war herrlich. Ich ging entweder in unserem Garten, im Neskutschny-Park oder jenseits der Stadtgrenze spazieren, nahm irgendein Buch – zum Beispiel Kaidanows historisches Lehrbuch – mit, öffnete es jedoch selten. Meist deklamierte ich laut Gedichte, von denen ich eine Menge kannte. Heiß pulste das Blut in mir, und mein Herz war voller Sehnsucht, die süß und lächerlich war. Ich erwartete etwas, empfand eine unerklärliche Scheu, wunderte mich über alles und war zu allem bereit. Meine Phantasie spielte und kreiste unaufhörlich um dieselben Vorstellungen, wie Schwalben in der Morgendämmerung um einen Kirchturm – ich grübelte, trauerte und weinte manches Mal sogar. Aber durch Tränen und Trauer, die bald durch einen klangvollen Vers, bald durch die Schönheit des Abends ausgelöst wurden, brach gleich Frühlingsgräsern das freudige Gefühl des jungen, schäumenden Lebens.

Ich besaß ein Reitpferd, das ich selbst sattelte, um allein so weit wie möglich davonzureiten. Galoppierend kam ich mir wie ein Ritter im Turnier vor. Wie herrlich der Wind mir um die Ohren wehte! Und schaute ich zum Himmel empor, so tranken Blick und Herz die strahlende Klarheit seines Lichtes und seiner Bläue.

Ich entsinne mich noch genau, daß mir zu jener Zeit kein Frauenbildnis vorschwebte und meine Träume von der Frauenliebe keine festen Umrisse gewannen. Aber in allem, was ich dachte und fühlte, barg sich die halb erkannte, schamhafte Vorahnung von etwas Neuem, ungemein Beglückendem, Weiblichem.

Mein ganzes Wesen war von dieser Vorahnung, dieser freudigen Erwartung durchdrungen, ich atmete sie ein, sie rollte mit jedem Blutstropfen durch meine Adern ... und sollte sich bald erfüllen.

Unsere Villa war ein hölzernes Herrenhaus mit Säulen und zwei niedrigen Flügeln. Im linken Flügel befand sich eine winzige Fabrik zur Herstellung billiger Tapeten. Des öfteren begab ich mich dahin und beobachtete, wie ein Dutzend magerer, zerzauster Buben in schmierigen Röcken und mit blutarmen Gesichtern sich auf die hölzernen Hebel schwangen, die die viereckigen Holzklötze der Presse herabdrückten, und auf diese Weise durch die Last ihrer ausgemergelten Körper die bunten Muster der Tapete druckten. Der rechte Flügel war leer und wurde vermietet. Eines Tages – es war drei Wochen nach unserer Ankunft am 9. Mai – wurden die Fensterläden dieses Flügels geöffnet, Frauengesichter tauchten auf, eine Familie war dort eingezogen. Ich entsinne mich, daß meine Mutter sich an diesem Tage während des Mittagessens beim Haushofmeister nach unseren neuen Nachbarn erkundigte. Als sie den Namen der Fürstin Sassekina vernahm, murmelte sie mit einer gewissen Achtung: »Ah! Eine Fürstin«, und fügte sofort hinzu: »Wird wohl eine von den armen sein!«

»Sie sind in drei Droschken eingetroffen«, bemerkte der Haushofmeister, respektvoll weiterservierend, »besitzen keinen eigenen Wagen und nur billige Möbel.«

»Ja«, erwiderte Mutter, »aber es ist immerhin besser als ...« Mein Vater sah sie mit einem eisigen Blick an, sie verstummte.

Allerdings konnte die Fürstin Sassekina nicht reich sein, der von ihr gemietete Flügel war so verfallen, klein und niedrig, daß auch nur einigermaßen bemittelte Leute ihn nie genommen hätten. Übrigens überhörte ich damals die Unterhaltung. Fürstentitel riefen keinen Eindruck bei mir hervor: ich hatte erst vor kurzem Schillers »Räuber« gelesen.

2

Ich hatte damals die Gewohnheit, jeden Abend mit dem Gewehr durch unseren Garten zu streifen und Krähen aufzulauern. – Seit langem haßte ich diese vorsichtigen, listigen, raubgierigen Vögel. An dem Tage, von dem die Rede sein soll, begab ich mich wieder in den Garten, durchwandelte vergeblich die Alleen – die Krähen hatten mich erkannt und krächzten nur aus der Ferne – und näherte mich zufällig dem niedrigen Gartenzaun, der die benachbarten Grundstücke trennte und an dem schmalen Streifen Garten des rechten Flügels entlanglief. – Mit gesenktem Kopf schritt ich dahin. Plötzlich vernahm ich Stimmen, schaute über den Zaun – und erstarrte. Ein merkwürdiger Anblick bot sich mir.

Nur einige Schritte von mir entfernt stand auf einer Wiese zwischen grünen Himbeersträuchern ein hochgewachsenes, schlankes Mädchen in einem gestreiften rosa Kleid, ein weißes Tüchlein auf dem Kopf. Vier junge Männer umringten sie, und sie schlug sie der Reihe nach mit einer jener kleinen grauen Blumen auf die Stirn, deren Namen ich nicht kenne, die den Kindern aber wohlbekannt ist; sie bildet kleine Beutel und zerspringt mit einem Knall, wenn man sie gegen etwas Hartes schlägt. Die jungen Leute hielten dem Mädchen so freudig ihre Stirn hin, und in den Bewegungen des Mädchens, das ich nur von der Seite sehen konnte, lag ein so großer Zauber, etwas so Gebieterisches, Zärtliches, Spöttisches und Liebes, daß ich vor Überraschung und Freude beinah aufgeschrien und in diesem Augenblick wohl alles hingegeben hätte, um von diesen reizenden Fingern auf die Stirn geschlagen zu werden. Mein Gewehr glitt ins Gras, ich vergaß alles und verschlang diese schlanke Gestalt, diesen Hals, die schönen Hände, das ein wenig zerzauste blonde Haar unter dem weißen Tuch, die halbgeschlossenen, klugen Augen, diese Wimpern, die die zarten Wangen beschatteten, mit meinen Blicken.

»Junger Mann, he, junger Mann«, ertönte plötzlich eine Stimme, »ist es denn gestattet, fremde Damen so anzustarren?«

Ich fuhr zusammen und verharrte regungslos ... Vor mir stand hinter dem Zaun ein Mann mit kurzgeschnittenem schwarzem Haar und betrachtete mich ironisch. In diesem Augenblick wandte sich auch das Mädchen mir zu ... ich erblickte große graue Augen in einem lebhaften, freudig bewegten Gesicht, und dieses Gesicht begann zu beben, entblößte lachend eine Reihe weißer Zähne, die Augenbrauen schnellten drollig in die Höhe ... Ich errötete, ergriff das Gewehr und rannte in mein Zimmer, von einem schallenden, aber nicht bösartigen Gelächter begleitet, warf mich auf das Bett und verbarg mein Gesicht in den Händen. – Mein Herz schlug freudig und stark. Ich schämte mich, war gleichzeitig glücklich und fühlte eine Erregung wie nie zuvor.

Nachdem ich mich ausgeruht hatte, kämmte ich mein Haar, machte mich zurecht und ging hinunter zum Tee. Vor mir schwebte immer noch das Bild des jungen Mädchens, mein Herz schlug nicht mehr so heftig, freudig und leicht schien es in meiner Brust zu flattern.

»Was ist mir dir?« fragte mich mein Vater plötzlich. »Hast du eine Krähe geschossen?«

Ich wollte ihm schon alles erzählen, beherrschte mich jedoch und lächelte nur vor mich hin. Als ich mich schlafen legte, drehte ich mich aus mir jetzt unerklärlichen Gründen dreimal im Kreise auf einem Fuß, rieb mein Haar mit einer Pomade ein und schlief die ganze Nacht wie ein Toter. – Gegen Morgen wachte ich einen Augenblick auf, hob den Kopf, sah mich entzückt um und schlief wieder ein.

3

»Wie könnte ich sie kennenlernen?« war mein erster Gedanke, als ich am nächsten Morgen erwachte. – Vor dem Tee ging ich in den Garten, näherte mich aber nicht allzusehr dem Zaun und erblickte niemanden. Nach dem Tee promenierte ich ein Weilchen auf der Straße vor dem Hause auf und ab, bemüht, aus der Ferne in die Fenster zu schauen … Mir schien es, als hätte ich hinter dem Vorhang ihr Gesicht erspäht, ich erschrak und entfernte mich eilig. »Aber kennenlernen muß ich sie«, dachte ich, ziellos auf der Sandebene vor dem Neskutschny-Park umherschlendernd. – Wie aber? Das war die Frage! Ich rief mir alle Einzelheiten der gestrigen Begegnung ins Gedächtnis zurück, aber am deutlichsten stellte ich mir vor, wie sie mich ausgelacht hatte … Während ich mich erregte und immer wieder neue Pläne entwarf, hatte das Schicksal bereits für mich gesorgt.

Während meiner Abwesenheit hatte meine Mutter einen auf grauem Papier geschriebenen Brief von ihrer Nachbarin erhalten, mit braunem Siegellack versiegelt, wie man ihn nur zum Versiegeln von Postpaketen und billigen Schnapsflaschen benutzte. In diesem unorthographisch, unsauber und nachlässig geschriebenen Brief bat die Fürstin meine Mutter um ihre Protektion. Der Meinung der Fürstin zufolge kannte meine Mutter einflußreiche Persönlichkeiten, von denen ihr Schicksal und das ihrer Kinder abhänge, da sie wichtige Prozesse führe. »Ich wende mich an Sie, wie eine vorneme Dahme an eine vorneme Dahme«, schrieb sie, »und freue mich außerdem, diese Angelegenheit ausnuzen zu können.« Zum Schluß bat sie meine Mutter um die Erlaubnis, sie zu besuchen. Ich fand meine Mutter in gereizter Stimmung vor, mein Vater war nicht zu Hause, und sie konnte niemanden um Rat fragen. Den Brief einer »vornehmen Dame«, die noch dazu eine Fürstin war, nicht zu beantworten wäre unmöglich gewesen, aber wie sie ihr antworten sollte, das wußte meine Mutter nicht. Einen französischen Brief zu schreiben schien ihr unpassend, die russische Orthographie beherrschte sie aber ebenfalls nicht. Meine Mutter wußte das und wollte sich nicht kompromittieren. Sie freute sich über mein Erscheinen und trug mir auf, sofort zur Fürstin zu gehen und ihr mündlich auszurichten, daß meine Mutter stets bereit wäre, Ihrer Durchlaucht einen Dienst zu erweisen, soweit es in ihren Kräften stehe. Sie bitte sie um ihren Besuch gegen ein Uhr. – Die unerwartet schnelle Erfüllung meiner geheimsten Wünsche erfreute und erschreckte mich. Ich verriet jedoch meine Verlegenheit nicht und begab mich in mein Zimmer, um eine neue Krawatte umzubinden und einen Rock anzuziehen; denn zu Hause ging ich immer noch in einer Jacke und mit zurückgeschlagenem Hemdkragen, obwohl mir das sehr peinlich war.

4

Im engen, unordentlichen Vorzimmer des Flügels, den ich mit unwillkürlichem Beben betrat, empfing mich ein alter, weißhaariger Diener mit kupferfarbenem, dunklem Gesicht, mürrischen Schweinsäuglein und so tiefen Runzeln auf Stirn und Schläfen, wie ich sie nie zuvor gesehen hatte. Er trug einen Teller mit abgenagten Heringsgräten und fragte mich, während er die Tür zum anderen Zimmer mit dem Fuß zuschlug, mißmutig: »Was wollen Sie?«

»Ist die Fürstin Sassekina zu Hause?« fragte ich.

»Bonifatius«, rief eine brüchige Frauenstimme hinter der Tür.

Der Diener in der stark abgeschabten Livree mit einem einsamen, verrosteten Wappenknopf wandte mir schweigend den Rücken zu und entfernte sich, nachdem er den Teller auf den Fußboden gestellt hatte.

»Bist du im Polizeirevier gewesen?« fragte dieselbe Frauenstimme. Der Diener murmelte eine Antwort. »Wie? ... Ist jemand da?« ertönte es hinter der Tür.

»Der junge Herr von nebenan.«

»Bitt ihn herein.«

»Bitte in den Salon«, sagte der Diener, plötzlich wieder vor mir auftauchend und den Teller vom Fußboden aufhebend. Ich trat in den »Salon«.

Ich befand mich in einem kleinen, nicht sehr ordentlichen Zimmer mit armseligen, anscheinend in großer Eile auf gut Glück aufgestellten Möbeln. Am Fenster saß auf einem Sessel mit einer abgebrochenen Armlehne eine etwa fünfzigjährige häßliche Frau, barhäuptig und in einem alten grünen Kleid. Um den Hals trug sie ein buntes Halstuch aus Kammgarn. Ihre kleinen schwarzen Äuglein bohrten sich förmlich in mich ein.

Ich schritt auf sie zu und verbeugte mich.

»Habe ich die Ehre, mit der Fürstin Sassekina zu sprechen?«

»Ich bin die Fürstin Sassekina. Sind Sie Herrn W.s Sohn?«

»Ja. Ich komme im Auftrag meiner Mutter.«

»Bitte nehmen Sie Platz. Bonifatius, wo sind meine Schlüssel? Hast du sie nicht gesehen?«

Ich richtete die Antwort meiner Mutter aus. Mit den dicken, roten Fingern auf dem Fensterbrett trommelnd, hörte sie mir zu und starrte mich wieder an, nachdem ich meinen Auftrag ausgerichtet hatte.

»Sehr schön. Ich komme bestimmt«, sagte sie schließlich. »Wie jung Sie noch sind! Wie alt sind Sie, wenn ich fragen darf?«

»Sechzehn Jahre alt«, erwiderte ich unwillkürlich zögernd.

Die Fürstin holte einige beschriebene, mit Fettflecken bedeckte Papiere aus der Tasche hervor, hielt sie sich direkt unter die Nase und blätterte darin.

»Schöne Jahre«, sagte sie unvermittelt, wandte sich mir zu und rutschte auf ihrem Sessel hin und her. »Bitte fühlen Sie sich wie zu Hause, ich mache keine Umstände.«

»Zu wenig Umstände«, dachte ich, mit unwillkürlichem Ekel ihre abstoßende Gestalt betrachtend.

In diesem Augenblick wurde die Tür des Wohnzimmers aufgerissen, und auf der Schwelle stand das Mädchen, das ich im Garten gesehen habe. Sie hob die Hand, und über ihr Gesicht huschte ein spöttisches Lächeln.

»Da ist auch meine Tochter«, sagte die Fürstin, mit dem Ellbogen auf das Mädchen weisend. »Sinotschka, das ist der Sohn unseres Nachbarn Herrn W. Darf ich fragen, wie Sie heißen?«

»Wladimir«, erwiderte ich, mich erhebend und vor Aufregung lispelnd.

»Und der Vatersname?«

»Petrowitsch.«

»Ich kannte einen Polizeivorsteher, hieß auch Wladimir Petrowitsch. Bonifatius! Such die Schlüssel nicht, sie sind in meiner Tasche.«

Das junge Mädchen betrachtete mich immer noch spöttisch mit zusammengekniffenen Augen, den Kopf ein wenig zur Seite geneigt.

»Ich habe Monsieur Woldemar bereits gesehen«, begann sie. – Der helle Klang ihrer Stimme durchzuckte mich wie ein süßer Schauer. – »Darf ich Sie so nennen?«

»Aber bitte«, flüsterte ich.

»Wo hast du ihn gesehen?« erkundigte sich die Fürstin.

Ihre Tochter antwortete nicht.

»Haben Sie jetzt etwas vor?« fragte sie, ohne den Blick von mir zu wenden.

»Nein.«

»Wollen Sie mir helfen, Wolle zu wickeln? Kommen Sie zu mir.«

Sie nickte mir zu und verließ den Salon. Ich folgte ihr. Im Zimmer, das wir betraten, waren die Möbel etwas besser und sehr geschmackvoll aufgestellt. Übrigens bemerkte ich es in diesem Augenblick nicht, ich bewegte mich wie im Traum und empfand in meinem ganzen Körper eine bis zur Torheit gesteigerte Seligkeit.

Die junge Fürstin setzte sich, holte einen Strang roter Wolle, wies mir einen gegenüberstehenden Stuhl und legte mir den Strang, nachdem sie ihn sorgfältig aufgebunden, auf die Arme. Sie tat das alles schweigend mit einer drolligen Langsamkeit und mit demselben hellen, verschmitzten Lächeln auf den ein wenig geöffneten Lippen. Sie begann, die Wolle auf eine zusammengefaltete Spielkarte aufzuwickeln, und warf mir plötzlich einen schnellen und so strahlenden Blick zu, daß ich unwillkürlich die Augen niederschlug. Wenn sie ihre meist halbgeschlossenen Augen ganz öffnete, veränderte sich ihr Gesicht vollkommen, als ergieße sich ein Licht darüber.

»Was haben Sie gestern von mir gedacht, Monsieur Woldemar?« fragte sie nach einer Weile. »Sicherlich haben Sie mich verurteilt.«

»Ich ... Fürstin ... ich habe gar nichts gedacht ... wie könnte ich ...«, erwiderte ich verlegen.

»Passen Sie auf«, sagte sie. »Sie kennen mich noch nicht, ich bin sehr seltsam und verlange, daß man mir immer die Wahrheit sagt. Sie sind sechzehn Jahre alt, ich aber bin bereits einundzwanzig, viel älter als Sie, deshalb müssen Sie mir die Wahrheit sagen ... und mir gehorchen«, fügte sie hinzu. »Schauen Sie mich an. – Weshalb sehen Sie mich nicht an?«

Ich wurde noch verlegener, hob jedoch den Blick. – Sie lächelte, doch es war nicht mehr das frühere, es war ein wohlwollendes Lächeln.

»Sehen Sie mich an«, fuhr sie leise und freundlich fort, »das ist mir gar nicht unangenehm. Ihr Gesicht gefällt mir, ich glaube, daß wir Freunde sein werden. Und wie gefalle ich Ihnen?« fragte sie schalkhaft.

»Fürstin ...«, begann ich.

»Erstens nennen Sie mich bitte Sinaïda Alexandrowna, und zweitens ist es eine recht dumme Gewohnheit, wenn Kinder« – sie verbesserte sich –, »junge Leute, nicht offen sagen, was sie fühlen! Erwachsene mögen es tun! Ich gefalle Ihnen doch?«

Obwohl es mir sehr angenehm war, daß sie so offen mit mir

sprach, war ich ein wenig gekränkt. Ich wollte ihr zeigen, daß sie keinen Jungen vor sich hatte, und erwiderte mit möglichst nachlässigem Ernst: »Selbstverständlich gefallen Sie mir, Sinaïda Alexandrowna, ich verhehle es nicht.«

Sie schüttelte langsam den Kopf.

»Haben Sie einen Hauslehrer?«

»Nein, schon längst nicht mehr.«

Ich log: mein französischer Lehrer hatte uns erst vor einem Monat verlassen.

»Oh! Ich sehe, daß Sie schon ganz erwachsen sind.«

Sie schlug mir leicht auf die Finger.

»Hände gerade halten!« Und wieder wickelte sie eifrig ihren Wollknäuel.

Da sie nicht aufsah, benutzte ich die Gelegenheit, sie zu betrachten, erst verstohlen, dann immer kühner und kühner. Ihr Gesicht erschien mir noch entzückender als gestern, so fein, klug und lieb war es. Sie saß mit dem Rücken zum Fenster, durch dessen weißes Rouleau ein Sonnenstrahl drang, ihr lockeres goldblondes Haar, den Hals, die abfallenden Schultern und die zarte, ruhig atmende Brust in flimmerndes Gold tauchend ... Ich sah sie an ... und wie vertraut und teuer schien sie mir! Hatte ich sie nicht schon längst gekannt? Mir war, als hätte ich nichts erlebt und erfahren, ehe ich ihr begegnete ... Sie trug ein dunkles, abgetragenes Kleid und ein Schürzchen, wie gern hätte ich jede Falte dieses Kleides und dieser Schürze gestreichelt. Unterhalb ihres Kleides schauten die Spitzen ihrer Schuhe hervor, mit welcher Ehrfurcht wäre ich vor ihnen niedergekniet! – »Da sitze ich nun vor ihr«, dachte ich ... »und habe sie kennengelernt. Welches Glück, mein Gott, welches Glück!« Beinahe wäre ich vor Begeisterung aufgesprungen, beherrschte mich jedoch und schlenkerte nur meine Beine, wie ein Kind, das Süßigkeiten nascht.

Ich fühlte mich so wohl wie ein Fisch im Wasser. Eine Ewigkeit hätte ich hier sitzen mögen.

Ihre Augenlider hoben sich leise, und wieder strahlten mich die hellen Augen an. Sie lächelte.

»Wie Sie mich anschauen«, sagte sie langsam und drohte mir mit dem Finger.

Ich errötete ... »Sie versteht alles, sieht alles«, dachte ich. »Und wie sollte sie es auch nicht!«

Plötzlich klopfte es im Nebenzimmer, ein Säbel klirrte.

»Sina«, rief die Fürstin aus dem Salon, »Belowsorow hat dir ein Kätzchen mitgebracht.«

»Ein Kätzchen!« rief Sina aus, sprang rasch auf, warf mir den Wollknäuel auf den Schoß und rannte hinaus.

Auch ich erhob mich, legte die Wolle auf das Fensterbrett, ging in den Salon und blieb überrascht stehen: in der Mitte des Zimmers lag, die Pfoten auseinandergespreizt, ein gestreiftes Kätzchen. Sinaïda kniete vor ihm und hob vorsichtig sein Schnäuzchen. Neben der Fürstin stand, die ganze Breite zwischen den Fenstern ausfüllend, ein blondgelockter junger Husar mit roten Wangen und hervortretenden Augen.

»Wie komisch es ist«, wiederholte Sinaïda. »Und die Augen sind grün und nicht grau und die Ohren riesengroß! Vielen Dank, Viktor Jegorytsch! Das ist sehr nett von Ihnen.«

Ich erkannte in dem Husaren einen der jungen Männer, die ich am vorherigen Abend gesehen hatte. Er verneigte sich lächelnd und klirrte mit den Sporen und dem Säbel.

»Sie sagten gestern, daß Sie sich ein gestreiftes Kätzchen mit großen Ohren wünschten, ... da habe ich es aufgetrieben. Ihr Wort ist mir Befehl!« Und er verbeugte sich wieder.

Das Kätzchen miaute leise und schnupperte am Fußboden.

»Es ist hungrig!« rief Sinaïda aus. »Bonifatius, Sonja, bringt Milch!«

Ein Mädchen in einem alten gelben Kleid und ausgeblichenem Halstuch brachte eine Untertasse mit Milch und stellte sie vor das Kätzchen. Das Kätzchen fuhr zusammen, kniff die Augen zu und begann zu lecken.

»Was für ein rosiges Zünglein«, sagte Sinaïda, den Kopf beinah bis zum Boden geneigt und das Kätzchen von der Seite betrachtend.

Das Kätzchen war gesättigt und begann zu schnurren, geziert die Pfötchen bewegend. Sinaïda erhob sich und sagte gleichgültig zu dem Mädchen: »Bring das Kätzchen weg.«

»Die Hand für das Kätzchen«, sagte der Husar schmunzelnd und straffte seinen mächtigen, in eine neue Uniform gezwängten Körper.

»Beide«, erwiderte Sinaïda und reichte ihm beide Hände. Während er sie küßte, schaute sie über die Schulter hinweg zu mir.

Ich stand unbeweglich da und wußte nicht, ob ich lachen, etwas sagen oder schweigend darüber hinweggehen sollte. Plötzlich erblickte ich durch die geöffnete Tür unseren Diener Fjodor, der mir Zeichen machte. Ich ging zu ihm.

»Was ist los?« fragte ich.

»Die Frau Mama schickt mich«, flüsterte er, »sie ärgert sich, weil Sie immer noch nicht zurückkommen.«

»Bin ich denn schon lange hier?«

»Über eine Stunde.«

»Über eine Stunde!« wiederholte ich unwillkürlich, kehrte sofort in den Salon zurück und verabschiedete mich.

»Wohin?« fragte Sinaïda, hinter dem Husaren hervorschauend.

»Ich muß nach Hause. Ich richte also aus«, wandte ich mich der alten Frau zu, »daß Sie gegen zwei Uhr zu uns kommen.«

»Ja, das sagen Sie, mein Lieber.«

Die Fürstin holte eilig eine Tabakdose hervor und schnupfte so laut, daß ich zusammenfuhr.

Ich verbeugte mich noch einmal und verließ den Salon mit dem unangenehmen Gefühl im Rücken, das jeder sehr junge Mensch empfindet, wenn er weiß, daß man ihm nachschaut.

»Vergessen Sie nicht, uns wieder zu besuchen, Monsieur Woldemar«, rief Sinaïda mir nach und lachte.

»Weshalb lacht sie immer?« dachte ich, während ich in Fjodors Begleitung nach Hause ging. Er sagte zwar nichts, schritt aber mißbilligend hinter mir her. Meine Mutter schalt und wunderte sich darüber, was ich nur so lange bei dieser Fürstin gemacht hätte. Ich erwiderte nichts und ging in mein Zimmer. Mir war sehr traurig zumute ... Ich gab mir Mühe, nicht zu weinen ... Ich war eifersüchtig auf den Husaren.

5

Wie verabredet, besuchte die Fürstin meine Mutter und gefiel ihr nicht. Ich war bei diesem Besuch nicht anwesend, aber Mutter erzählte meinem Vater bei Tisch, daß die Fürstin Sassekina ihr den Eindruck einer sehr gewöhnlichen Frau, »une femme très vulgaire«, gemacht habe und ihr mit ihren Bitten, beim Fürsten Sergei ein Wort für sie einzulegen, auf die Nerven gegangen sei. Sie hätte nichts als Prozesse und Geldgeschichten – »des vilaines affaires d'argent« – und scheine eine große Intrigantin zu sein. Mutter fügte hinzu, daß sie sie trotzdem mit ihrer Tochter zum Mittagessen eingeladen habe – als ich die Worte »mit ihrer Tochter« vernahm, steckte ich die Nase tiefer in den Teller –, denn sie sei nun einmal unsere Nachbarin und trüge einen vornehmen Namen. Mein Vater erwiderte daraufhin, daß er sich nun entsinne, was das für eine Dame sei. In seiner Jugend habe er den verstorbenen Fürsten Sassekin, einen gut erzogenen, aber leeren, leichtsinnigen Menschen gekannt. Man habe ihn in der Gesellschaft seines langen Aufenthaltes in Paris wegen »le Parisien« genannt, er sei sehr reich gewesen, habe aber sein ganzes Vermögen verspielt und aus unbekannten Gründen, vielleicht des Geldes wegen – »im übrigen hätte er eine bessere Wahl treffen können«, fügte Vater hinzu und lächelte kalt – die Tochter eines Beamten geheiratet, sich daraufhin in Spekulationen eingelassen und gänzlich ruiniert.

»Wenn sie mich nur nicht anpumpen will«, meinte Mutter.

»Das wäre sehr leicht möglich«, meinte Vater ruhig. »Spricht sie Französisch?«

»Sehr schlecht.«

»Hm! – Übrigens ist es ja gleich! Hast du mir nicht gesagt, du hättest auch ihre Tochter eingeladen? Sie soll ein sehr nettes und gebildetes Mädchen sein.«

»So? Dann gleicht sie nicht der Mutter.«

»Und nicht dem Vater. Der war zwar gebildet, aber dumm.«

Meine Mutter seufzte und wurde nachdenklich. Der Vater schwieg. Ich fühlte mich während dieses Gespräches sehr unbehaglich.

Nach dem Mittagessen ging ich in den Garten, dieses Mal aber ohne Gewehr. Ich hatte mir geschworen, nicht in die Nähe des Sassekinschen Gartens zu gehen, doch eine unwiderstehliche Gewalt zog mich dorthin. Kaum hatte ich den Zaun erreicht, als ich bereits Sinaïda, dieses Mal allein, erblickte. Sie hielt ein

Buch in der Hand und ging langsam den Weg entlang, ohne mich zu bemerken.

Beinah hätte ich sie an mir vorbeigehen lassen, plötzlich ermannte ich mich aber und hüstelte.

Sie wandte sich um, blieb jedoch nicht stehen, warf das breite blaue Band ihres Strohhutes mit einer Hand über die Schulter, sah mich an, lächelte leise und senkte den Blick wieder auf das Buch.

Ich nahm die Mütze ab, drückte mich noch ein wenig herum und ging schweren Herzens fort. »Que suis-je pour elle?« dachte ich – Gott weiß weshalb auf französisch.

Bekannte Schritte ertönten hinter mir. Ich wandte mich um und erblickte meinen Vater, der mit schnellen, leichten Schritten auf mich zukam.

»Ist das die junge Fürstin?« fragte er mich.

»Ja.«

»Kennst du sie denn?«

»Ich habe sie heute früh bei der Fürstin gesehen.«

Vater blieb stehen, wandte sich scharf auf den Absätzen um und ging zurück. Nachdem er Sinaïda eingeholt hatte, grüßte er sie höflich. Sie erwiderte seinen Gruß ein wenig überrascht und ließ das Buch sinken. Ich sah, wie ihr Blick ihm folgte. Mein Vater zog sich stets sehr gut und einfach an, seine Kleider hatten eine eigene Note. Niemals war mir seine Gestalt so schlank erschienen, nie hatte sein grauer Hut so schön auf seinen kaum gelichteten Locken gesessen.

Ich wollte Sinaïda entgegengehen, sie aber sah mich nicht einmal an, hob wieder das Buch und entfernte sich.

6

Den ganzen Abend und den nächsten Morgen verbrachte ich in einem Zustand trübseliger Erstarrung. Ich entsinne mich, daß ich zu arbeiten versuchte und mir den Kaidanow vornahm, aber die weitläufigen Zeilen und die Seiten des berühmten Lehrbuches huschten an meinen Augen vorbei, ohne zu meinem Bewußtsein zu gelangen. Zehnmal las ich die Worte: »Julius Cäsar zeichnete sich durch Heldenmut aus«, begriff sie doch nicht und warf das Buch in die Ecke. Vor dem Mittagessen rieb ich mir Pomade ins Haar, zog den neuen Rock an und band mir eine Krawatte um.

»Weshalb?« fragte mich meine Mutter. »Bist noch kein Student, und wer weiß, ob du überhaupt die Prüfung bestehst! Und die Joppe haben wir dir erst vor kurzem nähen lassen. Sollen wir sie etwa wegwerfen?«

»Es kommen doch Gäste«, flüsterte ich verzweifelt.

»Unsinn! Was sind das schon für Gäste!«

Ich mußte mich fügen und die Joppe anziehen. Aber die Krawatte ließ ich. Die Fürstin und ihre Tochter erschienen eine halbe Stunde vor dem Mittagessen. Die alte Frau hatte über das mir bereits bekannte grüne Kleid einen gelben Schal geworfen und eine altmodische Haube mit flammendroten Bändern aufgesetzt. Sie erzählte sofort von ihren Wechseln, seufzte, beklagte sich über ihre Armut, jammerte in einer geradezu aufdringlichen Art und genierte sich nicht im geringsten. Sie schnupfte ihren Tabak ebenso geräuschvoll wie gestern und rutschte ebenso auf ihrem Stuhl hin und her, anscheinend keinen Augenblick daran denkend, daß sie eine Fürstin war. Dafür benahm sich aber Sinaïda sehr gemessen, beinah hochmütig, wie eine echte Fürstin. Ihr Gesicht war kalt, würdevoll und starr, und ich erkannte weder sie noch ihr Lächeln und ihre Blicke, obwohl sie mir auch in dieser neuen Gestalt schön erschien. Sie trug ein leichtes blaugestreiftes Barège-Kleid, und ihr Haar fiel nach englischer Art in langen, gedrehten Locken an den Wangen herab. Diese Frisur paßte zu ihrem kühlen Gesichtsausdruck. Mein Vater saß während des Essens neben ihr und unterhielt sie mit der ihm eigenen vornehmen und ruhigen Höflichkeit. Hin und wieder streifte sein Blick sie, und auch sie sah ihn von Zeit zu Zeit an, aber stets so sonderbar, fast feindselig. Sie unterhielten sich französisch – ich entsinne mich, daß mich Sinaïdas reine Aussprache damals überraschte. Die Fürstin erlegte sich auch während des Mittagessens keinen Zwang auf, aß sehr viel und lobte die Speisen. Man sah es meiner Mutter an, daß sie ihr mißfiel, und so beantwortete sie ihre Fragen mit melancholischer Nachlässigkeit, mein Vater aber runzelte hin und wieder die Stirn. Auch Sinaïda mißfiel meiner Mutter. »So eine hochmütige Person«, sagte sie am nächsten Tage. »Und worauf sie stolz ist, avec sa mine de grisette!«

»Anscheinend kennst du keine Grisetten«, bemerkte Vater.

»Gott sei Dank, daß ich sie nicht kenne.«

»Selbstverständlich Gott sei Dank ... Aber wie kannst du es dann beurteilen?«

Mich beachtete Sinaïda überhaupt nicht. Bald nach dem Mittagessen verabschiedete sich die Fürstin.

»Ich hoffe auf Ihre Fürsprache, Marja Nikolajewna und Pjotr Wassiljewitsch«, sagte sie zu meinen Eltern in singendem Tonfall. »Was soll man tun! Es hat schöne Zeiten gegeben, doch die sind vorbei. Ich zum Beispiel bin eine Fürstin«, fügte sie mit unangenehmen Lachen hinzu, »aber was hilft es mir, wenn ich nichts zu essen habe?«

Mein Vater verbeugte sich ehrerbietig und begleitete sie bis zur Vorzimmertür. Ich stand in meiner Joppe daneben und starrte wie ein zum Tode Verurteilter den Fußboden an. Sinaïdas Verhalten mir gegenüber hatte mich völlig vernichtet. Wie groß war meine Überraschung, als sie mir im Vorbeigehen mit dem alten freundlichen Ausdruck in den Augen rasch zuflüsterte: »Kommen Sie um acht Uhr zu uns. Haben Sie mich verstanden? Bestimmt! ...« Ich machte nur noch eine überraschte Geste, da hatte sie sich bereits entfernt, einen weißen Schal um den Kopf schlingend.

7

Punkt acht Uhr betrat ich im neuen Rock, die Haartolle hochgekämmt, das Vorzimmer des Flügels, in dem die Fürstin wohnte. Der alte Diener betrachtete mich mißbilligend und erhob sich widerwillig von seiner Bank. Aus dem Salon ertönten fröhliche Stimmen. Ich öffnete die Tür und wich erstaunt einen Schritt zurück. In der Mitte des Zimmers stand die junge Fürstin auf einem Stuhl und hielt einen Herrenhut vor sich. Fünf Männer umringten sie. Sie bemühten sich, in den Hut hineinzugreifen, sie aber hob ihn höher und schüttelte ihn heftig. Als sie mich erblickte, rief sie aus: »Halt! Halt! Da kommt ein neuer Gast! Auch er muß einen Zettel haben!« Sie sprang leicht vom Stuhl und faßte mich am Kragenaufschlag. »Kommen Sie«, sagte sie. »Was stehen Sie da? Messieurs, darf ich Ihnen Monsieur Woldemar, den Sohn unseres Nachbarn, vorstellen! Und hier«, wandte sie sich an mich, der Reihe nach auf ihre Gäste weisend: »sind Graf Malewski, Dr. Luschin, der Dichter Maidanow, Hauptmann a. D. Nirmazki und der Husar Belowsorow, den Sie ja bereits kennen. Ich bitte um Ihr herzliches Wohlwollen für ihn!«

Ich war so verlegen, daß ich mich nicht einmal verbeugte. In

Dr. Luschin erkannte ich den schwarzen Mann, der mich so erbarmungslos im Garten beschämt hatte. Die anderen waren mir fremd.

»Graf«, fuhr Sinaïda fort, »schreiben Sie einen Zettel für Monsieur Woldemar.«

»Das ist ungerecht«, erwiderte mit leicht polnischem Akzent der Graf, sein sehr schöner, stutzerhaft gekleideter dunkelblonder Mann mit ausdrucksvollen braunen Augen, einer schmalen Nase und einem dünnen Schnurrbart über einem winzigen Mund. »Er hat sich am Pfänderspiel nicht beteiligt.«

»Ja, es ist ungerecht«, wiederholten Belowsorow und der Hauptmann a. D., ein vierzigjähriger Mann, widerwärtig von Pockennarben entstellt, kraushaarig wie ein Neger, untersetzt und krummbeinig. Sein Militärrock, an dem die Achselstücke fehlten, stand weit offen.

»Habe ich Sie nicht gebeten den Zettel zu schreiben?« wiederholte die junge Fürstin. »Was ist das für ein Aufstand? Monsieur Woldemar ist zum ersten Mal in unserer Gesellschaft, und deshalb gilt heute das Gesetz nicht für ihn. Murrt nicht, schreibt lieber! Ich will es so!«

Der Graf zuckte die Achseln, senkte gehorsam den Kopf und ergriff mit seiner weißen ringgeschmückten Hand eine Feder. Nachdem er ein Stück Papier abgerissen hatte, schrieb er etwas darauf.

»Gestatten Sie mir wenigstens, Herrn Woldemar zu erklären, worum es sich handelt«, begann Luschin mit spöttischer Stimme, »er sieht ja ganz verwirrt aus. Sehen Sie, junger Mann, wir machen Pfänderspiele. Die junge Fürstin erhält eine Strafe, und derjenige, der das Große Los zieht, hat das Recht, ihre Hand zu küssen. Haben Sie mich verstanden?«

Ich sah ihn nur an und stand immer noch benommen da. Sinaïda sprang wieder auf den Stuhl und schüttelte den Hut. Alle umringten sie, auch ich schloß mich ihnen an.

»Maidanow«, sagte Sinaïda zu einem großen jungen Mann mit hagerem Gesicht, kleinen trüben Äuglein und sehr langem schwarzem Haar, »als Dichter müßten Sie so großzügig sein, Ihren Zettel Monsieur Woldemar abzutreten, damit er mehr Chancen hat.«

Aber Maidanow schüttelte energisch den Kopf und warf seine Tolle zurück. Ich griff als letzter in den Hut, nahm den Zettel und faltete ihn auseinander ... Mein Gott, wie wurde mir, als ich das Wort »Kuß« las.

»Kuß!« rief ich unwillkürlich aus.

»Bravo! Er hat gewonnen«, rief die junge Fürstin ... »Wie ich mich freue!«

Sie sprang vom Stuhl und schaute mir so süß und strahlend in die Augen, daß mein Herz erbebte.

»Freuen Sie sich auch?« fragte sie mich.

»Ich? ...« flüsterte ich.

»Verkaufen Sie mir Ihren Zettel«, krächzte plötzlich Belowsorow direkt über meinem Ohr. »Ich gebe Ihnen hundert Rubel.«

Ich erwiderte dem Husaren mit einem so vernichtenden Blick, daß Sinaïda in die Hände klatschte und Luschin »Bravo!« rief.

»Aber«, fuhr er fort, »als Zeremonienmeister bin ich verpflichtet, dafür zu sorgen, daß alle Regeln gewahrt werden. Monsieur Woldemar, lassen Sie sich auf ein Knie nieder. So ist es bei uns Brauch.«

Sinaïda stellte sich vor mich hin, neigte den Kopf ein wenig zur Seite, als wollte sie mich besser betrachten, und reichte mir würdevoll die Hand. Alles verschwamm vor meinen Augen, ich wollte mich auf ein Knie niederlassen, fiel aber auf beide Knie und berührte Sinaïdas Finger so ungeschickt mit den Lippen, daß ich mir die Nase ein wenig mit ihren Nägeln zerkratzte.

»Gut!« rief Luschin aus und half mir aufstehen.

Das Pfänderspiel wurde fortgesetzt. Sinaïda bat mich, neben ihr zu sitzen. Was dachte sie sich alles für Strafen aus! Unter anderem sollte sie eine »Statue« darstellen und suchte sich als Sokkel den häßlichen Nirmazki aus, befahl ihm, sich auf den Bauch niederzulegen und den Kopf an die Schulter zu drücken. Keinen Augenblick verstummte das Gelächter. Dieser Lärm und dieses Getöse, diese ungezwungene, wilde Lustigkeit und das ungewohnte kameradschaftliche Beisammensein mit mir fast fremden Menschen stiegen mir, einem einsamen, streng erzogenen Jungen, der in einem würdevollen, steifen Herrenhaus großgeworden war, zu Kopf. Ich war berauscht, als hätte ich Wein getrunken. Ich lachte und redete lauter als die anderen, so daß sogar die alte Fürstin, die sich im Nebenzimmer mit einem Notar vom Iwerski-Tor beriet, herauskam, um mich zu betrachten. Ich war so glücklich, daß mich kein Spott und keine mißgünstigen Blikke störten. Sinaïda fuhr fort, mich zu bevorzugen, und ließ mich nicht von ihrer Seite. Bei Abbüßung einer Strafe mußte ich unter demselben Seidentuch neben ihr sitzen und ihr mein »Geheimnis« anvertrauen. Ich entsinne mich noch, wie unsere Köpfe plötzlich von einer warmen, duftenden, matten Dämmerung umschlossen wurden, wie nah und weich ihre Augen strahlten, wie heiß ihre geöffneten Lippen atmeten, wie ihre Zähne schimmerten und ihre Haare mich kitzelten und versengten. Ich schwieg. Sie lächelte geheimnisvoll und listig und flüsterte mir schließlich zu: »Nun wie ist's?« Ich aber errötete noch mehr, lachte, wandte mich ab und konnte vor Seligkeit kaum atmen.

Des Pfänderspiels überdrüssig, begannen wir dann »Taler, Taler, du mußt wandern« zu spielen. Welches Entzücken bemächtigte sich meiner, wenn ich nicht aufpaßte und sie mir heftig auf die Finger schlug. Und ich weiß noch, daß ich mich dann verstellte, als passe ich nicht auf, und sie mich neckte und die vorgestreckten Finger nicht berührte.

Was taten wir nicht alles im Laufe dieses Abends! Wir spielten Klavier, sangen, tanzten, und bildeten ein Zigeunerlager. Nirmazki wurde als Bär verkleidet und mußte Salzwasser trinken, Graf Malewski führte Kartenkunststücke vor, die darin gipfelten, daß er die Karten mischte und sich in einem Skat alle Trümpfe zuteilte, wozu Luschin die Ehre hatte, ihm zu gratulieren. Maidanow trug uns Verse aus seiner Ballade »Der Mörder« vor – es war ja damals die Blütezeit der Romantik – und erzählte uns von seiner Absicht die Ballade in schwarzem Einband mit blutroten Titelbuchstaben herauszugeben. Dem Notar vom Iwerski-Tor wurde vom Schoß weg die Mütze gestohlen, und er mußte einen Kasatschok tanzen, um sie wiederzubekommen. Der alte Bonifatius wurde mit einer Haube geschmückt, und Sinaïda setzte sich seinen Hut auf den Kopf ... Unmöglich, alles aufzuzählen! Nur Belowsorow zog sich mit bösem, finsterem Gesicht immer mehr in eine Ecke zurück ... Manchmal stieg ihm das Blut zu Kopf, mit blutunterlaufenen Augen stand er da, und wir glaubten jeden Augenblick, nun würde er auf uns losstürzen und uns wie Hobelspäne in alle Himmelsrichtungen auseinanderwerfen. Aber die junge Fürstin sah ihn an, drohte ihm mit dem Finger, und er verkroch sich wieder in seine Ecke.

Wir waren schließlich völlig erschöpft. Obwohl die alte Fürstin – wie sie selber sagte – von keinem Lärm und Getöse mehr aus der Fassung zu bringen war, fühlte auch sie sich müde und verlangte nach Ruhe. Gegen zwölf Uhr nachts wurde das Abendessen serviert, das aus einem alten vertrockneten Käse und Pasteten mit gehacktem Schinken bestand, die mir herrlicher erschienen als alle Pasteten, die ich bisher gegessen. Es gab nur eine Flasche Wein, und auch die war seltsam, dunkel, mit einem ausgebuchteten Hals, und der Wein schimmerte rosa. Übrigens trank ihn niemand. Glücklich und völlig erschöpft verließ ich den Flügel. Zum Abschied drückte mir Sinaïda fest die Hand und lächelte wieder geheimnisvoll.

Schwer und feucht umfing mich die Nacht und strich kühlend über mein erhitztes Gesicht. Ein Gewitter schien im Anzug. Schwarze Wolken wuchsen und glitten über den Himmel dahin, ständig ihre verschwommenen Umrisse verändernd. Ein Windstoß bebte in den dunklen Bäumen, und irgendwo in der Ferne grollte der Donner, feindlich und dumpf. Ich schlich über die Hintertreppe in mein Zimmer. Mein Diener schlief auf dem Fußboden, ich mußte über ihn hinwegsteigen. Er wachte auf, sah mich und berichtete, die Mutter sei wieder böse gewesen und hätte nach mir schicken wollen, aber Vater habe sie davon abgehalten. Ich ging sonst nie zu Bett, ohne ihr gute Nacht zu sagen und mich von ihr segnen zu lassen. Nun, dieses Mal war es nicht mehr zu ändern.

Ich sagte dem Diener, daß ich mich allein hinlegen und ausziehen würde, und löschte die Kerze. Aber ich zog mich nicht aus und legte mich nicht hin.

Ich setzte mich auf einen Stuhl und verharrte lange regungslos, als wäre ich verzaubert. Was ich empfand, war mir so neu und war so süß ... Unbeweglich saß ich da, schaute um mich her, atmete langsam und lachte nur leise hin und wieder, wenn ich mich des Abends erinnerte, oder fühlte mich von Kälteschauern geschüttelt, wenn ich daran dachte, daß ich mich verliebt hatte. Das also war die Liebe! In der Finsternis schimmerte Sinaïdas Gesicht, schwebte an mir vorbei und entschwebte mir doch nicht, ihre Lippen lächelten geheimnisvoll, die Augen betrachteten mich mit einem Seitenblick, fragend, nachdenklich und zärtlich ... wie in dem Augenblick, als ich mich von ihr verabschiedete. Schließlich erhob ich mich, ging zu meinem Bett und legte vorsichtig, ohne mich auszuziehen, den Kopf auf das Kissen, als fürchtete ich, die Seligkeit, die mich erfüllte, durch eine jähe Bewegung zu vertreiben.

Ich legte mich hin, schloß aber nicht einmal die Augen. Bald gewahrte ich den matten Widerschein eines Lichtes, das schwach in mein Zimmer drang ... Ich erhob mich und schaute zum Fenster, dessen Kreuz sich deutlich und geheimnisvoll vom milchigen Schimmer der Scheiben abhob. »Ein Gewitter«, dachte ich – und ein Gewitter war es auch, aber weit entfernt, so daß man den Donner nicht vernahm. Über den Himmel zuckten nur lange, weitverzweigte Blitze, deren mattes Licht nicht aufzuflammen, sondern wie die Flügel eines sterbenden Vogels zu flattern und zu zittern schien. Ich ging zum Fenster und blieb dort bis zum Morgengrauen stehen ... Keinen Augenblick ließen die Blitze nach, eine echte »Sperlingsnacht«, wie wir in Rußland sagen. Ich schaute auf die Sandebene, die in großem Schweigen vor mir lag, mein Blick verlor sich in der Finsternis des Neskutschny-Parks und glitt über die weit entfernten gelben Häuserfassaden, die im Wetterleuchten aufzuflammen schienen ... Ich schaute und konnte mich von dem Bild nicht losreißen ... Dieses stumme Zucken der Blitze, die verhaltene Glut ihrer Strahlen schienen der geheimen, stummen Glut meiner Liebe zu entsprechen. Der Morgen graute. Die roten Flammen der Morgenröte brannten am Himmel. Die Blitze wurden immer blasser, je mehr die Sonne sich nahte. Immer seltener zuckten sie auf und verloren sich schließlich im sieghaften, nüchternen Licht des neuen Tages ...

Auch in mir schwanden die Blitze. Ich spürte eine große Müdigkeit und Ruhe ... aber Sinaïdas Bild schwebte immer noch triumphierend vor mir. Doch auch dieses Bild erschien mir ruhiger und sanfter, wie ein aus Sumpfgräsern aufsteigender Schwan löste es sich von den anderen unansehnlichen Gestalten, von denen es umringt gewesen war. Im Einschlafen umfaßten es meine Gedanken noch einmal voll vertrauensvoller Ehrfurcht ...

Oh, diese sanften Gefühle, weichen Klänge, Güte und Verstummen eines bewegten Herzens, schüchterne Freude der ersten Liebe, wo seid ihr?

8

Als ich am nächsten Morgen zum Tee erschien, schalt mich meine Mutter – allerdings weniger, als ich erwartet hatte – und ließ mich vom vorhergehenden Abend berichten. Ich antwortete ihr wortkarg, ließ viele Einzelheiten aus und bemühte mich, allem einen möglichst harmlosen Schein zu verleihen.

»Immerhin sind es Leute, die nicht comme il faut sind«, meinte meine Mutter, »und es ist unnütz, daß du hinläufst, statt dich für deine Prüfung vorzubereiten und zu lernen.«

Da ich wußte, daß Mutters Sorge um meine Prüfungsarbeiten mit diesen wenigen Worten erschöpft sein würde, hielt ich es nicht für notwendig, ihr zu widersprechen, aber nach dem Tee nahm Vater mich am Arm, führte mich in den Garten und ließ sich alles erzählen, was ich bei Sassekins gesehen hatte.

Der Einfluß, den mein Vater auf mich ausübte, war seltsam, und seltsam war auch unser Verhältnis zueinander. Er kümmerte sich kaum um meine Erziehung, kränkte mich aber nie, er achtete meine Freiheit und war sogar – wenn man sich so ausdrükken kann – höflich zu mir ... nur ließ er mich nicht nah an sich heran. Ich liebte ihn, bewunderte ihn, er erschien mir als das Ideal eines Mannes. – Mein Gott, wie leidenschaftlich hätte ich mich ihm angeschlossen, wenn ich nicht immer seine innere Abwehr empfunden hätte. Wollte er jedoch, so konnte er in einem Augenblick, mit einem Wort, einer Bewegung, mein unbegrenztes Vertrauen erwecken. Ich schüttete ihm dann mein Herz aus, ich sprach wie mit einem einsichtigen Freund, einem nachsichtigen Erzieher mit ihm ... Dann verließ er mich aber ebenso unvermittelt ... und wieder spürte ich die innere Abwehr, die sich freundlich und weich, aber entschlossen jede Annäherung verbat.

Manchmal bemächtigte sich seiner eine ausgelassene Fröhlichkeit. Er tobte dann wie ein kleiner Junge mit mir herum – starke körperliche Bewegung liebte er überhaupt –, und einmal, ein einziges Mal, war er sogar so zärtlich zu mir gewesen, daß ich beinah geweint hätte. Aber Fröhlichkeit und Zärtlichkeit verschwanden spurlos, als hätte ich davon geträumt, und ließen nichts für die Zukunft erhoffen. Manchmal betrachtete ich sein kluges, schönes, helles Gesicht ... mein Herz begann zu beben, und mein ganzes Wesen drängte zu ihm. Er schien zu fühlen, was in mir vorging, streichelte mir im Vorübergehen die Wange, ging fort, um sich mit irgend etwas zu beschäftigen, oder erstarrte plötzlich, wie nur er es konnte, und ich verkroch mich dann sofort, von einer starren Kälte erfaßt. Die seltenen Ausbrüche seiner Zuneigung wurden nie durch mein stummes, aber offensichtliches Flehen hervorgerufen: sie kamen gänzlich unerwartet. Als ich später über den Charakter meines Vaters nachdachte, kam ich zu der Schlußfolgerung, daß sowohl ich als auch das Familienleben ihm gleichgültig waren, er liebte etwas anderes und hatte dieses andere in vollen Zügen genossen. »Nimm, was du kannst, aber liefere dich nicht anderen aus. Sich selbst gehören – darin besteht die ganze Lebenskunst«, sagte er mir einmal. Ein anderes Mal, als ich, junger Demokrat, in seiner Gegenwart über die

Freiheit philosophierte – er war an diesem Tage freundlich, da konnte man mit ihm über alles reden –, erwiderte er: »Freiheit? Weißt du auch, was dem Menschen die Freiheit zu geben vermag?«

»Was?« fragte ich.

»Der Wille, der eigene Wille, er verleiht dir eine Macht, die schöner als die Freiheit ist. Lerne wollen, und du wirst frei sein und anderen befehlen.«

Mein Vater wollte vor allem leben – und er hat gelebt ... Vielleicht ahnte er, daß er sein Leben nicht lange genießen würde: er starb mit zweiundvierzig Jahren.

Ich schilderte meinem Vater ausführlich meinen Besuch bei Sassekins. Er saß auf einer Bank, hörte mir bald aufmerksam, bald zerstreut zu und zeichnete mit der Spitze der Reitgerte im Sand. Er lächelte hin und wieder, sah mich mit hellen, belustigten Blikken an und spornte mich mit Fragen und Ausrufen neckend zum Weitererzählen an. Anfangs traute ich mich gar nicht, Sinaïdas Namen auszusprechen, konnte mich aber nicht länger beherrschen und begann sie zu rühmen. Mein Vater lächelte immer noch. Dann wurde er nachdenklich, reckte sich und stand auf.

Es fiel mir ein, daß er sich, ehe er das Haus verließ, das Pferd hatte satteln lassen. Er war ein ausgezeichneter Reiter und konnte – lange vor Herrn Rary – die wildesten Pferde bändigen.

»Darf ich mit dir reiten, Papa?« fragte ich ihn.

»Nein«, erwiderte er, und sein Gesicht nahm den gewohnten, gleichgültig-freundlichen Ausdruck an. »Reite allein, wenn du willst, und sage dem Kutscher, daß ich nicht reiten werde.«

Er wandte mir den Rücken zu und entfernte sich rasch. Ich folgte ihm mit dem Blick. Er verschwand hinter dem Tor. Ich sah, wie sein Hut sich am Zaun entlang bewegte, er ging zu Sassekins.

Er blieb nicht länger als eine Stunde bei ihnen, fuhr aber gleich darauf in die Stadt und kehrte erst gegen Abend zurück.

Nach dem Mittagessen begab ich mich zu Sassekins. Im Salon traf ich nur die alte Fürstin an. Als sie mich erblickte, kratzte sie sich den Kopf unter der Haube mit einer Stricknadel und fragte mich, ob ich ihr ein Gesuch abschreiben könne.

»Gern«, erwiderte ich und setzte mich auf eine Stuhlkante.

»Schreiben Sie aber bitte recht große Buchstaben«, sagte die Fürstin und reichte mir ein verschmiertes Blatt. »Und ginge es vielleicht schon heute?«

»Ich schreibe es heute noch ab.«

Die Tür aus dem Nebenzimmer öffnete sich ein wenig, und Sinaïdas Gesicht tauchte auf, blaß, nachdenklich, das Haar nachlässig zurückgeworfen. Sie sah mich mit großen, kalten Augen an und schloß die Tür wieder.

»Sina, Sina«, rief die Alte. Sinaïda antwortete nicht. Ich nahm das Gesuch der alten Frau und verbrachte den ganzen Abend damit.

9

An diesem Abend begann meine Leidenschaft. Ich empfand wohl dasselbe wie ein Mensch, der zum ersten Mal ein Amt übernimmt. Ich war kein Junge mehr, ich war ein Verliebter. Wie gesagt, begann an diesem Tage meine Leidenschaft. Im wahrsten Sinne des Wortes, hätte ich sagen können; denn auch meine Leiden begannen an diesem Tage. Ich verging vor Sehnsucht, wenn ich Sinaïda nicht sah, vermochte keinen Gedanken zu fassen, alles fiel mir aus der Hand, und ich dachte tagelang nur an sie ... war unglücklich, aber auch ihre Gegenwart tröstete mich nicht. Ich war eifersüchtig, war mir meiner Nichtigkeit bewußt, schmollte wie ein Tor und erniedrigte mich töricht. Und trotzdem trieb eine unwiderstehliche Macht mich zu ihr, jedesmal betrat ich mit seligem Beben ihr Zimmer. Sinaïda erriet sofort, daß ich in sie verliebt war, ich dachte auch nicht daran, es zu verheimlichen. Sie ergötzte sich an meiner Leidenschaft, neckte, verwöhnte und quälte mich. Süß ist es, die einzige Quelle, der selbstherrliche und unumschränkte Anlaß höchster Freuden und tiefster Qualen zu sein, war ich doch weiches Wachs in Sinaïdas Händen. Übrigens nicht ich allein, alle Männer, die ins Haus kamen, waren in sie verliebt, waren wie von Sinnen, und alle verstand sie im Zaum zu halten, alle lagen sie demütig zu ihren Füßen. Es bereitete ihr das größte Vergnügen, Hoffnungen und Befürchtungen in ihnen zu erwecken, launisch mit ihnen zu spielen – sie nannte es: ihre Köpfe aneinanderzuschlagen –, und ihre Verehrer dachten nicht einmal an einen Widerstand und unterwarfen sich nur allzugern. Der Charme ihrer Schönheit und Lebhaftigkeit, die seltsame Mischung von Schlauheit und Leichtsinn, Manieriertheit und Natürlichkeit, Ruhe und Ausgelassenheit übte eine hinreißende Anziehungskraft aus. Ein feiner Reiz lag über allem, was sie tat und sagte, über jeder Bewegung, ihr ganzes Wesen verriet eine eigenartige, spielende Kraft. Auch ihr Gesichtsausdruck änderte sich ständig und konnte beinah gleichzeitig Spott, Nachdenklichkeit und Leidenschaft verraten. Die verschiedenartigsten Gefühle huschten leicht und schnell wie Schatten ziehender Wolken an einem sonnigen Tag über ihre Augen und Lippen.

Sie brauchte jeden ihrer Verehrer. Belowsorow, den sie manchmal »mein Tier«, manchmal aber auch nur »der Meinige« nannte, wäre für sie ins Feuer gesprungen. Da er zu seinen geistigen Fähigkeiten und übrigen Tugenden wenig Vertrauen hatte, bot er ihr immerfort die Ehe an und gab ihr zu verstehen, daß die anderen nur davon redeten. Maidanow befriedigte die poetischen Seiten ihres Wesens. Wie beinah alle Dichter, war er eine kühle Natur und suchte sie – sich selbst vielleicht auch – davon zu überzeugen, daß er sie anbete, und besang sie in endlosen Versen, die er ihr mit einem seltsamen Gemisch echter und gekünstelter Begeisterung vorlas. Sie empfand Teilnahme für ihn und machte sich auch ein wenig lustig über ihn. Seinen Versen glaubte sie nicht unbedingt und ließ ihn hinterher Puschkin vorlesen, um – wie sie erklärte – die Luft zu reinigen. Der spöttische Arzt Dr. Luschin, dessen Äußerungen so zynisch klangen, kannte sie am besten und liebte sie am meisten von allen, obwohl er sie häufig direkt und auch hinter ihrem Rücken tadelte. Sie achtete ihn, verstand es aber, ihm nichts durchgehen und ihn mit boshaftem Vergnügen fühlen zu lassen, daß auch er in ihren Händen sei.

»Ich soll eine herzlose Kokette, eine Komödiantin sein«, sagte sie einmal zu ihm in meiner Gegenwart. »Schön! Geben Sie mir Ihre Hand, ich werde eine Stecknadel hineinbohren. Sie werden sich vor diesem jungen Mann schämen, es wird Ihnen weh tun, und doch werden Sie, mein lieber Wahrheitsapostel, dabei lachen!« Luschin errötete, wandte sich ab, biß sich auf die Lippen. Es endete jedoch damit, daß er ihr seine Hand reichte. Sie stach ihn, und er lachte tatsächlich … Auch sie lachte, während sie die Stecknadel ziemlich tief in seine Hand bohrte und ihm in die Augen schaute, die er vergeblich rollte …

Am wenigsten verstand ich das Verhältnis zwischen Sinaïda und dem Grafen Malewski. Er sah gut aus, war geschickt, klug, aber sogar ich, der Sechzehnjährige, fühlte etwas Falsches, Verdächtiges in ihm. Ich wunderte mich, daß Sinaïda es nicht merkte. Vielleicht spürte sie es auch, verachtete jedoch diese Unaufrichtigkeit nicht. Eine falsche Erziehung, merkwürdige Bekanntschaften und Gewohnheiten, die ständige Anwesenheit der Mutter,

Armut und Unordnung im Hause, angefangen mit der Freiheit, deren sich das junge Mädchen, im Bewußtsein ihrer Überlegenheit über die Menschen, die sie umgaben, erfreute, hatten diese verächtliche Nachlässigkeit und Anspruchslosigkeit in ihr entwickelt. Was auch kommen mochte – ob Bonifatius meldete, daß kein Zucker da sei, ob irgendein gemeiner Klatsch ans Tageslicht kam oder die Gäste in Streit gerieten –, sie schüttelte nur ihre Locken, sagte »Unsinn!« und kümmerte sich nicht darum.

Dagegen geriet mein Blut in Wallung, wenn Malewski, sich wie ein Fuchs mit listiger Miene in den Hüften wiegend, zu ihr trat, sich graziös auf die Lehne ihres Stuhles stützte und ihr mit selbstzufriedenem und einschmeichelndem Lächeln etwas ins Ohr zu flüstern begann, sie aber, mit auf der Brust gekreuzten Armen, aufmerksam zu ihm aufschaute und lächelnd den Kopf schüttelte.

»Was kann es Ihnen für Freude bereiten, Malewski zu empfangen?« fragte ich sie einmal.

»Er hat einen so entzückenden Schnurrbart«, erwiderte sie. »Aber das verstehen Sie ja nicht.«

»Glauben Sie etwa, daß ich ihn liebe?« fragte sie mich ein anderes Mal. »Nein, Männer, auf die ich herabschauen muß, kann ich nicht lieben. Ich brauche einen Mann, der mich niederzwingt … Aber einen solchen werde ich ja, Gott sei Dank, nicht finden! Nein, ich werde mich nie einem Mann ausliefern, niemals!«

»Also werden Sie nie lieben?«

»Liebe ich Sie denn nicht?« rief sie aus und schlug mir mit ihrem Handschuh auf die Nase.

Ja, Sinaïda machte sich über mich lustig. Im Laufe von drei Wochen sah ich sie täglich. Und was sie nicht alles mit mir anstellte! Zu uns kam sie selten, und ich bedauerte es nicht; denn in unserm Hause verwandelte sie sich in ein wohlerzogenes Fräulein, eine Fürstin, und ich fühlte mich in ihrer Gegenwart gehemmt. Ich fürchtete, mich vor meiner Mutter zu verraten; denn sie liebte Sinaïda nicht und beobachtete uns unfreundlich. Meinen Vater fürchtete ich nicht so sehr, er schien mich gar nicht zu bemerken, redete auch mit ihr nicht viel, aber was er sagte, war klug und bedeutsam. Ich arbeitete und las nicht mehr, hatte meine Spaziergänge und Ritte in die Umgebung aufgegeben und umkreiste wie ein an den Beinen angebundener Käfer das geliebte Haus. Am liebsten wäre ich ganz dort geblieben, aber das war unmöglich, meine Mutter schalt mich, und manchmal verjagte mich auch Sinaïda. Dann schloß ich mich in meinem Zimmer ein oder flüchtete in das äußerste Ende des Gartens, kletterte auf die Ruine der großen steinernen Orangerie, saß stundenlang mit herunterhängenden Beinen auf der Mauer an der Straße und starrte in die Ferne, ohne etwas zu sehen. Weiße Schmetterlinge flatterten träge über die verstaubten Brennesseln neben mir, ein übermütiger Spatz ließ sich auf einem zerbrochenen roten Ziegelstein in meiner Nähe nieder und zwitscherte aufreizend, mit dem ganzen Körper und dem gespreizten Schwanz hin- und herwippend, mißtrauische Krähen krächzten hin und wieder vom Gipfel einer kahlen Birke, Wind und Sonne spielten mit ihren dünnen Zweigen, ab und zu flogen vereinzelte Töne des friedlichen, wehmütigen Glockengeläutes des Donskoi-Klosters herüber, ich aber saß da, schaute und lauschte, von einem namenlosen Gefühl erfüllt, das alles umfaßte: Trauer, Freude, Vorahnung des Kommenden, Sehnsucht und Angst vor dem Leben. Aber ich begriff diese Gefühle, die in mir gärten, damals noch nicht und hätte sie gar nicht oder nur mit einem Namen, den Sinaïdas, benennen können.

Inzwischen spielte Sinaïda weiter mit mir wie eine Katze mit der Maus. Bald kokettierte sie mit mir, worauf ich vor Aufregung und Rührung verging – dann stieß sie mich wieder zurück, und ich wagte nicht, mich ihr zu nähern, wagte nicht einmal, sie anzuschaun.

Ich erinnere mich, daß sie mich mehrere Tage nacheinander sehr kühl behandelt hatte. Ich war ganz eingeschüchtert, und wenn ich in den Flügel ging, suchte ich mich feige in der Nähe der alten Fürstin aufzuhalten, obwohl sie damals viel schalt und klagte; denn ihre Wechselangelegenheiten standen sehr schlecht, und sie hatte bereits zwei Auseinandersetzungen mit dem Polizeiaufseher gehabt.

Als ich eines Tages durch unseren Garten am Zaun entlangging, erblickte ich Sinaïda, die auf dem Rasen saß, den Kopf auf beide Hände gestützt, und sich nicht regte. Ich wollte mich behutsam entfernen, aber sie hob den Kopf und machte mir eine befehlende Geste. Ich begriff nicht und erstarrte vor Überraschung. Sie wiederholte das Zeichen, worauf ich sofort über den Zaun sprang und erfreut zu ihr lief. Sie hielt mich mit ihrem Blick zurück und deutete auf den Weg, zwei Schritt von ihr entfernt. Verlegen wußte nicht nicht, was ich tun sollte, und kniete am Wegrand nieder. Sie war so blaß, und ihre Züge verrieten einen so bitteren Kummer, eine so große Müdigkeit, daß mein Herz sich zusammenkrampfte und ich unwillkürlich flüsterte: »Was haben Sie?«

Sinaïda streckte die Hand aus, riß einen Grashalm ab, biß ihn durch und warf ihn weit fort.

»Lieben Sie mich sehr?« fragte sie mich schließlich. »Ja?«

Ich erwiderte nichts – wozu sollte ich auch?

»Ja?« wiederholte sie, mich immer noch ansehend. »So ist es. Dieselben Augen«, sagte sie, wurde nachdenklich und verbarg ihr Gesicht in den Händen. »Alles ist mir widerlich geworden«, flüsterte sie, »ans Ende der Welt möchte ich laufen, ich halte es nicht mehr aus, werde damit nicht mehr fertig ... Und was erwartet mich in der Zukunft! ...

Ach, wie schwer es ist ... Mein Gott, wie schwer!«

»Weshalb?« fragte ich zaghaft.

Sinaïda antwortete nicht und zuckte nur die Achseln. Ich kniete immer noch und betrachtete sie mit tiefem Kummer. Jedes ihrer Worte schnitt mir ins Herz. In diesem Augenblick hätte ich gern mein Leben hingegeben, um sie nur nicht so traurig zu sehen. Ich betrachtete sie und malte mir in lebhaften Farben aus – ohne den Grund ihrer Trauer zu begreifen –, wie sie, von Kummer übermannt, in den Garten geflüchtet und dort auf dem Rasen zusammengebrochen war. – Um uns grünte und leuchtete alles in hellem Glanz, der Wind fuhr raschelnd durch das Laub der Bäume und bewegte hin und wieder einen Zweig des Himbeerstrauches über Sinaïdas Kopf. Irgendwo gurrten Tauben, Bienen summten und flogen niedrig über dem Rasen dahin. Ein freundlicher Himmel spannte seine Bläue über die Erde – mir aber war so traurig zumute ...

»Sagen Sie mir irgendein Gedicht auf«, sagte Sinaïda leise und stützte sich auf den Ellbogen. »Ich mag es, wenn Sie Verse sprechen. Sie haben einen singenden Tonfall, aber das schadet nichts, darin offenbart sich Ihre Jugend. Sagen Sie mir ›Auf Grusiens Hügeln‹ auf, aber setzen Sie sich vorher.«

Ich setzte mich und sprach »Auf Grusiens Hügeln«.

»Der Liebe widerstehen kann es nicht«, wiederholte Sinaïda. »Das ist das Schöne an der Poesie, sie sagt uns das, was es nicht gibt, was aber gleichzeitig nicht nur schöner, sondern auch der Wahrheit näher ist als die Wirklichkeit.«

»... Der Liebe widerstehen kann es nicht – das Herz möcht' widerstehn, doch kann es nicht.« – Sie verstummte wieder, fuhr plötzlich auf und erhob sich. – »Kommen Sie! Maidanow sitzt bei Mama. Er hat mir sein Gedicht mitgebracht, ich aber bin fortgelaufen. Auch er ist jetzt traurig, … daran läßt sich nichts ändern! Sie werden es eines Tages erfahren … aber seien Sie mir dann nicht böse!«

Sinaïda drückte mir rasch die Hand und lief voran. Wir gingen ins Haus. Maidanow las uns seinen soeben erschienenen »Mörder« vor, aber ich hörte nicht zu. Er stieß seine vierfüßigen Jamben in singendem Tonfall schreiend hervor, die Reime lösten sich ab und klangen leer und laut wie Schellengeläute. Ich betrachtete die ganze Zeit Sinaïda und zerbrach mir den Kopf über ihre letzten Worte.

»Und hat vielleicht ein Nebenbuhler
dich mir entrissen unverhofft?«

rief Maidanow näselnd aus, und unsere Blicke – meiner und Sinaïdas – trafen sich. Sie errötete und senkte die Lider. Ich sah ihr Erröten und wurde kalt vor Schreck. Ich war schon früher eifersüchtig gewesen, aber erst in diesem Augenblick tauchte plötzlich der Gedanke auf, daß sie nun wirklich liebte. »Mein Gott, sie liebt!«

10

Mein wirkliches Leiden begann von diesem Augenblick an. Ich zerbrach mir den Kopf, überlegte, verwarf meine Vermutungen und beobachtete Sinaïda heimlich, soweit es möglich war. Die Veränderung, die in ihr vor sich gegangen war, war offensichtlich. Sie ging allein spazieren und blieb lange fort. Manchmal erschien sie nicht, wenn Gäste da waren, und saß stundenlang allein in ihrem Zimmer. Früher hatte sie das nie getan. Ich wurde plötzlich – oder schien es mir nur, daß ich es wurde? – außerordentlich scharfsinnig. »Ist er es oder ist er es nicht?« fragte ich mich, in Gedanken besorgt ihre Verehrer aufzählend. Graf Malewski schien mir – obwohl ich mich für Sinaïda schämte, es einzugestehen – der Gefährlichste zu sein.

Meine Beobachtungsgabe reichte nicht weiter als meine Nasenspitze, und meine Heimlichkeit täuschte wohl niemanden. Vor allem Dr. Luschin nicht, der mich bald durchschaute. Übrigens hatte auch er sich in letzter Zeit verändert: er war abgemagert, lachte noch ebensooft, aber dumpfer, böser, kürzer; eine nervöse Reizbarkeit war an Stelle der leichten Ironie und des gespielten Zynismus getreten.

»Weshalb kommen Sie eigentlich unentwegt hierher, junger Mann?« fragte er mich eines Tages, als wir in Sassekins Salon allein geblieben waren. – Die junge Fürstin war noch nicht vom Spaziergang zurückgekehrt, und die kreischende Stimme der alten ertönte im Zwischenstock; sie schalt ihr Mädchen. – »Lernen müßten Sie, arbeiten – solange Sie noch jung sind –, und was machen Sie?«

»Sie können ja nicht wissen, ob ich nicht zu Hause arbeite«, erwiderte ich herablassend, aber ein wenig verlegen.

»Was kann das schon für eine Arbeit sein! Sie haben andere Gedanken! Nun, ich bestreite nicht ... daß das in Ihrem Alter natürlich ist. Aber Ihre Wahl ist falsch. Sehen Sie denn nicht, was das für ein Haus ist?«

»Ich verstehe Sie nicht«, erwiderte ich.

»Verstehen mich nicht? Um so schlimmer für Sie! Ich halte es für meine Pflicht, Sie zu warnen. Ich alter Junggeselle bin abgebrüht, was kann mir schon passieren, wenn ich herkomme, an mir prallt alles ab. Sie aber sind ein zartes Pflänzchen, und diese

Luft ist Gift für Sie! Glauben Sie mir, daß Sie sich anstecken können!«

»Wieso?«

»Wieso? Sind Sie jetzt etwa gesund? Ist Ihr Zustand etwa normal? Glauben Sie, das, was Sie jetzt fühlen, ist gut und nützlich für Sie?«

»Was fühle ich denn?« fragte ich, im geheimen dem Arzt recht gebend.

»Ach, junger Mann, junger Mann!« fuhr der Doktor mit einem Ausdruck fort, als enthielten diese Worte etwas äußerst Kränkendes für mich. »Spielen Sie nicht den Schlauen, Ihnen kann man ja, Gott sei Dank, alles, was Sie denken, vom Gesicht ablesen. Übrigens, was hilft das Reden! Auch ich käme nicht hierher, wenn ... – der Arzt biß die Zähne zusammen – ... wenn ich nicht solch ein Sonderling wäre! Aber ich wundere mich nur, daß Sie mit Ihrem Verstand nicht sehen, was um Sie her vor sich geht.«

»Was geht denn vor sich?« fragte ich und war ganz Aufmerksamkeit.

Der Arzt sah mich mit spöttischem Mitleid an.

»Auch ich bin ein Narr«, sagte er, als führe er ein Selbstgespräch. »Wozu sage ich ihm das? Kurz und gut«, fügte er mit erhobener Stimme hinzu, »ich wiederhole Ihnen: die Luft in diesem Hause ist schädlich für Sie. Sie ist Ihnen angenehm, doch auch in einem Gewächshaus duftet es schön, aber leben kann man dort nicht. Hören Sie auf meinen Rat, nehmen Sie Ihren Kaidanow wieder vor!«

Die Fürstin trat ein und beklagte sich über Zahnschmerzen. Dann erschien Sinaïda.

»Schelten Sie sie, Herr Doktor«, sagte die Fürstin. »Sie trinkt den ganzen Tag eisgekühltes Wasser. Ist das etwa gesund? Bei ihren schwachen Lungen!«

»Weshalb tun Sie das?« fragte Luschin.

»Was kann es schaden?«

»Sie können sich erkälten und sterben.«

»Tatsächlich? Im Ernst? Und wenn schon? Warum nicht dieser Weg?«

»So ist es also«, brummte der Arzt.

Die Füstin ging aus dem Zimmer.

»So ist es«, wiederholte Sinaïda. »Meinen Sie, es wäre so lustig zu leben? Schauen Sie sich nur um … Was ist schön? Oder glauben Sie, daß ich es nicht sehe und nicht fühle? Mir macht es Spaß, eisgekühltes Wasser zu trinken, und Sie wollen mir einreden, es lohne sich, einen Augenblick des Vergnügens – ich rede schon gar nicht von Glück – für dieses Leben zu opfern?«

»Na ja«, meinte Luschin. »Launen und Unabhängigkeitsgelüste … Diese zwei Worte zeichnen Sie ganz.«

Sinaïda lachte nervös auf.

»Sie kommen einen Tag zu spät, lieber Doktor! Beobachten schlecht, sind zurückgeblieben! Setzen Sie sich eine Brille auf! Nicht um Launen handelt es sich jetzt! Nicht darum, euch oder mich zum Narren zu halten … als wäre das sehr lustig! Und was die Unabhängigkeitsgelüste betrifft … Monsieur Woldemar«, rief sie plötzlich und stampfte mit dem Fuß auf, »machen Sie kein so melancholisches Gesicht! Mitleid hasse ich!« Und sie lief rasch aus dem Zimmer.

»Schädlich, schädlich ist die hiesige Atmosphäre für Sie junger Mann«, sagte mir Luschin noch einmal.

11

Am Abend desselben Tages versammelten sich bei Sassekins die gewohnten Gäste. Ich war darunter.

Wir unterhielten uns über Maidanows Gedicht. Sinaïda lobte es aufrichtig. »Aber wissen Sie«, sagte sie zu ihm, »ich hätte als Dichter ein anderes Thema gewählt. Vielleicht ist es Unsinn, doch des Morgens, wenn ich nicht schlafen kann, wenn der Himmel grau und rosa schimmert, kommen mir eigenartige Gedanken. Ich würde zum Beispiel ... werden Sie mich auch nicht auslachen?«

»Nein, nein!« riefen wir alle einstimmig.

»Ich würde«, fuhr sie fort, die Arme auf der Brust gekreuzt, den Blick abgewandt, »eine ganze Gesellschaft junger Mädchen nachts in einem großen Boot auf einem stillen Fluß schildern. Der Mond scheint, sie sind alle weiß gekleidet, tragen weiße Blumenkränze und singen ... wissen Sie, so etwas wie eine Hymne.«

»Ich verstehe, verstehe, fahren Sie fort«, sagte träumerisch und bedeutsam Maidanow.

»Plötzlich ertönen Lärm, Gelächter, Tamburinklänge, und Fackeln erglühen am anderen Ufer ... Eine Bacchantinnenschar stürmt singend und schreiend heran. Dieses Bild genau zu schildern ist schon Ihre Angelegenheit, Herr Poet! Doch die Fackeln müssen rot sein und stark rauchen, das wünsche ich – und die Augen der Bacchantinnen unter den Kränzen leuchten, diese Kränze sollen aber dunkel sein. Auch Tigerfelle, Schalen und Gold, viel Gold dürfen Sie nicht vergessen!«

»Wo soll denn das Gold sein?« fragte Maidanow, sein glattes Haar zurückwerfend und die Nüstern blähend.

»Wo? Auf den Schultern, den Armen, den Füßen, überall! Man

sagt, daß die Frauen im Altertum Gold an den Fußgelenken trugen. Die Bacchantinnen rufen die Mädchen zu sich. Die Mädchen hören mit ihrer Hymne auf – sie können plötzlich nicht mehr weitersingen –, aber sie bleiben regungslos im Boot. Die Wellen des Stromes tragen sie ans Ufer. Und plötzlich erhebt sich eine von ihnen ganz leise … Das muß gut beschrieben werden, wie sie leise im Mondschein aufsteht und wie ihre Freundinnen erschrecken … Sie schreitet über den Rand des Bootes, die Bacchantinnen umringen sie, stürmen mit ihr davon und verlieren sich in der Finsternis der Nacht … Stellen Sie sich große Rauchwolken vor und ein Chaos … Man hört nur die Schreie der Bacchantinnen und sieht den Kranz der Geflüchteten auf dem Ufer …«

Sinaïda verstummte. – »Oh, sie liebt«, dachte ich wieder.

»Ist das alles?« fragte Maidanow.

»Ja«, erwiderte sie.

»Der Stoff genügt nicht für eine größere Dichtung, ein Poem«, sagte er mit wichtiger Miene. »Aber ich werde Ihre Idee für ein lyrisches Gedicht nehmen.«

»Für ein romantisches Gedicht?« fragte Malewski.

»Ja, natürlich, in Byrons Art.«

»Ich finde Hugo besser als Byron«, sagte der junge Graf nachlässig, »er ist interessanter.«

»Hugo ist ein Schriftsteller ersten Ranges«, erwiderte Maidanow, »und mein Freund Tonkoschejew hat in seinem spanischen Roman ›El Trobador‹ …«

»Ach, ist das das Buch mit den umgekehrten Fragezeichen?« erkundigte sich Sinaïda.

»Ja, das ist so Sitte bei den Spaniern. Ich wollte sagen, daß Tonkoschejew …«

»Sie wollen wieder über den Klassizismus und die Romantik

streiten«, unterbrach Sinaïda ihn von neuem, »spielen wir lieber ...«

»Pfänderspiel?« fragte Luschin.

»Nein, das ist mir zu langweilig. Spielen wir lieber ›Vergleichen‹.«

Dieses Spiel hatte Sinaïda selbst erfunden. Ein Gegenstand wurde genannt, jeder versuchte, ihn mit irgend etwas zu vergleichen, und wer den besten Vergleich gefunden hatte, erhielt einen Preis. Sie trat ans Fenster. Die Sonne war soeben untergegangen, hoch am Himmel glühten lange rote Wolken.

»Wem gleichen diese Wolken?« fragte Sinaïda und fügte hinzu, ohne eine Antwort abzuwarten: »Ich finde, sie gleichen den Purpursegeln am Goldschiff Kleopatras, als sie Antonius entgegenfuhr. Erinnern Sie sich, Maidanow, Sie erzählten mir vor kurzem davon.«

Wir alle beschlossen, wie Polonius im ›Hamlet‹, daß die Wolken gerade diesen Segeln ähnelten und daß ein besserer Vergleich nicht gefunden werden konnte.

»Wie alt war Antonius damals?« fragte Sinaïda.

»Er war bestimmt ein junger Mann«, sagte Malewski.

»Ja, er war jung«, bestätigte Maidanow.

»Entschuldigen Sie«, rief Luschin aus, »er war über vierzig.«

»Über vierzig«, wiederholte Sinaïda und warf ihm einen schnellen Blick zu.

Ich ging bald nach Hause. – »Sie hat sich verliebt«, flüsterte ich unwillkürlich. »Aber in wen?«

12

Die Tage vergingen. Sinaïda wurde immer seltsamer, und ich verstand sie immer weniger. Eines Tages kam ich zu ihr und sah sie auf einem Stuhl sitzen, den Kopf auf die scharfe Kante eines Tisches gepreßt. Sie richtete sich auf, ihr Gesicht war von Tränen überströmt.

»Ah, Sie sind es«, sagte sie mit einem grausamen Lächeln. »Kommen Sie mal her!«

Ich trat zu ihr. Sie legte ihre Hand auf meinen Kopf, packte mich plötzlich an den Haaren und begann, sie hin und her zu zerren.

»Es tut weh ...«, sagte ich schließlich.

»Ah, es tut weh! Und mir tut es nicht weh? Tut's wohl nicht weh?« wiederholte sie.

»Oh!« schrie sie plötzlich auf, als sie sah, daß sie mir ein Büschel Haare ausgerissen hatte. »Was habe ich getan! Armer Monsieur Woldemar!«

Sie glättete vorsichtig die ausgerissenen Haare und wand sie um den Finger zu einem Ring.

»Ich werde Ihr Haar in mein Medaillon legen und es immer tragen«, sagte sie mit Tränen in den Augen. »Vielleicht wird Sie das ein wenig trösten ... Und nun auf Wiedersehen!«

Ich kehrte nach Hause zurück. Dort erwartete mich etwas Unangenehmes. Meine Mutter hatte eine Auseinandersetzung mit meinem Vater. Sie machte ihm Vorwürfe, er aber schwieg höflich und kühl, wie es seine Gewohnheit war, und fuhr dann sehr bald fort. Ich konnte nicht hören, was meine Mutter sagte, hatte auch anderes im Kopf. Ich weiß nur, daß sie mich, nachdem die Unterredung beendet war, in ihr Zimmer rief und sich sehr unzufrieden über meine häufigen Besuche bei der Fürstin äußerte. Sie war ihrer Ansicht nach »une femme capable de tout«. Ich küßte ihre Hand, das tat ich stets, wenn ich ein Gespräch beenden wollte, und ging in mein Zimmer. Sinaïdas Tränen hatten mich aus der Fassung gebracht. Ich wußte nicht mehr, was ich denken sollte, und war selbst bereit zu weinen. Ich war, trotz meiner sechzehn Jahre, immer noch ein Kind. An Malewski dachte ich nicht mehr, obwohl Belowsorow jeden Tag grimmiger wurde und den wendigen Grafen betrachtete wie ein Wolf einen Hammel. Ich dachte im Grunde genommen an nichts und an niemanden. Ich verlor mich in meinen Betrachtungen und suchte die Einsamkeit. Eine besondere Vorliebe hatte ich für die Ruinen des Gewächshauses. Ich pflegte auf die hohe Mauer zu klettern und dort einsam und traurig zu sitzen, ein unglücklicher Jüngling, der sich selbst leid tat und sich an seinen bitteren Empfindungen berauschte, sie aus vollem Herzen genießend.

Eines Tages saß ich wieder auf der Mauer, starrte in die Ferne und lauschte dem Glockenklang ... Plötzlich überlief mich etwas – ein Windstoß war es nicht, auch kein Zittern, eher ein Hauch, die Empfindung einer Nähe ... Ich senkte den Blick. Unten auf dem Weg schritt eilig, in einem leichten grauen Kleid, mit einem rosa Sonnenschirm auf der Schulter, Sinaïda. Sie erblickte mich, blieb stehen und schaute, die Krempe ihres Strohhutes hochschiebend, mit ihren samtenen Augen zu mir auf.

»Was machen Sie dort auf dieser Höhe?« fragte sie mich mit einem seltsamen Lächeln. »Sie behaupten doch immer, daß Sie mich lieben. Springen Sie dann zu mir herab auf den Weg, wenn es so ist.«

Kaum hatte Sinaïda diese Worte ausgesprochen, als ich auch schon hinabflog, als hätte mich jemand von hinten gestoßen. Die Mauer hatte eine Höhe von zwei Klaftern. Ich kam beim Fall mit den Beinen auf die Erde, aber der Anprall war so stark, daß ich mich nicht aufrecht halten konnte, ich fiel und verlor für einen Augenblick das Bewußtsein.

Als ich zu mir kam, fühlte ich, ohne die Augen zu öffnen, Sinaïda neben mir. »Mein lieber Junge«, sagte sie, sich über mich beugend, und ihre Stimme klang zärtlich und besorgt. »Wie konntest du das tun? Wie konntest du gehorchen? ... Ich liebe dich doch ... steh auf.«

Ihre Brust atmete neben der meinen, ihre Hände berührten meinen Kopf, und plötzlich – wie geschah mir? – bedeckten ihre weichen, frischen Lippen mein Gesicht mit Küssen ... berührten meine Lippen ... Aber nun erriet Sinaïda wohl an dem Ausdruck meines Gesichtes, daß ich wieder zu mir gekommen war, obwohl ich meine Augen immer noch nicht geöffnet hatte, und rief, sich rasch erhebend, aus: »Stehen Sie auf, Sie Schelm, Sie Narr! Was liegen Sie da im Staub herum?«

Ich erhob mich.

»Geben Sie mir meinen Sonnenschirm«, sagte Sinaïda, »schauen Sie, wohin ich ihn geworfen habe, und sehen Sie mich nicht so an! ... Er begreift nichts und antwortet nicht«, fügte sie hinzu, als spräche sie mit sich selbst ... »Gehen Sie nach Hause, Monsieur Woldemar, bringen Sie Ihre Kleider in Ordnung, und wagen Sie nicht, mir zu folgen, sonst werde ich böse sein und Ihnen nie mehr ...«

Sie beendete ihre Rede nicht und entfernte sich rasch. Ich aber ließ mich am Wegrand nieder, meine Füße trugen mich nicht mehr. Die Brennesseln verbrannten meine Hände, mein Rücken schmerzte, Schwindel erfaßte mich, aber nie in meinem späteren Leben habe ich eine so tiefe Seligkeit empfunden wie in diesem Augenblick. Sie zog wie ein süßer Schmerz durch all meine Glieder und entlud sich schließlich in begeisterten Sprüngen und Rufen. Ich war wahrhaftig noch ein Kind.

13

An diesem Tage war ich so froh und stolz, empfand noch so lebhaft Sinaïdas Küsse auf meinem Gesicht, erinnerte mich mit solchem Entzücken ihrer Worte und hätschelte mein unverhofftes Glück so sehr, daß ich gar nicht den Wunsch hatte, sie, die Urheberin dieser neuen Gefühle, zu sehen. Ich meinte, man könne nun nichts mehr vom Schicksal verlangen, es bliebe jetzt nichts übrig, als noch ein letztes Mal tief aufzuatmen und dann zu sterben. Als ich jedoch am nächsten Tage zu meinen Nachbarn ging, bemächtigte sich meiner große Verlegenheit, die ich vergeblich unter der Maske bescheidener Gelassenheit zu verbergen trachtete, einem Menschen angemessen, der damit zu verstehen geben will, daß er ein Geheimnis zu wahren wisse. Sinaïda empfing mich sehr schlicht, ohne jegliche Erregung, drohte mir nur mit dem Finger und fragte mich, ob ich keine blauen Flecke hätte. Meine bescheidene Gelassenheit und Geheimnistuerei verschwanden augenblicklich und damit auch meine Verlegenheit. Selbstverständlich hatte ich nichts Besonderes erwartet, doch ich empfand Sinaïdas Ruhe wie einen Guß kalten Wassers. Ich begriff, daß ich in ihren Augen ein Kind war, und fühlte mich schmerzlich berührt. Sinaïda ging im Zimmer auf und ab, lächelte jedesmal rasch, wenn sie mich anschaute, aber ich sah es ihr an, daß sie mit ihren Gedanken weit fort war ... »Soll ich selber vom gestrigen Vorfall zu sprechen beginnen«, dachte ich, »sie fragen, wohin sie geeilt sei, um endgültig zu erfahren ...« Aber ich tat nichts dergleichen und setzte mich in eine Ecke. Belowsorow trat ein. Ich freute mich darüber.

»Ich habe kein ruhiges Reitpferd finden können«, sagte er mit rauher Stimme. »Freitag garantiert mir zwar für eins, aber ich bin nicht sicher. Fürchte, daß es nicht der Fall ist!«

»Gestatten Sie mir die Frage: was fürchten Sie?« fragte Sinaïda.

»Was? Sie können ja gar nicht reiten! Gott weiß, was alles geschehen könnte! Was ist das nur wieder für ein Einfall von Ihnen?«

»Das ist schon meine Angelegenheit, Herr Krieger! Ich werde in diesem Fall Pjotr Wassiljewitsch bitten ...« Mein Vater hieß Pjotr Wassiljewitsch. Ich wunderte mich, daß sie seinen Namen so leicht und einfach erwähnte, als wäre es selbstverständlich, daß er bereit sein würde, ihr den Gefallen zu tun.

»So ist es also?« sagte Belowsorow. »Sie wollen also mit ihm ausreiten?«

»Ob mit ihm oder mit einem anderen, das geht Sie nichts an. Auf jeden Fall nicht mit Ihnen.«

»Nicht mit mir«, wiederholte Belowsorow. »Wie sie wollen! Und wenn auch! Ich werde für ein Pferd sorgen.«

»Aber nicht irgendeine alte Kuh! Ich habe Sie darauf vorbereitet, daß ich Galopp reiten will.«

»Verraten Sie bitte ... mit wem Sie reiten wollen? Doch nicht mit Malewski?«

»Warum nicht, mein Krieger? Nun, beruhigen Sie sich«, fügte sie hinzu, »und funkeln Sie nicht so mit den Augen! Auch Sie nehme ich einmal mit. Sie wissen ja, daß Malewski jetzt für mich nur noch ein ... Pfui ist.« Sie schüttelte den Kopf.

»Sie sagen das nur, um mich zu trösten«, brummte Belowsorow.

Sinaïda kniff die Augen zusammen. »Tröstet es Sie wirklich? Oh ... oh ... oh ... mein Krieger!« fügte sie schließlich hinzu, als fehlten ihr die Worte. – »Und Sie, Monsieur Woldemar? Würden Sie uns begleiten?«

»Ich bin nicht gern ... in großer Gesellschaft«, murmelte ich mit gesenktem Blick.

»Sie ziehen ein Tête-à-tête vor? ... Nun, Freiheit dem Freien, dem Seligen ein Paradies!« sagte sie seufzend. »Gehen Sie und geben Sie sich Mühe, Belowsorow! Ich brauche das Pferd für morgen.«

»Schön! Aber woher nehmen wir das Geld?« mischte sich die Fürstin ein.

Sinaïda runzelte die Stirn.

»Sie bitte ich ja nicht darum, Belowsorow wird es mir leihen.«

»Leihen, leihen ...«, brummte die Fürstin und schrie plötzlich aus vollem Halse: »Dunjaschka!«

»Maman, ich habe Ihnen doch ein Glöckchen geschenkt«, bemerkte die junge Fürstin.

»Dunjaschka!« wiederholte die alte Frau.

Belowsorow verbeugte sich. Ich begleitete ihn, als er ging, und Sinaïda hielt mich nicht zurück.

14

Am nächsten Morgen stand ich früh auf, schnitt mir einen Stock zurecht und begab mich in die Umgebung der Stadt. Ich wollte spazierengehen, meinen Kummer vertreiben. Es war ein herrlicher, heller und nicht allzu heißer Tag. Ein frischer, lustiger Wind fegte über die Erde, rauschte leise spielend dahin und bewegte alles, ohne etwas zu beunruhigen. Lange irrte ich durch die Wälder, wanderte über die Berge, und wenn ich mich auch nicht glücklich fühlte, so siegten doch Jugend, schönes Wetter, frische Luft, Freude am schnellen Gehen und das Vergnügen einsamer Rast in dichtem Gras über meine Absicht, mich der Trauer hinzugeben, mit der ich das Haus verlassen hatte. Wieder lebte die

Erinnerung an Sinaïdas unvergeßliche Worte und Küsse in mir auf. Der Gedanke, daß – wie immer es auch sei – Sinaïda meiner Entschlossenheit und meinem Heroismus Gerechtigkeit widerfahren lassen müsse, machte mich glücklich … »Andere gelten ihr mehr«, dachte ich. »Meinetwegen! Dafür reden die anderen nur, ich aber habe es durch meine Tat bewiesen! Und was würde ich nicht noch für sie tun!« Meine Phantasie begann zu spielen. Ich stellte mir vor, wie ich sie aus den Händen der Feinde retten, sie blutüberströmt aus dem Gefängnis entführen und zu ihren Füßen sterben würde. Ich dachte an das Bild in unserem Salon – Malek-Adel, der Mathilde raubte –, doch da lenkte ein großer Buntsprecht, der geschäftig den schmalen Stamm einer Birke emporhüpfte und besorgt nach rechts und links hinter ihm hervorlugte, wie ein Cellospieler hinter dem Hals seines Instruments, meine Aufmerksamkeit auf sich.

Dann sang ich »Weiß schimmert der Schnee« und ging auf die damals bekannte Romanze »Ich warte dein, wenn spielend der Zephyr« über. Darauf deklamierte ich laut Jermaks Anrufung der Sterne aus Chomjakows Tragödie, versuchte, etwas Sentimentales zu dichten, dachte mir sogar eine Zeile aus, die den Schluß des Gedichtes bilden sollte: »Oh, Sinaïda, Sinaïda!«, bemühte mich aber vergeblich, noch etwas hinzuzudichten. Inzwischen wurde es Mittagszeit. Ich stieg zum Tal hinab. Ein schmaler Sandweg schlängelte sich dahin und führte in die Stadt. Ich schlug diesen Weg ein … Dumpfes Pferdegetrappel ertönte hinter mir. Ich sah mich um, blieb unwillkürlich stehen und nahm die Mütze ab: ich erblickte meinen Vater und Sinaïda. Sie ritten nebeneinander. Mein Vater hatte sich zu ihr hinübergebeugt, die Hand auf den Hals des Pferdes gestützt und sprach auf sie ein. Er lächelte. Sinaïda lauschte ihm schweigend, den Blick streng gesenkt, die Lippen zusammengepreßt. Zuerst erblickte ich nur sie. Erst einige Augenblicke später bog Belowsorow, in Husarenuniform und Dolman, auf schaumbedecktem Rappen um die Ecke. Sein feuriges Tier warf den Kopf zurück, schnob und tänzelte. Der Reiter hielt es zurück und gab ihm die Sporen. Ich ging zur Seite. Mein Vater faßte die Zügel straffer, wandte sich von Sinaïda ab, sie hob ihren Blick langsam zu ihm, dann sprengten sie im Galopp davon, Belowsorow mit rasselndem Säbel hinter ihnen her. »Er ist rot wie ein Krebs«, dachte ich. »Und sie ... Warum ist sie so blaß? Reitet den ganzen Vormittag und ist blaß.«

Ich beschleunigte meine Schritte und war kurz vor dem Mittagessen zu Hause. Vater hatte sich schon umgezogen, saß sauber und frisch neben Mutters Sessel und las ihr mit seiner ruhigen, klangvollen Stimme das Feuilleton aus dem »Journal des Débats« vor. Aber Mutter hörte ihm nur unaufmerksam zu, fragte mich, als sie mich erblickte, wo ich den ganzen Tag gesteckt hätte, und fügte hinzu, daß sie es nicht liebe, wenn man sich Gott weiß wo und Gott weiß mit wem herumtreibe. Ich war ja allein, wollte ich erwidern, sah jedoch meinen Vater an und schwieg, ohne recht zu wissen, weshalb.

15

In den nächsten fünf, sechs Tagen sah ich Sinaïda kaum. Sie ließ sagen, sie sei krank. Das hinderte die ständigen Besucher des Flügels jedoch nicht daran, »zum Dienst zu erscheinen«, wie sie sich ausdrückten. Alle taten es, außer Maidanow, der sofort traurig wurde und sich langweilte, wenn er keine Gelegenheit hatte, sich zu begeistern. Belowsorow saß düster in der Ecke, die Uniform fest zugeknöpft, das Gesicht gerötet. Über Malewskis schmales Gesicht irrte ständig ein böses Lächeln, er war bei Sinaïda tatsächlich in Ungnade gefallen, bemühte sich eifrig um die alte Fürstin und fuhr mit ihr sogar in einer schlechten Droschke zum Generalgouverneur. Übrigens erwies sich diese Fahrt als ein Mißerfolg und endete sogar mit einer Unannehmlichkeit für ihn: man erinnerte ihn an eine Geschichte mit irgendwelchen Trainoffizieren, und er mußte erklären, daß er damals noch sehr unerfahren gewesen sei. Luschin kam ein- oder zweimal am Tage, blieb aber nur kurz. Ich fürchtete ihn ein wenig nach unserer letzten Unterredung, empfand aber große Sympathie für ihn. Eines Tages ging er mit mir im Neskutschny-Park spazieren, war sehr gutmütig und liebenswürdig, nannte mir die Namen und Eigenschaften verschiedener Gräser und Blumen und rief plötzlich, sich mit der Hand auf die Stirn schlagend, unvermittelt aus: »Ich Narr dachte, sie sei eine herzlose Kokette! Es scheint doch, daß manche Menschen es als süß empfinden, sich für andere zu opfern!«

»Was wollen Sie damit sagen?« fragte ich.

»Ihnen gar nichts«, erwiderte Luschin schroff.

Sinaïda mied mich. Mein Erscheinen – ich konnte es mir nicht verhehlen – war ihr peinlich. Sie wandte sich unwillkürlich von mir ab. Ja, sie tat es unwillkürlich, und das schmerzte mich. Aber es war nicht zu ändern. Ich versuchte, ihr nicht unter die Augen zu kommen, und lauerte ihr nur aus der Ferne auf, was mir nicht immer gelang. Etwas Unbegreifliches schien in ihr vorzugehen. Ihr Gesicht, ihr ganzes Wesen hatten sich verändert. Besonders fiel mir diese Veränderung an einem stillen, warmen Abend auf. Ich saß auf einer niedrigen Bank unter einem breiten Holunderbusch. Ich liebte dieses Plätzchen, weil ich von hier aus das Fenster von Sinaïdas Zimmer sehen konnte. So saß ich da, über meinem Kopf bewegte sich im dunklen Grün eilig ein Vögelchen, eine graue Katze schlich vorsichtig mit langgestrecktem

Rücken in den Garten, die ersten Käfer summten schwerfällig in der Luft, trotz der Dämmerung noch deutlich zu erkennen. Ich saß, blickte auf das Fenster und wartete, ob es sich öffnen würde. Und es öffnete sich wirklich! Sinaïda erschien. Sie trug ein weißes Kleid, und sie selbst, ihr Gesicht, ihre Schultern und Hände waren so blaß, daß sie weiß erschienen. Lange verharrte sie regungslos und schaute unbeweglich unter gerunzelten Brauen in die Ferne. Ich hatte solchen Blick noch nie bei ihr wahrgenommen. Dann preßte sie die Finger fest aneinander, drückte sie an die Lippen und an die Stirn, riß sie plötzlich auseinander, warf das Haar über die Ohren zurück, schüttelte den Kopf, nickte in wilder Entschlossenheit und schlug das Fenster zu.

Drei Tage darauf traf ich sie im Garten. Ich wollte ihr aus dem Wege gehen, aber sie hielt mich selbst zurück. »Geben Sie mir die Hand«, sagte sie mit der früheren Freundlichkeit. »Wir haben lange nicht miteinander geplaudert.«

Ich sah sie an. Ihre Augen schimmerten, und sie lächelte wie durch ein zartes Wölkchen.

»Sind Sie immer noch krank?« fragte ich sie.

»Nein, das ist jetzt vorüber«, erwiderte sie und riß eine kleine rote Rose ab. »Ich bin ein wenig müde, aber auch das wird vergehen.«

»Und Sie werden wieder so wie früher sein?« fragte ich.

Sinaïda führte die Rose an ihr Gesicht, und es schien mir, daß ihr glühendes Rot sich in ihren Wangen widerspiegelte. »Habe ich mich verändert?« fragte sie.

»Ja«, erwiderte ich leise.

»Ich war sehr kühl zu Ihnen, ich weiß es«, begann Sinaïda. »Aber Sie dürfen es nicht beachten … Ich konnte nicht anders handeln … Doch es lohnt sich nicht, darüber zu reden!«

»Sie wollen nicht, daß ich Sie liebe! Das ist es!« rief ich

finster in einem unwillkürlichen Ausbruch der Leidenschaft aus.

»Nein, lieben Sie mich, aber nicht so wie früher.«

»Wie aber?«

»Wir wollen Freunde sein, nicht wahr?« – Sinaïda ließ mich die Rose riechen. – »Ich bin doch viel älter als Sie, ich könnte Ihre Tante sein, wirklich! Und wenn auch nicht die Tante, so doch jedenfalls Ihre älteste Schwester. Sie aber ...«

»In Ihren Augen bin ich ein Kind«, unterbrach ich sie.

»Nun ja, aber ein liebes, gutes, kluges Kind, das ich sehr liebe. Wissen Sie was? Ich ernenne Sie heute zu meinem Pagen. Pagen dürfen aber ihren Herrinnen nicht fernbleiben, vergessen Sie das nicht. Und zum Zeichen Ihrer Würde«, fügte sie hinzu, die Rose in mein Knopfloch steckend, »gebe ich Ihnen die Rose, als Zeichen meiner Gnade.«

»Früher empfing ich andere Gnaden von Ihnen«, murmelte ich.

»Ah!« rief Sinaïda aus und sah mich von der Seite an. »Was für ein Gedächtnis Sie haben! Nun, ich bin auch jetzt bereit ...«

Und sich zu mir herabbeugend, drückte sie einen reinen, ruhigen Kuß auf meine Stirn.

Ich sah sie nur an. Sie aber wandte sich ab und ging mit den Worten: »Folgen Sie mir, mein Page!«, auf den Flügel zu. Ich folgte ihr, immer noch staunend. »Ist dieses sanfte, vernünftige Mädchen wirklich noch die Sinaïda, die ich kannte?« fragte ich mich. Auch ihr Gang erschien mir ruhiger, ihre Gestalt würdevoller und schlanker ...

Und, Himmel, mit welcher Glut brannte die Liebe wieder in mir!

16

Nach Tisch versammelten sich wieder Gäste im Flügel, und die junge Fürstin erschien. Wie an jenem mir unvergeßlichen Abend war die ganze Gesellschaft anwesend, sogar Nirmazki hatte sich hergeschleppt. Maidanow kam dieses Mal früher als die anderen; er hatte neue Gedichte mitgebracht. Wieder spielten wir das alte Pfänderspiel, aber ohne die früheren seltsamen Einfälle, ohne Lärm und närrisches Treiben; das zigeunerhafte Element fehlte. Sinaïda verlieh unserem Beisammensein eine neue Stimmung. Ich saß als Page neben ihr. Übrigens schlug sie vor, daß derjenige, dessen Pfand gezogen wurde, einen Traum erzähle, den er gehabt, aber dieser Vorschlag war ein Mißerfolg. Die Träume erwiesen sich entweder als langweilig – Belowsorow hatte geträumt, daß er sein Pferd mit Karauschen gefüttert und daß es einen Holzkopf gehabt habe –, oder sie waren unecht und erdichtet. Maidanow gab eine lange Geschichte zum besten, in der Grabgewölbe, Engel mit Leiern, sprechende Blumen und ferner Gesang vorkamen. Sinaïda ließ ihn nicht ausreden. »Wenn der Traum schon ausgedacht werden soll«, erklärte sie, »so mag jeder offen etwas frei Erfundenes erzählen.« – Belowsorow war zuerst an der Reihe.

Der junge Husar wurde verlegen. »Ich kann mir nichts ausdenken«, sagte er.

»Welcher Unsinn!« rief Sinaïda aus. »Stellen Sie sich zum Beispiel vor, Sie wären verheiratet, und erzählen Sie uns, wie Sie die Zeit mit Ihrer Gattin verbringen würden. Sicherlich würden Sie sie einsperren?«

»Ja, das täte ich!«

»Und bei ihr bleiben?«

»Unbedingt!«

»Ausgezeichnet! Wenn sie aber dieses Leben satt hätte und Ihnen untreu würde?«

»Dann würde ich sie töten.«

»Und wenn sie nun durchbrennen würde?«

»Ich würde sie einholen und doch töten.«

»Schön! Nehmen wir nun an, ich wäre Ihre Frau. Was täten Sie dann?«

Belosorow schwieg. – »Ich würde mich selber töten …«

Sinaïda lachte. »Ich sehe, daß sie kurzen Prozeß machen.«

Das zweite Pfand zog Sinaïda. Sie hob den Blick zur Decke empor und dachte nach.

»Also hören Sie zu«, begann sie, »was ich mir ausgedacht habe … Stellen Sie sich einen herrlichen Palast, eine Sommernacht und einen wundervollen Ball vor, den die junge Königin gibt. Überall schimmern Gold, Marmor, Kristall, Seidenstoffe, Lichter, Diamanten, Blumen. Weihrauch steigt empor, alle Launen eines prunkliebenden Herzens sind erfüllt.«

»Lieben Sie Luxus?« unterbrach Luschin sie.

»Luxus ist hübsch«, erwiderte sie. »Ich liebe alles Hübsche.«

»Mehr als das Schöne?« fragte er.

»Das ist mir zu hoch, das verstehe ich nicht. Stören Sie mich nicht! – Es ist also ein herrlicher Ball, mit zahlreichen Gästen, die alle schön, jung, tapfer und über alle Maßen in die Königin verliebt sind.«

»Frauen gibt es wohl unter den Gästen nicht?« fragte Malewski.

»Nein, oder warten Sie – doch!«

»Lauter häßliche?«

»Nein, entzückende. Trotzdem sind die Männer alle in die Königin verliebt. Sie ist groß und schlank. Im schwarzen Haar glitzert ein Diadem.«

Ich sah Sinaïda an, und in diesem Augenblick erschien sie mir so viel größer als die anderen, die weiße Stirn über den reglosen Brauen schien so viel Majestät, so viel Geist und Macht auszustrahlen, daß ich dachte: »Du selbst bist die Königin.«

»Alle drängen sich um sie«, fuhr Sinaïda fort, »alle umwerben sie mit schmeichelnden Reden …«

»Und sie liebt Schmeicheleien?« fragte Luschin.

»Unausstehlicher Mann! Immer unterbricht er mich … Wer liebt denn Schmeicheleien nicht?«

»Eine letzte Frage«, sagte Malewski, »hat die Königin einen Mann?«

»Darüber habe ich noch nicht nachgedacht. Nein, wozu sollte sie einen Mann haben!«

»Selbstverständlich«, stimmte Malewski zu. »Wozu sollte sie einen Mann haben!«

»Silence!« rief Maidanow, der sehr schlecht Französisch sprach.

»Merci«, erwiderte Sinaïda. »Also die Königin lauscht diesen Reden und der Musik, beachtet aber keinen der Gäste. Sechs Fenster sind weit geöffnet – sie reichen von der Decke bis zum Fußboden –, und hinter ihnen steht der Himmel mit dem Glanz zahlloser Sterne und die Finsternis des Gartens. Die Königin schaut in den Garten. Dort hinter den Bäumen schimmert groß und weiß wie ein Gespenst der Springbrunnen. Die Königin hört durch Stimmengewirr und Musik das leise Plätschern des Wassers, schaut sich ihre Gäste an und denkt: Edel, klug und reich seid ihr, meine Herrschaften! Ihr umringt mich, ihr fangt jedes meiner Worte auf und seid bereit, zu meinen Füßen zu sterben. Ich beherrsche euch … Dort aber, am Springbrunnen, wo das Wasser rauscht, steht der, den ich liebe, der mich beherrscht. Er ist weder in kostbare Gewänder gehüllt noch zieren ihn Edelsteine. Niemand kennt ihn, aber er erwartet mich und ist überzeugt, daß ich kommen werde. Und ich werde kommen! Denn ich will zu ihm gehen, bei ihm bleiben, mich mit ihm in der Finsternis des Gartens verlieren, dort, wo die Bäume flüstern und das Wasser des Springbrunnens leise rauscht ...«

Sinaïda schwieg.

»Eine ausgedachte Geschichte?« erkundigte sich Malewski listig.

Sinaïda würdigte ihn keines Blickes.

»Was täten wir, meine Herrschaften, wenn wir zu den Gästen gehören und von diesem Glückspilz beim Springbrunnen erfahren würden?« fragte Luschin.

»Halt, halt«, unterbrach Sinaïda ihn. »Was ein jeder von Ihnen täte, kann ich selber sagen. Sie, Belowsorow, würden ihn zu einem Duell fordern; Sie, Maidanow, ein Epigramm verfassen ... Übrigens, nein das verstehen Sie nicht zu dichten, es wären lange Jamben in der Art Barbiers, und Sie würden Ihre Verse dem ›Telegraph‹ anbieten. Sie, Nirmazki, würden ihn anpumpen ... nein, Sie würden ihm Geld gegen Zinsen leihen. Und Sie, Doktor ...« Sie schwieg. »Was Sie täten, weiß ich nicht.«

»Als ihr Hofarzt würde ich Ihrer Majestät raten, keine Bälle zu geben, wenn sie anderes als ihre Gäste im Kopf hat ...«

»Sie hätten vielleicht recht. Und Sie, Graf? ...«

»Ich?« fragte mit seinem bösen Lächeln Malewski.

»Sie würden ihm vergiftetes Konfekt anbieten.«

Malewskis Gesicht zuckte und nahm auf einen Augenblick einen jüdischen Ausdruck an, aber er brach sofort in lautes Lachen aus.

»Und was Sie betrifft, Woldemar«, fuhr Sinaïda fort. »Übrigens, das reicht. Spielen wir etwas anderes.«

»Monsieur Woldemar würde als der Page Ihrer Majestät die

Schleppe der Königin tragen, wenn sie in den Garten läuft«, sagte Malewski giftig.

Ich errötete, aber Sinaïda legte mir rasch ihre Hand auf die Schulter, erhob sich und sagte mit leicht zitternder Stimme. »Ich habe Euer Erlaucht nie das Recht gegeben, frech zu sein. Deshalb bitte ich Sie, sich zu entfernen.« Und sie wies auf die Tür.

»Um Gottes willen, Fürstin«, murmelte Malewski und wurde ganz blaß.

»Die Fürstin hat recht«, rief Belowsorow aus und erhob sich ebenfalls.

»Ich habe wirklich nicht erwartet«, fuhr Malewski fort, »... in meinen Worten war doch nichts ... ich dachte nicht daran, Sie zu kränken ... Entschuldigen Sie bitte.«

Sinaïda maß ihn mit kaltem Blick und lächelte kühl. »Wenn Sie wollen, bleiben Sie«, sagte sie mit einer geringschätzigen Geste. »Monsieur Woldemar und ich haben uns unnütz aufgeregt. Ihnen macht das Sticheln Freude ... wohl bekomm's!«

»Entschuldigen Sie bitte«, wiederholte Malewski. – Ich erinnerte mich an Sinaïdas Handbewegung und dachte wieder, daß eine echte Königin einem Frechling nicht hoheitsvoller hätte die Tür weisen können.

Das Pfänderspiel dauerte nach dieser kleinen Szene nicht mehr lange. Alle fühlten sich unbehaglich, weniger wegen der Szene, ein unerklärliches, schweres Gefühl bedrückte uns. Niemand erwähnte es, aber jeder war sich dessen bei sich und seinem Nachbarn bewußt. Maidanow las uns seine Gedichte vor, und Malewski lobte sie mit übertriebener Begeisterung. »Er will sich in einem guten Licht zeigen«, flüsterte Luschin mir zu. Wir gingen bald danach auseinander. Sinaïda war plötzlich nachdenklich geworden, die Fürstin ließ sagen, sie habe Kopfschmerzen, und Nirmazki beklagte sich über seinen Rheumatismus ...

Ich konnte lange nicht einschlafen. Sinaïdas Geschichte hatte mich bis ins Innerste getroffen. »Sollte das eine Anspielung sein?« fragte ich mich. »Und wen meinte sie damit? Gibt es einen, auf den sie anspielen konnte? Wenn ja ... was tut man da? Nein, nein, es kann nicht sein!« flüsterte ich, mich von einer Seite auf die andere wälzend ... Aber Sinaïdas Gesichtsausdruck während ihrer Erzählung fiel mir ein ... Luschins plötzlicher Ausruf im Neskutschny-Park und die unverhoffte Änderung ihres Benehmens gegen mich. Ich verlor mich in Vermutungen. »Wer ist es?« Diese drei Worte schienen in der Finsternis vor mir zu leuchten, es war mir, als schwebe eine drohende Wolke über mir, ich spürte den Druck und wartete auf den Augenblick, wo sie sich entladen würde. An vieles hatte ich mich in letzter Zeit gewöhnt, vieles bei Sassekins gesehen. Ihre Unordnung, die Kerzenstummel, zerbrochene Messer und Gabeln, der düstere Bonifatius, die zerlumpten Mädchen, die eigenartigen Manieren der Fürstin, ihr ganzes seltsames Leben überraschten mich nicht mehr ... Aber daran, was ich jetzt verworren in Sinaïda spürte, konnte ich mich nicht gewöhnen ... »Eine Abenteurerin« hatte meine Mutter sie einmal genannt! Sie, meine angebetete Göttin – eine Abenteurerin! Diese Bezeichnung brannte in mir, ich drückte mein Gesicht in das Kissen, als wollte ich ihr dadurch entfliehen, ich war entrüstet ... gleichzeitig aber hätte ich vieles dafür geopfert, um dieser Glückspilz am Springbrunnen zu sein!

Mein Blut siedete und jagte heiß durch meine Adern. »Der Garten ... der Springbrunnen ...«, dachte ich ... »ich müßte in den Garten gehen.« Ich zog mich rasch an und schlüpfte aus dem Haus. Die Nacht war dunkel, die Bäume rauschten leise, der Himmel strahlte sanfte Kühle aus, vom Gemüsegarten her duftete es nach Dill. Ich schritt alle Wege ab. Das leise Geräusch meiner Schritte verwirrte und ermunterte mich zugleich. Ich blieb stehen, wartete und lauschte, wie laut und schnell mein Herz schlug. Schließlich näherte ich mich dem Zaun und stützte mich auf eine dünne Latte. Plötzlich – oder schien es mir nur? – huschte, nur einige Schritte entfernt, eine weibliche Gestalt an mir vorbei … Ich starrte angestrengt in die Finsternis, hielt den Atem an … Was war das? Bildete ich mir ein, Schritte zu hören, oder pochte mein Herz wieder so stürmisch? – »Wer ist da?« flüsterte ich kaum hörbar. Was konnte das nun wieder sein? Unterdrücktes Lachen? … Oder nur ein Rauschen in den Bäumen? … Ein Seufzen direkt über meinem Ohr? Mir wurde angst. »Wer ist da?« wiederholte ich noch leiser.

Einen Augenblick war es, als bewege sich die Luft, über den Himmel flammte ein glühender Streifen: eine Sternschnuppe – »Sinaïda?« wollte ich fragen, aber das Wort erstarb mir auf den Lippen. Und plötzlich erstarrte alles um mich her in tiefer Lautlosigkeit, wie es oft um Mitternacht der Fall ist … Sogar die Grillen zirpten nicht mehr in den Büschen, nur ein Fenster klirrte irgendwo. Ich stand noch ein Weilchen da und kehrte in mein Zimmer, in mein kaltes Bett zurück. Ein eigentümliches Gefühl hatte sich meiner bemächtigt, als wäre mir statt eines verabredeten Wiedersehens Einsamkeit zuteil geworden, als wäre ich an einem fremden Glück vorbeigegangen.

17

Am nächsten Tag sah ich Sinaïda nur flüchtig. Sie war mit ihrer Mutter in einer Droschke fortgefahren. Dafür begegnete ich Luschin, der mich übrigens kaum eines Grußes würdigte, und Malewski. Der junge Graf grinste und begann ein freundschaftliches Gespräch mit mir. Von allen Gästen des Nachbarflügels war es ihm als einzigem gelungen, sich bei uns einzudrängen und das Wohlwollen meiner Mutter zu gewinnen. Mein Vater mochte ihn nicht und behandelte ihn mit einer geradezu kränkenden Höflichkeit.

»Ah, Monsieur le page«, begann Malewski, »ich freue mich sehr, Sie wiederzusehen. Was macht Ihre schöne Königin?«

Sein hübsches, frisches Gesicht erschien mir in diesem Augenblick so widerlich, er sah mich so verächtlich an, daß ich ihm gar nicht antwortete.

»Sind Sie mir immer noch böse?« fuhr er fort. »Das ist unnütz! Nicht ich habe Sie zum Pagen ernannt, und übrigens sind es doch nur Königinnen, die Pagen haben. Aber gestatten Sie mir, Ihnen zu sagen, daß Sie Ihre Pflicht schlecht erfüllen.«

»Wieso?«

»Pagen dürfen sich nicht von ihrer Gebieterin entfernen. Sie müssen alles wissen, was sie tut, müssen sie sogar beobachten«, fügte er mit leiser Stimme hinzu, »am Tage und in der Nacht.«

»Was wollen Sie damit sagen?«

»Was ich damit sagen will? Habe ich mich nicht deutlich genug ausgedrückt? Bei Tage ... und bei Nacht! Am Tage geht es noch, hell ist es da und belebt. Aber nachts, nachts bricht das Unglück ein. Ich rate Ihnen, nicht zu schlafen, sondern zu beobachten – beobachten Sie mit allen Kräften, die Ihnen zur Verfügung stehen. Erinnern Sie sich: die Nacht, der Garten, der Springbrunnen – dort muß man aufpassen! Sie werden mir noch dankbar sein!«

Malewski lachte und wandte mir den Rücken zu. Dem, was er gesagt, legte er wahrscheinlich keine besondere Bedeutung bei. Er hatte den Ruf, die Gabe zu besitzen, Leute durch geheimnisvolle Andeutungen meisterhaft an der Nase herumzuführen und sie auf Maskenbällen zum Narren zu halten, wobei ihm die beinah unbewußte Verlogenheit, von der sein ganzes Wesen durchdrungen war, zustatten kam … Er wollte auch mich necken, aber jedes seiner Worte rann wie Gift durch meine Adern. Das Blut stieg mir zu Kopf. »So ist es also?« sagte ich mir, »auch gut! Deshalb zog es mich so in den Garten! Dann sei es eben so!« rief ich laut aus und schlug mich mit der Faust auf die Brust, obwohl ich im Grunde genommen nicht wußte, was so sein sollte! »Ob Malewski selbst im Garten erscheint?« dachte ich. »Vielleicht hat er sich verplappert, die Frechheit wäre ihm zuzutrauen – oder ein anderer – der Gartenzaun war sehr niedrig, und es bereitete keine Mühe, darüber zu klettern – wehe dem, den ich erwische! Keinem rate ich, mir in die Arme zu laufen! Der ganzen Welt und ihr, dieser Verräterin – ich nannte sie doch Verräterin –, allen werde ich beweisen, daß ich mich zu rächen verstehe!«

Ich kehrte in mein Zimmer zurück, holte aus dem Schreibtisch ein unlängst gekauftes englisches Taschenmesser hervor, betastete die Schärfe der Klinge und steckte es stirnrunzelnd mit kühler, harter Entschlossenheit in meine Tasche, als wären mir solche Angelegenheiten nicht neu. Mein Herz schlug zornig und erstarrte dann, als wäre es versteinert. Bis zum Anbruch der Nacht ging ich mit gerunzelter Stirn und zusammengepreßten Lippen auf und ab, umfaßte das warmgewordene Messer in meiner Tasche und bereitete mich innerlich auf etwas Furchtbares vor! Diese neuen, mir bis dahin so fremden Gefühle interessierten und erheiterten mich sogar so, daß ich an Sinaïda kaum noch dachte. Die Worte fielen mir ein: »Aleko, du Zigeunerbub, wohin, du schöner Knab'? Bleib lieben …« Und nachher: »Blut klebt an dir? … Was hast du ihm getan? … Nichts …« Mit welch grausamem Lächeln ich dieses »Nichts« wiederholte! Mein Vater war nicht zu Hause, aber Mutter, die sich in letzter Zeit in einer ständig gereizten Stimmung befand, fiel mein merkwürdiges Aussehen auf, und sie fragte mich beim Abendessen: »Was schleichst du 'rum wie die Katze um den heißen Brei?« Ich lächelte nur herablassend und dachte: »Wenn Sie wüßten!« Die Uhr schlug elf. Ich ging in mein Zimmer, zog mich aber nicht aus und erwartete die Mitternacht. Endlich schlug es zwölf. »Nun ist es Zeit«, flüsterte ich mit zusammengebissenen Zähnen und begab mich, die Jacke bis zum Halse zugeknöpft, die Ärmel hochgekrempelt, in den Garten.

Ich hatte mir schon vorher einen Platz ausgesucht, von dem aus ich aufpassen wollte. Am Ende des Gartens, da, wo der Zaun unser Gebiet von dem Sassekinschen trennte und an eine gemeinsame Mauer stieß, wuchs eine einsame Tanne. Unter ihren niedrig herabhängenden, dichten Zweigen konnte ich – soweit es die nächtliche Finsternis erlaubte – gut beobachten, was im Garten geschah. Hier schlängelte sich auch ein Weg hin, der mir stets geheimnisvoll erschienen war. Er führte zum Zaun, der an dieser Stelle Spuren von Füßen, die hinübergestiegen waren, aufwies, und von dort zu einer dicht mit Akazien umstandenen Laube. Ich schlich mich unter die Tanne, lehnte mich an ihren Stamm und begann meine Wache.

Die Nacht war so still wie die vorhergehende. Nur war der Himmel wolkenloser und die Umrisse des Gebüsches und sogar der hohen Blumen leichter zu erkennen. Die ersten Augenblicke der Erwartung waren qualvoll, beinah unheimlich. Ich war zu allem entschlossen und überlegte nur, wie ich handeln mußte. Sollte ich etwa brüllen: »Wohin? Bleib stehn! Gestehe oder stirb!« – oder ihn einfach wortlos niederstechen? ... Jeder Laut, jedes Geräusch, jedes Rascheln erschien mir verdächtig, ungewöhnlich ... Ich war bereit ... Ich beugte mich vor ... Aber eine halbe Stunde verging, eine Stunde, mein Blut hatte sich beruhigt, war abgekühlt. Der Verdacht, daß ich das alles vergeblich tat, daß ich sogar ein wenig komisch war und Malewski sich über mich lustig gemacht hatte, schlich sich in meine Seele. Ich verließ mein Versteck und ging durch den Garten. Als wäre er verzaubert, drang kein einziger Laut zu mir, alles schien zu ruhen, sogar unser Hund schlief zusammengerollt am Gartentor. Ich bestieg die Ruine des Gewächshauses, erblickte die Weite des Feldes vor mir, erinnerte mich an Sinaïda und gab mich meinen Betrachtungen hin ...

Plötzlich fuhr ich zusammen ... Mir schien es, als hätte ich das Knarren einer Tür gehört, dann das leise Knacken eines zerbrochenen Astes. Mit zwei Sprüngen hatte ich die Ruine verlassen und erstarrte. Rasche, leichte, aber vorsichtige Schritte hallten deutlich durch den Garten. Sie näherten sich. »Da ist er ... da ist er endlich ...«, fuhr es mir durch den Kopf. Krampfhaft zog ich das Messer hervor, öffnete es krampfhaft, rote Funken flimmerten vor meinen Augen, die Haare auf dem Kopf sträubten sich – aus Angst oder vor Wut ... Die Schritte kamen direkt auf mich zu, ich bückte mich, neigte mich ihnen entgegen ... Eine Gestalt tauchte auf ... Mein Gott! Es war mein Vater!

Ich erkannte ihn sofort, obwohl er sich in einen dunklen Mantel gehüllt und den Hut in die Stirn gezogen hatte. Er schlich auf Zehenspitzen an mir vorbei, bemerkte mich nicht, obwohl mich nichts verbarg, aber ich hatte mich so zusammengekauert, daß ich mich wohl kaum vom Erdboden abhob. Der eifersüchtige, zu jedem Mord bereite Othello verwandelte sich plötzlich in einen Schuljungen ... Ich war über das plötzliche Erscheinen meines Vaters so erschrocken, daß ich anfangs gar nicht bemerkte, woher er kam und wohin er verschwand. Erst als alles um mich wieder still war, richtete ich mich auf und dachte: »Weshalb geht Vater nachts durch den Garten?« – Vor Entsetzen hatte ich mein Messer ins Gras fallen lassen, suchte es aber nicht einmal. Ich schämte mich sehr. Plötzlich war ich ganz nüchtern geworden. Auf dem Weg ins Haus ging ich aber trotzdem zu meiner Bank unter dem Holunderstrauch und warf einen Blick auf Sinaïdas Schlafzimmer. Die kleinen, ein wenig gewölbten Scheiben schimmerten mattblau im schwachen Licht, das vom nächtlichen Himmel herniederfiel. Plötzlich änderte sich ihre Farbe … Hinter ihnen – ich sah es, sah es deutlich – wurde vorsichtig und leise die weiße Jalousie bis zum Fensterbrett heruntergelassen und blieb reglos hängen.

»Was ist denn das?« sagte ich unwillkürlich laut, als ich mich wieder in meinem Zimmer befand. »Ein Traum, ein Zufall oder …« Die Vermutungen, die plötzlich in mir auftauchten, waren so neu und seltsam, daß ich nicht bei ihnen zu verweilen wagte.

18

Am nächsten Morgen stand ich mit Kopfschmerzen auf. Die gestrige Erregung war schweren Zweifeln und einer mir fremden Trauer gewichen, als stürbe etwas in mir.

»Was machen Sie für ein Gesicht? Wie ein Kaninchen, dem man das halbe Hirn herausgenommen hat!« fragte Dr. Luschin mich, als ich ihn traf. Beim Frühstück sah ich verstohlen bald meinen Vater, bald meine Mutter an. Er war ruhig, wie stets; sie, wie gewöhnlich, innerlich gereizt. Ich wartete, ob Vater nicht ein freundliches Gespräch mit mir beginnen würde, wie er es manchmal tat … Aber sogar die alltägliche kühle Liebkosung blieb aus. »Soll ich Sinaïda alles erzählen?« fragte ich mich. »Zwischen uns ist sowieso schon alles aus.« Ich ging zu ihr, aber es gelang mir nicht einmal, mich so mit ihr zu unterhalten, wie ich es gewünscht hätte, geschweige denn, ihr alles zu erzählen. Der

Sohn der Fürstin, ein zwölfjähriger Kadett, war aus Petersburg gekommen, um seinen Urlaub bei ihr zu verbringen, und Sinaïda vertraute ihn mir sofort an. »Hier haben Sie einen Kameraden, mein lieber Wolodja.« Sie nannte mich zum erstenmal so. »Er heißt auch Wolodja. Freunden Sie sich an mit ihm. Er ist noch ein Wildfang, hat aber ein gutes Herz. Zeigen Sie ihm den Neskutschny-Park, gehen Sie mit ihm spazieren, nehmen Sie ihn unter Ihren Schutz. Sie machen das doch, nicht wahr? Sie sind so gut!« Sie legte mir freundlich beide Hände auf die Schultern, und ich war ganz verwirrt. Die Ankunft dieses Jungen verwandelte auch mich in einen Jungen. Ich betrachtete den Kadetten schweigend, und er starrte mich ebenso wortlos an. Sinaïda brach in lautes Lachen aus und stieß uns zueinander. »Umarmt euch doch, Kinder!« – Wir umarmten uns. – »Soll ich Ihnen den Garten zeigen?« fragte ich den Kadetten. »Bitte«, erwiderte er mit heiserer, typischer Kadettenstimme. Sinaïda lachte wieder … Ich stellte fest, daß sie noch nie so schöne Farben gehabt hatte. Ich zog mit dem Kadetten ab. In unserem Garten stand eine alte Schaukel. Ich setzte ihn auf das dünne Brett und begann ihn zu schaukeln. Er saß regungslos in seiner neuen kleinen Uniform aus festem Tuch mit breiten Goldborten und hielt sich am Strick fest. »Öffnen Sie doch etwas den Kragen«, sagte ich. – »Macht nichts, bin's gewohnt«, erwiderte er und hüstelte. Er glich seiner Schwester, vor allem seine Augen erinnerten an sie. Es war mir angenehm, mich mit ihm zu beschäftigen, gleichzeitig aber zerriß eine quälende Trauer mein Herz. »Jetzt bin ich wirklich ein Kind«, dachte ich. »Gestern aber …« Es fiel mir ein, wo ich in der Nacht das Messer hatte fallen lassen, und ich fand es und hob es auf. Der Kadett bat mich, es ihm zu geben, schnitt einen dicken Weidenzweig ab, machte eine Flöte und blies darauf. Othello pfiff auch.

Wie weinte er aber an diesem Abend, dieser Othello, in Sinaïdas Armen, als sie ihn in einer Gartenecke aufstöberte und fragte, weshalb er so traurig sei. Meine Tränen strömten mit solcher Heftigkeit, daß sie sogar erschrak. »Was ist mit Ihnen, Wolodja?« wiederholte sie und wollte meine nasse Wange küssen, als sie bemerkte, daß ich nicht zu weinen aufhörte. Aber ich wandte mich ab und flüsterte schluchzend: »Ich weiß alles. Warum haben Sie mit mir gespielt? … Wozu brauchten Sie meine Liebe?«

»Ich bin vor Ihnen schuldig, Wolodja«, sagte Sinaïda. »Ach, sehr schuldig sogar …«, fügte sie hinzu und preßte die Hände zusammen. »Wieviel Böses, Finsteres, Schlechtes steckt in mir … Aber jetzt spiele ich nicht mit Ihnen, jetzt liebe ich Sie – Sie ahnen nur nicht, weshalb und wie … Was wissen Sie übrigens?«

Was sollte ich ihr sagen? Sie stand vor mir und schaute mich an, und ich gehörte ihr ganz, von Kopf bis Fuß, sobald sie mich so ansah … Eine Viertelstunde später spielte ich bereits mit dem Kadetten und mit Sinaïda Haschen. Ich weinte nicht, ich lachte, obwohl durch das Lachen hervorgerufene Tränen aus den geschwollenen Lidern drangen. An meinem Hals trug ich an Stelle einer Krawatte Sinaïdas Band. Ich schrie vor Freude, als es mir gelang, sie beim Fangen um die Taille zu fassen. Sie machte alles, was sie wollte, mir mir.

19

Ich würde in große Verlegenheit geraten, wenn ich ausführlich berichten sollte, was in mir in der Woche nach der verunglückten nächtlichen Expedition vor sich ging. Es war eine seltsame, fieberhafte Zeit, ein Chaos der verschiedenartigsten Gefühle:

Zweifel, Hoffnungen, Freuden und Leiden wirbelten durcheinander. Ich fürchtete mich, in mein Inneres zu blicken, wenn ein sechzehnjähriger Junge überhaupt in sein Inneres zu blicken vermag, fürchtete mich, Rechenschaft – worüber es auch sei – abzulegen, beeilte mich nur, den Tag bis zum Abend hinzubringen, und nachts verhalf mir der kindliche Leichtsinn zum Schlaf. Ich wollte nicht wissen, ob man mich liebte, und wollte mir nicht eingestehen, daß man mich nicht liebte. Meinem Vater ging ich aus dem Wege, aber Sinaïda zu meiden vermochte ich nicht ... Ihre Gegenwart brannte mich wie Feuer ... Wozu mußte ich denn wissen, was für ein Feuer es war, in dem ich brannte und verging; war es nicht Seligkeit, so zu brennen und zu vergehen? Ich gab mich den Eindrücken des Tages hin, betrog mich selbst, verbannte die Erinnerungen und schloß die Augen vor dem, was ich kommen fühlte ... Diese Qual hätte wohl nicht lange dauern können. ... Aber ein Ereignis, das wie ein Gewitter über uns hereinbrach, änderte alles und warf mich auf eine neue Bahn.

Als ich eines Tages nach einem längeren Spaziergang zum Mittagessen zurückkehrte, erfuhr ich zu meiner Überraschung, daß ich allein essen würde, da mein Vater abgereist sei und Mutter sich schlecht fühle, nicht zu essen wünsche und sich in ihrem Zimmer eingeschlossen habe. Die Gesichter der Diener verrieten mir, daß etwas Außergewöhnliches geschehen war ... Ich wagte nicht, sie auszufragen, wandte mich aber an meinen Freund, den jungen Diener Philipp, einen leidenschaftlichen Verehrer von Gedichten und Meister im Harmonikaspiel. Von ihm erfuhr ich, daß es zwischen meinem Vater und meiner Mutter eine furchtbare Szene gegeben habe – in der Gesindestube konnte man jedes Wort verstehen, und wenn auch manches auf französisch gesagt wurde, so verstand es das Mädchen Mascha, das fünf Jahre bei einer Schneiderin aus Paris gedient hatte –. Meine Mutter hätte dem Vater Untreue und seine Bekanntschaft mit dem Nachbarfräulein vorgeworfen, Vater hätte sich gerechtfertigt, schließlich aber in seinem Zorn ein hartes Wort gesagt, »anscheinend über ihr Alter«, worüber die Mutter geweint und ihn an den Wechsel, den sie der alten Fürstin gegeben, erinnert hätte, wobei sie sich sehr schlecht über sie und das junge Fräulein geäußert habe. Da hätte Vater gedroht. Und das ganze Unglück sei durch einen anonymen Brief gekommen, fuhr Philipp fort. Man wisse nicht, wer ihn geschrieben habe, sonst hätte es keinen Anlaß gegeben, diese Dinge ans Tageslicht zu bringen.

»Ja, hat es denn etwas gegeben?« brachte ich mühsam hervor, es fror mich an Händen und Füßen, und in der Tiefe meines Herzens schien etwas zu erbeben.

Philipp zwinkerte bedeutungsvoll.

»Ja, gegeben hat's schon was! Ganz verheimlichen läßt sich ja so was nicht! Wie vorsichtig Ihr Herr Papa in solchen Angelegenheiten auch sein mag! Aber man muß doch zum Beispiel einen Wagen mieten ... oder sonst was besorgen, ganz ohne Leute kommt man nicht aus.«

Ich schickte Philipp fort und fiel auf mein Bett. Ich weinte nicht und gab mich nicht der Verzweiflung hin, fragte mich nicht, wie das alles geschehen sei, wunderte mich nicht darüber, daß ich nicht alles früher erraten hatte, ich machte meinem Vater nicht einmal Vorwürfe ... Was ich erfahren hatte, ging über meine Kraft, diese plötzliche Enthüllung zerschmetterte mich ... Alles war aus. All meine Blumen waren mit einem Mal aus der Erde gerissen und lagen nun um mich herum, zerstreut und zerstampft.

20

Am nächsten Tage erklärte meine Mutter, daß sie in die Stadt zurückkehre. – Am Morgen ging mein Vater in ihr Schlafzimmer und blieb dort lange allein mit ihr. Niemand hatte gehört, was er ihr sagte, aber Mutter weinte nicht mehr, sie hatte sich beruhigt, verlangte zu essen, änderte ihren Entschluß jedoch nicht und erschien auch nicht. Ich ging den ganzen Tag spazieren, betrat den Garten nicht und sah den Nachbarflügel kein einziges Mal an. Am Abend war ich Zeuge einer eigentümlichen Szene! Mein Vater führte den Grafen Malewski am Arm durch den Salon ins Vorzimmer und sagte in Gegenwart des Dieners kühl zu ihm: »Vor einigen Tagen ist Euer Erlaucht in einem anderen Hause die Tür gewiesen worden. Ich will mich nicht in irgendwelchen Erklärungen mit Ihnen einlassen, habe aber die Ehre, Ihnen zu erklären, daß ich Sie aus dem Fenster werfe, wenn Sie noch einmal bei mir erscheinen sollten. Ihre Handschrift mißfällt mir!« Der Graf verbeugte sich, biß die Zähne aufeinander, knickte ein und verschwand.

Die Vorbereitungen zum Umzug in die Stadt, wo wir am Arbat ein Haus hatten, begannen. Wahrscheinlich hatte auch Vater keine Lust, länger auf dem Lande zu bleiben. Es war ihm anscheinend gelungen, meine Mutter zu überreden, keinen Skandal zu verursachen. Die Vorbereitungen gingen langsam und still vor sich, Mutter ließ sogar die alte Fürstin grüßen und ihr Bedauern aussprechen, daß ihre Krankheit leider einen Abschiedsbesuch bei ihr verhindere. Ich irrte wie von Sinnen umher und wünschte nur, daß diese Qual bald ein Ende nehmen würde. Ein Gedanke verließ mich nicht: Wie konnte sie – ein junges Mädchen und immerhin eine Fürstin – so handeln, obwohl sie wußte, daß mein Vater gebunden war, und selber die Möglichkeit hatte, zu heiraten – meinetwegen Belowsorow! Worauf hatte sie gehofft? Wie hatte sie nicht gefürchtet, ihre Zukunft zu vernichten? »Ja«, dachte ich, »das ist echte Liebe, echte Leidenschaft und Treue.« Luschins Worte fielen mir ein: »Für manche ist es süß, sich zu opfern.«

Einmal erblickte ich in einem der Fenster des Nachbarflügels einen hellen Fleck ... »Kann das Sinaïdas Gesicht sein?« dachte ich. Ja, es war ihr Gesicht. Ich hielt es nicht aus. Ich konnte mich nicht von ihr trennen, ohne mich von ihr zu verabschieden. Ich wartete einen günstigen Augenblick ab und begab mich in den Flügel.

Im Salon empfing mich die Fürstin mit ihrer gewohnten unangenehmen Nachlässigkeit.

»Was verscheucht denn Ihre Angehörigen so früh, mein Lieber?« fragte sie, beide Nüstern mit Tabak vollstopfend. Ich sah sie an, und mir wurde leichter zumute. Der von Philipp erwähnte Wechsel quälte mich. Sie ahnte nichts – so schien es mir damals jedenfalls. Sinaïda erschien aus dem Nebenzimmer, in einem schwarzen Kleid, sehr blaß, das Haar nicht gelockt. Sie nahm mich schweigend an der Hand und führte mich in ihr Zimmer.

»Ich habe Ihre Stimme gehört und kam sofort heraus«, sagte sie. »Und Ihnen fällt es so leicht, uns zu verlassen, Sie böser Junge?«

»Ich bin gekommen, um mich von Ihnen zu verabschieden, Fürstin«, sagte ich. »Wahrscheinlich für immer. Sie wissen sicherlich, daß wir abreisen.«

Sinaïda sah mich forschend an.

»Ja, ich weiß es. Vielen Dank, daß Sie gekommen sind. Ich dachte schon, ich würde Sie nicht wiedersehen. Denken Sie nicht schlecht von mir! Ich habe Sie manchmal gequält, doch bin ich nicht so, wie Sie jetzt meinen.«

Sie wandte sich ab und lehnte sich an das Fenster.

»Ich bin wirklich nicht so. Ich weiß, daß Sie schlecht von mir denken.«

»Ich?«

»Ja, Sie … Sie.«

»Ich?« wiederholte ich traurig, und mein Herz erzitterte wieder unter dem Einfluß ihres unbeschreiblichen Charmes. »Ich? Glauben Sie mir, Sinaïda Alexandrowna, was Sie auch tun, wie Sie mich auch quälen mögen, ich werde Sie bis an mein Lebensende lieben und verehren.«

Sie wandte sich mir rasch zu, breitete ihre Arme aus, legte ihre Hände um meinen Kopf und küßte mich leidenschaftlich. Wer weiß, wem dieser lange Abschiedskuß galt, aber ich genoß gierig seine Süße. Ich wußte, daß er sich nie wiederholen würde. »Leben Sie wohl, leben Sie wohl«, wiederholte ich …

Sie wandte sich jäh ab und ging fort. Ich entfernte mich ebenfalls. Das Gefühl, mit dem ich den Flügel verließ, läßt sich nicht beschreiben. Ich wünsche nicht, daß es sich wiederholt, würde mich aber für unglücklich halten, wenn ich es nie empfunden hätte.

Wir zogen in die Stadt. Lange konnte ich mich von dem Erlebten nicht frei machen, lange war ich außerstande, die Arbeit wieder aufzunehmen. Meine Wunde heilte nur langsam, doch war ich meinem Vater eigentlich nicht böse. Im Gegenteil, er schien in meinen Augen noch gewachsen … mögen die Psychologen diesen Widerspruch erklären, wie sie wollen.

Eines Tages ging ich über den Boulevard und traf zu meiner unbeschreiblichen Freude Luschin. Ich liebte ihn wegen seiner Offenheit, außerdem war er mir auch durch die Erinnerungen teuer, die er in mir wachrief. Ich stürzte auf ihn zu.

»Aha!« sagte er und runzelte die Stirn. »Das sind Sie, junger

Mann! Lassen Sie sich anschaun! Gelb sind Sie immer noch, aber die Augen sind klarer. Sehen wie ein Mensch und nicht mehr wie ein Schoßhündchen aus. Das ist gut! Nun, wie geht's? Was macht die Arbeit?«

Ich seufzte. Lügen wollte ich nicht und schämte mich, die Wahrheit zu sagen.

»Tut nichts«, fuhr Luschin fort, »verlieren Sie den Mut nicht. Die Hauptsache ist, richtig leben und sich keiner Leidenschaft hingeben. Was hat man davon? Wohin die Wogen einen auch schleudern mögen, es taugt alles nichts! Und wenn der Mensch auch auf Steinen stehen muß, so soll er es, aber stets nur auf eigenen Füßen.« – Ich huste ... »und Belowsorow ... wissen Sie es schon?«

»Nein. Wieso?«

»Ist spurlos verschwunden. Man sagt, er sei in den Kaukasus gefahren. Eine Lehre für Sie, junger Mann! Und das Unglück kommt daher, weil die Menschen nie sich rechtzeitig trennen, ihre Netze zu zerreißen vermögen. Sie sind noch gut davongekommen. Lassen Sie sich nicht noch einmal einfangen! Leben Sie wohl!«

»Ich lass' mich nicht mehr einfangen!« dachte ich, »werde sie auch nie wiedersehen.« Aber es war mir beschieden, Sinaïda noch einmal zu begegnen.

21

Mein Vater ritt jeden Tag aus. Er hatte einen prächtigen englischen Rotfuchs mit schlankem Hals und langen Beinen, ein unermüdliches und böses Tier. Es hieß Elektrik. Außer meinem Vater konnte niemand dieses Pferd reiten.

Eines Tages kam er gut gelaunt zu mir, was schon lange nicht der Fall gewesen war. Er wollte ausreiten und hatte bereits die Sporen an den Stiefeln. Ich bat ihn, mich mitzunehmen.

»Spielen wir lieber Bockspringen«, erwiderte mein Vater. »Auf deinem Klepper wirst du mir doch nicht folgen können.«

»Ich komme schon nach, ich lege ebenfalls Sporen an!«

»Nun, meinetwegen!«

Wir ritten los, ich auf einem kleinen munteren zottigen Rappen mit festen Fesseln. Allerdings mußte er galoppieren, wenn Elektrik trabte, aber ich blieb jedenfalls nicht zurück. Ich habe noch nie einen Reiter gesehen, der es meinem Vater gleichgetan hätte. Er saß so schön, nachlässig und leicht im Sattel, daß selbst sein Pferd sich dessen bewußt und stolz darauf zu sein schien. Wir ritten über sämtliche Boulevards, waren im Jungfernfeld, setzten über mehrere Zäune – erst hatte ich Angst davor, da mein Vater aber Feiglinge verachtete, schwand die Angst von selbst –, überquerten zweimal die Moskwa, und ich dachte bereits, daß wir heimkehrten, um so mehr, da meinem Vater die Müdigkeit meines Pferdes aufgefallen war, als er plötzlich in entgegengesetzter Richtung von der Krimschen Furt abbog und am Ufer entlang dahinsprengte. Ich folgte ihm. An einem hohen Bretterstapel angelangt, sprang er ab, ließ auch mich absitzen, gab mir die Zügel seines Pferdes, sagte, ich solle hier auf ihn warten, und verschwand. Ich ging am Ufer auf und ab, führte die Pferde hinter mir her und schalt Elektrik, der immerfort mit dem Kopf an den Zügeln zerrte, sich schüttelte, schnaubte, wieherte und, wenn ich stehenblieb, entweder den Boden mit den Hufen aufwühlte oder meinen Klepper wiehernd in den Hals biß, sich – mit einem Wort – wie ein verwöhntes Vollblut benahm. Mein Vater kehrte immer noch nicht zurück. Vom Fluß stieg eine unangenehme Feuchtigkeit auf, ein feiner Regen rieselte sanft hernieder und bedeckte die langweiligen, dummen grauen Bretter, vor denen ich auf und ab ging, mit dem dunklen Muster winziger Wasserflecken. Verzweiflung packte mich, aber Vater war immer noch nicht da. Ein finnischer Wächter, ebenso grau wie das Holz, mit einem riesigen alten topfförmigen Tschako auf dem Kopf und einer Hellebarde in der Hand – was wohl ein Wächter am Flußufer zu tun haben mochte! –, näherte sich mir, wandte mir sein verschrumpeltes Altweibergesicht zu und fragte: »Was machen Sie hier mit den Pferden, junger Herr? Geben Sie her, ich werde die Zügel halten.«

Ich antwortete nicht. Er bat mich um Tabak. Um ihn loszuwerden – ich verging vor Ungeduld –, machte ich einige Schritte in der Richtung, die mein Vater eingeschlagen hatte, durchschritt die Seitengasse, bog um die Ecke und blieb stehen. Auf der Straße, etwa vierzig Schritt von mir entfernt, stand mein Vater mit dem Rücken zu mir vor dem geöffneten Fenster eines Holzhauses. Er lehnte sich mit der Brust auf das Fensterbrett. Im Zimmer aber saß, halb vom Vorhang verborgen, eine Frau in einem dunklen Kleid und unterhielt sich mit meinem Vater. Diese Frau war Sinaïda.

Ich erstarrte. Das hatte ich nicht erwartet. Meine erste Regung war die Flucht. »Wendet mein Vater sich um, so bin ich verloren«, dachte ich ... Aber ein eigentümliches Gefühl, ein Gefühl, das stärker war als Neugierde, Eifersucht und Angst, hielt mich zurück. Ich schaute hin, bemüht, etwas zu hören. Mein Vater schien auf etwas bestehen zu wollen. Sinaïda willigte nicht ein. Ich sehe immer noch ihr trauriges, ernstes, schönes Gesicht mit einem unbeschreiblichen Ausdruck von Hingabe, Trauer, Liebe und einer Art von Verzweiflung – ich finde kein besseres Wort dafür. – Sie antwortete einsilbig, senkte den Blick und lächelte nur ergeben und trotzig. An diesem Lächeln erkannte ich meine alte Sinaïda. Mein Vater zuckte die Achseln und rückte den Hut auf dem Kopf zurecht – stets ein Zeichen größter Ungeduld bei ihm – …, und ich vernahm die Worte: »Vous devez vous séparer de cette …« Sinaïda fuhr auf und streckte die Hand aus … Und da geschah vor meinen Augen etwas Unbegreifliches. Mein Vater hob plötzlich die Reitpeitsche, mit der er den Staub von den Rockschößen geschlagen hatte, und ein scharfer Hieb pfiff über ihren bis zum Ellbogen entblößten Arm. Ich unterdrückte mühsam einen Schrei, Sinaïda aber fuhr zusammen, sah meinen Vater schweigend an, hob den Arm langsam an ihre Lippen und küßte den sich rötenden Streifen. Mein Vater schleuderte die Peitsche beiseite, lief rasch die Stufen der Treppe hinauf und stürzte ins Haus … Sinaïda wandte sich um, hob die Arme, warf den Kopf zurück und trat ebenfalls vom Fenster weg.

Vor Schreck benommen, mit dem Grauen vor etwas Entsetzlichem, Unbegreiflichem stürmte ich zurück, rannte in die Seitengasse, wobei ich Elektriks Zügel beinah fallen ließ, und erreichte das Flußufer. Ich begriff nichts mehr. Ich wußte, daß mein kalter und zurückhaltender Vater zuweilen von furchtbarem Jähzorn heimgesucht wurde … und doch konnte ich, was ich gesehen hatte, nicht verstehen … Ich wußte aber, daß ich – solange ich auch noch leben sollte – nie Sinaïdas Blick, ihr Lächeln, ihre Bewegung vergessen würde, daß ihr Bild, dieses neue, plötzlich vor mir erstandene Bild, sich ewig meinem Gedächtnis einprägen würde. Gedankenlos starrte ich auf den Fluß und merkte nicht, wie Tränen meine Wangen hinabliefen. »Sie wird geschlagen«, dachte ich, »geschlagen, geschlagen …«

»Nun, was ist denn los, her mit dem Pferd!« vernahm ich hinter mir die Stimme meines Vaters.

Ich reichte ihm mechanisch die Zügel. Er sprang auf Elektrik ... das durchgefrorene Pferd bäumte sich und schoß in einem riesigen Sprung – es werden wohl vier Meter gewesen sein – nach vorn ... aber mein Vater bändigte es bald, drückte ihm die Sporen in die Flanken und schlug ihm mit der Faust auf den Hals ... »Verdammt, nun habe ich meine Peitsche nicht«, murmelte er.

Ich erinnerte mich des pfeifenden Peitschenschlages von vorhin und fuhr zusammen.

»Wo hast du sie?« fragte ich meinen Vater nach einer kurzen Weile.

Mein Vater antwortete nicht und sprengte davon. Ich holte ihn ein. Unbedingt wollte ich sein Gesicht sehen.

»Hast dich ohne mich gelangweilt?« fragte er, die Worte zwischen zusammengepreßten Zähnen hervorstoßend.

»Ein wenig. Wo hast du denn deine Peitsche verloren?« fragte ich wieder.

Mein Vater warf mir einen raschen Blick zu. »Ich habe sie nicht verloren«, sagte er. »Ich habe sie fortgeworfen.« Er wurde nachdenklich und senkte den Kopf ... und da sah ich zum ersten und vielleicht auch zum letztenmal, wieviel Zärtlichkeit und Trauer seine strengen Züge auszudrücken vermochten.

Er sprengte wieder davon, und nun konnte ich ihn nicht mehr einholen. Ich traf eine Viertelstunde nach ihm zu Hause ein.

»Das ist also Liebe«, dachte ich wieder, als ich in der Nacht vor meinem Schreibtisch saß, auf dem sich bereits Bücher und Hefte zu türmen begannen, »das ist Leidenschaft! ... Wie sollte man sich nicht empören ... wie konnte man so einen Schlag von irgendeiner – und sei es auch der geliebtesten – Hand ertragen! Und doch scheint es möglich zu sein, wenn man liebt ... Ich aber ... ich dachte ...«

Der letzte Monat hatte viel zu meiner inneren Reife beigetragen, und meine Liebe mit all ihren Aufregungen und Leiden erschien mir klein, kindisch und armselig im Vergleich zu diesem Unbekannten, das ich nur zu erraten vermochte, das mich als etwas Fremdes, Schönes, aber Grausames schreckte, wie ein finsteres Gesicht, dessen Züge man vergeblich in der Finsternis zu betrachten sucht.

In dieser Nacht hatte ich einen seltsamen und schauerlichen Traum. Es schien mir, als betrete ich ein niedriges, dunkles Zimmer ... Vater stehe mit einer Peitsche in der Hand und stampfe mit dem Fuß. In einer Ecke kauere Sinaïda, einen roten Strich, dieses Mal nicht auf dem Arm, sondern auf der Stirn ... Hinter den beiden aber erhebe sich blutüberströmt Belowsorow, öffne die blassen Lippen und drohe meinem Vater ...

Zwei Monate darauf kam ich auf die Universität, und ein halbes Jahr später starb mein Vater an einem Schlaganfall in Petersburg, wohin er soeben mit meiner Mutter und mir gezogen war. Einige Tage vor seinem Tode hatte er einen Brief aus Moskau erhalten, der ihn sehr erregt hatte ... Er wandte sich mit einer Bitte an Mutter und soll sogar geweint haben – er, mein Vater, geweint! Am Morgen des Tages, an dem ihn der Schlaganfall traf, hatte er einen Brief in französischer Sprache an mich begonnen: »Mein Sohn«, schrieb er mir, »fliehe Frauenliebe, fliehe dieses Glück, dieses Gift ...« Meine Mutter schickte nach seinem Tode eine bedeutende Summe nach Moskau.

22

Viele Jahre waren seitdem vergangen. Ich hatte gerade die Universität beendet und wußte noch nicht recht, was ich anfangen, welchen Weg ich wählen sollte. Einstweilen lungerte ich tatenlos umher. Eines Abends traf ich Maidanow im Theater. Er hatte geheiratet und eine Stelle angenommen, sich aber sonst nicht verändert. Er begeisterte sich ebenso grundlos wie früher und ließ ebenso plötzlich den Mut sinken.

»Wissen Sie übrigens«, fragte er mich, »daß Frau Dolskaja hier ist?«

»Welche Frau Dolskaja?«

»Erinnern Sie sich ihrer nicht mehr? Die ehemalige Fürstin Sassekina, in die wir alle – Sie übrigens auch – verliebt waren? Auf dem Lande, neben dem Neskutschny-Park.«

»Ist sie mit Dolski verheiratet?«

»Ja.«

»Und ist hier im Theater?«

»Nein, aber in Petersburg. Sie ist vor einigen Tagen hergekommen und will ins Ausland reisen.«

»Wie ist ihr Mann?« fragte ich.

»Ein prachtvoller Bursche, mit Vermögen. Ein Moskauer, Kollege von mir. Sie werden begreifen, daß sie nach dieser Geschichte ... Sie müssen sie ja kennen« – Maidanow lächelte –, »nicht so leicht eine gute Partie machen konnte. Es hatte doch Folgen gegeben ... Aber mit ihrer Klugheit vermochte sie auch das Unmögliche ... Besuchen Sie sie, sie wird sich freuen. Sie ist sehr hübsch geworden.«

Maidanow gab mir Sinaïdas Adresse. Sie wohnte im Hotel Demuth. Alte Erinnerungen wurden wieder in mir wach ... ich nahm mir fest vor, sogleich am nächsten Tage meine frühere Liebe zu besuchen. Aber geschäftliche Angelegenheiten hinderten mich daran. Eine Woche verging, die zweite, und als ich mich schließlich in das Hotel Demuth begab und nach Frau Dolskaja fragte, eruhr ich, daß sie vor vier Tagen ganz plötzlich an den Folgen einer Entbindung gestorben war.

Es ging mir wie ein Stich durchs Herz. Der Gedanke, daß ich sie hätte sehen können und nicht gesehen hatte und nun nie mehr wiedersehen würde, dieser bittere Gedanke bohrte mit der Gewalt eines unabweisbaren Vorwurfs in mir. »Gestorben!« wiederholte ich und sah den Portier benommen an. Dann schlich ich mich leise auf die Straße und ging fort, ich wußte selbst nicht, wohin. In lebendigen Bildern stieg die Vergangenheit vor mir auf. »Das war also das Ende, das Ziel, dem dieses junge, strahlende Leben entgegengestrebt war«, dachte ich und stellte mir diese treuen Züge, diese Augen, diese Locken in einem engen Kasten, in der feuchten Finsternis der Erde, hier ganz in meiner Nähe vor, in der Nähe des Lebenden, und vielleicht nur wenige Schritte von meinem Vater entfernt ... Daran dachte ich und strengte meine Phantasie an, aber dennoch:

Voll Gleichmut sprach ein Mund die Todeskunde, und voller Gleichmut hört ich sie.

Oh, Jugend, Jugend! Alles erscheint dir gleichgültig, alle Schätze der Welt sind dein Besitz, sogar die Trauer ist dir lieb, sogar der Gram steht dir. Selbstbewußt bist du und keck. »Ich bin, ich lebe«, sagst du, »schaut nur her!« Aber deine Tage laufen dahin, verlieren sich spurlos im Zeitlosen, und alles in dir vergeht wie schmelzender Schnee oder Wachs in der Sonne ... Und vielleicht besteht das Geheimnis deines Reizes nicht in der Möglichkeit, alles zu tun, sondern in der Möglichkeit, zu denken, was du alles tun wirst, besteht darin, Kräfte in den Wind zu verstreuen, die du nicht anders zu verwenden wußtest, und auch darin, daß ein jeder von uns sich für einen Verschwender hält und im Ernst das Recht beansprucht, zu sagen: »Oh, was hätte ich nicht alles getan, wenn ich nicht so viel Zeit unnütz verloren hätte!«

So war es auch mit mir ... wieviel hatte ich erhofft, ersehnt, wie reich mir meine Zukunft vorgestellt, als ich, nur mit einem Seufzer und ein wenig Traurigkeit, den plötzlich wiedererstandenen Wahn meiner ersten Liebe bestattete?

Und was war von allem, was ich erhofft, in Erfüllung gegangen? Jetzt, da die Abendschatten sich über mein Leben senken, gibt es für mich nichts Lebendigeres, Teureres als die Erinnerung an jenes rasch davoneilende Gewitter eines Frühlingsmorgens.

Aber ich tue mir unrecht, wenn ich mich so verleumde. Auch damals, in jener leichtfertigen Jugendzeit, war ich gegen die traurige Stimme, die mich anrief, gegen den feierlichen Klang, der aus dem Grabe zu mir aufstieg, nicht taub gewesen. Ich entsinne mich, daß ich einige Tage nachdem ich die Nachricht von Sinaïdas Tod erhalten hatte, einem inneren Bedürfnis folgend, beim Sterben einer armen, alten Frau zugegen war, die in unserem Hause wohnte. Mit Lumpen bedeckt, auf harten Brettern, einen Sack unter dem Kopf, rang sie mühsam und schwer mit dem Tode. Ihr ganzes Leben war im bitteren Kampf mit den Nöten des Alltags vergangen, sie hatte keine Freude gekannt, kein Glück genossen – da hätte man meinen sollen, sie müßte sich auf den Tod, die Ruhe, die Befreiung vom Leiden freuen. Aber solange ihr alter Körper noch widerstand, solange die Brust sich noch qualvoll unter der eisigen Hand des Todes hob und senkte, solange die letzten Kräfte sie noch nicht verlassen hatten, bekreuzigte sich die Greisin und flüsterte: »Herr, vergib mir meine Sünden!« Erst mit dem letzten Bewußtseinsfunken schwand der Ausdruck der Angst und des Grauens vor dem Tode aus ihren Augen. Und ich entsinne mich, daß mich hier, am Sterbelager dieser armen, alten Frau, Angst um Sinaïda erfaßte und ich den Wunsch empfand, für sie, für meinen Vater und für mich zu beten.

DAS LIED DER TRIUMPHIERENDEN LIEBE
(MDXLII)

Dem Andenken Gustave Flauberts gewidmet

Wage Du zu irren und zu träumen!
*Schiller**

Folgendes las ich in einer alten italienischen Handschrift:

I

Um die Mitte des sechzehnten Jahrhunderts lebten in Ferrara – die Stadt stand damals unter dem Zepter seiner prachtliebenden Herzöge, Schirmherren der Künste und der Dichtung, in hoher Blüte – zwei junge Leute namens Fabio und Muzio. Sie waren gleichaltrig, nahe miteinander verwandt und fast unzertrennlich; eine herzliche Freundschaft verband sie von frühester Kindheit an, und ein gleiches Schicksal verstärkte diese Bande noch. Beide entstammten sie altehrwürdigen Familien; beide waren sie reich, unabhängig und ohne Anhang; beide hatten sie einen ähnlichen Geschmack und ähnliche Neigungen. Muzio beschäftigte sich mit Musik, Fabio mit Malerei. Ganz Ferrara war stolz auf sie als die größte Zierde des Hofes, der Gesellschaft und der Stadt. Äußerlich glichen sie einander jedoch nicht, wenn sie sich auch beide durch ebenmäßige jugendliche Schönheit auszeichneten. Fabio war größer, dunkelblond und hatte eine helle Haut und blaue Augen; Muzio hingegen hatte einen brünetten Teint, schwarzes Haar, und seinen dunkelbraunen Augen fehlte jener heitere Glanz und seinen Lippen jenes gewinnende Lächeln, die Fabio besaß. Seine buschigen Brauen senkten sich tief über die schmalen Augenlider, während Fabios goldblonde Brauen sich in feinen Halbkreisen über die reine, glatte Stirn schwangen. Auch in der Unterhaltung war Muzio weniger lebhaft als Fabio. Trotz alledem standen beide Freunde bei den Damen gleichermaßen in Gunst, denn nicht umsonst galten sie als Muster ritterlicher Dienstfertigkeit und Freigebigkeit.

Zur selben Zeit lebte in Ferrara auch ein junges Mädchen namens Valeria. Sie wurde für eine der schönsten Frauen der Stadt gehalten, obgleich man sie nur sehr selten zu Gesicht bekam, denn sie führte ein recht zurückgezogenes Leben und verließ das Haus nur, um in die Kirche und, an hohen Feiertagen, um zum Volksfest zu gehen. Sie wohnte mit ihrer Mutter zusammen, einer vornehmen, aber wenig begüterten Witwe, die weiter keine Kinder hatte. Jedem, dem Valeria begegnete, flößte sie unwillkürlich Bewunderung ein, und ebenso unwillkürlich bewog sie ihn zu inniger Verehrung – so bescheiden war ihre Haltung, so wenig schien sie sich der Macht ihrer Reize bewußt zu sein. Manche allerdings fanden sie ein bißchen fade. Im Blick ihrer fast immer niedergeschlagenen Augen lag eine gewisse Schüchternheit, ja sogar Ängstlichkeit; ihr Mund lächelte selten und auch dann nur schwach; ihre Stimme hatte noch kaum jemand vernommen. Es ging jedoch das Gerücht, ihre Stimme sei wunderschön und sie pflege sich mit Vorliebe frühmorgens, wenn alles in der Stadt noch schlafe, in ihrem Zimmer einzuschließen und zu den Klängen der von ihr selbst gespielten Laute alte Lieder zu singen. Trotz der Blässe ihres Gesichts erfreute sich Valeria einer blühenden Gesundheit, und selbst alte Leute dachten bei ihrem Anblick unwillkürlich: O wie glücklich ist der junge Mann zu schätzen, für den sich diese jungfräuliche Knospe eines Tages entfaltet!

2

Fabio und Muzio erblickten Valeria zum erstenmal auf dem prächtigen Volksfest, das auf Befehl des Herzogs Ercole von Ferrara, eines Sohnes der berühmten Lucrezia Borgia, zu Ehren der vornehmen Würdenträger veranstaltet wurde, die auf Einladung der Herzogin, einer Tochter König Ludwigs XII. von Frankreich, aus Paris gekommen waren. An der Seite ihrer Mutter saß Valeria mitten auf der herrlichen Tribüne, die nach einer Zeichnung Palladios auf dem Hauptplatz Ferraras für die angesehensten Damen der Stadt errichtet worden war. Beide, Fabio und Muzio, verliebten sich auf der Stelle leidenschaftlich in die junge Dame; und da sie keine Geheimnisse voreinander hatten, so erfuhren sie jeder bald, was im Herzen des anderen vorging. Sie kamen überein, jeder von ihnen solle versuchen, sich Valeria zu nähern, und wenn sie einen von ihnen ihrer Wahl für wert erachten würde, so solle der andere sich widerspruchslos mit ihrer Entscheidung abfinden. Nach einigen Wochen gelang es ihnen dank dem guten Ruf, dessen sie sich mit Recht erfreuten, zu dem sonst schwer zugänglichen Haus der Witwe Zutritt zu erlangen; sie gestattete ihnen, sie häufiger zu besuchen. Seitdem hatten sie fast jeden Tag Gelegenheit, Valeria zu sehen und sich mit ihr zu unterhalten – und mit jedem Tag loderte das Feuer, das in den Herzen der beiden Jünglinge entflammt war, heftiger. Valeria indessen gab keinem von ihnen den Vorzug, wenngleich ihr beider Gesellschaft sichtlich angenehm war. Mit Muzio musizierte sie, Konversation hingegen trieb sie mehr mit Fabio – ihm gegenüber war sie weniger schüchtern. Endlich beschlossen die beiden Freunde, sich Gewißheit über ihr Los zu verschaffen, und schrieben einen Brief an Valeria, in dem sie sie baten, sich zu erklären und zu sagen, wem ihre Hand zu geben sie bereit sei. Valeria zeigte diesen Brief ihrer Mutter und versicherte, es würde ihr nichts ausmachen, unverheiratet zu bleiben; wenn die Mutter jedoch finde, es sei an der Zeit für sie, in den Ehestand zu treten, so wolle sie denjenigen heiraten, den die Mutter für sie aussuche. Die ehrwürdige Witwe vergoß einige Tränen bei dem Gedanken, sich von dem geliebten Kind trennen zu müssen; es gab jedoch keinen Grund, die Werbung zurückzuweisen. Sie hielt die beiden Freier der Hand ihrer Tochter gleichermaßen für würdig; insgeheim aber gab sie Fabio den Vorzug, und da sie vermutete, daß er auch Valeria besser gefalle, entschied sie sich für ihn. Schon am folgenden Tag empfing Fabio die Nachricht von seinem Glück. Muzio aber blieb nichts weiter übrig, als sein Wort zu halten und sich mit der Entscheidung abzufinden.

Das tat er denn auch; aber Zeuge des Triumphes seines Freundes und Nebenbuhlers zu sein, das brachte er nicht übers Herz. Er verkaufte unverzüglich den größeren Teil seines Besitztums und trat, mit mehreren tausend Dukaten versehen, eine weite Reise in den Orient an. Als er sich von Fabio verabschiedete, erklärte er ihm, er werde nicht eher zurückkehren, als bis er fühle, daß auch die letzten Spuren der Leidenschaft in seinem Herzen erloschen seien. Es fiel Fabio schwer, sich von dem Freund seiner Kindheit und Jugend zu trennen; doch die freudige Erwartung des nahen Glücks verdrängte bald alle anderen Gefühle, und er gab sich ganz den Wonnen erfolggekrönter Liebe hin.

Nicht lange danach fand die Hochzeit mit Valeria statt, und nun erst erkannte er ganz den Wert des Schatzes, den er jetzt sein eigen nennen durfte. Unweit von Ferrara besaß er eine wunderschöne Villa inmitten eines schattigen Gartens; dorthin siedelte er mit Frau und Schwiegermutter über. Nun begann eine freudvolle Zeit für sie. Das Eheleben ließ alle Tugenden Valerias in einem neuen, bezaubernden Licht erscheinen; Fabio entwickelte sich zu einem bemerkenswerten Maler – er war kein bloßer Dilettant mehr, sondern ein Meister. Valerias Mutter freute sich über das glückliche Paar und dankte Gott dafür. So vergingen im Fluge vier Jahre, sie waren wie ein einziger seliger Traum. Nur eines fehlte den Ehegatten, nur eines bereitete ihnen Kummer: Sie hatten keine Kinder. Die Hoffnung indessen gaben sie nicht auf. Gegen Ende des vierten Jahres traf sie ein großes, diesmal ein echtes Unglück: Valerias Mutter erkrankte und starb wenige Tage darauf.

Valeria vergoß viele Tränen und konnte sich lange nicht mit dem Verlust abfinden. Doch ein weiteres Jahr verstrich, das Leben trat wieder in seine Rechte, ging wieder seinen gewohnten Gang. Da, an einem schönen Sommerabend, kehrte, ohne vorher jemand benachrichtigt zu haben, Muzio nach Ferrara zurück.

3

In den ganzen fünf Jahren, die seit seiner Abreise verflossen waren, hatte niemand etwas von ihm gehört; jede Nachricht von ihm war ausgeblieben, als hätte ihn die Erde verschluckt. Als Fabio nun seinem Freund plötzlich in einer der Straßen Ferraras wiederbegegnete, hätte er beinahe aufgeschrien, im ersten Moment vor Schreck, dann vor Freude. Er lud ihn sogleich in seine Villa ein. Dort im Garten stand etwas abseits ein geräumiger Pavillon; er schlug dem Freund vor, sich in diesem Pavillon einzuquartieren. Muzio nahm das Anerbieten gern an und siedelte noch am selben Tag mit seinem Diener, einem stummen Malayen – er war nur stumm, nicht taub (man hatte ihm die Zunge abgeschnitten), und, nach der Lebhaftigkeit seines Blickes zu urteilen, sogar recht aufgeweckt – dorthin über. Muzio brachte Dutzende von Truhen voll der verschiedensten Kostbarkeiten mit, die er auf seinen ausgedehnten Reisen gesammelt hatte. Valeria freute sich über Muzios Rückkehr; auch er begrüßte sie freundschaftlich-heiter, aber ruhig – aus allem war zu ersehen, daß er das Fabio gegebene Versprechen gehalten hatte. Im Laufe des Tages richtete er sich in seinem Pavillon häuslich ein. Mit Hilfe des Malayen packte er die mitgebrachten Raritäten aus: Teppiche, Seidenstoffe, Samt- und Brokatgewänder, Waffen, mit Email verzierte Schalen, Schüsseln und Pokale, mit Perlen und Türkisen besetzte goldene und silberne Gegenstände, aus Bernstein und Elfenbein geschnitzte Schatullen, geschliffene Flaschen, Gewürze, Räucherwerk, Tierfelle, Federn unbekannter Vögel und eine Menge anderer Dinge, deren Verwendungszweck rätselhaft und unbegreiflich erschien. Unter all diesen Kostbarkeiten befand sich auch ein wertvolles Perlenkollier, das Muzio für einen großen, geheimen Dienst vom persischen Schah erhalten hatte. Er bat Valeria um die Erlaubnis, es ihr eigenhändig um den Hals legen zu dürfen. Dieses Kollier kam ihr schwer vor und schien eine merkwürdige Wärme auszustrahlen; es schmiegte sich förmlich an die Haut. Gegen Abend, als sie nach dem Essen auf der Terrasse der Villa im Schatten von Oleandern und Lorbeerbäumen saßen, begann Muzio seine Abenteuer zu erzählen. Er berichtete von den fernen Ländern, die er gesehen hatte, von wolkenverhüllten Bergen und wasserlosen Wüsten, von Strömen, so groß wie Meere, von mächtigen Bauwerken und Tempeln, von tausendjährigen Bäumen und in allen Regenbogenfarben schillernden Blumen und Vögeln; er nannte die Städte und Völker, die er besucht hatte – allein schon ihre Namen klangen irgendwie märchenhaft. Den ganzen Orient kannte Muzio. Er hatte Persien bereist und Arabien, wo die Pferde edler und schöner sind als alle anderen Lebewesen, war bis in die entlegensten Gebiete Indiens vorgedrungen, wo die Menschen majestätischen Pflanzen gleichen, war bis an die Grenzen Chinas und Tibets gelangt, wo ein lebendiger Gott, Dalai-Lama genannt, in Gestalt eines stummen Menschen mit schmalen Augen auf Erden lebt. Wundersam war, was er erzählte. Wie verzaubert lauschten Fabio und Valeria seinen Worten. Muzios Gesichtszüge hatten sich eigentlich kaum verändert. Von Kindheit an brünett, war seine Haut unter den Strahlen einer glühenderen Sonne noch dunkler geworden, noch brauner gebrannt, und seine Augen schienen noch tiefer zu liegen als früher – das war alles. Der Ausdruck dieses Gesichts aber war ein anderer geworden: Ernst und in sich gekehrt, wurde Muzio selbst dann nicht lebhafter, wenn er beiläufig von den Gefahren erzählte, denen er ausgesetzt gewesen war, nachts, in den Wäldern, die vom Gebrüll der Tiger widerhallten, oder am Tage, auf einsamen Pfaden, wo grausame Fanatiker den Reisenden auflauerten, um sie zu Ehren einer nach Menschenopfern dürstenden eisernen Göttin zu erwürgen. Auch Muzios Stimme war sonor und ruhiger geworden. Die Bewegungen seiner Hände, ja des ganzen Körpers hatten jene Ungezwungenheit eingebüßt, die sonst dem Italiener eigen ist. Mit Hilfe seines Dieners, des geschickten und ihm sklavisch ergebenen Malayen, zeigte er seinen Gastgebern einige Kunststücke, die ihn indische Brahminen gelehrt hatten. So erschien er, nachdem er sich durch einen Vorhang eine Weile den Blicken seiner Zuschauer entzogen hatte, plötzlich mit untergeschlagenen Beinen in der Luft sitzend und dabei mit den Fingerspitzen nur ganz leicht auf einen senkrecht stehenden Bambusstab gestützt, worüber Fabio nicht wenig staunte und was Valeria sogar mit Furcht erfüllte. Er wird doch nicht gar ein Zauberer sein? argwöhnte sie. Und als er, auf einer kleinen Flöte spielend, in einem bedeckten Korb befindliche zahme Schlangen zu beschwören begann und als diese züngelnd ihre dunklen, flachen Köpfchen unter einem bunten Tuch hervorstreckten, da wurde Valeria von Entsetzen gepackt, und sie bat Muzio flehentlich, diese widerwärtigen Reptilien möglichst schnell wieder verschwinden zu lassen. Beim Abendessen bewirtete Muzio seine Freunde mit Schiraswein aus einer runden Flasche mit langem Hals; außergewöhnlich duftend und ölig und von einem grünlich schillernden Goldgelb, funkelte der in winzige Jaspisschälchen gefüllte Wein geheimnisvoll. Geschmacklich glich er keinem der europäischen Weine; er war sehr süß und würzig und erzeugte, langsam, in kleinen Schlucken getrunken, in allen Gliedern ein Gefühl angenehmer Schläfrigkeit. Muzio nötigte Fabio und Valeria, ein Schälchen davon zu kosten, und leerte auch selber eines. Während er sich über Valerias Schälchen beugte, murmelte er etwas und bewegte die Finger. Valeria bemerkte das; doch da überhaupt in Muzios Gebaren, in seiner ganzen Art etwas Fremdartiges und Ungewöhnliches in Erscheinung trat, so dachte sie nur: Hat er vielleicht in Indien irgendeinen neuen Glauben angenommen, oder ist das bei denen dort so Brauch? Dann, nach einer kleinen Weile, fragte sie ihn, ob er sich während seiner Reise auch musikalisch betätigt habe. Statt einer Antwort befahl Muzio dem Malayen, ihm seine indische Geige zu bringen. Sie ähnelte unseren heutigen, hatte jedoch anstelle der vier Saiten nur drei; die Decke war mit bläulichem Schlangenleder bespannt, der dünne Rohrbogen hatte die Form eines Halbkreises, und an seinem äußersten Ende funkelte ein spitzgeschliffener Diamant.

Zuerst spielte Muzio mehrere schwermütige Melodien, Volkslieder, wie er sagte, die für italienische Ohren eigenartig und sogar primitiv klangen. Die Töne, welche die Metallsaiten von sich gaben, waren schwach und kläglich. Doch als Muzio das letzte Lied begann, wurden diese Töne auf einmal kräftiger, vibrierten die Saiten klangvoll und stark; eine leidenschaftliche Melodie strömte unter dem schwungvoll geführten Bogen hervor, strömte dahin, wohlig sich windend wie jene Schlange einst, deren Haut die Geigendecke zierte; und ein derartiges Feuer durchglühte diese Melodie, eine so triumphierende Freude strahlte sie aus, daß es Fabio und Valeria bang ums Herz wurde und ihnen Tränen in die Augen traten. Muzio aber mit seinem seitwärts geneigten, an die Geige geschmiegten Kopf, den bleich gewordenen Wangen und den zu einem einzigen Strich zusammengezogenen Brauen wirkte noch ernster und in sich gekehrter – und der Diamant am Ende des Bogens sprühte, sich bewegend, Funken, als wäre auch er von dem Feuer des wunderschönen Liedes entflammt. Als Muzio geendet hatte und, die Geige noch immer mit dem Kinn fest an die Schulter pressend, den Arm, der den Bogen hielt, sinken ließ, rief Fabio:

»Was ist das? Was hast du uns da vorgespielt?«

Valeria sagte kein Wort; doch ihr ganzes Wesen schien die Frage ihres Mannes zu wiederholen. Muzio legte die Geige auf den Tisch, schüttelte seine Mähne und antwortete, höflich lächelnd:

»Das? Diese Melodie ... Dieses Lied hab ich einmal auf der Insel Ceylon gehört. Es ist dort im Volk bekannt als das Lied der glücklichen, der erfüllten Liebe.«

»Spiel es doch noch mal!« flüsterte Fabio.

»Nein. Das kann man nicht wiederholen«, entgegnete Muzio. »Es ist auch schon spät geworden. Signora Valeria bedarf der Ruhe. Auch für mich ist es Zeit; ich bin müde.«

Während des ganzen Tages hatte Muzio Valeria gegenüber

die ehrerbietig-biedere Haltung eines alten Freundes eingenommen; doch jetzt, beim Abschied, drückte er ihr, die Finger gegen ihren Handteller pressend, sehr fest die Hand und sah sie dabei so eindringlich an, daß sie, ohne die Lider zu heben, diesen Blick dennoch an dem plötzlichen Erglühen ihrer Wangen spürte. Sie sagte nichts, entzog ihm jedoch ihre Hand und starrte, nachdem er sich entfernt hatte, auf die Tür, durch die er verschwunden war. Nun erinnerte sie sich, daß sie sich auch früher schon vor ihm gefürchtet hatte, und ihr kamen Bedenken. Muzio begab sich in seinen Pavillon; und das Ehepaar zog sich in sein Schlafgemach zurück.

4

Valeria fand lange keinen Schlaf; träge pulste das Blut durch ihre Adern, und in ihrem Kopf war ein leichtes Summen – von jenem eigenartigen Wein, wie sie vermutete, aber vielleicht auch von dem, was Muzio erzählt hatte, oder von seinem Geigenspiel ... Gegen Morgen schlief sie endlich ein und hatte dann einen seltsamen Traum.

Ihr war, als trete sie in ein geräumiges Gemach mit niedrigem Deckengewölbe. Solch einen Raum hat sie in ihrem Leben noch nicht gesehen. Alle Wände sind mit kleinen, golden gemusterten hellblauen Kacheln ausgelegt; fein geschnitzte Alabastersäulen stützen das marmorne Gewölbe; dieses und die Säulen wirken fast durchsichtig; von allen Seiten dringt blaßrosa Licht in den Raum und übergießt alle Gegenstände mit einem gleichartigen, geheimnisvollen Schimmer; Brokatkissen liegen auf einem schmalen Teppich, der mitten auf den spiegelglatten Fußboden gebreitet ist. In den Ecken steigt aus hohen

Räucherpfannen, die märchenhafte Ungeheuer darstellen, kaum merklich Rauch auf; nirgends sind Fenster; schwarz und schweigend hebt sich in einer Vertiefung der Wand die durch einen Samtvorhang geschlossene Tür ab. Und plötzlich bewegt sich dieser Vorhang lautlos, wird zur Seite geschoben, und herein tritt – Muzio. Er verbeugt sich, breitet die Arme aus, lacht ... Seine rauhen Hände umfassen ihre Taille, seine trockenen Lippen versengen sie ganz ... Sie sinkt rücklings zu Boden, auf die Kissen ...

Stöhnend vor Entsetzen, erwachte Valeria endlich. Noch nicht begreifend, wo sie sich befand und was mit ihr war, richtete sie sich im Bett auf und blickte umher. Ein Schauer durchrieselte ihren ganzen Körper. Fabio lag neben ihr. Er schlief; doch sein Gesicht wirkte beim hellen Schein des Vollmondes, der zum Fenster hereinschaute, bleich wie das eines Toten – es sah trauriger aus als das eines Toten. Valeria weckte ihren Mann. Kaum hatte er sie angeblickt, als er auch schon ausrief:

»Was ist dir?«

»Ich habe etwas Schreckliches geträumt«, flüsterte sie.

Doch in diesem Augenblick klangen vom Pavillon kraftvolle Töne herüber, und beide, Fabio und Valeria, erkannten darin die Melodie, die Muzio ihnen vorgespielt und die er das Lied der erfüllten, der triumphierenden Liebe genannt hatte. Fabio sah Valeria verwundert an; sie schloß die Augen und wandte sich ab, und beide lauschten sie dem Lied bis zum Schluß mit angehaltenem Atem. Nachdem der letzte Ton verklungen war, verschwand der Mond hinter einer Wolke, und im Zimmer wurde es plötzlich dunkel. Ohne noch ein Wort zu wechseln, ließen die beiden Ehegatten den Kopf in die Kissen zurücksinken; und keiner von ihnen merkte mehr, wann der andere wieder einschlief.

5

Als Muzio am nächsten Morgen zum Frühstück kam, machte er einen zufriedenen Eindruck und begrüßte Valeria fröhlich. Verlegen erwiderte sie seinen Gruß; dabei sah sie ihn nur flüchtig an – und ihr wurde unheimlich zumute beim Anblick dieses zufriedenen, fröhlichen Gesichts und dieser durchdringenden und neugierigen Augen. Muzio wollte fortfahren zu erzählen, doch Fabio fiel ihm gleich ins Wort:

»Du konntest in der neuen Umgebung offenbar keinen Schlaf finden? Meine Frau und ich hörten dich das Lied von gestern spielen.«

»Ja? Habt ihr's gehört?« sagte Muzio. »Ich habe es tatsächlich gespielt, aber vorher hab ich geschlafen und sogar einen merkwürdigen Traum gehabt.«

Valeria horchte auf.

»Was für einen Traum denn?« erkundigte sich Fabio.

»Mir träumte«, antwortete Muzio, ohne die Augen von Valeria abzuwenden, »ich träte in ein geräumiges, gewölbtes Gemach im orientalischen Stil. Geschnitzte Säulen stützten das Gewölbe, die Wände waren mit Kacheln verkleidet, und obwohl weder Fenster noch Kerzen vorhanden waren, erfüllte rosiges Licht den ganzen Raum, als wäre er ganz und gar aus durchsichtigem Stein erbaut. In den Ecken stieg aus chinesischen Räucherbekken Rauch empor, auf dem Fußboden lag ein langer, schmaler Teppich mit Brokatkisssen darauf. Ich kam durch eine mit einem Vorhang verschlossene Tür herein, durch eine andere Tür aber, genau gegenüber, erschien eine Frau, die ich einst geliebt habe. Und derart schön dünkte sie mir, daß ich wieder wie früher in Liebe zu ihr entbrannte ...«

Muzio machte eine bedeutsame Pause. Regungslos saß Valeria da und wurde langsam immer blasser – und ihr Atem ging immer heftiger.

»Da«, fuhr Muzio fort, »erwachte ich und spielte jenes Lied.«

»Aber wer war die Frau?« fragte Fabio.

»Wer sie war? Die Frau eines Inders. Wir sind uns in Delhi begegnet. Sie weilt nicht mehr unter den Lebenden. Sie ist tot.«

»Und ihr Mann?« fragte Fabio – er wußte selber nicht, warum.

»Ihr Mann soll ebenfalls schon tot sein. Ich habe die beiden bald wieder aus den Augen verloren.«

»Seltsam!« bemerkte Fabio. »Meine Frau hat diese Nacht auch einen ungewöhnlichen Traum gehabt« – Muzio warf einen gespannten Blick auf Valeria –, »den sie mir allerdings nicht erzählt hat«, fügte Fabio hinzu.

Doch da stand Valeria auf und verließ das Zimmer. Gleich nach dem Frühstück entfernte sich auch Muzio, nachdem er erklärt hatte, er habe geschäftlich in Ferrara zu tun und werde nicht vor dem Abend zurückkommen.

6

Einige Wochen vor Muzios Heimkehr hatte Fabio ein Porträt seiner Frau in Angriff genommen, das sie mit den Attributen der heiligen Cäcilie darstellte. Er hatte in seiner Kunst bedeutende Fortschritte gemacht. Der berühmte Luini, ein Schüler Leonardo da Vincis, kam öfter zu ihm nach Ferrara und half ihm durch Hinweise, wodurch er auch die Anleitungen seines großen Lehrers an ihn weitergab. Das Porträt war fast fertig; nur das Gesicht bedurfte zu seiner Vollendung noch einiger Pinselstriche – und Fabio hätte mit Recht auf sein Werk stolz sein können. Nachdem Muzio sich nach Ferrara aufgemacht hatte, begab sich Fabio in sein Atelier, wo Valeria für gewöhnlich auf ihn wartete; doch dort fand er sie nicht vor. Er rief nach ihr, aber sie gab keine Antwort. Da bemächtigte sich seiner eine heimliche Unruhe, und er ging sie suchen. Im Haus war sie nicht. Nun eilte Fabio in den Garten; und dort, in einer der entlegensten Alleen, entdeckte er Valeria endlich. Den Kopf tief gesenkt und die Hände auf dem Schoß gekreuzt, saß sie auf einer Bank, während hinter ihr, sich scharf vom dunklen Grün einer Zypresse abhebend, ein marmorner Satyr mit von schadenfrohem Grinsen verzerrtem Gesicht sich die Panflöte an die gespitzten Lippen hielt. Valeria war über das Erscheinen ihres Mannes sichtlich erfreut und antwortete auf seine besorgten Fragen, ihr tue ein wenig der Kopf weh, das habe aber nichts zu bedeuten, und sie sei bereit, ihm Modell zu sitzen. Fabio führte sie ins Atelier, setzte sie in die richtige Positur und griff zum Pinsel. Doch zu seinem großen Ärger wollte es ihm nicht gelingen, das Gesicht so zu vollenden, wie es ihm vorschwebte. Und nicht etwa, weil es ein wenig blaß und müde aussah, o nein; er fand an diesem Tage einfach nicht jenen reinen, heiligen Ausdruck darin, der ihm so an ihr gefiel und der ihn auf die Idee gebracht hatte, Valeria als heilige Cäcilie zu malen. Schließlich warf er den Pinsel hin, erklärte seiner Frau, er sei nicht in der richtigen Stimmung und ihr würde es auch nicht schaden, wenn sie sich eine Weile hinlegte, da sie sich offensichtlich nicht ganz wohl fühle, und stellte die Staffelei mit der Vorderseite an die Wand. Valeria pflichtete ihm bei, daß sie der Ruhe bedürfe, und zog sich, nachdem sie noch einmal über Kopfschmerzen geklagt hatte, in das Schlafgemach zurück.

Fabio blieb im Atelier. Er verspürte eine merkwürdige, ihm selber unbegreifliche Beklemmung. Muzios Aufenthalt unter seinem Dach, zu dem er, Fabio, ihn doch selber förmlich gedrängt hatte, bedrückte ihn. Nicht, daß er auf ihn eifersüchtig gewesen wäre – bei Valeria brauchte man wohl kaum eifersüchtig zu sein! –, aber er erkannte seinen ehemaligen Freund einfach nicht mehr wieder. All das Fremdartige, Unbekannte, Neue, das Muzio aus jenen fernen Ländern mitgebracht hatte – und das zu einem Teil seines Ichs geworden zu sein schien –, all jene magischen Tricks, Lieder und eigenartigen Getränke, jener stumme Malaye, selbst jener herbwürzige Geruch, der von Muzios Kleidung, seinem Haar, seinem Atem ausging – all das flößte Fabio so etwas wie Mißtrauen oder gar Furcht ein. Und weshalb starrte dieser Malaye, wenn er bei Tisch bediente, ihn, Fabio, so aufdringlich an? Wahrhaftig, man könnte beinahe meinen, er verstehe Italienisch! Muzio wußte zu berichten, der Malaye habe, indem er seine Zunge hingab, ein großes Opfer gebracht und verfüge dafür jetzt über eine große Kraft. Was für eine Kraft? Und wieso hatte er sie um den Preis seiner Zunge erwerben können? Das alles war recht merkwürdig. Einfach unbegreiflich. Fabio begab sich zu seiner Frau ins Schlafgemach; sie lag angekleidet auf dem Bett, schlief jedoch nicht. Als sie seine Schritte vernahm, zuckte sie zusammen; dann aber freute sie sich wieder genauso über sein Kommen wie im Garten. Fabio setzte sich ans Bett, nahm Valerias Hand und fragte seine Frau nach einer Weile, was für ein ungewöhnlicher Traum das gewesen sei, der sie in der letzten Nacht so erschreckt habe. Und ob er von der Art jenes Traumes gewesen sei, von dem Muzio erzählt hatte. Valeria errötete und entgegnete hastig:

»O nein, nein! Ich habe so etwas wie ein … Ungeheuer gesehen, das mich zerfleischen wollte.«

»Ein Ungeheuer? In Gestalt eines Menschen?« erkundigte sich Fabio.

»Nein, eines Tieres. Eines Tieres!« Valeria wandte sich ab und verbarg ihr flammendrotes Gesicht in den Kissen. Fabio hielt die Hand seiner Frau noch eine Zeitlang fest; dann führte er sie stumm an die Lippen und entfernte sich wieder.

Unfroh verbrachten die Ehegatten diesen Tag. Es war, als hinge etwas Unheilvolles über ihren Häuptern; aber was es war, das hätten sie nicht zu sagen vermocht. Sie hatten den Wunsch, beieinander zu sein – als drohte ihnen eine Gefahr; aber was sie einander sagen sollten, das wußten sie nicht. Fabio versuchte, an dem Porträt weiterzumalen, versuchte, Ariost zu lesen, dessen erst kurz zuvor in Ferrara erschienene Dichtung bereits in ganz Italien großen Anklang fand; doch zu nichts hatte er die rechte Ruhe. Spät am Abend, unmittelbar vor dem Nachtmahl, kehrte Muzio heim.

7

Er machte einen ruhigen und zufriedenen Eindruck, erzählte jedoch wenig; vielmehr befragte er Fabio nach früheren gemeinsamen Bekannten, nach dem deutschen Feldzug und nach Kaiser Karl und sprach von seinem Wunsch, nach Rom zu reisen, um den neuen Papst zu sehen. Erneut bot er Valeria Schiraswein an und sagte, als sie ablehnte, gleichsam für sich: »Jetzt ist es auch nicht mehr nötig.« Nachdem sich Fabio mit seiner Frau ins Schlafgemach zurückgezogen hatte, schlief er rasch ein. Als er eine Stunde darauf wach wurde, mußte er feststellen, daß Valeria nicht mehr das Lager mit ihm teilte – sie war fort. Jäh richtete er sich auf, und im selben Augenblick sah er seine Frau im Nachtgewand aus dem Garten ins Zimmer treten. Der Mond schien hell, obwohl noch kurz zuvor ein leichter Regen niedergegangen war. Mit geschlossenen Augen, den Ausdruck geheimen Entsetzens im unbewegten Gesicht, näherte sich Valeria dem Bett und legte sich, es mit den ausgestreckten Händen abtastend, eilig und schweigend wieder hin. Fabio richtete eine Frage an sie, doch sie gab keine Antwort; anscheinend schlief sie. Er berührte sie mit der Hand und spürte an ihrem Gewand und ihrem Haar Regentropfen sowie an den Sohlen der bloßen Füße Sandkörnchen. Da sprang er auf und eilte durch die halboffene Tür in den Garten. Fast blendend helles Mondlicht ergoß sich über alle Gegenstände. Fabio spähte umher und entdeckte im Sand des Weges die Spuren von zwei Fußpaaren, von denen eines keine Schuhe angehabt hatte; die Spuren führten zu einer Jasminlaube, die etwas abseits zwischen Pavillon und Haus lag. Unschlüssig blieb er stehen – da erklangen plötzlich wieder die Töne jenes Liedes, das er bereits in der vergangenen Nacht gehört hatte. Fabio fuhr zusammen und stürmte zum Pavillon. Dort stand Muzio mitten im Raum und spielte auf der Geige. Fabio stürzte auf ihn zu.

»Du warst im Garten! Du warst draußen! Dein Gewand ist naß vom Regen!«

»Nein ... Ich weiß nicht ... Ich glaube ... ich war nicht draußen ...«, antwortete Muzio zögernd, gleichsam verwundert über das Auftauchen Fabios und dessen Erregtheit.

Fabio packte ihn am Arm.

»Und warum spielst du wieder diese Melodie? Hast du denn schon wieder geträumt?«

Muzio sieht Fabio immer noch verwundert an – und schweigt.

»So antworte doch!«

»Mondes Schild am Himmel reist,
Fluß wie eine Schlange gleißt,
Feind schläft, Freund sich wach erweist,

Habichts Kralle Kücken reißt.
Hilf, o hilf!«

murmelt Muzio in singendem Tonfall, wie im Halbschlaf.

Fabio weicht einige Schritte zurück, starrt Muzio an, überlegt – und kehrt ins Haus, ins Schlafgemach zurück.

Den Kopf zur Schulter geneigt und die Arme kraftlos ausgebreitet, lag Valeria in unruhigem Schlummer. Er konnte sie lange nicht wach bekommen; doch kaum gewahrte sie ihn, warf sie sich ihm auch schon an die Brust und klammerte sich krampfhaft an ihn. Sie zitterte am ganzen Leibe.

»Was hast du, Liebste, was ist dir?« fragte Fabio ein ums andere Mal und suchte sie zu beruhigen. Doch sie hing nach wie vor verängstigt an seinem Hals.

»Ach, was für schreckliche Dinge ich träume!« flüsterte sie, sich mit dem Gesicht an ihn schmiegend. Fabio wollte sie ausfragen, aber sie schauderte nur.

Die Fensterscheiben färbten sich bereits vom ersten Schimmer der Morgenröte, als sie endlich in seinen Armen wieder einschlief.

8

Am anderen Tag war Muzio schon seit dem Morgen verschwunden, und Valeria erklärte ihrem Mann, sie beabsichtige, das nahe gelegene Kloster aufzusuchen, in dem ihr Beichtvater lebte, ein alter, ehrwürdiger Mönch, zu dem sie grenzenloses Vertrauen hatte. Auf Fabios Fragen antwortete sie, sie wolle ihr durch die ungewöhnlichen Eindrücke der letzten Tage beschwertes Herz durch eine Beichte erleichtern. Durch Valerias eingefallene Wangen und ihre tonlose Stimme beunruhigt, billigte auch Fabio diesen Entschluß; konnte der ehrwürdige Pater Lorenzo ihr doch vielleicht einen nützlichen Rat erteilen und ihre Zweifel zerstreuen. Unter dem Schutz von vier Begleitern begab sich Valeria ins Kloster. Fabio aber blieb zu Hause und streifte bis zur Rückkehr seiner Frau im Garten umher, bemüht zu ergründen, was mit ihr vorging, und ständig erfüllt von Furcht, Zorn und dem Schmerz eines unbestimmten Verdachts. Wiederholt betrat er den Pavillon; doch Muzio kam und kam nicht zurück, und der Malaye starrte Fabio jedesmal wie ein Götze an, den Kopf untertänig geneigt und mit einem tief – so wenigstens schien es Fabio –, tief verborgenen hämischen Lächeln auf dem bronzefarbenen Gesicht. Unterdessen hatte Valeria dem ehrwürdigen Mönch in der Beichte, weniger schamerfüllt als schaudernd, alles erzählt. Der Beichtiger hörte ihr aufmerksam zu, segnete sie und vergab ihr die ungewollte Sünde. Bei sich aber dachte er: Zauberei, höllische Magie – das kann man nicht auf sich beruhen lassen. Und er begleitete Valeria in deren Villa zurück, angeblich, um ihre Zweifel endgültig zu zerstreuen und sie zu trösten. Beim Anblick des Beichtvaters bemächtigte sich Fabios eine gewisse Aufregung; doch der an Erfahrungen reiche Alte hatte sich schon vorher überlegt, wie er vorgehen mußte. Als er mit Fabio allein war, empfahl er ihm, natürlich ohne das Beichtgeheimnis preiszugeben, den von ihm eingeladenen Gast, der durch seine Erzählungen, seine Lieder, durch sein ganzes Verhalten Valerias Phantasie verwirre, wenn irgend möglich, aus dem Hause zu entfernen. Außerdem, so meinte der Alte, sei Muzio auch früher schon, wie erinnerlich, im Glauben nicht ganz fest gewesen und könnte, nachdem er sich so lange Zeit in Ländern aufgehalten habe, die noch nicht vom Licht des Christentums erhellt worden seien, von dort sehr wohl die Pest der Irrlehren mitgebracht und womöglich sogar mit den Geheimnissen der Magie Bekanntschaft gemacht haben. Deshalb lasse kluge Vorsicht, trotz aller Rechte, welche die alte Freundschaft geltend mache, eine Trennung notwendig erscheinen. Fabio stimmte dem ehrwürdigen Mönch bedingungslos zu, Valerias Miene hellte sich sogar ganz auf, als ihr Mann sie von dem Rat ihres Beichtvaters unterrichtete, und, begleitet von den besten Wünschen des Ehepaars und reichlich versehen mit Geschenken für das Kloster und die Armen, begab sich Pater Lorenzo wieder auf den Heimweg.

Fabio beabsichtigte, gleich nach dem Abendessen mit Muzio zu reden; doch sein seltsamer Gast war bis dahin noch nicht zurückgekehrt. Da beschloß Fabio, das Gespräch mit Muzio auf den folgenden Tag zu verschieben, und die beiden Ehegatten suchten ihr Schlafgemach auf.

9

Valeria schlummerte rasch ein, Fabio dagegen fand keinen Schlaf. In der nächtlichen Stille trat ihm alles, was er gesehen und empfunden hatte, noch lebhafter vor Augen, stellte er sich noch nachdrücklicher jene Fragen, auf die er nach wie vor keine Antwort fand. Ist Muzio tatsächlich ein Magier geworden? Und hat er Valeria nicht vielleicht vergiftet? Sie ist krank – doch was fehlt ihr? Während er so, eine Hand unter dem Kopf und den heftigen Atem verhaltend, seinen quälenden Gedanken nachhing, war am wolkenlosen Himmel wieder der Mond aufgegangen; und mit seinen Strahlen strömte vom Pavillon her – oder bildete sich Fabio das nur ein? – durch die halbdurchsichtigen Fensterscheiben, einem leichten, würzig duftenden Wind gleich, ein Lufthauch herein … Jetzt war ein zudringliches, leidenschaftliches Flüstern zu hören, und im nämlichen Augenblick gewahrte er, daß Valeria sich sacht zu regen begann. Er fuhr auf und sah, wie sie sich hochrichtete, erst den einen Fuß, dann den anderen vom Bett herunterließ und wie eine Schlafwandlerin, mit glanzlosen Augen ins Leere starrend und die Arme ausgestreckt, auf die Tür zum Garten zuschritt. Im Nu stürzte Fabio zur anderen Tür hinaus, rannte flugs um die Hausecke und verschloß die in den Garten führende Tür von außen. Kaum war das geschehen, da spürte er auch schon, wie von innen jemand die Tür zu öffnen versuchte, sich mit Gewalt dagegenstemmte, wieder und immer wieder. Dann ertönte ein angstvolles Stöhnen …

Aber Muzio ist doch noch gar nicht aus der Stadt zurück! schoß es Fabio durch den Sinn, und er stürmte zum Pavillon …

Was aber erblickte er?

Ihm entgegen kam auf dem vom hellen Mondlicht übergossenen Weg, ebenfalls wie ein Schlafwandler, die Arme ausgestreckt und mit starrem Blick, Muzio. Fabio eilte auf ihn zu; doch ohne ihn wahrzunehmen, schritt jener gemessen weiter, und sein regloses Gesicht lächelte im Licht des Mondes wie das des Malayen. Schon wollte Fabio ihn anrufen, aber in diesem Augenblick hörte er hinter sich im Haus ein Fenster klappen … Er schaute sich um.

Tatsächlich, das Schlafzimmerfenster war weit geöffnet, und, den einen Fuß über die Sohlbank hebend, stand Valeria im Fenster … Ihre Hände schienen Muzio zu suchen … Mit aller Macht strebte sie zu ihm hin.

Eine Woge unsäglicher Wut brandete plötzlich in Fabio auf. »Verfluchter Zauberer!« schrie er wie rasend, packte Muzio mit der einen Hand an der Kehle, tastete mit der anderen nach dem Dolch in seinem Gürtel und bohrte ihm die Klinge bis ans Heft in die Seite.

Muzio schrie gellend auf und eilte stolpernd, eine Hand auf die Wunde gepreßt, in den Pavillon zurück.

Im selben Augenblick, da Fabio zustieß, entfuhr auch Valeria ein durchdringender Schrei, und sie stürzte wie vom Blitz gefällt zu Boden.

Fabio eilte zu ihr hin, hob sie auf, trug sie zum Bett, redete beschwörend auf sie ein …

Lange lag sie regungslos da. Endlich aber öffnete sie die Augen, atmete jäh tief und freudig auf wie jemand, der eben dem unvermeidlichen Tod entronnen ist, erblickte ihren Mann und schmiegte sich, die Arme um seinen Hals schlingend, an seine Brust. »Du, du bist es, du«, stammelte sie. Allmählich lösten sich ihre Arme, ihr Kopf sank zurück, und nachdem sie mit seligem Lächeln: »Gott sei Dank, jetzt ist alles vorüber! Aber wie müde ich bin!« geflüstert hatte, fiel sie in einen tiefen, doch keineswegs schweren Schlaf.

10

Fabio nahm neben ihrem Bett Platz und versank, ohne den Blick von dem blassen und hohlwangigen, aber schon ruhig gewordenen Gesicht Valerias zu wenden, in Nachdenken über das Vorgefallene sowie darüber, wie er sich jetzt verhalten und was er weiter unternehmen sollte. Wenn er Muzio getötet hatte – und daran konnte er, wenn er bedachte, wie tief der Dolch eingedrungen war, nicht zweifeln –, wenn er Muzio also getötet hatte, so würde er das nicht verheimlichen können. Der Herzog und die Richter mußten davon in Kenntnis gesetzt werden. Wie aber sollte er diese unbegreifliche Tat erklären, wie sie schildern? Er, Fabio, hatte in seinem eigenen Hause seinen Verwandten und besten Freund getötet! Warum? Aus welchem Grunde? würden sie fragen. Aber wenn Muzio nun doch nicht tot war? Fabio konnte die Ungewißheit nicht länger ertragen. Nachdem er sich überzeugt hatte, daß Valeria schlief, stand er vorsichtig vom Sessel auf, verließ das Haus und lenkte seine Schritte zum Pavillon. Dort war alles still; nur hinter einem Fenster brannte Licht. Mit stockendem Herzschlag öffnete er die Außentür (blutige Fingerspuren zeichneten sich darauf ab, und auch im Sand des Weges waren dunkle Blutstropfen zu erkennen), durchschritt das erste Zimmer, das dunkel war, und blieb an der Schwelle des zweiten überrascht stehen.

Mitten im Zimmer, auf einem persischen Teppich, ein Brokatkissen unter dem Kopf und mit einem schwarz gemusterten breiten roten Schal bedeckt, lag, alle Glieder von sich gestreckt, Muzio. Sein wachsgelbes Gesicht mit den geschlossenen Augen und den bläulich schimmernden Lidern war zur Decke gerichtet. Er schien nicht mehr zu atmen – wie ein Toter wirkte er. Zu seinen Füßen kniete, ebenfalls in einen roten Schal gehüllt, der Malaye. In der linken Hand hielt er den Zweig einer unbekannten, farnkrautartigen Pflanze; leicht vornübergebeugt, starrte er seinen Herrn unverwandt an. Eine in den Boden gesteckte kleine Fackel, die ruhig und ohne zu qualmen mit grünlicher Flamme brannte, erhellte ganz allein den Raum. Der Malaye rührte sich nicht, als Fabio eintrat, sondern schaute nur kurz zu ihm auf und heftete den Blick dann gleich wieder auf Muzio. Von Zeit zu Zeit hob und senkte er den Zweig, schüttelte ihn drohend in der Luft, und seine stummen Lippen öffneten und bewegten sich langsam, als sprächen sie lautlose Worte. Zwischen dem Malayen und Muzio lag auf dem Boden der Dolch, mit dem Fabio seinen Freund getroffen hatte; einmal berührte der Malaye mit dem Zweig die blutige Klinge. Minute um Minute verging. Schließlich näherte sich Fabio dem Malayen, beugte sich zu ihm hinunter und fragte leise: »Ist er tot?« Der Malaye neigte den Kopf, streckte seine rechte Hand unter dem Schal hervor und zeigte gebieterisch auf die Tür. Fabio wollte seine Frage wiederholen, doch die Hand vollführte erneut die befehlende Geste, und so verließ Fabio denn, unwillig zwar und verwundert, aber gehorsam den Raum.

Er fand Valeria noch immer schlafend und mit noch friedlicherer Miene vor. Statt sich auszuziehen, setzte er sich ans Fenster, stützte sich mit dem Arm auf und gab sich wiederum seinen Gedanken hin. Auf diesem Platz traf ihn auch die aufgehende Sonne an. Valeria aber schlief ruhig weiter.

II

Fabio wollte warten, bis sie wach wurde, und dann nach Ferrara fahren. Doch da klopfte es plötzlich leise an die Tür. Fabio ging hinaus und sah Antonio, seinen alten Haushofmeister, vor sich stehen.

»Signore«, begann der Alte, »der Malaye hat uns eben mitgeteilt, Signor Muzio sei krank geworden und wolle mit all seinen Sachen in die Stadt zurückkehren. Darum bittet er Euch, ihm Leute zur Verfügung zu stellen, die ihm einpacken helfen, und ihm gegen Mittag Saum- und Reitpferde sowie etliche Begleiter zu schicken. Gebt Ihr Eure Erlaubnis dazu?«

»Der Malaye hat dir das mitgeteilt?« fragte Fabio. »Wie denn? Er ist doch stumm!«

»Hier, Signore, ist der Zettel, auf dem er alles in unserer Sprache aufgeschrieben hat, und zwar ganz richtig.«

»Und Muzio, sagst du, ist krank?«

»Ja, sehr krank, und niemand darf ihn sehen.«

»Habt ihr nicht nach einem Arzt geschickt?«

»Nein. Der Malaye hat es nicht zugelassen.«

»Und das hier hat dir der Malaye aufgeschrieben?«

»Ja, er selbst.«

Fabio schwieg eine Weile.

»Nun denn«, sagte er endlich, »gib die nötigen Anweisungen.«

Antonio entfernte sich.

Fabio sah seinem Diener ungläubig nach. Er ist also nicht tot? ging es ihm durch den Sinn, und er wußte nicht, sollte er sich darüber freuen oder sollte er es bedauern. Krank war er? Aber vor einigen Stunden hatte er, Fabio, doch noch eine Leiche daliegen sehen!

Fabio kehrte zu Valeria zurück. Sie erwachte und hob den Kopf. Die Ehegatten wechselten einen langen, bedeutungsvollen Blick.

»Sind wir ihn los?« erkundigte sich Valeria plötzlich.

Fabio fuhr zusammen.

»Wieso: los? Hast du denn ...«

»Ist er schon ausgezogen?« fragte sie weiter.

Fabio fiel ein Stein vom Herzen.

»Nein, bis jetzt nicht. Aber er verläßt uns noch heute.«

»Und ich werde ihn nie, nie mehr wiedersehen?«

»Nie mehr.«

»Und jene Träume kommen auch nicht wieder?«

»Nein.«

Valeria atmete freudig auf; und abermals zeigte sich ein seliges Lächeln auf ihren Zügen. Sie streckte ihrem Manne beide Arme entgegen.

»Wir wollen nie mehr von ihm sprechen, nie mehr, hörst du, Liebster? Und ich verlasse das Zimmer nicht eher, als bis er fort ist. Jetzt aber schick mir meine Dienerinnen ... Doch halt! Nimm das da mit« – sie zeigte auf das Perlenkollier, das auf dem Nachttisch lag; es war das, welches ihr Muzio geschenkt hatte – »und wirf es sofort in unseren tiefsten Brunnen. Umarme mich – ich bin deine Valeria – und komm nicht eher wieder, als bis ... der da fort ist.«

Fabio nahm das Kollier – die Perlen schienen ihm an Glanz verloren zu haben – und tat, was ihn seine Frau geheißen hatte. Danach streifte er durch den Garten und schaute immer wieder von ferne zum Pavillon hinüber, wo man bereits eifrig mit dem Packen beschäftigt war. Truhen wurden herausgetragen und auf Pferde geladen; doch der Malaye war nicht unter den Leuten. Ein unwiderstehliches Verlangen ergriff Fabio, noch einmal zu sehen, was im Pavillon vor sich ging. Ihm fiel ein, daß sich auf dessen Rückseite eine Geheimtür befand, durch die man in den Raum gelangen konnte, in dem Muzio am Morgen gelegen hatte. Er pirschte sich an jene Tür heran, fand sie unverschlossen und warf, nachdem er den schweren Vorhang auseinandergeschoben hatte, einen zaghaften Blick in das Zimmer.

12

Muzio lag nicht mehr auf dem Teppich. Er saß, bereits in Reisekleidung, auf einem Lehnstuhl, machte aber auch jetzt, wie schon bei Fabios erstem Besuch, den Eindruck einer Leiche. Der Kopf ruhte regungslos an der Rückenlehne, und die gelben Hände lagen platt und leblos auf den Knien. Die Brust hob und senkte sich nicht ein bißchen. Rings um den Lehnstuhl, auf dem mit getrockneten Kräutern bestreuten Fußboden, standen mehrere flache Schalen mit einer dunklen Flüssigkeit, die einen starken, atembeklemmenden Geruch ausströmte, den Geruch von Moschus. Um jede der Schalen hatte sich eine kleine kupferfarbene Schlange zusammengeringelt, deren winzige Goldaugen hin und wieder aufblitzten. Unmittelbar vor Muzio aber, nur zwei Schritte von ihm entfernt, ragte die lange Gestalt des Malayen auf, in ein buntes Brokatgewand gehüllt, mit einem Tigerschwanz gegürtet und einen hohen Hut in Form einer hörnerartigen Tiara auf dem Kopf. Er indessen war keineswegs regungslos; bald verneigte er sich ehrfürchtig und schien zu beten, bald richtete er sich wieder zu voller Größe auf und stellte sich sogar auf die Zehenspitzen; bald breitete er in rhythmischen Abständen weit die Arme aus, bald streckte er sie energisch Muzio entgegen und schien ihm zu drohen oder zu befehlen, zog die Brauen zusammen und stampfte mit dem Fuß auf. All diese Bewegungen kosteten ihn offensichtlich große Mühe, ja, sie schienen ihm sogar Qualen zu bereiten; er atmete schwer, und der Schweiß lief ihm in Strömen über das Gesicht. Plötzlich erstarrte er mitten in der Bewegung, holte tief Luft, spannte die Muskeln an und zog mit gerunzelter Stirn die geballten Hände an sich, als hielten sie Zügel, und zu Fabios unsagbarem Entsetzen löste sich Muzios Kopf langsam von der Rückenlehne und folgte den Händen des Malayen. Der ließ sie sinken – und gleich fiel Muzios Kopf wieder schwer nach hinten zurück. Der Malaye wiederholte seine Bewegungen, und prompt machte es ihm der gehorsame Kopf nach. Die dunkle Flüssigkeit in den Schalen begann zu sieden, die Schalen selbst gaben einen anhaltenden hellen Ton von sich, und die kupferfarbenen Schlangen bewegten sich wellenförmig. Da trat der Malaye einen Schritt vor und nickte mit hoch emporgezogenen Brauen und weit aufgerissenen Augen zu Muzio hin – und die Lider des Toten zuckten, klappten ungleichmäßig auseinander, und dazwischen kamen, glanzlos wie Blei, die Pupillen zum Vorschein. Das Gesicht des Malayen erstrahlte in stolzem Triumph und vor Freude, einer fast grimmigen Freude. Er öffnete weit den Mund, und aus der Tiefe seines Schlundes drang mühsam ein langgezogenes Heulen. Auch Muzios Mund tat sich auf, und als Erwiderung jener nicht mehr menschlichen Töne entrang sich ihm ein schwaches Stöhnen …

Doch da hielt es Fabio nicht länger aus – er hatte den Eindruck, einer Art von Teufelsbeschwörung beizuwohnen. Auch er schrie auf, stürzte, ohne sich noch einmal umzuschauen, davon und rannte, Gebete murmelnd und sich bekreuzigend, so schnell ihn die Füße trugen, seinem Hause zu.

13

Etwa drei Stunden später erschien Antonio bei ihm und meldete, alles sei bereit und verpackt und Signor Muzio rüste zum Aufbruch. Ohne seinem Diener eine Antwort zu geben, trat Fabio auf die Terrasse hinaus, von wo der Pavillon zu sehen war. Dort drängten sich etliche Saumpferde; unmittelbar vor der Freitreppe stand ein mächtiger Rapphengst mit breitem Sattel, der für zwei Reiter hergerichtet war. Hier hielten sich auch die barhäuptigen Diener und die bewaffneten Begleiter auf. Die Tür des Pavillons öffnete sich, und gestützt von dem Malayen, der wieder seine gewöhnliche Kleidung angelegt hatte, erschien Muzio. Sein Gesicht war ohne Leben, und die Arme hingen herab wie die eines Toten – doch er bewegte … jawohl, er bewegte die Beine, und auf das Pferd gehoben, hielt er sich aufrecht im Sattel und ergriff tastend die Zügel. Der Malaye steckte Muzios Füße in die Steigbügel, schwang sich hinter ihm in den Sattel, umfaßte ihn mit einem Arm, und der ganze Zug setzte sich in Bewegung. Die Pferde gingen im Schritt, und als sie vor dem

Haus seitlich abbogen, schien es Fabio, als leuchteten in Muzios dunklem Gesicht zwei kleine weiße Flecke auf. Sollte er wahrhaftig seine Augen auf ihn gerichtet haben? Nur der Malaye verneigte sich vor Fabio – spöttisch wie immer.

Sah Valeria das alles? Die Läden ihrer Fenster waren geschlossen. Aber vielleicht stand sie dahinter.

14

Zum Mittagessen kam sie ins Speisezimmer; sie war sehr ruhig und liebevoll, klagte jedoch noch immer über Müdigkeit. Von der inneren Unruhe hingegen spürte sie nichts mehr und auch nicht mehr jene ständige Verwunderung und geheime Furcht. Und als Fabio am Tag nach Muzios Abreise an Valerias Porträt weitermalte, entdeckte er in ihren Zügen auch jenen reinen Ausdruck wieder, dessen zeitweilige Verdunkelung ihm solche Sorge bereitet hatte, und der Pinsel glitt leicht und sicher über die Leinwand.

Von nun an verlief das Leben des Paares wieder wie ehedem. Muzio war aus ihren Gedanken verschwunden, als hätte es ihn niemals gegeben. Es war wie eine stille Übereinkunft zwischen beiden, Fabio und Valeria, ihn mit keinem Wort mehr zu erwähnen und sich auch nicht mehr nach seinem ferneren Schicksal zu erkundigen – übrigens blieb es für alle ein Geheimnis. Muzio war tatsächlich verschwunden, wie vom Erdboden verschluckt. Einmal hatte Fabio das Gefühl, er müsse Valeria alles erzählen, was in jener verhängnisvollen Nacht geschehen war; aber wahrscheinlich erriet sie seine Absicht, denn sie hielt den Atem an und kniff die Augen zu, als erwarte sie einen Schlag. Und Fabio verstand sie – er ersparte ihr diesen Schlag.

Eines schönen Herbsttages legte Fabio letzte Hand an das Bildnis der heiligen Cäcilie. Valeria saß derweil an der Orgel, und ihre Finger glitten spielerisch über die Tasten. Plötzlich klang, ganz gegen ihren Willen, unter ihren Händen jenes Lied der triumphierenden Liebe auf, das einst Muzio gespielt hatte – und im selben Augenblick fühlte sie zum erstenmal in ihrem Innern ein neu entstehendes Leben sich regen. Valeria erschauerte und hielt inne.

Was bedeutete das? Sollte wirklich …

An dieser Stelle brach die Handschrift ab.

NACH DEM TODE

(Klara Militsch)

1

Im Frühling des Jahres 1878 wohnte in Moskau in einem kleinen Holzhaus der Schabolowka-Straße ein junger Mann von etwa fünfundzwanzig Jahren mit Namen Jakow Aratow. Bei ihm wohnte seine Tante Platonida Iwanowna, eine alte Jungfer jenseits der Fünfzig, eine Schwester seines Vaters. Sie stand seinem Hauswesen vor und führte seine Finanzen, wozu er gänzlich unfähig war. Andere Verwandte hatte er nicht. Einige Jahre zuvor war sein Vater, ein armer Adliger aus dem Gouvernement T., nach Moskau gekommen und mit ihm Platonida Iwanowna, die er übrigens immer Platoscha nannte; auch der Neffe nannte sie so. Der alte Aratow hatte das Dorf, in dem sie bis dahin ständig gewohnt hatten, verlassen und sich in der Stadt angesiedelt, damit er seinen Sohn auf die Universität schicken konnte, auf die er ihn selbst vorbereitet hatte; für einen Spottpreis kaufte er ein Häuschen in einer abgelegenen Straße und richtete sich darin mit allen seinen Büchern und »Präparaten« ein. Und Bücher und Präparate hatte er viele; denn er war ein Mann nicht ohne Gelehrsamkeit und, nach den Worten der Nachbarn, ein »ganz seltsamer Kauz«. Bei ihnen galt er als Schwarzkünstler und hatte sogar einen Spitznamen – »Insektenbeobachter«. Er befaßte sich mit Chemie, Mineralogie, Entomologie, Botanik und Medizin, und er behandelte Patienten bei deren Einwilligung mit Gräsern und Metallpülverchen eigener Erfindung nach Paracelsusscher Methode. Mit ebendiesen Pülverchen hatte er seine hübsche, junge, doch allzu zarte Frau unter die Erde gebracht, sie, die er leidenschaftlich liebte und die ihm einen einzigen Sohn geboren hatte. Mit diesen Metallpülverchen hatte er auch die Gesundheit seines Sohnes untergraben, die er im Gegenteil zu stärken trachtete, als er an dessen Organismus eine Neigung zu von der Mutter ererbter Anämie und Schwindsucht feststellte. Der Name »Schwarzkünstler« war ihm übrigens zuteil geworden, weil er sich für einen Urenkel, freilich nicht geradliniger Deszendenz, des berühmten Brjus hielt, zu dessen Ehren er seinen Sohn Jakow getauft hatte. Er war, was mancher eine »Seele von Mensch« nennt, doch melancholischen Gemütes, schwerfällig, schüchtern und allem Geheimnisvollen, Mystischen zugetan. Ein halbgeflüstertes »Ah!« war sein üblicher Ausruf, und mit diesem Ausruf auf den Lippen starb er auch – zwei Jahre, nachdem er nach Moskau gekommen war.

Sein Sohn Jakow hatte äußerlich wenig Ähnlichkeit mit dem Vater, der keine Schönheit, plump und unbeholfen gewesen war; er erinnerte mehr an die Mutter. Die gleichen feinen, sanften Züge, das gleiche weiche, aschfarbene Haar, die gleiche kleine, etwas gebogene Nase, die gleichen vollen Kinderlippen und großen graugrünen, verschleierten Augen mit den langen Wimpern. Dafür war sein Gemüt nach dem des Vaters geraten, und sein Gesicht, dem des Vaters so völlig unähnlich, trug den Stempel der väterlichen Miene, auch hatte er harte, knochige Hände und eine eingefallene Brust wie der alte Aratow, den man eigentlich gar nicht als alt bezeichnen konnte, weil er nicht einmal fünfzig Jahre alt geworden war. Noch zu seines Vaters Lebzeiten ließ sich Jakow immatrikulieren, und zwar an der physisch-mathematischen Fakultät; allerdings schloß er sein Studium nicht ab – nicht aus Faulheit, sondern weil man, wie er meinte, auf der Universität nur das erführe, was man sich zu Hause ebenso beibringen könnte; auf ein Diplom war er ohnehin nicht erpicht, da er nicht in ein Dienstverhältnis zu treten beabsichtigte. Seinen Kommilitonen ging er aus dem Weg, mit fast keinem war er näher bekannt, und ganz besonders mied er Frauen; er lebte gänzlich zurückgezogen, vertieft in seine Bücher. Er mied die Frauen, obwohl er ein empfindsames Herz hatte und Schönheit ihn zu bezaubern vermochte. Er hatte sogar einen prachtvoll ausgestatteten englischen Musenalmanach erstanden und weidete sich – o Schande! – an den Darstellungen der verschiedenen aufreizenden Gulnares und Medoras, die ihn »zierten«. Seine angeborene Schamhaftigkeit legte ihm indes Zügel an. Im Haus bewohnte er das ehemalige Arbeitszimmer des Vaters, das ihm auch als Schlafzimmer diente, und sein Bett war dasselbe, in dem sein Vater gestorben war.

Eine große Stütze seines Lebens, ein treuer Freund und Gefährte war ihm die Tante, jene Platoscha, mit der er kaum zehn Worte am Tag wechselte, ohne die er aber keinen Schritt tun konnte. Dies war ein langgesichtiges, langzähniges Wesen mit blassen Augen im blassen Gesicht, das stets Wehleidigkeit oder besorgten Schrecken widerspiegelte. Bekleidet tagaus, tagein mit einem grauen Kleid und einem grauen, nach Kampfer riechenden Schal, huschte sie lautlos wie ein Schatten durchs Haus, seufzte und flüsterte Gebete, namentlich eines, ihr Lieblingsgebet, das nur aus einigen wenigen Worten bestand: »Herr, steh mir bei!« In der Hauswirtschaft schaltete und waltete sie mit Umsicht und Klugheit, sie achtete auf jede Kopeke und tätigte alle Einkäufe selbst. Ihren Neffen vergötterte sie; unablässig war sie um sein Wohlergehen besorgt und hatte Angst vor allem, nicht ihrer selbst wegen, sondern seinetwegen; kaum glaubte sie etwas wahrzunehmen, schon kam sie still herein und stellte ihm eine Tasse Brusttee auf den Schreibtisch oder streichelte ihm mit ihren watteweichen Händen den Rücken. Jakow empfand diese Fürsorge nicht eben als lästig, den Brusttee trank er allerdings nicht, sondern er begnügte sich mit einem beifälligen Nicken. Einer sonderlich robusten Körperverfassung konnte er sich übrigens auch nicht rühmen. Er war leicht erregbar, nervös und hypochondrisch, er litt an Herzklopfen und manchmal an Atembeklemmung; ebenso wie sein Vater glaubte er, die Natur und die menschliche Seele bergen Geheimnisse, die man mitunter schauen, nie aber begreifen könne; er glaubte an die Gegenwart bestimmter Kräfte und Zeichen, ab und an wohlmeinender, häufiger jedoch feindlicher, und er glaubte auch an die Wissenschaft, ihren Wert und ihre Bedeutung. In letzter Zeit hatte er seine Leidenschaft für die Photographie entdeckt. Wegen des Geruchs der dabei verwendeten Chemikalien machte sich die alte Tante große Sorgen, die wiederum nicht ihr selbst, sondern Jascha, seiner Brust, galten; aber bei aller Weichheit des Gemütes steckte nicht wenig Eigensinn in ihm, und er setzte die ihm lieb gewordene Beschäftigung beharrlich fort. Platoscha fand sich drein, und nur noch öfter seufzte sie und flüsterte: »Herr, steh mir bei!«, wenn sie seine vom Jod rotgefärbten Finger sah.

Jakow mied, wie schon gesagt, seine Kommilitonen, nur an einen von ihnen hatte er sich recht eng angeschlossen und kam oft mit ihm zusammen, sogar noch, als dieser die Universität schon verlassen und eine Stellung angetreten hatte, eine ihn allerdings nur wenig beanspruchende – er »beteiligte sich«, um mit seinen Worten zu sprechen, am Bau der Erlöserkirche, freilich ohne etwas von Architektur zu verstehen. Sonderbar – dieser einzige Freund Aratows, ein Deutscher mit Namen Kupfer, der so zum Russen geworden war, daß er kein einziges Wort Deutsch konnte und »Deutscher« als Schimpfwort gebrauchte, dieser Freund hatte dem Anschein nach nichts mit ihm gemein. Er war ein schwarzlockiger, rotwangiger Bursche, stets guter Dinge, redselig und den Frauen, von Aratow so ängstlich gemieden, sehr zugetan. Er stellte sich oft zum Frühstück und Mittagessen bei ihm ein, ja er borgte sich, da er ein Mann von geringen Mitteln war, hin und wieder kleinere Beträge; doch nicht das veranlaßte den aufgeweckten kleinen Deutschen zum eifrigen Besuch des biederen Häuschens in der Schabolowka-Straße. Jakows Seelenlauterkeit, seine »Idealität« gefielen ihm, vielleicht als Gegensatz zu dem, was er jeden Tag erlebte; vielleicht aber äußerte sich in dieser Zuneigung zu dem »idealen« Jüngling sein dennoch deutsches Blut. Jakow hingegen liebte Kupfers gutmütige, offene Art; seine Berichte von Theatervorstellungen, Konzerten und Bällen, bei denen er Stammgast war, überhaupt von jener fernen, fremden Welt, in die einzudringen er sich nicht entschließen konnte, beschäftigten den jungen Einsiedler insgeheim, ja erregten ihn, ohne allerdings den Wunsch bei ihm zu entfachen, dies alles selbst zu erleben. Auch Platoscha hatte für Kupfer etwas übrig, obwohl sie ihn mitunter zu burschikos fand, doch da sie instinktiv spürte und verstand, daß er ihrem lieben Jascha aufrichtig verbunden war, duldete sie den lauten Gast nicht nur, sondern behandelte ihn voller Wohlwollen.

2

Zur Zeit, in der unsere Geschichte spielt, hatte sich in Moskau eine gewisse georgische Fürstin, eine Witwe, eingefunden, eine zweifelhafte, fast verdächtige Persönlichkeit. Sie war schon um die Vierzig, und gewiß war sie in ihrer Jugend von jener eigenartigen orientalischen Schönheit gewesen, die so schnell vergeht; jetzt legte sie Puder und Rouge auf und hatte blondgefärbtes Haar. Verschiedene nicht ganz vorteilhafte und nicht ganz eindeutige Gerüchte waren über sie im Umlauf; niemand kannte ihren Mann, und in keiner Stadt verweilte sie längere Zeit. Sie hatte weder Kinder noch Vermögen, aber sie lebte auf großem Fuß – vielleicht durch Schuldenmachen, vielleicht auch anders; sie unterhielt, wie man so sagt, einen Salon und empfing eine recht gemischte Gesellschaft, zum größten Teil junge Leute. Alles in ihrem Haus, angefangen bei ihrer eigenen Toilette, den Möbeln, der Tafel bis zu ihrer Equipage und dem Personal, trug den Stempel des Minderwertigen, Imitierten, Provisorischen, indes sie und ihre Gäste schienen nichts Besseres zu verlangen. Die Fürstin galt als Musik- und Literaturliebhaberin und als Gönnerin von Schauspielern und Künstlern; sie interessierte sich in der Tat für alle diese »Fragen«, und zwar mit einer Hingabe, die nicht einmal ganz unecht war. Zweifellos hatte sie eine ästhetische Ader. Außerdem war sie überaus verbindlich und liebenswürdig, frei von Dünkel und Affektiertheit und, was viele nicht vermuteten, sehr gütig, weichherzig und nachsichtig – Eigenschaften, die selten sind und darum um so wertvoller, namentlich bei einer Persönlichkeit dieses Schlages! »Ein eitles Frauenzimmer!« ließ sich ein kluger Kopf über sie aus. »Aber ins Paradies kommt sie ganz gewiß; denn sie verzeiht alles, und so wird auch ihr alles verziehen!« Es hieß sogar von ihr, jedesmal, wenn sie aus einer Stadt verschwunden sei, habe sie darin ebenso viele Gläubiger zurückgelassen wie Leute, die sie mit Wohltaten bedacht habe. Ein weiches Herz wendet sich eben nach jeder Seite.

Kupfer hatte, wie nicht anders zu erwarten, Einlaß in ihrem Haus gefunden und stand ihr nahe, böse Zungen behaupteten, allzu nahe. Seine Äußerungen über sie zeugten stets nicht nur von freundschaftlicher Verbundenheit, sondern auch von Respekt; er nannte sie eine goldene Frau – was auch von ihr geredet werde! – und glaubte fest, daß sie die Kunst liebe und verstehe. Und als er einmal bei den Aratows zu Mittag gegessen hatte und das Gespräch sich um die Fürstin und ihre Soirees drehte, begann er Jakow zuzusetzen, er solle sein Eremitendasein doch wenigstens einmal unterbrechen und ihm, Kupfer, gestatten, ihn seiner Freundin vorzustellen.

Zuerst wollte Jakow nichts davon wissen.

»Ja, was glaubst du denn«, rief Kupfer schließlich aus, »was mit einer Vorstellung gemeint ist? Ich nehme dich einfach mit, so wie du jetzt bist, im Gehrock, und bringe dich zu ihr zur Soiree. Etikette gibt's dort nicht! Du bist ein Mann der Wissenschaft und liebst Literatur und Musik« (wirklich stand in Aratows Arbeitszimmer ein Klavier, auf dem er hin und wieder ein paar Akkorde mit verminderter Septime griff), »und bei ihr findest du das alles in Hülle und Fülle! Auch triffst du dort sympathische Menschen, die keinerlei Ansprüche stellen. Und schließlich darfst du in deinen Jahren und bei deinem Aussehen« (Aratow senkte den Blick und winkte ab), »ja, ja, bei deinem Aussehen, die Gesellschaft nicht derartig meiden! Letzten Endes bringe ich dich nicht zu Generälen! Generäle kenne ich übrigens selbst nicht! Mann, sei kein Frosch! Moralität ist etwas Gutes, Ehrenwertes. Aber warum verschreibst du dich der Askese? Du willst doch nicht Mönch werden!«

Aratow indes sperrte sich weiter; da wurde Kupfer unverhofft von Platonida Iwanowna Hilfe zuteil. Obwohl sie nicht recht wußte, was Askese war, meinte sie doch auch, daß es Jaschenka nicht schaden könne, wenn er ein wenig Zerstreuung fände, Leute sähe und sich zeigte. »Um so mehr«, fügte sie hinzu, »als ich Vertrauen zu Fjodor Fjodorytsch habe. In üble Gesellschaft wird er dich nicht bringen.«

»In aller Unbescholtenheit bekommen sie ihn wieder!« versetzte Kupfer, den Platonida Iwanowna trotz ihres Vertrauens ängstlich musterte. Aratow wurde rot bis über beide Ohren, machte aber keine Einwände mehr.

Es endete damit, daß Kupfer ihn am folgenden Tag zur Fürstin mitnahm. Doch Aratow blieb nicht lange. Erstens fand er dort etwa zwanzig Gäste vor, Männer und Frauen, gewiß sympathisch, aber trotzdem fremd, und das machte ihn befangen; obwohl er nicht viel zu reden brauchte, hatte er doch davor die größte Angst. Zweitens mißfiel ihm die Gastgeberin selbst, wenn sie ihn auch sehr freundlich und ohne alle Umstände begrüßte. Alles an ihr mißfiel ihm – das geschminkte Gesicht, die aufgetürmten Locken, die süßlich-rauhe Stimme, das schrille Lachen, ihre Art, die Augen zu verdrehen, das allzu tiefe Dekolleté und diese dicken, glänzenden Finger mit der Unzahl von Ringen! In einer Ecke hockend, ließ er seinen Blick bald über die Gesichter der Gäste gleiten, ohne sie zu erkennen, bald starrte er vor sich hin. Und als schließlich ein ausländischer Sänger mit hagerem Gesicht, langen Haaren und Monokel unter der zusammengekniffenen Braue sich an den Flügel setzte und, mit Schwung Tasten und Pedale betätigend, eine Lisztsche Phantasie nach Themen von Wagner herunterhämmerte, hielt Aratow es nicht länger aus und stahl sich davon, im Herzen ein undeutliches, dumpfes Gefühl, durch welches hindurch etwas ihm Unbegreifliches, aber Bedeutsames, ja Beunruhigendes sich Bahn brach.

3

Am nächsten Tag kam Kupfer zum Mittagessen; indes er verbreitete sich nicht über die letzte Soiree, ja er machte Aratow nicht einmal Vorwürfe ob dessen fluchtartigen Aufbruchs, er bedauerte nur, daß er das Abendessen nicht abgewartet hatte, wo es nämlich Sekt gegeben habe! (In Klammern sei vermerkt, ein Erzeugnis aus Nishni Nowgorod.) Kupfer hatte vermutlich eingesehen, daß es ein vergebliches Unterfangen war, den Freund ein wenig aufzuheitern, und daß Aratow zu dieser Gesellschaft und diesem Lebensstil einfach »nicht paßte«. Auch seinerseits brachte Aratow das Gespräch weder auf die Fürstin noch auf den vergangenen Abend. Platonida Iwanowna wußte nicht, sollte sie sich über den Mißerfolg dieses ersten Versuches freuen oder ihn bedauern. Schließlich sagte sie sich, daß Jaschas Gesundheit von derartigen Ausfahrten leiden könne, und beruhigte sich. Kupfer ging gleich nach dem Essen und ließ sich darauf eine ganze Woche lang nicht sehen. Nicht, daß er Aratow der mißlungenen Empfehlung wegen grollte – in seiner Gutmütigkeit wäre er dazu gar nicht fähig gewesen –, aber offenbar hatte er eine Beschäftigung gefunden, die seine ganze Zeit und all sein Denken verschlang; denn auch in der Folge stellte er sich nur selten bei den Aratows ein, er war zerstreut, sprach wenig und verschwand alsbald wieder. Aratow lebte wie früher; und dennoch hatte sich, wenn man so sagen darf, ein Häkchen in seiner Seele festgesetzt. Ständig wollte er sich an etwas erinnern, ohne genau zu wissen, woran, aber es hing mit dem Abend zusammen, den er bei der Fürstin verbracht hatte. Trotzdem spürte er nicht das geringste Verlangen, noch einmal zu ihr zu gehen – die Welt, von der er einen Teil in ihrem Haus erlebt hatte, stieß ihn heftiger ab als je zuvor. So vergingen etwa sechs Wochen.

Und dann stand eines Morgens Kupfer wieder vor ihm, diesmal mit leicht betretener Miene.

»Ich weiß«, begann er mit gezwungenem Lachen, »daß die Visite damals nicht nach deinem Geschmack war, aber ich hoffe, daß du dennoch auf meinen Vorschlag eingehst und mir meine Bitte nicht abschlägst.«

»Worum handelt es sich?« fragte Aratow.

»Weißt du«, fuhr Kupfer fort und wurde dabei immer eifriger, »hier gibt es eine Gesellschaft von Dilettanten, Künstlern, die von Zeit zu Zeit Rezitationen, Konzerte, ja sogar Theateraufführungen zu Wohltätigkeitszwecken veranstaltet ...«

»Und beteiligt sich auch die Fürstin daran?« fragte Aratow.

»Die Fürstin beteiligt sich immer an guten Werken, aber das meine ich jetzt nicht. Wir haben eine literarisch-musikalische Matinee vor, und bei dieser Matinee kannst du ein Mädchen hören, ein außergewöhnliches Mädchen! Wir sind uns noch nicht im klaren, ob sie eine Rachel oder eine Viardot ist, weil sie sowohl vortrefflich singt als auch rezitiert und spielt. Ein erstklassiges Talent, lieber Freund! Ohne Übertreibung. Also nimmst du ein Billett? Fünf Rubel, wenn's die erste Reihe sein darf.«

»Und woher kommt dieses wunderbare Mädchen?« fragte Aratow.

Kupfer schmunzelte. »Das kann ich nicht sagen. In der letzten Zeit hat sie bei der Fürstin ein Unterkommen gefunden. Weißt du, solche werden von ihr protegiert. Bei jener Soiree hast du sie bestimmt gesehen.«

Aratow erbebte, innerlich, schwach, doch er sagte nichts.

»Sie hat sogar irgendwo in der Provinz gespielt«, fuhr Kupfer fort, »und ist überhaupt fürs Theater geschaffen. Du wirst es selbst erleben!«

»Wie heißt sie?« wollte Aratow wissen.

»Klara ...«

»Klara?« fiel ihm Aratow abermals ins Wort. »Das kann nicht wahr sein!«

»Warum soll das nicht wahr sein? Klara ... Klara Militsch; das ist nicht ihr richtiger Name, aber sie wird so genannt. Sie singt eine Romanze von Glinka und eine von Tschaikowski und rezitiert dann den Brief Tatjanas aus ›Eugen Onegin‹. Also, was ist, nimmst du ein Billett?«

»Und wann soll das sein?«

»Morgen, morgen halb zwei in einem Privatsaal auf der Ostoshenka-Straße. Ich hol dich ab. Ein Billett zu fünf Rubel? Da, nein, das ist eins zu drei Rubel. So! Hier ist das Programm. Ich gehöre zu den Veranstaltern.«

Aratow versank in Nachdenken. In diesem Augenblick trat Platonida Iwanowna ein; bei seinem Anblick geriet sie in helle Aufregung.

»Jascha«, rief sie, »was hast du? Du bist ja ganz verstört! Fjodor Fjodorytsch, was haben Sie zu ihm gesagt?«

Doch Aratow ließ seinem Freund keine Zeit, auf die Frage der Tante zu antworten, hastig ergriff er das ihm entgegengehaltene Billett und hieß Platonida Iwanowna Kupfer sogleich fünf Rubel geben.

Diese staunte und blinzelte. Dennoch reichte sie Kupfer schweigend das Geld. Gar zu barsch war Jaschenkas Ton gewesen.

»Ich sage dir, sie ist ein Wunder!« rief Kupfer schon im Gehen. »Warte morgen auf mich!«

»Hat sie schwarze Augen?« fragte Aratow hinter ihm her.

»Kohlrabenschwarze!« verkündete Kupfer lauthals und war verschwunden.

Aratow ging in sein Zimmer, Platonida Iwanowna flüsterte immer wieder: »Herr, steh mir bei!«

4

Der große Saal besagten Privathauses auf der Ostoshenka-Straße war schon zur Hälfte mit Zuschauern gefüllt, als Aratow und Kupfer eintrafen. Hier fanden bisweilen Theatervorstellungen statt, diesmal aber war weder Dekoration noch Vorhang zu sehen. Die Veranstalter der »Matinee« hatten sich darauf beschränkt, an dem einen Ende ein Podium zu errichten, ein Klavier, ein paar Notenständer, einige Stühle und einen Tisch mit einer Karaffe voll Wasser und einem Glas daraufzustellen und die ins Künstlerzimmer führende Tür mit rotem Tuch zuzuhängen. In der ersten Reihe saß schon die Fürstin, angetan mit einem leuchtendgrünen Kleid. Aratow ließ sich, nachdem er sie mit flüchtiger Verbeugung begrüßt hatte, in einiger Entfernung von ihr nieder. Das Publikum war, was man bunt zusammengewürfelt nennt; am zahlreichsten waren junge Leute aus höheren Schulen vertreten. Kupfer als einer der Ordner, mit weißer Schleife am Frackrevers, eilte geschäftig hin und her und hatte alle Hände voll zu tun; die Fürstin war sichtlich erregt, sie blickte in die Runde, schickte ihr Lächeln nach allen Seiten und unterhielt sich mit ihren Nachbarn, ausschließlich Männern. Als erster erschien auf dem Podium ein Flötenspieler von schwindsüchtigem Aussehen und blies unter Gespucke ein ebenso schwindsüchtiges Stückchen; zwei Zuschauer riefen: »Bravo!« Dann trug ein dicker, solide, ja düster wirkender Herr mit Brille in tiefstem Baß eine Skizze von Stschedrin vor; man applaudierte der Skizze, nicht ihm. Es folgte der Klavierspieler, den Aratow schon kannte, und er hämmerte dieselbe Lisztsche Phantasie herunter; der Klavierspieler wurde herausgerufen, er verbeugte sich, die Hand auf die Stuhllehne gestützt, und nach jeder Verbeugung schleuderte er die Haare zurück, ganz wie Liszt! Endlich, nach einer recht langen Pause, bewegte sich das rote Tuch an der Tür zur Bühne, flog weit auf, und es erschien Klara Militsch. Der Saal dröhnte vom Applaus. Mit zögernden Schritten ging sie zum vorderen Rand des Podiums, blieb stehen und verharrte reglos, die großen, schönen Hände ohne Handschuhe vor sich gefaltet – sie machte keinen Knicks, neigte den Kopf nicht und lächelte auch nicht.

Klara Militsch war ein Mädchen von etwa neunzehn Jahren, groß, ein wenig breitschultrig, doch gut gebaut. Ihr Gesicht war bräunlich, halb jüdischen, halb zigeunerhaften Typus, die Augen klein und schwarz; die Brauen dicht, fast zusammengewachsen, die Nase gerade, eine Kleinigkeit nach oben gebogen, fein die Lippen und schön, aber scharf geschnitten, ein dicker, schwarzer Zopf, dem man die Schwere ansah, niedrig, unbeweglich wie aus Stein die Stirn, die Ohren klein, das ganze Antlitz schwermütig, fast herb. Aus allem sprach ein leidenschaftliches, eigenwilliges, aber kaum gutmütiges, kaum sonderlich einsichtsvolles, dennoch talentvolles Wesen.

Eine Zeitlang hielt sie die Augen gesenkt, plötzlich aber fuhr sie zusammen und ließ ihren steten, unaufmerksamen, förmlich in sich selbst versenkten Blick über die Zuschauerreihen schweifen. »Was für tragische Augen sie hat!« bemerkte hinter Aratow ein grauhaariger Fant mit dem Gesicht einer Kokotte aus Reval, ein in Moskau bekannter Zuträger und Schnüffler. Der Fant war dumm und wollte eine Dummheit sagen, sagte aber die Wahrheit. Erst jetzt merkte Aratow, der seit Klaras Auftreten den Blick nicht von ihr wandte, daß er sie tatsächlich bei der Fürstin gesehen hatte, und nicht nur das, er war auch innegeworden, daß sie ihn mit ihren durchdringenden schwarzen Augen mehrmals unverwandt angesehen hatte. Und jetzt – oder bildete er sich das ein? – schien es ebenfalls, da sie ihn in der ersten Reihe sah, als freue sie sich und werde rot, und wieder sah sie ihn unverwandt an. Dann tat sie, ohne sich umzudrehen, zwei Schritte zum Klavier, an dem bereits ihr Begleiter, der langhaarige Ausländer, saß. Auf dem Programm stand Glinkas Romanze »Kaum ward ich Deiner gewahr …«. Sie begann auch unverzüglich zu singen, die Hände immer noch in derselben Haltung, die Noten nicht beachtend. Ihre Stimme war klangvoll und weich, Kontraalt, die Worte sprach sie deutlich und mit Nachdruck aus, sie sang gleichförmig, ohne Nuancen, doch mit starker Aussagekraft. »Sie singt mit Überzeugung«, meinte der Fant hinter Aratow und hatte damit wieder die Wahrheit gesagt. Ringsum wurde »Bis! Bravo!« gerufen, sie aber warf einen raschen Blick auf Aratow, der weder rief noch klatschte – ihm hatte ihr Gesang nicht sonderlich gefallen –, deutete eine Verbeugung an und ging, ohne den ihr dargebotenen Arm des Pianisten zu ergreifen. Man rief nach ihr. Es dauerte eine Weile, bis sie erschien; mit den gleichen zögernden Schritten trat sie ans Klavier, und nachdem sie ihrem Begleiter etwas zugeflüstert hatte, der daraufhin andere als die vorbereiteten Noten heraussuchen und vor sich zurechtlegen mußte, stimmte sie die Tschaikowskische Romanze »Nur der, wer die Sehnsucht kennt« an. Diese Romanze sang sie anders als die erste, gedämpft, förmlich erschöpft, und erst beim vorletzten Vers: »Es schwindelt mir, es brennt mein Eingeweide« stieß sie einen tönenden, inbrünstigen Schrei aus. Den letzten Vers: »Nur wer die Sehnsucht kennt, weiß, was ich leide« flüsterte sie fast, wobei sie das letzte Wort wehmütig in die Länge zog. Diese Romanze beeindruckte das Publikum weniger als die von Glinka, dennoch wurde viel applaudiert. Kupfer tat sich besonders hervor; indem er die Handflächen gekrümmt aufeinanderschlug, erzeugte er ein ungewöhnlich lautes Klatschen. Die Fürstin hatte ihm einen großen, zerdrückten Blumenstrauß gegeben, damit er ihn der Sängerin überreiche, doch diese übersah Kupfers gebeugte Gestalt und die ausgestreckte Hand mit dem Blumenstrauß, drehte sich um und ging, abermals ohne auf den Pianisten zu warten, der eiliger als beim vorigen Mal aufsprang, um sie hinauszubegleiten, und, allein geblieben, die Haare in einer Art zurückschleuderte, wie es Liszt gewiß nie getan hatte.

Während Klara sang, beobachtete Aratow unablässig ihr Gesicht. Wieder dünkte ihm, als wären ihre Augen hinter den niedergeschlagenen Wimpern auf ihn gerichtet, doch vor allem überraschte ihn die Starrheit dieses Gesichtes, der Stirn, der Brauen, und erst bei ihrem leidenschaftlichen Aufschrei sah er zwischen den kaum geöffneten Lippen eine Reihe weißer, engstehender Zähne blitzen.

Kupfer trat an ihn heran.

»Na, wie findest du es?« fragte er freudestrahlend.

»Die Stimme ist gut«, erwiderte Aratow, »aber singen kann sie noch nicht, es fehlt die richtige Schule.« (Warum er das sagte und was er selbst für einen Begriff von »Schule« hatte, mochte der Herrgott wissen!)

Kupfer war verwundert.

»Es fehlt also die Schule«, wiederholte er gedehnt. »Na ja, das … Sie kann ja noch dazulernen. Aber was für eine Seele! Wart's ab, du wirst sie ja noch mit dem Tatjana-Brief hören.«

Er eilte davon, und Aratow dachte: Seele! Bei diesem unbeweglichen Gesicht! Er fand, daß sie sich wie eine Schlafwandlerin gab und bewegte. Unterdessen aber ... ja, kein Zweifel! Kein Zweifel, sie hatte ihn angesehen.

Inzwischen nahm die Matinee ihren Fortgang. Wieder erschien der dicke Mann mit der Brille; trotz seines seriösen Aussehens trat er als Komiker auf und trug eine Szene von Gogol vor, mit der er diesmal nicht den geringsten Beifall erntete. Wieder huschte der Flötenspieler über die Bühne; wieder hämmerte der Pianist; ein zwölfjähriger Knabe mit pomadisiertem, künstlich gelocktem Haar, aber Tränenspuren auf den Wangen, spielte kratzend ein paar Variationen auf der Geige. Seltsam mutete an, daß in den Pausen zwischen Vortrag und Musik immer wieder einzelne Waldhornklänge aus dem Künstlerzimmer drangen, ohne daß dieses Instrument Verwendung fand. Später stellte sich heraus, daß der Dilettant, der sich dafür gemeldet hatte, im Augenblick, da er vors Publikum treten sollte, den Mut verloren hatte. Schließlich erschien noch einmal Klara Militsch.

Sie hielt einen Band Puschkin in der Hand, blickte jedoch während ihres Vortrages nicht ein einziges Mal hinein. Sie war sichtlich erregt, das kleine Buch zitterte in ihrer Hand. Aratow bemerkte auch den wehmütigen Ausdruck, der *jetzt* auf ihren strengen Zügen lag. Den ersten Vers: »Ich bin so kühn, an Sie zu schreiben / Ach, braucht es mehr als dies allein?« sprach sie ganz schlicht, fast naiv, und mit naiver, aufrichtiger, hilfloser Gebärde streckte sie beide Hände vor. Dann wurde sie ein wenig schneller, doch schon bei den Versen: »Ein andrer ... Nein! Es kann auf Erden / Mein Herz sich keinem andern weihn!« hatte sie sich in der Gewalt, sie wurde lebhafter, und als sie an die Worte kam: »Dich zu gewinnen, war mein Leben / Ein einzig Pfand nur, fort und fort ...«, klang ihre bis dahin recht dumpfe Stimme auf einmal kühn und schwungvoll, und ebenso kühn und unverhohlen heftete sie ihren Blick auf Aratow. Mit dieser Hingabe deklamierte sie weiter, und erst gegen Ende senkte sie ihre Stimme wieder, und darin sowie auf ihrem Antlitz spiegelte sich die frühere Wehmut. Den letzten Vierzeiler ratterte sie, wie man so sagt, herunter, das Puschkin-Bändchen entglitt ihr, und hastig entfernte sie sich.

Das Publikum brach in frenetischen Beifall aus, rief nach ihr. Ein kleinrussischer Seminarist schrie dabei so laut: »Mylytsch! Mylytsch!«, daß ihn sein Nachbar höflich und teilnehmend bat, »mit sich den zukünftigen Protodiakon« zu schonen. Aratow hingegen stand unverzüglich auf und begab sich zum Ausgang. Kupfer holte ihn ein.

»Ich bitte dich, wo willst du hin?« zeterte er. »Wenn du möchtest, stelle ich dich Klara vor.«

»Nein, danke«, entgegnete Aratow eilig und machte sich nahezu im Laufschritt auf den Heimweg.

5

Sonderbare, ihm selbst unklare Empfindungen wühlten ihn auf. Im Grunde hatte auch Klaras Rezitation ihm nicht gefallen, obgleich er sich nicht erklären konnte, wieso nicht. Sie hatte ihn in Unruhe versetzt, diese Rezitation, sie dünkte ihn herb, unharmonisch. Sie hatte gleichsam etwas in ihm verletzt, Gewalt gegen ihn angewandt. Und diese Blicke, so starr, fast aufdringlich, was sollten sie? Was bedeuteten sie?

Aratows Bescheidenheit ließ auch nicht einen einzigen flüchtigen Gedanken daran zu, daß er diesem eigenartigen Mädchen gefallen, in ihr ein Gefühl wie Liebe, Leidenschaft geweckt haben könnte. Ja, er hatte eine ganz andere Vorstellung von jener noch unbekannten Frau, jenem Mädchen, dem er sich ganz hingeben würde, die ihn lieben, die seine Braut, seine Frau werden würde. Nur selten träumte er davon, er war unberührt an Leib und Seele, doch das lautere Bild, das dann in seiner Phantasie entstand, wurde von einem anderen Bild überdeckt, dem seiner verstorbenen Mutter, an die er sich kaum erinnern konnte, deren Porträt er aber wie ein Heiligtum bewahrte. Dieses Porträt war ein Aquarell, ziemlich kunstlos von einer befreundeten Nachbarin gemalt, doch von verblüffender Ähnlichkeit, wie alle behaupteten. Dieses zarte Profil, diese gütigen, hellen Augen, dieses seidige Haar, dieses Lächeln, diesen klaren Gesichtsausdruck mußte jene Frau, jenes Mädchen haben, auf die er noch nicht einmal zu warten wagte …

Diese Dunkelhäutige indes mit den derben Haaren und dem Anflug von Schnurrbart auf der Lippe, sie war gewiß böse und mutwillig … eine »Zigeunerin« (Aratow konnte keinen schlimmeren Ausdruck finden). Was war die ihm?

Unterdessen fand Aratow nicht die Kraft, sich jene dunkelhäutige Zigeunerin aus dem Sinn zu schlagen, deren Rezitation und Gesang, ja selbst deren Aussehen ihm nicht gefielen. Er war ratlos und wütend auf sich selbst. Kurz zuvor hatte er Walter Scotts Roman »St. Ronan's Brunnen« gelesen (eine vollständige Sammlung der Werke Walter Scotts befand sich in der Bibliothek seines Vaters, der in dem englischen Romancier einen seriösen, fast wissenschaftlich schreibenden Schriftsteller verehrte). Die Heldin dieses Romans hieß Clara Mowbray. Krassow, ein Dichter der vierziger Jahre, hatte auf sie ein Gedicht gemacht, das mit den Worten schloß:

Unglückliche Clara! Törichte Clara!
Unglückliche Clara Mowbray!

Auch Aratow kannte dieses Gedicht. Und jetzt gingen ihm diese Worte unaufhörlich durch den Kopf. »Unglückliche Klara! Törichte Klara!« (Darum war er auch so erstaunt gewesen, als Kupfer ihm den Namen Klara Militsch nannte.) Sogar Platoscha bemerkte, wenn auch nicht eine Veränderung in Jakows Wesen – im Grunde war überhaupt keine solche mit ihm vor sich gegangen –, so doch etwas Unheimliches in seinen Blicken und Worten. Vorsichtig fragte sie ihn nach der literarischen Matinee, die er besucht hatte, flüsterte, seufzte, sah ihn von vorn, von der Seite und von hinten an, und plötzlich schlug sie in die Hände und rief: »Jetzt weiß ich's, was mit dir ist, Jascha!«

»Was denn?« fragte Aratow.

»Du bist gewiß bei dieser Matinee einer von diesen Schwanzträgerinnen begegnet.« (So bezeichnete Platonida Iwanowna alle Damen, die moderne Kleider trugen.) »Einem hübschen Frätzchen, das bald süß, bald sauer dreinschaut.« (Platoscha machte die Gesichter nach), »und wie es erst mit den Augen kullert.« (Auch das stellte sie dar, indem sie mit dem Finger große Kreise in der Luft beschrieb!) »Weil du's nicht kennst, hat's dir gefallen, aber das ist doch alles dummes Zeug, Jascha, dummes Zeug! Trink deinen Tee zur Nacht, und morgen ist alles vorüber! O Gott, steh mir bei!«

Platoscha verstummte und entfernte sich. Wohl noch nie im Leben hatte sie eine so lange, lebhafte Rede gehalten, und Aratow dachte: Die Tante hat wahrscheinlich recht. Ich bin so was eben nicht gewöhnt. (Es war in der Tat das erstemal, daß er die Aufmerksamkeit einer Person weiblichen Geschlechts auf sich gelenkt hatte, zumindest war ihm das früher nie aufgefallen.) Man darf sich nicht verzärteln lassen.

Und er machte sich über seine Bücher her, trank zur Nacht mehrere Tassen Lindenblütentee und schlief sogar gut und traumlos. Am nächsten Morgen befaßte er sich wieder, als sei nichts gewesen, mit photographischer Arbeit.

Doch am Abend wurde sein Seelenfriede aufs neue gestört.

6

Ein Bote brachte ihm nämlich ein Billett, beschrieben mit einer großen, fehlerhaften, weiblichen Handschrift, folgenden Inhalts:

Wenn Sie ahnen, wer Ihnen schreibt, und wenn Sie das nicht verärgert, kommen Sie morgen nachmittag auf den Twerskoi Boulevard, gegen fünf Uhr, und warten Sie. Sie werden nicht lange in Anspruch genommen. Doch dies ist sehr wichtig. Kommen Sie.

Eine Unterschrift fehlte. Aratow wußte sofort, wer die Schreiberin war, und gerade das empörte ihn. »Was für ein Unsinn!« sagte er fast laut. »Das hat noch gefehlt. Natürlich geh ich nicht hin.« Er ließ jedoch den Boten rufen, von dem er lediglich in Erfahrung bringen konnte, daß diesem der Brief von einem Dienstmädchen auf der Straße übergeben worden war. Nachdem ihn Aratow entlassen hatte, las er den Brief noch einmal und schleuderte ihn dann zu Boden. Eine Weile später hob er ihn auf und las ihn wieder, abermals rief er: »Unsinn!« Er warf den Brief aber nicht mehr zu Boden, sondern steckte ihn in eine Schublade. Aratow widmete sich seinen gewohnten Beschäftigungen, bald dieser, bald jener, doch so recht wollte ihm nichts gelingen. Plötzlich gestand er sich ein, daß er auf Kupfer wartete. Ihn wollte er gern ausfragen oder ihm vielleicht sogar etwas von der Angelegenheit sagen. Aber Kupfer kam nicht. Da griff Aratow zu Puschkin, las den Brief Tatjanas und fand abermals, daß jene »Zigeunerin« den eigentlichen Sinn dieses Briefes überhaupt nicht verstanden habe. Und dieser Spaßvogel Kupfer schreit auch noch: Eine Rachel! Eine Viardot! – Dann trat er an sein Klavier, öffnete mechanisch den Deckel und versuchte, aus dem Gedächtnis die Melodie der Tschaikowski-Romanze zu finden, doch gleich darauf schlug er das Klavier ärgerlich zu und ging zur Tante, in ihr stets warm geheiztes Zimmer mit dem ständigen Geruch von Minze, Salbei und anderen Heilkräutern und einer solchen Menge Läufer, Etageren, Bänkchen, Kissen und verschiedener Polstermöbel, daß einer, dem dies fremd war, sich hier kaum umzudrehen vermochte und Atembeklemmung bekam. Platonida Iwanowna saß am Fenster, die Stricknadeln in Händen (sie strickte Jaschenka einen Schal, den achtunddreißigsten in seinem Leben), und war überaus erstaunt. Aratow kam nur selten zu ihr herein; wenn er etwas brauchte, rief er sonst immer mit dünner Stimme aus seinem Arbeitszimmer: »Tante Platoscha!« Sie hieß ihn jedoch sich setzen und war in Erwartung seiner ersten Worte ganz Ohr, wobei sie ihn mit einem Auge durch das runde Brillenglas, mit dem anderen darüber hinweg ansah. Sie erkundigte sich nicht, wie es ihm ginge, und bot ihm auch keinen Tee an; denn sie sah, daß er nicht deswegen gekommen war. Aratow zögerte eine Weile, dann fing er an zu reden, von seiner Mutter, wie sie mit dem Vater gelebt und wie dieser sie kennengelernt habe. Das alles wußte er recht gut, aber er wollte gerade darüber reden. Zu seinem Leidwesen verstand sich Platoscha überhaupt nicht auf Unterhaltung, sie antwortete einsilbig, als argwöhnte sie, daß Jascha nicht deshalb zu ihr gekommen war.

»Ja«, sagte sie und bewegte hastig, fast ärgerlich ihre Nadeln, »freilich war deine Mutter ein sanftes Wesen, gewiß. Und dein Vater liebte sie, wie es sich für einen Ehemann geziemt, treu und ehrlich bis in den Tod, und er hat keine andere Frau je geliebt!« fügte sie hinzu und nahm die Brille ab.

»War sie nicht auch sehr schüchtern?« fragte Aratow nach einer Weile des Schweigens.

»Das war sie allerdings. So wie es dem weiblichen Geschlecht ansteht. Heute sind die Frauen ja dreister.«

»Zu ihrer Zeit gab es das wohl nicht?«

»O ja, wieso nicht! Aber was waren das für Frauen? Schamlose Herumtreiberinnen! Die schleppten den Rock nach und liefen ganz liederlich herum. Das machte ihnen gar nichts aus. Doch höchstens ein Einfaltspinsel fiel auf solche rein. Anständige Leute hatten nichts mit ihnen zu schaffen. Denk mal nach, hast du je in unserem Haus solche gesehn?«

Aratow blieb die Antwort schuldig und ging in sein Zimmer zurück. Platonida Iwanowna sah ihm nach, schüttelte den Kopf und setzte ihre Brille wieder auf; sie wollte sich erneut an den Schal machen, doch ein ums andere Mal schweiften ihre Gedanken ab, und sie ließ die Nadeln in den Schoß sinken.

Aratow aber dachte bis in die Nacht hinein mit unverändertem Ärger und Zorn an diesen Brief, an die »Zigeunerin«, an das Treffen, zu dem er ganz bestimmt nicht gehen würde. Und auch in der Nacht ließ sie ihm keine Ruhe. Ständig sah er ihre Augen, bald zusammengekniffen, bald weit geöffnet, unverwandt auf sich gerichtet, und diese unbeweglichen Züge mit ihrem herrischen Ausdruck.

Am nächsten Morgen wartete er wieder auf Kupfer; fast hätte er ihm einen Brief geschrieben, doch er tat nichts dergleichen; von immer heftiger werdender Erregung ergriffen, ging er in seinem Zimmer auf und ab. Nicht einen Augenblick lang ließ er in sich den Gedanken aufkommen, daß er zu diesem dummen »Rendezvous« gehen würde; um halb vier, nach einem hastig hintergeschlungenen Mittagsmahl, nahm er aber plötzlich Mütze und Mantel, schlich sich, von der Tante unbemerkt, aus dem Haus und schlug die Richtung zum Twerskoi Boulevard ein.

7

Aratow traf dort nur auf wenige Passanten. Es war feucht und recht kalt. Er bemühte sich, nicht daran zu denken, was er tat, zwang sich, sein Augenmerk auf alle ihn umgebenden Dinge zu richten, und versicherte sich förmlich selbst, daß er wie jene Passanten spazierengehe. Den Brief vom Vortag trug er in der Seitentasche und fühlte ständig dessen Gegenwart. Zweimal ging er den Boulevard auf und nieder, wobei er jede sich ihm nähernde Frauengestalt eindringlich und mit wildem Herzklopfen musterte. Müdigkeit überkam ihn, und er setzte sich auf eine Bank. Plötzlich fuhr es ihm durch den Sinn: Wenn dieser Brief nun nicht von ihr stammt, sondern von jemand anderem, einer anderen Frau? Eigentlich hätte ihm das gleichgültig sein können, und dennoch mußte er sich eingestehen, daß es ihm nicht recht gewesen wäre. Es wäre gar zu dumm, dachte er, noch dümmer als *das*! Nervöse Unruhe bemächtigte sich seiner, er fror, nicht äußerlich, innerlich. Mehrmals nahm er die Uhr aus der Westentasche, sah nach, wie spät es war, steckte sie ein und vergaß gleich wieder, wie viele Minuten an fünf Uhr fehlten. Ihn dünkte, daß alle Vorbeigehenden ihn mit belustigter Verwunderung und Neugier betrachteten. Ein struppiges Hündchen kam heran, beschnupperte seine Beine und wedelte mit dem Schwanz; ärgerlich wehrte er es ab. Am meisten verdroß ihn ein Lehrjunge in einem Zwillichkittel, der auf einer Bank der anderen Boulevardseite saß, pfeifend, sich kämmend und mit den Beinen, die in großen schadhaften Stiefeln steckten, baumelnd, und immer wieder zu ihm herübersah. Sicher wartet sein Chef auf ihn, dachte Aratow, dabei bietet dieser Faulenzer hier Maulaffen feil!

Im gleichen Augenblick aber wähnte er, daß jemand an ihn herangetreten und dicht hinter ihm stehengeblieben sei, ein warmer Hauch traf ihn von dort.

Er drehte sich um – sie!

Er erkannte sie auf der Stelle, obwohl ein dichter dunkelblauer Schleier ihr Gesicht verdeckte. Sofort sprang er auf und verharrte in dieser Stellung, keines Wortes fähig. Auch sie schwieg. Seine Befangenheit war groß, die ihre nicht minder, ihm entging selbst trotz des Schleiers nicht, wie tödlich blaß sie war. Sie aber nahm als erste das Wort.

»Ich danke Ihnen«, begann sie mit stockender Stimme. »Ich danke Ihnen, daß Sie gekommen sind. Ich hatte es nicht zu hoffen gewagt …«

Sie wandte sich zum Gehen. Aratow folgte ihr.

»Vielleicht verurteilen Sie mich«, fuhr sie fort, ohne sich nach ihm umzuwenden. »In der Tat, meine Handlungsweise ist auch höchst sonderbar. Aber ich habe viel von Ihnen gehört … nein! Nicht aus dem Grund habe ich … Wenn Sie wüßten … Ich möchte Ihnen so vieles sagen, o Gott! … Aber wie soll ich das tun … Wie?«

Aratow ging an ihrer Seite, ein wenig hinter ihr. Er konnte ihr Gesicht nicht sehen, nur ihren Hut, ein Stück des Schleiers und die lange schwarze, schon abgetragene Mantille. All sein Zorn auf sie und sich selbst war schlagartig wieder da, mit einemmal erkannte er das Lächerliche und Törichte dieses Treffens, dieser Offenbarungen unter einander völlig fremden Menschen auf einem öffentlichen Boulevard.

»Ich habe«, begann er seinerseits, »Ihrer Aufforderung Folge geleistet, gnädige Frau« (ihre Schultern zuckten ein wenig, sie bog in eine Seitenstraße ein, er ging ihr nach), »nur um zu klären, um in Erfahrung zu bringen, auf Grund welches sonderbaren Mißverständnisses es Ihnen beliebte, sich an mich, einen Ihnen fremden Mann, zu wenden, der nur deshalb *ahnte*, wie Sie sich in Ihrem Brief ausdrückten, daß Sie es waren, die ihm schrieb, weil Sie ihn während jener Literaturmatinee allzu offensichtlich Ihrer Aufmerksamkeit teilhaftig werden ließen.«

Diese kleine Rede hielt Aratow mit jener zwar wohltönenden, aber doch unsicheren Stimme, mit der sehr junge Menschen bei der Prüfung in einem Fach antworten, auf das sie sich gut vorbereitet haben. Er war ärgerlich, wütend. Und diese Wut war es auch, die ihm die sonst nicht sehr gewandte Zunge lockerte.

Sie ging weiter, die schmale Straße entlang, den Schritt ein wenig verlangsamt. Aratow folgte ihr noch immer, nach wie vor sah er nur die alte Mantille und den Hut, der auch nicht mehr ganz neu war. Die Eigenliebe quälte ihn bei dem Gedanken, daß sie jetzt denken mußte: Ich brauchte ihm nur einen Wink zu geben, und schon war er da!

Er schwieg, er wartete, daß sie ihm antwortete, aber sie sagte kein Wort.

»Ich bin bereit, Ihnen zuzuhören«, begann er wieder, »und wäre sogar sehr froh, wenn ich Ihnen irgendwie behilflich sein könnte, obgleich ich mich, wie ich gestehe, wundere ... Bei meinem zurückgezogenen Dasein ...«

Bei seinen letzten Worten hatte sich Klara unvermittelt zu ihm umgedreht, und da blickte er in ein so erschrockenes, ein so tief betrübtes Gesicht mit so großen, hellen Tränen in den Augen, mit einem so bitteren Zug um den geöffneten Mund, und so schön war dieses Gesicht, daß er unwillkürlich stockte und selbst etwas wie Schrecken, Mitleid und Rührung verspürte.

»Ach, warum … warum reden Sie so!« sagte sie mit entwaffnender Freimütigkeit, und wie ergreifend klang ihre Stimme! »Hat Sie mein Schreiben verstimmt, haben Sie etwa gar nichts verstanden? Ach nein, nichts haben Sie verstanden, Sie haben nicht verstanden, was ich Ihnen gesagt habe, Sie denken Gott weiß was von mir und überlegen sich nicht einmal, was es mich gekostet hat, Ihnen zu schreiben! Nur an sich denken Sie, an ihre Würde. Ihre Ruhe! Habe ich vielleicht …« (Sie preßte ihre vor den Mund gehaltenen Hände so heftig zusammen, daß die Finger hörbar knackten.) »Als ob ich etwas von Ihnen verlangt hätte, als ob erst Erklärungen nötig wären! ›Gnädige Frau …‹, ›ich wundere mich …‹, ›wenn ich Ihnen behilflich sein könnte …‹ Ach, ich bin ja dumm! Ich habe mich getäuscht in Ihnen, in Ihrem Gesicht! Als ich Sie zum erstenmal sah … Da … Sie stehen da … Wenn Sie wenigstens ein einziges Wort sagten! Wollen Sie mir wirklich nichts sagen?«

Sie verstummte. Plötzlich wurde sie rot im Gesicht und setzte eine hochmütige, abweisende Miene auf.

»O Gott, wie ist das dumm!« rief sie mit hartem Lachen aus. »Wie ist unser Treffen dumm! Wie bin ich dumm und Sie auch! Pfui!«

Sie machte eine verächtliche Handbewegung, als wollte sie Aratow aus dem Weg schieben, ging an ihm vorbei, eilte über den Boulevard und war verschwunden.

Diese Handbewegung, dieses kränkende Lachen, dieser letzte Ausruf versetzten Aratow in die frühere Stimmung und erstickten jenes Gefühl, das in ihm aufgekommen war, als sie sich mit Tränen in den Augen zu ihm umwandte. Er wurde wieder wütend, und beinahe hätte er der Davoneilenden nachgerufen: Aus Ihnen kann eine gute Schauspielerin werden, aber warum wollen Sie ausgerechnet mit mir Komödie spielen?

Mit großen Schritten ging er nach Hause, und obwohl der Ärger und der Verdruß den ganzen Weg über anhielten, brach sich doch gleichzeitig, ohne daß er es wehren konnte, durch all diese unguten, feindseligen Gefühle die Erinnerung an jenes wundervolle Antlitz Bahn, das er nur einen Augenblick gesehen hatte. Er fragte sich sogar: Warum habe ich ihr nicht geantwortet, als sie von mir nur ein einziges Wort forderte? Ich bin nicht dazu gekommen, dachte er. Sie hat mich dieses Wort nicht aussprechen lassen. Und was für ein Wort hätte es sein sollen?

Doch schon schüttelte er den Kopf und sagte geringschätzig: »Eine Schauspielerin!«

Indessen fühlte sich die anfangs getretene Eigenliebe des unerfahrenen, nervösen Jünglings dadurch geschmeichelt, daß er eine solche Leidenschaft hatte entfachen können.

Dafür, fuhr er in seinen Überlegungen fort, ist in dieser Minute auch alles aus. Ich habe ihr ja lächerlich vorkommen müssen!

Dieser Gedanke war ihm lästig, und so wurde er abermals wütend, auf sie und auf sich selbst. Zu Hause angekommen, schloß er sich in seinem Zimmer ein. Er hatte keine Lust, mit Platoscha zusammenzutreffen. Die gute Alte kam zweimal an seine Tür, legte das Ohr ans Schlüsselloch, seufzte nur und flüsterte ihr Gebet.

Es hat angefangen! dachte sie. Dabei ist er erst fünfundzwanzig. Ach, so früh, so früh!

8

Den ganzen nächsten Tag war Aratow schlecht aufgelegt. »Was hast du, Jascha?« fragte Platonida Iwanowna. »Du machst heute so einen zerrissenen Eindruck.« In der eigenartigen Sprache der alten Frau gab dieser Ausdruck den Gemütszustand Aratows recht treffend wieder. Er konnte nicht arbeiten und wußte selbst nicht, was er eigentlich wollte. Bald wartete er wiederum auf Kupfer (er vermutete, daß Klara seine Adresse von Kupfer bekommen hatte – ja, wer sonst hätte ihr »viel von ihm erzählen« können?), bald grübelte er darüber nach, ob seine Bekanntschaft mit ihr wirklich so enden sollte, bald bildete er sich ein, sie werde ihm ein zweites Mal schreiben, doch dann fragte er sich, ob es nicht eher an ihm sei, ihr zu schreiben und ihr alles zu erklären, da er es nicht bei einer für ihn unvorteilhaften Meinung bewenden lassen wollte; aber was sollte er ihr eigentlich erklären? Bald entfachte er in sich fast ein Gefühl des Widerwillens gegen sie, gegen ihre Zudringlichkeit und Vermessenheit, bald hatte er aufs neue dieses unsagbar rührende Gesicht vor Augen und hörte er die bezaubernde Stimme; bald erinnerte er sich an ihren Gesang und ihre Rezitation, und er wußte nicht, ob er mit seiner pauschalen Verurteilung recht getan hatte. Kurzum – ein zerrissener Mensch! Schließlich war er all dessen überdrüssig, und er beschloß, wie man so sagt, »ein Mann zu sein« und einen Strich unter die ganze Geschichte zu ziehen, da sie zweifellos seinen Arbeiten hinderlich war und ihm die Ruhe raubte. Dennoch war es kein leichtes, diesen Entschluß wahr zu machen. Mehr als eine Woche verging, ehe er wieder in seiner gewohnten Bahn war. Zum Glück ließ sich Kupfer überhaupt nicht sehen, geradeso als wäre er gar nicht in Moskau. Kurz vor der »Geschichte« hatte Aratow angefangen, sich zu photographischen Zwecken mit Malerei zu befassen, ihr gab er sich nun mit verdoppeltem Eifer hin.

So vergingen mit einigen, wie die Ärzte sagen, »Rückfällen«, die darin bestanden, daß er beispielsweise einmal drauf und dran war, der Fürstin einen Besuch abzustatten, unmerklich zwei, drei Monate, und Aratow war wieder der Aratow von einst. Nur dort unten, unter der Oberfläche seines Daseins, begleitete ihn auf allen seinen Wegen etwas Dunkles, Lastendes. So schwimmt ein großer, soeben gefangener, aber noch nicht herausgezogener Fisch am Grund eines tiefen Flusses unter dem Kahn mit, in dem der Fischer sitzt, die starke Angelschnur in der Hand.

Da stieß Aratow eines Tages, als er eine nicht mehr ganz neue Nummer der »Moskowskije wedomosti« überflog, auf folgende Meldung:

»In großer Betrübnis«, schrieb ein Lokalkorrespondent aus Kasan, »verzeichnen wir in unserer Theaterchronik die Nachricht vom plötzlichen Ableben unserer begabten Schauspielerin Klara Militsch, die in der kurzen Zeit ihres Engagements der Liebling unseres anspruchsvollen Publikums geworden war. Unser Schmerz ist um so größer, als Frau Militsch aus eigenem Entschluß ihrem jungen, so verheißungsvollen Leben mittels Gift ein Ende setzte. Und um so schrecklicher ist dieser Freitod, als die Künstlerin das Gift unmittelbar im Theater nahm! Man hatte sie kaum nach Hause gebracht, da war sie schon zu jedermanns Bedauern verschieden. In der Stadt laufen Gerüchte um, daß eine unbefriedigt gebliebene Liebe sie zu diesem Schritt veranlaßt habe.«

Aratow ließ die Zeitung langsam auf den Tisch sinken. Äußerlich blieb er ganz ruhig, doch plötzlich schlug ihm etwas gegen Brust und Kopf und breitete sich allmählich in allen Gliedmaßen aus. Er stand auf, verharrte eine Weile reglos auf seinem Platz, setzte sich wieder und las die Meldung von neuem. Dann erhob er sich abermals, legte sich aufs Bett und starrte lange, die Hände unter dem Kopf verschränkt, wie betäubt die Wand an. Allmählich wich diese Wand, sie verschwand, und er sah den Boulevard unter dem grauen Himmel und *sie* in der schwarzen Mantille, dann wieder sie auf der Bühne, er sah sogar sich selbst an ihrer

Seite. Das, was ihn im ersten Augenblick so heftig gegen die Brust geschlagen hatte, stieg jetzt höher und höher, stieg ihm in die Kehle. Er wollte sich räuspern, jemanden herbeirufen, aber seine Stimme versagte, und zu seiner Verwunderung rannen ihm unaufhörlich Tränen aus den Augen. Was verursachte diese Tränen? Mitleid? Reue? Oder hatten seine Nerven ganz einfach einer unverhofften Erschütterung nicht standgehalten? Ihm hatte sie doch nichts bedeutet, nicht wahr?

Doch vielleicht stimmt die Meldung gar nicht? schoß es ihm plötzlich durch den Kopf. Das muß in Erfahrung gebracht werden! Von wem? Von der Fürstin? Nein, von Kupfer … von Kupfer! Der aber soll nicht in Moskau sein. Egal! Zuerst zu ihm!

Unter diesen Überlegungen hatte Aratow sich eilig angezogen, er nahm eine Droschke und fuhr auf schnellstem Wege zu Kupfer.

9

Er hatte kaum erwartet, ihn anzutreffen, doch er traf ihn an. Kupfer hatte tatsächlich einige Zeit außerhalb Moskaus geweilt, war aber etwa seit einer Woche wieder da, und trug sich sogar mit der Absicht, Aratow abermals seine Aufwartung zu machen. Er empfing ihn mit gewohnter Herzlichkeit und wollte ihm etwas auseinandersetzen, doch Aratow unterbrach ihn ungeduldig mit der Frage:

»Hast du's gelesen? Ist das wahr?«

»Was soll wahr sein?« fragte Kupfer verwundert.

»Das von Klara Militsch?«

Aus Kupfers Miene sprach Bedauern.

»Ja, ja, lieber Freund, das stimmt, sie hat Gift genommen! So ein Unglück!«

Aratow schwieg.

»Hast du's auch aus der Zeitung?« fragte er. »Oder warst du selbst in Kasan?«

»Ich war in Kasan, die Fürstin und ich haben sie hingebracht. Sie ist dort im Theater aufgetreten und hatte großen Erfolg. Nur als es zur Katastrophe kam, war ich nicht da. Ich war in Jaroslawl.«

»In Jaroslawl?«

»Ja, ich habe die Fürstin dorthin begleitet. Sie ist nach Jaroslawl gezogen.«

»Hast du zuverlässige Nachrichten?«

»Ganz zuverlässige, aus erster Hand! In Kasan habe ich ihre Familie kennengelernt. Aber, halt mal, mein Lieber, du scheinst von dieser Nachricht sehr betroffen zu sein. Dabei erinnere ich mich, daß dir Klara damals nicht sonderlich zusagte. Zu Unrecht! Sie war ein wundervolles Mädchen, nur ihr Kopf… Gar zu verdreht! Was habe ich um sie getrauert!«

Aratow ließ sich wortlos auf einen Stuhl sinken. Nach einer Weile bat er Kupfer, ihm zu erzählen … Er stockte.

»Was denn?« fragte Kupfer.

»Na, alles«, sagte Aratow stockend. »Wenigstens von ihrer Familie … und das andere. Alles, was du weißt.«

»Das interessiert dich? Na, meinetwegen!«

Und Kupfer, dem nicht anzusehen war, daß er Klara noch besonders nachtrauerte, begann zu erzählen.

Von ihm erfuhr Aratow, daß Klara mit wirklichem Namen Katerina Milowidowa hieß, daß ihr Vater, jetzt schon tot, staatlich angestellter Zeichenlehrer in Kasan gewesen war und minderwertige Porträts und im staatlichen Auftrag *Heiligenbilder* gemalt habe, weshalb er wohl ein *gebildeter* Mann gewesen sein müsse (hier lachte Kupfer selbstgefällig und als Hinweis auf sein

Wortspiel), außerdem habe er als Trunkenbold und Haustyrann gegolten. Hinterlassen habe er erstens eine Witwe aus einer Kaufmannsfamilie, ein ganz einfältiges Weib wie aus einer Ostrowskischen Komödie, zweitens eine Tochter, die erheblich älter sei als Klara und dieser ganz und gar nicht ähnele, ein ausnehmend kluges Mädchen, nur sehr überschwenglich und krank, aber wunderbar »und, lieber Freund, geistig hochstehend«! Beide, die Witwe und die Tochter, haben ihr Auskommen und wohnen in einem hübschen Häuschen, das sie sich aus dem Erlös ebenjener schlechten Porträts und Heiligenbilder gekauft haben; Klara oder Katja, wie immer man wolle, habe schon im Kindesalter alle Welt mit ihrer Begabung in Erstaunen versetzt, sei jedoch unfügsam und launenhaft gewesen und habe sich ständig mit ihrem Vater gestritten; im Alter von sechzehn Jahren sei sie dann mit einer Schauspielerin den Eltern davongelaufen …

»Mit einem Schauspieler?« warf Aratow ein.

»Nein, nicht mit einem Schauspieler, mit einer Schauspielerin, der sie sich angeschlossen hatte. Freilich hatte diese Schauspielerin einen Gönner, einen reichen alten Herrn, der sie nur deshalb nicht heiratete, weil er schon verheiratet war, und auch die Schauspielerin war wohl verheiratet.« Weiter erzählte Kupfer, daß Klara, schon ehe sie nach Moskau gekommen sei, in Provinztheatern gespielt und gesungen habe, daß sie, nachdem sie ihre Freundin, die Schauspielerin, verloren hatte (der Herr war wohl gestorben oder hatte sich mit seiner Frau wieder vertragen, das wußte Kupfer nicht mehr so genau), die Fürstin kennengelernt habe, diese goldene Frau, »die du, mein Freund Jakow Andrejitsch«, setzte der Erzähler mit Pathos hinzu, »nicht gebührend zu würdigen verstandest«. Schließlich habe man Klara ein Engagement in Kasan geboten, das sie auch annahm, obgleich sie vorher immer beteuert habe, sie werde Moskau nie und nimmer verlassen. Wie die Kasaner sie geliebt haben, das sei erstaunlich gewesen! Bei jeder Vorstellung über und über Blumen und Geschenke. Ein Getreidehändler, der reichste Mann des ganzen Gouvernements, habe ihr sogar ein goldenes Tintenfaß geschenkt. Kupfer erzählte das alles voller Schwung, wobei er keine besondere Gerührtheit an den Tag legte und seinen Redefluß mit Fragen wie »Warum willst du das eigentlich wissen?« und »Wozu das alles?« unterbrach, wenn Aratow, der ihm mit ungeteilter Aufmerksamkeit lauschte, nach immer neuen Einzelheiten verlangte. Schließlich war alles gesagt, und Kupfer verstummte, seine Mühe sich mit einer Zigarre lohnend.

»Und warum hat sie sich das Leben genommen?« fragte Aratow. »In der Zeitung stand ...«

Kupfer winkte ab.

»Das kann ich nicht sagen. Ich weiß es nicht. Aber die Zeitung lügt. Klara hat einen mustergültigen Lebenswandel geführt, ohne alle Liebschaften. Wie sollte sie auch bei ihrem Stolz! Und stolz war sie wie der Satan und unnahbar! Ein Starrkopf! Hart wie Stein! Du kannst mir glauben, so nahe ich ihr auch gestanden habe, doch nie habe ich Tränen in ihren Augen gesehen.«

Aber ich, dachte Aratow im stillen.

»Nur eines noch«, fuhr Kupfer fort, »in der letzten Zeit habe ich bemerkt, wie sie so ganz anders geworden war, trübsinnig und einsilbig, stundenlang konnte man kein Wort aus ihr herausbekommen. Ich habe sie gefragt, Katerina Semjonowna, hat Sie jemand gekränkt? Denn ich kannte ihr Wesen, eine Kränkung konnte sie nicht verwinden. Sie schwieg, und damit basta! Selbst ihre Bühnenerfolge konnten sie nicht aufheitern, es regnete Blumensträuße, aber sie lächelte nicht einmal! Das goldene Tintenfaß hat sie ein einziges Mal angesehen – dann stand es da. Sie beklagte sich, daß ihr keiner eine richtige Rolle, wie sie sie verstehe, schriebe. Mit Singen hatte sie gänzlich aufgehört. Das war meine Schuld! Ich hatte ihr damals gesagt, daß du die *Schule* an ihr vermißt. Trotzdem bleibt unbegreiflich, warum sie sich das Leben genommen hat. Und wie sie es getan hat!«

»In welcher Rolle hatte sie den größten Erfolg?« Aratow wollte eigentlich wissen, in welcher Rolle sie zum letztenmal aufgetreten sei, doch fragte er etwas anderes.

»Ich glaube, als Grunja in dem Stück von Ostrowski. Doch ich sage es noch einmal, Liebschaften hat sie nicht gehabt! Bedenke nur: Sie wohnte zu Hause bei ihrer Mutter. Du kennst solche Kaufmannshäuser, da gibt es in jeder Ecke einen Heiligenschrein mit einem Lämpchen davor, die Luft ist zum Sterben muffig, überall säuerlicher Geruch, im Gästezimmer stehen nur Stühle an der Wand und an den Fenstern Geranien, und wenn ein Gast kommt, stöhnt die Hausfrau, als ob der Feind anrückt. Wie sollte es da zu Tändeleien und Liebschaften kommen? Manchmal haben sie selbst mich nicht eingelassen. Ihre Dienstmagd, ein herzhaftes Weib mit rotem Sarafan und Hängebrüsten, vertrat einem im Vorflur den Weg und schrie: ›Wohin?‹ Nein, ich weiß nicht, warum sie sich das Leben genommen hat. Sie war des Lebens eben überdrüssig«, schloß Kupfer seine Betrachtungen auf philosophische Weise ab.

Aratow saß da mit gesenktem Kopf.

»Kannst du mir die Anschrift von diesem Haus in Kasan geben?« fragte er schließlich.

»Kann ich, aber wozu brauchst du sie? Oder willst du dorthin schreiben?«

»Vielleicht.«

»Na, wie du meinst. Nur wird die Alte dir nicht antworten, weil sie nicht lesen und schreiben kann. Höchstens die Schwester.

Oh, das ist ein gescheites Mädchen! Und trotzdem wundere ich mich über dich, lieber Freund! Erst diese Gleichgültigkeit und jetzt dieses Interesse! Das kommt vom Alleinsein, mein Bester!«

Aratow ließ diese Bemerkung unbeantwortet und ging, nachdem er die Kasaner Anschrift bekommen hatte.

Als er zu Kupfer fuhr, war er erregt, bestürzt und gespannt gewesen. Jetzt schritt er gemächlich dahin, die Augen niedergeschlagen, die Mütze in die Stirn gezogen; fast jeder, der ihm begegnete, sah ihn fragend an, doch er hatte keinen Blick für die Passanten, anders als damals auf dem Boulevard …

Unglückliche Klara! Törichte Klara! klang es in seinem Innern.

10

Den folgenden Tag dagegen verbrachte Aratow recht gefaßt. Er vermochte sogar, sich seinen gewohnten Beschäftigungen hinzugeben. Nur dachte er sowohl bei seiner Arbeit als auch in der freien Zeit ständig an Klara und an das, was Kupfer ihm am Abend zuvor gesagt hatte. Allerdings waren seine Gedanken recht friedlicher Art. Er vermeinte, daß dieses eigenartige Mädchen ihn in psychologischer Hinsicht interessiere, als ein Rätsel, dessen Lösung es wohl wert sei, sich darüber den Kopf zu zerbrechen. Durchgebrannt mit einer Schauspielerin, die von einem verheirateten Mann ausgehalten wurde, überlegte er, Protegé dieser Fürstin, bei der sie sicherlich auch gelebt hat, und dann keinerlei *Liebschaften*? Das ist unwahrscheinlich! Kupfer meint, es sei ihr Stolz gewesen. Aber erstens wissen wir (Aratow hätte lieber sagen sollen, haben wir in Büchern gelesen) … wissen wir, daß sich Stolz mit leichtfertigem Lebenswandel recht gut verträgt; und zweitens, warum hat sie, die so stolz war, ein Treffen mit einem Mann herbeigeführt, der sie hätte verachten können und dies auch tat, dazu noch in der Öffentlichkeit, auf einem Boulevard! Hier erinnerte sich Aratow wieder der Szene auf dem Boulevard, und er fragte sich, ob er Klara wirklich verachtet habe. Nein, sagte er sich, das war etwas anderes – Verständnislosigkeit, schließlich Ungläubigkeit. Unglückliche Klara! klang es wieder in ihm. Ja, unglückliche, sagte er sich erneut. Das ist das treffendste Wort. Aber wenn dem so ist, dann war ich ungerecht. Es stimmte, als sie sagte, ich habe sie nicht verstanden. Schade! Da ist ein vielleicht ungewöhnliches Wesen so dicht an mir vorbeigegangen, und ich habe die Gelegenheit nicht genutzt, habe sie von mir gewiesen. Na, so was ist kein Beinbruch. Noch habe ich ja mein Leben vor mir. Ob mir nicht noch ganz andere Frauen begegnen?

Aber warum hat sie gerade *mich* ausgewählt? Er blickte in den Spiegel. Was ist Besonderes an mir? Bin ich etwa hübsch? Ein Gesicht wie alle anderen. Übrigens, eine Schönheit war sie auch nicht.

Das nicht, doch was für ein ausdrucksvolles Gesicht sie hatte! Unbeweglich, aber ausdrucksvoll! So ein Gesicht ist mir noch nie begegnet. Sie hat auch Talent, das heißt hatte, zweifellos. Ein ursprüngliches, unentwickeltes, sogar grobes Talent, aber zweifellos ein Talent. Auch in dieser Hinsicht bin ich ungerecht zu ihr gewesen. Aratow war in Gedanken bei der literarisch-musikalischen Matinee und merkte, daß jedes von ihr gesungene oder gesprochene Wort, jede Stimmnuance sich ihm eingeprägt hatte. Das wäre nicht der Fall, hätte ihr jegliches Talent gefehlt.

Und jetzt liegt das alles im Grab, in das sie sich selbst gestoßen hat. Doch damit habe ich nichts zu tun. Dafür kann ich nicht! Der Gedanke, ich sei daran schuld, wäre ja geradezu lächerlich. Wieder kam es Aratow in den Sinn, daß, wenn bei ihr wirklich »etwas gewesen« wäre, sie sein Verhalten während des Rendezvous zweifellos enttäuscht haben mußte. Darum auch ihr hartes Lachen beim Abschied. Ja, und wo ist der Beweis, daß sie sich wegen einer unglücklichen Liebe das Leben genommen hat? Das sind doch nur die Zeitungskorrespondenten, die jeden solchen Tod einer unglücklichen Liebe zuschreiben! Für Menschen vom Schlage Klaras wird das Leben nur zu leicht fade und langweilig. Ja, langweilig. Kupfer hatte recht – sie war des Lebens einfach überdrüssig geworden.

Trotz der Erfolge, der Ovationen? Aratow sann nach. Diese psychologische Analyse machte ihm sogar Spaß. Er, der bislang jeden Kontakt mit Frauen vermieden hatte, ahnte nicht, wie bedeutsam für ihn dieses angestrengte Zergliedern einer weiblichen Seele sein sollte.

Also, fuhr er in seinen Betrachtungen fort, die Kunst befriedigte sie nicht, füllte nicht die Leere ihres Daseins aus. Richtige Künstler aber leben nur für die Kunst, fürs Theater. Alles andere verblaßt vor dem, was sie für ihre Berufung halten. Sie war eben eine Dilettantin!

Hier stutzte Aratow abermals. Nein, das Wort »Dilettantin« paßte nicht zu jenem Gesicht, zum Ausdruck jenes Gesichtes, jener Augen …

Und wieder tauchte Klara vor ihm auf, tränenüberströmt, den Blick auf ihn gerichtet, die Hände an den Mund gepreßt.

»Ach, ich will nicht, ich will nicht …«, flüsterte er. »Wozu das?«

So verging der ganze Tag. Während des Mittagessens sprach Aratow viel mit Platoscha und fragte sie nach der alten Zeit, die sie allerdings nur schlecht in Erinnerung behalten hatte und schildern konnte, da sie nicht sonderlich redegewandt war und im Laufe ihres ganzen Lebens kaum auf etwas anderes achtete als ihren Jascha. Sie freute sich nur, daß er heute so lieb und zärtlich war. Gegen Abend hatte sich Aratow so weit gefangen, daß er mit der Tante einige Partien Karten spielte.

So ging der Tag dahin, anders die Nacht!

II

Sie hatte ganz gut begonnen; Aratow war alsbald eingeschlafen, und als die Tante auf Zehenspitzen zu ihm hereinkam, um, da er schlief, dreimal das Kreuz über ihm zu schlagen – das tat sie jede Nacht –, lag er ruhig atmend da wie ein Kind. Doch in der frühen Morgenstunde hatte er einen Traum.

Er träumte, er wanderte unter tiefhängendem Himmel über eine kahle, steinübersäte Steppe dahin. Ein Pfad schlängelte sich durch die Steine, und diesen ging er entlang.

Plötzlich erhob sich vor ihm etwas wie eine kleine, dünne Wolke. Er sah genauer hin, die Wolke wurde zu einer Frau mit weißem Kleid und einem hellen Gürtel um den Leib. Sie eilte davon. Er konnte weder ihr Gesicht noch ihre Haare sehen, ein langes Tuch bedeckte sie. Er wollte die Frau unbedingt einholen und ihr in die Augen schauen, aber sosehr er sich auch sputete, sie war schneller als er.

Auf dem Pfad lag ein großer, flacher Stein, einer Grabplatte ähnlich. Er versperrte ihr den Weg. Die Frau hielt inne. Aratow lief auf sie zu. Sie drehte sich um, und doch konnte er ihre Augen nicht sehen; denn sie waren geschlossen. Ihr Antlitz war weiß, weiß wie der Schnee, schlaff hingen die Arme hinab. Sie glich einer Statue.

Langsam, ohne ein Glied zu rühren, wich sie zurück und ließ sich auf jener Platte nieder. Und da lag Aratow auch schon an ihrer Seite, lang ausgestreckt, gleich einem in Stein gehauenen Grabbildnis, die Hände gefaltet wie bei einem Toten.

Plötzlich erhob sich die Frau und ging weiter. Auch Aratow wollte aufstehen, konnte aber weder sich regen noch die gefalteten Hände bewegen, er blickte ihr nur voller Verzweiflung nach.

Da wandte sich die Frau um, und er sah ein Paar lichte, lebendige Augen in einem lebendigen, aber fremden Gesicht. Sie lachte, sie winkte ihm lockend zu, doch er vermochte sich nicht zu rühren.

Noch einmal lachte sie und entfernte sich rasch, den Kopf, auf dem ein Kranz aus kleinen Rosen blutrot leuchtete, ausgelassen schüttelnd.

Aratow rang um einen Schrei, rang, diesen schrecklichen Alptraum zu beenden …

Mit einemmal wurde es finster ringsum, und die Frau kam zu ihm zurück. Aber das war nicht jene fremde Statue, es war Klara. Sie blieb vor ihm stehen, die Arme verschränkt, und sah ihn streng und eindringlich an. Ihre Lippen lagen fest aufeinander, dennoch wähnte Aratow, die Worte zu hören: »Wenn du wissen willst, wer ich bin, fahre dorthin!«

»Wohin?« fragte er.

»Dorthin!« kam unter Stöhnen die Antwort. »Dorthin!«

Aratow erwachte. Er richtete sich im Bett auf, zündete die auf dem Nachttisch stehende Kerze an, stand aber nicht auf, sondern verharrte in dieser Stellung, eiskalt am ganzen Körper, langsam um sich blickend. Ihm war, als ob mit ihm, seit er sich hingelegt hatte, etwas vorgefallen sei, als ob etwas in ihn gedrungen sei, sich seiner bemächtigt habe. »Ist das denn möglich?« flüsterte er unbewußt. »Gibt es denn so eine Macht?«

Er konnte nicht länger im Bett bleiben. Bedächtig zog er sich an und schlenderte bis zum Morgen im Zimmer umher. Und seltsam! Nicht ein einziges Mal dachte er an Klara, und zwar deshalb nicht, weil er beschlossen hatte, am folgenden Tag nach Kasan zu fahren.

Er dachte nur an diese Reise, daran, wie er sie bewerkstelligen und was er mitnehmen sollte und wie er dort alles klären und – seine Ruhe wiederfinden würde. Wenn du nicht fährst, überlegte er, verlierst du wahrscheinlich den Verstand. Davor hatte er Angst, er hatte Angst um seine Nerven. Er war sicher, daß, sobald er dort »das alles« mit eigenen Augen gesehen hätte, jegliche Anwandlungen aufhören würden wie jener nächtliche Alptraum. Für die Reise brauche ich nicht mehr als eine Woche, überlegte er. Was ist schon eine Woche? Aber anders komme ich von dieser Sache nicht los.

Die aufgehende Sonne erhellte sein Zimmer, doch das Tageslicht vermochte nicht, die auf ihm lastenden nächtlichen Schatten zu vertreiben und seinen Entschluß zu ändern.

Platoscha rührte fast der Schlag, als er ihr seinen Entschluß mitteilte. Sie mußte sich hinhocken, die Beine knickten ihr ein. »Nach Kasan? Warum denn das?« fragte sie tonlos und riß ihre ohnehin schwachen Augen auf. Wenn sie erfahren hätte, daß ihr Jascha die Bäckerstochter von nebenan heiratet oder nach Amerika reist, sie hätte nicht erstaunter sein können.

»Und wie lange bleibst du in Kasan?«

»In einer Woche bin ich wieder da«, versetzte Aratow der Tante, die immer noch am Boden hockte, halb den Rücken kehrend.

Platonida Iwanowna wollte noch etwas einwenden, aber da herrschte Aratow sie an, was er sonst nie tat.

»Ich bin kein Kind!« schrie er und wurde bleich, seine Lippen zitterten, und die Augen funkelten böse. »Ich bin bald sechsundzwanzig und weiß, was ich tu, ich kann tun, was ich will! Ich erlaube niemandem ... Geben Sie mir Geld für die Reise, packen Sie mir Wäsche und Kleidung in den Koffer und quälen Sie mich nicht! In einer Woche bin ich ja wieder da, Platoscha«, setzte er etwas sanfter hinzu.

Ächzend stand Platoscha auf und schleppte sich ohne weitere Gegenrede in ihr Zimmer. Jascha hatte ihr einen ordentlichen Schreck eingejagt. »Ich weiß gar nicht, wo mir der Kopf steht«, sagte sie zur Köchin, die ihr half, Jaschas Sachen zu packen, »das ist kein Kopf mehr, sondern ein Bienenstock, aber was für Bienen da summen, das weiß ich nicht. Nach Kasan will er, du liebe Güte, nach Kasaaan!« Die Köchin, die tags zuvor gesehen hatte, wie der Hausmeister sich des langen und breiten mit einem Stadtgendarmen unterhielt, wollte ihrer Herrin diesen Umstand melden, doch dann traute sie sich nicht und dachte nur: Nach Kasan? Wenn mal nicht noch weiter! Platonida Iwanowna aber war so betroffen, daß sie nicht einmal ihr übliches Gebet sprach. Bei so einem Unglück konnte auch der Herrgott nicht helfen!

Am selben Tag noch fuhr Aratow nach Kasan.

12

Kaum war er dort angekommen und hatte ein Hotelzimmer gemietet, machte er sich auch schon auf die Suche nach dem Haus der Witwe Milowidowa. Während der ganzen Reise befand er sich in einem Zustand der Erstarrung, der ihn allerdings nicht hinderte, die nötigen Schritte zu tun, wie in Nishni-Nowgorod von der Eisenbahn auf einen Dampfer umzusteigen, auf den Stationen Mahlzeiten einzunehmen und anderes mehr. Nach wie vor war er sicher, daß sich *dort* alles aufhellen werde, und deshalb vermied er jegliche Erinnerung und Überlegung und begnügte sich damit, in Gedanken jene *Rede* vorzubereiten, in der er Klara Militschs Angehörigen den wahren Grund seiner Reise darlegen würde. Nun war er endlich am Ziel seines Sinnens und Trachtens und bat, ihn anzumelden. Man ließ ihn eintreten, erstaunt und ängstlich zwar, doch man ließ ihn eintreten.

Das Haus der Witwe Milowidowa war wirklich so, wie Kupfer es beschrieben hatte, und die Witwe selbst glich aufs Haar einer Ostrowskischen Kaufmannsfrau, obwohl sie Beamtenfrau gewesen war – ihr Mann hatte im Rang eines Kollegienassessors gestanden. Nachdem Aratow sich zunächst für seine Kühnheit und sonderbare Aufwartung entschuldigt hatte, trug er nicht ohne Schwierigkeit seine bereits fertige Rede vor, in der er zum Ausdruck brachte, wie sehr ihm daran gelegen sei, alles über die so früh verschiedene, begabte Künstlerin zu erfahren, daß ihn in seinem Begehren nicht eitle Neugier leite, sondern tiefe Sympathie für ihr Talent, dessen Verehrer er gewesen sei (er sagte tatsächlich Verehrer), und schließlich, daß es Sünde wäre, das Publikum in Unwissenheit darüber zu lassen, was es verloren habe und warum sich seine Hoffnungen nicht erfüllt hätten. Frau Milowidowa unterbrach Aratow nicht, sie begriff wohl kaum, was dieser fremde Gast ihr da sagte; aufgeplustert saß sie da und sah ihn mit großen Augen an, wobei sie jedoch fand, daß er einen ganz manierlichen Eindruck machte und anständig gekleidet war – jedenfalls war er kein Gauner, und Geld wollte er ja auch nicht.

»Sie sprechen von Katja?« fragte sie, als Aratow am Ende war.

»Jawohl, von Ihrer Tochter.«

»Und deshalb kommen Sie von Moskau hierher?«

»Ja.«

»Nur deshalb?«

»Jawohl, nur deshalb.«

Plötzlich wurde Frau Milowidowa lebhaft. »Sie sind wohl Schriftsteller? Schreiben Sie für Journale?«

»Nein, Schriftsteller bin ich nicht, und für Journale habe ich bisher auch noch nicht geschrieben.«

Die Witwe senkte den Kopf. Sie konnte sich keinen Reim darauf machen.

»Also kommen Sie aus eigenem Antrieb?« fragte sie dann unvermittelt. Im ersten Augenblick war Aratow um eine Antwort verlegen.

»Aus Sympathie, aus Verehrung für ihr Talent«, sagte er schließlich.

Das Wort »Verehrung« gefiel Frau Milowidowa.

»Na ja!« sagte sie mit einem Seufzer. »Ich bin immerhin ihre Mutter und hab mich sehr um sie gegrämt. So ein Unglück mit einemmal ... Aber eins muß ich sagen, verdreht war sie von jeher, und so ist sie auch geendet! Eine Schande ... Bedenken Sie bloß, was das für eine Mutter bedeutet! Man muß ja noch froh sein, daß sie auf christliche Weise beerdigt wurde!« Frau Milowidowa bekreuzigte sich. »Von klein auf hat sie sich keinem Menschen gefügt, fortgelaufen ist sie aus dem Elternhaus und ist am Ende – so was läßt sich leicht sagen – unter die Schauspieler gegangen! Ich hab ihr gewiß nicht die Tür gewiesen; denn ich hab sie geliebt. Immerhin bin ich ihre Mutter! Sie sollte nicht bei fremden Menschen leben und um Almosen bitten ...« Hier brach die Witwe in Tränen aus. »Aber wenn Sie, mein Herr«, hob sie dann wieder an und wischte sich die Tränen mit dem Zipfel ihres Schultertuchs ab, »tatsächlich diese Absicht haben und nichts Böses gegen uns im Schilde führen, sondern uns im Gegenteil eine Aufmerksamkeit erweisen wollen, dann sprechen Sie mit meiner andern Tochter. Sie kann Ihnen alles besser erzählen als ich. Annotschka!« rief Frau Milowidowa, »Annotschka, komm mal her! Hier ist ein Herr aus Moskau, der gern was über Katja erfahren möchte!«

Aus dem Nachbarzimmer drangen Geräusche, doch niemand kam zum Vorschein.

»Annotschka!« rief die Witwe wieder. »Anna Semjonowna! Du sollst herkommen, hörst du?«

Leise ging die Tür auf, und auf der Schwelle stand ein Mädchen, nicht mehr jung, kränklich aussehend und unscheinbar, aber mit sanften, traurigen Augen. Aratow erhob sich und ging ihr entgegen, er stellte sich vor und nannte dabei Kupfer.

»Ah, Fjodor Fjodorytsch!« sagte das Mädchen leise und setzte sich bescheiden auf einen Stuhl.

»So, nun sprich mit dem Herrn«, sagte Frau Milowidowa und stand schwerfällig auf. »Er hat sich die Mühe gemacht, eigens aus Moskau herzukommen, er möchte was über Katja erfahren. Mich aber«, setzte sie, zu Aratow gewandt, hinzu, »entschuldigen Sie, mein Herr. Ich habe im Haus zu tun. Mit Annotschka können Sie sich gut unterhalten, auch vom Theater und allem andern. Sie ist ein gescheites Kind und hat Bildung, Französisch kann sie und liest Bücher nicht schlechter als ihre selige Schwester. Man kann sagen, sie hat sie erzogen. Sie war die ältere, ja, und da hat sie sich viel mit ihr abgegeben.«

Frau Milowidowa zog sich zurück. Aratow, mit Anna Semjonowna allein geblieben, wiederholte für diese seine Rede, da er aber auf den ersten Blick erkannt hatte, daß er es mit einem wirklich gebildeten Mädchen und nicht nur einer Kaufmannstochter zu tun hatte, holte er ein wenig weiter aus und gebrauchte andere Wendungen; zum Schluß wurde er aufgeregt und rot und spürte, wie sein Herz zu hämmern begann. Anna hörte ihm wortlos zu, die Hände übereinandergelegt; ein trauriges Lächeln wich nicht von ihrem Gesicht und verriet bitteren, nicht verwundenen Kummer.

»Haben Sie meine Schwester gekannt?« fragte sie.

»Nein, eigentlich nicht«, versetzte er. »Einmal habe ich sie gesehen und gehört, aber Ihre Schwester brauchte man auch nur einmal zu erleben ...«

»Wollen Sie ihre Biographie schreiben?«

Aratow hatte diese Frage nicht erwartet, er antwortete jedoch, ohne zu zögern, dies sei schon möglich, hauptsächlich aber wolle er dem Publikum zur Kenntnis bringen ...

Mit einer Handbewegung gebot Anna ihm Einhalt.

»Wozu das? Das Publikum hat ihr ohnehin Schmerz genug bereitet, außerdem hatte Katjas Leben gerade erst begonnen. Doch wenn Sie« (Anna sah ihn an und lächelte wieder wehmütig, diesmal freilich etwas freundlicher; sie schien zu denken: Ja, zu dir kann man Vertrauen haben), »wenn Sie so viel Anteil an ihrem Geschick nehmen, dann erlauben Sie, daß ich Sie für heute abend nach dem Essen zu uns bitte. Ich kann jetzt nicht ... Das kommt zu plötzlich ... Ich möchte Kräfte sammeln ... Ich will es versuchen ... Ach, ich habe sie zu sehr geliebt!«

Anna wandte sich ab, sie war dem Weinen nahe.

Aratow erhob sich rasch, er dankte ihr für die Einladung, sagte, er werde auf jeden Fall kommen, auf jeden Fall, und ging, im Herzen das Bild der sanften, wehmütigen Augen, darauf brennend, daß die Qual des Wartens bald zu Ende sei.

13

Am selben Tag fand sich Aratow noch einmal bei den Milowidows ein und sprach drei Stunden lang mit Anna Semjonowna. Frau Milowidowa legte sich gleich nach dem Mittagessen, um zwei Uhr, zum Schlafen nieder und »ruhte« bis zum Abendtee, bis sieben. Eigentlich war Aratows Gespräch mit Klaras Schwester gar kein Gespräch, sie sprach fast allein, anfangs stockend und unbeholfen, dann aber mit unaufhaltsamem Eifer. Sie hatte Klara offensichtlich vergöttert. Das Vertrauen, das Aratow ihr einflößte, wuchs und erstarkte, ihre Befangenheit wich, und ein paarmal weinte sie sogar still vor ihm. Sie fand, er sei offenherziger Worte und Bekenntnisse würdig, in ihrem unbewegten Leben war so etwas noch nie vorgekommen! Er aber sog jedes ihrer Worte in sich auf.

Und dies nun erfuhr er, vieles freilich nur andeutungsweise, vieles ergänzte er selbst.

In ihrer Kindheit war Klara unbestreitbar ein schwer zu ertragendes Kind gewesen, und auch als junges Mädchen hatte sie sich nicht viel geändert; eigenwillig, aufbrausend und von sich selbst eingenommen, wie sie war, vertrug sie sich nicht mit ihrem Vater und verachtete ihn wegen seiner Trunksucht und geistigen Armut. Er spürte das und verzieh es ihr nicht. Ihre musikalischen Fähigkeiten zeigten sich früh, der Vater aber ließ ihnen keinen freien Lauf, da als Kunst nur die Malerei für ihn galt, in der er selbst zwar wenig leistete, die aber ihn und seine Familie ernährte. Klara hatte ihre Mutter geliebt, nicht innig, mehr so, wie man eine Kinderfrau liebt; ihre Schwester hatte sie bewundert, auch wenn sie sich mit ihr schlug und sie biß. Danach freilich kniete sie vor ihr nieder und küßte die Stellen, wo sie sie gebissen hatte. Sie war durch und durch Feuer, durch und durch

Leidenschaft und durch und durch Widerspruch, rachsüchtig und gutmütig, großherzig und nachtragend; sie glaubte an das Schicksal, nicht an Gott (diese Worte flüsterte Anna voller Entsetzen); sie liebte alles Schöne, vernachlässigte dabei ihre eigene Schönheit und kleidete sich mit dem, was sie gerade zur Hand hatte; sie mochte es nicht, wenn junge Männer ihr den Hof machten, und in Büchern las sie nur die Stellen, die von Liebe handelten; sie wollte nicht gefallen, sie begehrte keine Liebesdienste und vergaß dennoch keinen, ebensowenig wie eine Kränkung; sie fürchtete den Tod und – nahm sich das Leben. Manchmal sagte sie: »So einen, wie *ich* will, finde ich nicht, und einen anderen brauche ich nicht!« – »Und wenn du ihn findest?« fragte Anna dann wohl. »Wenn, dann nehme ich ihn mir.« – »Und wenn er sich nicht nehmen läßt?« – »Dann … nehme ich mir das Leben; denn das würde heißen, daß ich wertlos bin.« Klaras Vater – manchmal fragte er seine Frau mit trunkenem Blick: »Von wem hast du bloß diesen schwarzen Teufel? Von mir jedenfalls nicht!« –, Klaras Vater, der sie möglichst bald loswerden wollte, hatte sie einem reichen jungen Kaufmannssohn versprochen, einem Einfaltspinsel »aus gebildeten Kreisen«. Zwei Wochen vor der Hochzeit – Klara war gerade erst sechzehn – trat sie auf ihren Bräutigam zu, die Arme verschränkt und mit den Fingern die Ellenbogen betastend – das war ihre Lieblingspose –, und klatsch! hatte sie ihm mit ihrer großen, kräftigen Hand eine Ohrfeige auf seine rosige Wange gegeben. Er sprang in die Höhe und sperrte nur den Mund auf; man muß wissen, er war unsterblich in sie verliebt. »Aber warum denn?« fragte er. Sie lachte und lief davon. »Ich war hier im Zimmer«, erzählte Anna, »und habe alles mit angesehen. Ich bin ihr nachgerannt und habe gesagt: ›Katja, ich bitte dich, warum hast du das getan?‹ Darauf sie: ›Wenn er ein richtiger Mann wäre, hätte er mich wiedergeschlagen, aber das ist ja ein Jammerlappen! Fragt noch, warum! Wenn sich einer aus Liebe nicht rächt, dann muß er eben dulden und nicht fragen, warum. Mich bekommt er jedenfalls nicht, nicht in aller Ewigkeit!‹ So hat sie ihn also nicht geheiratet. Bald darauf lernte sie jene Schauspielerin kennen und verließ unser Haus. Mütterchen weinte, Vater dagegen sagte nur: ›Nun ist sie raus aus der Herde, die widerspenstige Ziege!‹ Und ließ sie nicht suchen. Vater konnte Klara nicht verstehen. Mich hat sie am Vorabend ihrer Flucht«, fügte Anna hinzu, »mit ihren Umarmungen beinahe erstickt, und immer wieder sagte sie: ›Ich kann nicht anders! Ich kann nicht! Mir bricht das Herz, aber ich kann nicht anders. Euer Käfig ist zu klein, ist nichts für meine Flügel! Und seinem Schicksal entrinnt man nicht ...‹«

»Seitdem«, sagte Anna, »habe ich sie nur noch selten gesehen. Als Vater gestorben war, kam sie für zwei Tage, nahm keinerlei Erbstück an und verschwand wieder. Bei uns hielt sie's nicht aus, das sah ich. Als sie dann nach Kasan zurückkehrte, war sie schon Schauspielerin.«

Aratow fragte Anna nach den Theatern, nach den Rollen, in denen Klara aufgetreten war, nach ihren Erfolgen. Anna antwortete ausführlich, doch immer in demselben schmerzerfüllten, wenn auch lebhaften Ton. Sie zeigte Aratow sogar eine Photographie ihrer Schwester, auf der diese das Kostüm einer ihrer Rollen anhatte. Klara schaute zur Seite, so als wende sie sich von den Zuschauern ab; ihr mit einem Band umwundener, dicker Zopf fiel wie eine Schlange auf ihren entblößten Arm. Lange betrachtete Aratow dieses Bild, fand, es sei ähnlich, fragte, ob Klara sich nicht an öffentlichen Rezitationen beteiligt habe, erfuhr, daß dies nicht der Fall gewesen sei, sondern daß sie das anregende Fluidum des Theaters, der Bühne gebraucht habe ... Unterdessen aber brannte ihm eine andere Frage auf der Zunge.

»Anna Semjonowna!« rief er schließlich, nicht laut, doch mit Pathos. »Sagen Sie mir, ich flehe Sie an, sagen Sie, warum hat sie … warum hat sie sich zu diesem entsetzlichen Schritt entschlossen?«

Anna schlug die Augen nieder.

»Ich weiß es nicht«, erwiderte sie nach einer Weile Stillschweigens. »Bei Gott, ich weiß es nicht!« fuhr sie um einiges heftiger fort, als sie gewahrte, daß Aratow, so als glaube er ihr nicht, die Arme ausbreitete. »Seit sie hier war, grübelte sie. In Moskau muß sie etwas erlebt haben, hinter das ich nicht gekommen bin. An jenem verhängnisvollen Tag indes war sie zwar nicht gerade heiterer, aber doch gefaßter als sonst. Nicht mal geahnt habe ich etwas«, setzte Anna mit wehmütigem Lächeln hinzu, so als mache sie sich das selbst zum Vorwurf.

»Sehen Sie«, hob sie wieder an, »Katja war es förmlich an der Wiege gesungen, daß sie nicht glücklich würde. Von Kindheit an war sie davon überzeugt. So manches Mal stützte sie den Kopf auf die Hand, wurde nachdenklich und sagte dann wohl: ›Ich werde nicht lange leben.‹ Sie hat es geahnt. Stellen Sie sich vor, sie sah schon vorher, manchmal im Traum, manchmal auch so, wie es ihr ergehen würde. ›Wenn ich nicht leben kann, wie ich will, dann will ich überhaupt nicht leben‹, war eine ihrer Redensarten. ›Unser Leben liegt doch in unserer Hand!‹ Und sie hat es bewiesen!«

Anna schlug die Hände vors Gesicht und verstummte.

»Anna Semjonowna«, begann Aratow nach einer Weile, »Sie haben vielleicht gehört, worauf die Zeitungen ihren Selbstmord …«

»Daß sie ihn einer unglücklichen Liebe zuschreiben?« unterbrach ihn Anna und nahm jäh die Hände vom Gesicht. »Das sind Verleumdungen, Verleumdungen, Erfindungen! Meine unberührte, unnahbare Katja … Katja! Und dann eine unglückliche, verschmähte Liebe?! Und ich sollte das nicht gewußt haben? In sie, in sie haben sich alle verliebt, aber sie selbst ... Und wen sollte sie hier geliebt haben? Wer von allen diesen Menschen, wer wäre ihrer würdig gewesen? Wer hätte an jenes Ideal von Ehrhaftigkeit, Wahrhaftigkeit und Lauterkeit, vor allem Lauterkeit, herangereicht, das sie bei allen ihren Fehlern ständig vor Augen hatte? Sie zu verschmähen ... sie ...«

Annas Stimme versagte. Ihre Finger zitterten leicht. Sie wurde plötzlich rot, rot vor Unmut, und in diesem Augenblick, und nur in diesem, ähnelte sie ihrer Schwester.

Aratow machte Anstalten, sich zu entschuldigen.

»Hören Sie«, fiel Anna ihm abermals ins Wort, »ich lege Wert darauf, daß auch Sie dieser Verleumdung keinen Glauben schenken und sie nach Möglichkeit widerlegen. Sie wollen doch einen Artikel über sie schreiben – das wäre eine Gelegenheit, ihr Andenken zu beschützen. Darum rede ich auch so freimütig mit Ihnen. Hören Sie, von Katja ist ein Tagebuch da ...«

Aratow fuhr zusammen.

»Ein Tagebuch?« flüsterte er.

»Ja, ein Tagebuch, das heißt nur ein paar Blätter. Katja schrieb nicht gern, monatelang hat sie überhaupt nichts eingetragen, auch ihre Briefe waren stets ganz kurz. Doch sie war immer wahrhaftig, immer, nie hat sie gelogen. So wie sie auf ihre Untadeligkeit achtete – und dann lügen! Ich ... ich zeige Ihnen dieses Tagebuch. Dann können Sie selbst sehen, ob es auch nur eine Anspielung auf eine unglückliche Liebe enthält.«

Hastig entnahm Anna der Tischschublade ein Heftchen von etwa zehn Seiten, nicht mehr, und reichte es Aratow. Dieser ergriff es gierig, erkannte die fehlerhafte, schwungvolle Handschrift, die Handschrift jenes anonymen Briefes, öffnete das Heft aufs Geratewohl und stieß sogleich auf folgende Zeilen:

»Moskau, Dienstag, den ...ten Juni. Auf einer literarischen Matinee gesungen und rezitiert. Heute ist für mich ein bedeutungsvoller Tag. *Er muß mein Schicksal entscheiden.*« (Diese Worte waren zweimal unterstrichen.) »Ich sah wieder ...« Hier folgten ein paar sorgfältig durchgestrichene Zeilen. Dann: »Nein! Nein! Nein! ... Es soll wieder so sein wie früher, wenn nur ...«

Aratow ließ die Hand sinken, in der er das Heft hielt, und sein Kopf fiel lautlos vornüber.

»Lesen Sie!« rief Anna. »Warum lesen Sie nicht? Lesen Sie von Anfang an. Das dauert höchstens fünf Minuten, auch wenn sich das Tagebuch über zwei Jahre erstreckt. In Kasan hat sie schon nichts mehr eingetragen.«

Aratow erhob sich langsam von seinem Stuhl und war im nächsten Augenblick vor Anna auf die Knie gefallen.

Diese erstarrte vor Schreck und Staunen.

»Geben Sie mir ... geben Sie mir dieses Tagebuch«, sprach Aratow mit ersterbender Stimme und streckte beide Arme nach Anna aus. »Geben Sie mir auch das Bild, sicher haben Sie noch eins, und das Tagebuch bekommen Sie zurück ... Aber ich brauche es, ich brauche es ...«

Aus seiner flehentlichen Bitte, aus seinen verzerrten Zügen sprach eine Verzweiflung, die an Zorn, an Leiden grenzte. Und in der Tat, er litt. Er hatte ja nicht ahnen können, daß so ein Unheil über ihn hereinbrechen würde, und nun bat er hektisch um Gnade, um Rettung.

»Geben Sie es her«, wiederholte er.

»Ja, waren Sie denn ... waren Sie denn in meine Schwester verliebt?« fragte Anna schließlich.

Aratow verharrte in seiner knienden Stellung.

»Ich habe sie nur zweimal gesehen, glauben Sie mir! Und

wenn mich nicht Gründe veranlaßten, die ich selbst nicht richtig begreifen und erklären kann, wenn über mir nicht eine Macht waltete, die stärker ist als ich, dann würde ich Sie nicht darum bitten, dann wäre ich gar nicht zu Ihnen gekommen. Ich brauche ... Ich muß ... Sie haben doch selbst gesagt, daß ich verpflichtet bin, ihr Bild wiederherzustellen.«

»Und Sie waren in meine Schwester nicht verliebt?« fragte Anna noch einmal.

Aratow antwortete nicht gleich, wie im Schmerz beugte er sich zur Seite.

»Nun ja, ich war es, ich war es! Ich bin es auch jetzt noch!« rief er mit derselben Verzweiflung aus.

Im Nachbarzimmer ertönten Schritte.

»Stehen Sie auf! Stehen Sie auf!« sagte Anna hastig. »Mütterchen kommt.«

Aratow erhob sich.

»Und nehmen Sie in Gottes Namen das Tagebuch und das Bild! Arme, arme Katja! ... Aber Sie müssen mir das Tagebuch zurückgeben«, setzte sie lebhaft hinzu. »Und wenn Sie etwas geschrieben haben, müssen Sie es mir schicken ... Hören Sie?«

Das Erscheinen von Frau Milowidowa enthob Aratow der Notwendigkeit zu antworten. Er konnte nur noch flüstern: »Sie sind ein Engel! Ich danke Ihnen! Ich schicke Ihnen alles ...«

Frau Milowidowa, vom Schlaf noch benommen, merkte nichts.

Und so reiste Aratow ab, die Photographie in der Seitentasche seines Rockes. Das Heftchen hatte er Anna zurückgegeben, hatte jedoch, ohne daß sie es merkte, das Blatt herausgetrennt, auf dem die unterstrichenen Worte standen.

Auf der Rückreise nach Moskau befiel ihn wieder jene Erstarrung. Er freute sich zwar insgeheim, daß er erreicht hatte, was er wollte, drängte aber alle Gedanken an Klara bis zu seiner Heimkehr in den Hintergrund. Weit mehr dachte er an ihre Schwester Anna. Ist das ein wunderbares, sympathisches Wesen! dachte er. Welch zartfühlendes Verständnis für alles, welch liebendes Herz, welche Hilfsbereitschaft! Wie ist es nur möglich, daß bei uns in der Provinz, noch dazu in einem solchen Milieu, solche Mädchen erblühen? Sie ist leidend, unansehnlich und nicht mehr jung, aber was wäre sie für eine treffliche Gefährtin für einen biederen, gebildeten Mann! In so eine müßte man sich verlieben! So dachte Aratow; doch als er wieder in Moskau war, nahm die Sache eine ganz andere Wendung.

14

Platonida Iwanowna freute sich unsagbar über die Rückkehr ihres Neffen. Was hatte sie sich in seiner Abwesenheit nicht für Gedanken gemacht! »Er kommt bestimmt nach Sibirien«, flüsterte sie, reglos in ihrem Stübchen sitzend, »und mindestens für ein Jahr!« Außerdem machte ihr die Köchin angst, die immer wieder aus ganz sicherer Quelle zu berichten wußte, dieser und jener junge Mann aus der Nachbarschaft sei verschwunden. Jaschas Unbescholtenheit und Zuverlässigkeit vermochten die alte Frau nicht im geringsten zu beruhigen. »Denn was kommt nicht alles vor! Er gibt sich mit Photographie ab, und das genügt, um eingesperrt zu werden.« Und nun war ihr Jascha wohlbehalten wieder da! Freilich entging ihr nicht, daß er abgenommen hatte und schlecht aussah, aber das war verständlich, da ihm die Pflege gefehlt hatte; ihn über seine Reise zu befragen wagte sie hingegen nicht. Beim Mittagessen fragte sie: »Ist Kasan eine schöne Stadt?« – »Ja«, antwortete Aratow. »Sind dort nicht lauter

Tataren?« – »Nicht nur.« – »Hast du dir einen Schlafrock mitgebracht?« – »Nein, das habe ich nicht.« Damit war das Gespräch beendet.

Kaum aber war Aratow allein in seinem Zimmer, da spürte er schon, wie ihn von allen Seiten etwas umfing und daß er sich wieder *in der Gewalt* eines anderen Wesens, eines anderen Lebens befand. Zwar hatte er zu Anna, überwältigt von plötzlicher Leidenschaft, gesagt, er sei in Klara verliebt, doch jetzt kamen ihm diese Worte absurd vor. Nein, er war nicht verliebt, und wie konnte er sich überhaupt in eine Tote verlieben, die ihm nicht einmal gefiel, als sie noch lebte, die er fast vergessen hatte! Dennoch befand er sich in eines anderen Wesens Gewalt, in *ihrer* Gewalt, er gehörte nicht mehr sich selbst. Er war *besiegt*, und zwar so vollständig, daß er nicht einmal den Versuch unternahm, sich zu befreien, indem er über seine eigene Torheit lachte oder in sich, wenn schon nicht die Gewißheit, so doch die Hoffnung wachhielt, daß dies alles vorbeigehen werde und es wohl einzig und allein die Nerven seien, und dazu die passenden Beweise suchte. »Wenn, dann nehme ich ihn mir«, fielen ihm die von Anna wiedergegebenen Worte Klaras ein. Und das hatte sie getan. Aber wo sie doch tot ist? Ja, der Körper ist tot, aber ihre Seele? Ist die denn nicht unsterblich, bedarf die der irdischen Organe, um ihn ihre Macht fühlen zu lassen? Der Magnetismus hat schließlich bewiesen, wie eine lebendige menschliche Seele die andere beeinflußt. Warum sollte dieser Einfluß nicht auch nach dem Tode fortdauern, wenn die Seele weiterlebt? Aber zu welchem Zweck? Was könnte sich daraus entwickeln? Und sind wir überhaupt in der Lage zu begreifen, welchen Zweck alles hat, was sich um uns herum vollzieht? Diese Überlegungen beschäftigten Aratow derart, daß er während des Tees Platoscha unvermittelt fragte, ob sie an die Unsterblichkeit der Seele glaube. Sie verstand erst nicht, was er meinte, dann aber bekreuzigte sie sich und erwiderte, natürlich sei die Seele unsterblich! »Und wenn dem so ist, kann sie dann nach dem Tod weiterwirken?« wollte Aratow wiederum wissen. Die alte Frau entgegnete, das könne sie, das heißt, sie könne für uns beten, wenn sie zur Vorbereitung auf das Jüngste Gericht alle Nöte und Ängste durchstanden habe. In den ersten vierzig Tagen schwebe sie allerdings nur um den Ort, wo der Tod sie ereilt habe.

»In den ersten vierzig Tagen?«

»Ja, danach kommen die Nöte und Ängste.«

Erstaunt über das Wissen der Tante, ging Aratow in sein Zimmer. Und wieder spürte er dasselbe, fühlte er sich im Banne derselben Macht. Diese Macht äußerte sich auch darin, daß er Klaras Bild unablässig und mit den geringsten Einzelheiten vor Augen hatte, mit Einzelheiten, die er zu ihren Lebzeiten nie bemerkt zu haben glaubte; er sah ... er sah ihre Finger, ihre Nägel, die Härchen auf der Wange unter den Schläfen, den kleinen Leberfleck unter dem linken Auge; er sah die Bewegung ihrer Lippen, Nasenflügel und Augen, sah, was für einen Gang sie hatte und wie sie den Kopf ein wenig nach rechts geneigt hielt ... er sah alles! Er war weit davon entfernt, dies alles zu bewundern, dennoch mußte er stets daran denken und es sich vorstellen. In der ersten Nacht nach seiner Rückkehr träumte er allerdings nicht von ihr, er war zu erschöpft und schlief wie ein Toter. Dafür betrat sie sein Zimmer, sobald er erwacht war, und blieb darin, als ob es das ihre wäre, als ob sie sich mit ihrem Freitod das Recht dazu erkauft hätte, ohne erst fragen zu müssen und seiner Einwilligung zu bedürfen. Er nahm ihr Bild und reproduzierte und vergrößerte es. Schließlich kam ihm der Gedanke, es für das Stereoskop zurechtzumachen. Das kostete ihn keine geringe Mühe, gelang aber letzten Endes. Er erbebte, als er ihre Gestalt, beinahe körperlich, durch das Glas erblickte. Doch diese Gestalt war grau, förmlich verstaubt, und die Augen ... die Augen schauten ständig zur Seite, so als wollten sie den Betrachter nicht ansehen. Lange, lange ließ er seinen Blick auf ihnen ruhen, als erwartete er, daß sie sich im nächsten Moment ihm zuwenden würden, er kniff zu diesem Zweck sogar seine Augen zu, aber die ihren blieben unbeweglich, und ihre Gestalt bekam etwas Puppenhaftes. Er warf sich in einen Sessel, griff zu der herausgetrennten Tagebuchseite mit den unterstrichenen Worten und dachte: Es heißt doch, Verliebte küssen die Zeilen der holden Hand, mich aber gelüstet überhaupt nicht danach, außerdem finde ich die Handschrift nicht schön. In dieser Zeile indes liegt mein Urteil. Da fiel ihm das Versprechen ein, das er Anna bezüglich eines Artikels gegeben hatte. Er setzte sich an den Tisch und machte sich ans Schreiben, doch alles, was er schrieb, klang so unecht, so rhetorisch, vor allem so unecht, als ob er weder von dem, was er schrieb, noch von seinen eigenen Gefühlen überzeugt sei, und auch Klara kam ihm fremd und unbegreiflich vor. Sie sträubte sich. Nein! dachte er und warf die Feder beiseite, entweder liegt mir die Schriftstellerei überhaupt nicht, oder ich muß noch warten. Er ließ sich seinen Besuch bei den Milowidows und die Worte Annas, dieser gutherzigen, wunderbaren Anna, durch den Kopf gehen. Ihre Worte: »Die Unberührte!« nahmen ihn plötzlich gefangen. Es war, als habe ihn etwas versengt und gleichzeitig erleuchtet.

»Ja«, sprach er laut, »sie ist unberührt, und ich bin es auch. Das ist es, was ihr diese Macht verliehen hat!«

Wieder suchten ihn Gedanken von der Unsterblichkeit der Seele und vom Leben nach dem Tode heim. Heißt es nicht in der Bibel: »Tod, wo ist dein Stachel?« und bei Schiller: »Auch die Toten sollen leben!« Und heißt es nicht bei Mickiewicz: »Ich werde lieben bis ans Ende des Lebens … und auch nach dem Ende des Lebens!« Und ein englischer Schriftsteller sagte einmal: »Die Liebe ist stärker als der Tod!« Der Bibelspruch wirkte auf Aratow besonders stark. Er wollte die Stelle suchen, wo diese Worte standen. Da er keine Bibel besaß, ging er zu Platoscha, um sie sich von ihr zu erbitten. Diese war erstaunt, holte aber das uralte Buch mit verzogenem Ledereinband, Messingspangen und vielen Wachstropfen hervor und reichte es Aratow. Er nahm es mit in sein Zimmer, suchte jenen Spruch jedoch vergebens, dafür stieß er auf einen anderen: »Niemand hat größere Liebe denn die, daß er sein Leben läßt für seine Freunde …« (Evangelium des Johannes, 15, 13).

Er dachte: Das ist nicht richtig gesagt. Es müßte heißen: Niemand hat größere *Macht* …

Und wenn sie nun ihre Seele gar nicht für mich aufgegeben hat? Wenn sie sich nur deshalb das Leben nahm, weil es ihr eine Last war? Wenn sie schließlich gar nicht wegen einer Liebeserklärung zu jenem Treffen gekommen war?

Doch da sah er Klara im Moment des Abschieds auf dem Boulevard. Er dachte an jene tieftraurige Miene, jene Tränen und Worte: »Ach nein, nichts haben Sie verstanden …«

Nein! Er konnte nicht daran zweifeln, warum und für wen sie aus dem Leben geschieden war …

So verbrachte er diesen Tag bis zur Nacht.

15

Aratow legte sich zeitig nieder, ohne daß ihn sonderlich nach Schlaf verlangte; er hoffte nur, im Bett Ruhe zu finden. Die innere Spannung hatte ihn müde gemacht, weit mehr als die Strapazen der Reise. Aber so erschöpft er war, er konnte nicht einschlafen. Er versuchte zu lesen, doch die Zeilen verschwammen vor seinen Augen. Er löschte die Kerze, und im Zimmer herrschte Finsternis. Er indes lag weiter schlaflos, die Augen geschlossen. Und da war ihm, als flüstere ihm jemand ins Ohr ... Das ist der Herzschlag, das Rauschen des Blutes, dachte er. Doch das Flüstern wurde zum zusammenhängenden Redefluß. Da sprach jemand Russisch, hastig, klagend, undeutlich. Kein einzelnes Wort ließ sich erhaschen. Aber es war Klaras Stimme!

Aratow öffnete die Augen, richtete sich auf, stützte sich auf die Ellenbogen. Die Stimme wurde schwächer, doch das klagende, hastige Reden hielt an und war nach wie vor nicht zu verstehen.

Es war zweifellos Klaras Stimme!

Jemandes Finger glitten in leichten Arpeggien über die Klaviertasten. Dann setzte die Stimme wieder ein. Getragen, förmlich stöhnend, immer ein und dasselbe ... Und nun hoben sich auf einmal einzelne Worte ab.

»Rosen ... Rosen ... Rosen ...«

»Rosen«, wiederholte Aratow flüsternd. »Ach, ja! Das sind die Rosen, die ich im Traum auf dem Kopf der Frau sah ...«

»Rosen«, ertönte es wieder.

»Bist du das?« fragte Aratow abermals im Flüsterton.

Plötzlich war die Stimme verstummt.

Aratow wartete und ließ den Kopf ins Kissen sinken. Eine Sinnestäuschung, dachte er. Aber wenn sie nun wirklich hier ist, ganz in der Nähe? Wenn ich sie sähe – ob ich erschrecken würde? Oder mich freuen? Doch warum sollte ich erschrecken? Worüber mich freuen? Höchstens darüber, weil dies ein Beweis wäre, daß es ein Jenseits gibt und die Seele unsterblich ist. Aber selbst wenn ich etwas sähe, könnte auch das wieder eine Sinnestäuschung sein.

Er zündete trotzdem die Kerze an und ließ den Blick geschwind und nicht frei von Angst durchs Zimmer gleiten, ohne darin etwas Absonderliches zu entdecken. Er stand auf, ging zum Stereoskop – dieselbe graue Puppe mit den zur Seite blickenden Augen. Aratows Angst machte dem Ärger Platz. Er fühlte sich von seinen Erwartungen in die Irre geleitet, und diese Erwartungen kamen ihm jetzt außerdem lächerlich vor. »Letzten Endes ist das alles Unsinn!« murmelte er, legte sich wieder zu Bett und blies die Kerze aus. Erneut herrschte tiefes Dunkel.

Nunmehr war Aratow entschlossen einzuschlafen. Doch da hatte er schon wieder neue Empfindungen. Er wähnte, jemand stehe inmitten des Zimmers, nicht weit von ihm entfernt, und atme kaum hörbar. Ruckartig drehte er sich um und schlug die Augen auf. Doch was konnte er bei dieser undurchdringlichen Finsternis sehen? Er suchte auf dem Nachttisch nach einem Streichholz, und plötzlich war ihm, als fahre ein Luftzug durchs Zimmer, sanft und lautlos, über ihn hinweg, durch ihn hindurch, und deutlich erklang es in seinen Ohren: »Ich!«

»Ich! … Ich! …«

Es vergingen ein paar Augenblicke, ehe er die Kerze angezündet hatte.

Wieder war niemand im Zimmer, und er hörte nichts anderes als das stürmische Schlagen des eigenen Herzens. Er trank ein Glas Wasser und verharrte reglos, den Kopf auf die Hand gestützt, wartend.

Er dachte: Ich werde warten. Entweder ist das alles Unsinn, oder sie ist hier. Sie wird doch nicht mit mir spielen wie die Katze mit der Maus. Er wartete, wartete lange … so lange, daß ihm die Hand, mit der er den Kopf stützte, einschlief, aber keine der vorigen Wahrnehmungen wiederholte sich. Ein paarmal fielen ihm die Augen zu. Sogleich riß er sie wieder auf, zumindest glaubte er, daß er sie offenhalte. Nach und nach wanderten sie zur Tür und blieben an ihr haften. Die Kerze war abgebrannt, wieder herrschte Dunkel im Zimmer, doch die Tür schimmerte als länglicher Fleck im Halbdunkel. Und da regte sich dieser Fleck, wurde kleiner und verschwand, und statt seiner erschien auf der Türschwelle eine weibliche Gestalt. Aratow sah genauer hin – es war Klara. Und diesmal sah sie ihn an, trat auf ihn zu ... Auf dem Kopf trug sie einen Kranz aus Rosen ... Er wankte, richtete sich halb auf ...

Vor ihm stand seine Tante, in einer Nachthaube mit einer großen roten Schleife und einer weißen Strickjacke.

»Platoscha!« brachte er mit Mühe heraus. »Sind Sie es?«

»Ich bin es«, antwortete Platonida Iwanowna, »ich bin es, mein kleiner Jascha, ich.«

»Warum kommen Sie?«

»Du hast mich geweckt. Erst hörte es sich wie Stöhnen an, und dann hast du plötzlich geschrien: ›Hilfe! Rettet mich!‹«

»Ich soll geschrien haben?«

»Ja, das hast du, und zwar so ganz rauh: ›Hilfe!‹ Ich dachte bei mir, o Gott, er wird hoffentlich nicht krank sein? Und darum bin ich reingekommen. Dir fehlt doch nichts?«

»Überhaupt nichts.«

»Dann mußt du was Übles geträumt haben. Möchtest du, daß ich ein bißchen mit Weihrauch räuchere?«

Aratow sah die Tante noch einmal scharf an – und lachte lauthals. Die brave Alte mit ihrer Nachthaube und ihrer Jacke und dem erschrockenen, länglichen Gesicht nahm sich in der Tat höchst komisch aus. All das Geheimnisvolle, das ihn umgeben, ihn bedrückt hatte, die Sinnestäuschungen – schlagartig war alles zerstoben.

»Nein, Platoscha, meine Gute, das ist nicht nötig«, sagte er.

»Entschuldigen Sie bitte, daß ich Sie unwillentlich in Aufregung versetzt habe. Schlafen Sie gut, auch ich werde einschlafen.«

Platonida Iwanowna blieb noch eine Weile stehen, wies auf die Kerze und brummelte: »Warum löschst du sie nicht? Wie schnell ist ein Unglück geschehen!« Als sie dann ging, konnte sie sich nicht enthalten, wenigstens von weitem ein Kreuz zu ihm hin zu schlagen.

Aratow schlief auf der Stelle ein und erwachte erst am Morgen. Gutgelaunt stand er auf, obgleich da etwas war, das ihn dauerte. Er fühlte sich leicht und beschwingt. »So was von Anwandlungen, kaum zu glauben«, sagte er lächelnd zu sich selbst. Nicht ein einziges Mal sah er das Stereoskop und das herausgetrennte Blatt an. Gleich nach dem Frühstück aber begab er sich zu Kupfer.

Was ihn dorthin zog – er ahnte es nur dunkel.

16

Aratow traf seinen sanguinischen Freund zu Hause an. Er plauderte mit ihm ein wenig, tadelte ihn, daß er ihn und die Tante gänzlich vernachlässige, hörte sich neue Lobreden auf die goldene Frau, die Fürstin, an, von der Kupfer soeben aus Jaroslawl ein mit Fischschuppen besticktes Käppchen bekommen hatte, und erklärte plötzlich, da er vor Kupfer saß und diesem gerade in die Augen blicken konnte, daß er in Kasan gewesen sei.

»Du warst in Kasan? Warum denn das?«

»Ich wollte etwas über diese ... Klara Militsch erfahren.«

»Über die, die sich das Leben genommen hat?«

»Ja.«

Kupfer schüttelte den Kopf.

»Du bist mir einer! So ein ganz Heimlicher! Fährst tausend Werst hin und zurück und wofür? Wenn hier noch das Interesse für eine Frau im Spiel wäre, dann würde ich alles begreifen! Alles! Jede Verrücktheit!« Kupfer fuhr sich durch die Haare. »Aber bloß, um Material zu sammeln, wie das bei euch Gelehrten heißt ... Ich danke vielmals! Dafür gibt's eine Statistikbehörde. Und hast du denn die Alte und ihre Schwester kennengelernt? Ein wunderbares Mädchen, nicht wahr?«

»Das ist sie«, pflichtete Aratow ihm bei. »Sie hat mir viel Interessantes erzählt.«

»Hat sie dir gesagt, wie sich Klara vergiftet hat?«

»Wie meinst du das?«

»Na, auf welche Weise?«

»Nein, dafür war ihr Schmerz noch zu frisch. Ich wollte nicht allzuviel fragen. War denn etwas Besonderes dabei?«

»Allerdings. Stell dir vor: Sie sollte an jenem Tag auftreten und ist auch aufgetreten. Sie hat das Gläschen mit dem Gift ins Theater mitgenommen und vor dem ersten Akt ausgetrunken und so den ganzen Akt gespielt. Mit dem Gift im Leib! Was für eine Willensstärke! Was für ein Charakter! Und es heißt, nie zuvor habe sie ihre Rolle mit so viel Hingabe und Feuer gespielt! Das Publikum ahnte nichts, klatschte, rief nach ihr. Doch kaum war der Vorhang gefallen, da stürzte sie auch schon zu Boden, auf der Bühne. Krämpfe und immer wieder Krämpfe, und eine Stunde später war es aus! Aber habe ich dir das denn nicht erzählt? In der Zeitung hat's doch auch gestanden!«

Aratows Hände waren plötzlich kalt geworden, ein Stoßseufzer entrang sich seiner Brust.

»Nein, das hast du mir nicht erzählt«, sagte er schließlich. »Weißt du nicht, wie das Stück hieß?«

Kupfer überlegte.

»Sie haben mir den Namen genannt, ein betrogenes Mädchen kommt darin vor. Es muß irgendein Drama gewesen sein. Klara war für dramatische Rollen wie geschaffen ... Schon ihr Äußeres ... Aber wo willst du hin?« Kupfer stutzte, als er sah, daß Aratow nach der Mütze griff.

»Ich fühle mich nicht ganz wohl«, versetzte Aratow. »Leb wohl. Ich komme ein andermal wieder.«

Kupfer hielt ihn zurück und sah ihm ins Gesicht.

»Bist du nervös, mein Freund! Sieh dich bloß mal an. Kreidebleich bist du!«

»Ich fühle mich eben nicht wohl«, wiederholte Aratow, befreite sich von Kupfers Hand und begab sich auf den Heimweg. Erst in diesem Augenblick ward er inne, daß er Kupfer einzig und allein in der Absicht aufgesucht hatte, mit ihm über Klara zu sprechen.

O törichte, o unglückliche Klara!

Als er aber zu Hause war, hatte er sich bald wieder beruhigt – bis zu einem gewissen Grade zumindest.

Die Begleitumstände von Klaras Tod hatten ihn zuerst erschüttert, dann aber empfand er diesen Auftritt »mit dem Gift im Leib«, wie Kupfer sich ausgedrückt hatte, als abgeschmacktes, eitles Bravourstückchen, und er wollte mit aller Gewalt nicht mehr daran denken, da er befürchtete, auf diese Weise so etwas wie Abscheu gegen Klara in sich wachzurufen. Als er beim Mittagessen Platoscha gegenübersaß, fiel ihm auf einmal ihr mitternächtliches Erscheinen ein, die kurze Strickjacke, die Nachthaube mit der großen Schleife (warum mußten Nachthauben eigentlich Schleifen haben?), die ganze komische Gestalt, von der alle seine Visionen wie ein phantastisches Ballett von einem Lokomotivenpfiff zerstoben waren. Er veranlaßte Platoscha sogar, noch einmal zu erzählen, wie sie seinen Schrei vernommen habe, erschrocken aufgesprungen sei, im ersten Augenblick weder ihre noch seine Tür habe finden können usw. Am Abend spielte er ein Weilchen mit ihr Karten und zog sich dann in sein Zimmer zurück, etwas bedrückt zwar, aber dennoch völlig ruhig und gefaßt.

Aratow dachte nicht an die kommende Nacht und hatte keine Angst vor ihr. Er war sicher, daß er sie denkbar gut zubringen werde. Von Zeit zu Zeit regte sich in ihm der Gedanke an Klara, doch sofort rief er sich ins Gedächtnis zurück, wie »eitel« sie sich umgebracht hatte, und wandte sich ab von ihr. Diese »Abgeschmacktheit« stand den anderen Erinnerungen an sie im Wege. Bei einem flüchtigen Blick durchs Stereoskop vermeinte er gar, sie schaue deshalb zur Seite, weil sie sich *schäme.* Direkt über dem Stereoskop hing an der Wand das Bild seiner Mutter. Aratow nahm es ab und betrachtete es lange, dann küßte er es und legte es behutsam in eine Schublade. Warum tat er das? Weil dieses Porträt nicht in der Nähe jener Frau sein sollte oder aus einem anderen Grund? Aratow gab sich keine Rechenschaft darüber. Doch das Bild der Mutter erweckte in ihm die Erinnerung an seinen Vater, den er hier in diesem Zimmer, auf diesem Bett hatte sterben sehen. Was hältst du von all dem, Vater? wandte er sich in Gedanken an ihn. Du hast das alles begriffen, du hast auch an die Schillersche »Welt der Geister« geglaubt. Gib mir eine Antwort!

»Vater würde mir raten, mit diesen Dummheiten aufzuhören«, sagte Aratow laut und griff nach einem Buch. Lange vermochte er allerdings nicht zu lesen; da er eine Schwere im ganzen Körper verspürte, ging er zeitiger als sonst zu Bett, und zwar in der Gewißheit, daß er auf der Stelle einschlafen werde.

So war es auch; seine Hoffnung auf eine friedliche Nacht ging indes nicht in Erfüllung.

17

Es hatte noch nicht Mitternacht geschlagen, da hatte er schon einen sonderbaren, beängstigenden Traum.

Er wähnte, in einem reich ausgestatteten Gutshaus zu weilen und dessen Besitzer zu sein. Er hatte dieses Haus erst vor kurzem samt den dazugehörenden Ländereien gekauft. Und unablässig verfolgte ihn der Gedanke: Jetzt ist alles gut, alles gut, doch es wird ein Unglück geschehen! Ein kleiner Mann scharwenzelt um ihn herum – sein Verwalter; er lacht in einem fort, verbeugt sich und möchte Aratow zeigen, wie in Haus und Hof alles aufs trefflichste bestellt ist. »Bitte sehr, bitte sehr«, sagt er und kichert bei jedem Wort, »sehn Sie sich an, in welch gutem Zustand alles bei Ihnen ist. Hier die Pferde, was für prächtige Pferde!« Und Aratow sieht eine Reihe kolossaler Pferde. Sie kehren ihm das Hinterteil zu, ihre Mähnen und Schwänze sind eine Pracht, doch sobald er an ihnen vorbeigeht, wenden sie ihre Köpfe nach ihm um und fletschen häßlich die Zähne. Gut, denkt Aratow, aber es wird ein Unglück geschehen! »Bitte sehr, bitte sehr«, sagt der Verwalter abermals, »kommen Sie in den Garten, sehn Sie sich an, was für wunderbare Äpfel Sie haben!« Die Äpfel sind in der Tat wunderbar, rund und rot, doch sobald Aratow sie genauer ansieht, werden sie runzlig und fallen ab. Es wird ein Unglück geschehen! denkt er. »Und da ist auch ein See«, plappert der Verwalter, »wie blau und blank er ist! Und da – ein goldenes Boot! Beliebt es Ihnen, damit zu fahren? Es fährt von ganz allein.« Nicht einsteigen, denkt Aratow, es geschieht ein Unglück! Und dennoch setzt er sich in das Boot. Auf seinem Boden liegt zusammengekrümmt ein kleines Wesen, einem Affen ähnlich, in der Pfote ein Glas mit dunkler Flüssigkeit. »Bitte seien Sie unbesorgt!« ruft der Verwalter vom Ufer her. »Damit hat es nichts auf sich! Das ist der Tod! Glückliche Reise!« Der Kahn schießt dahin, doch plötzlich kommt ein Wind auf, kein Lüftchen, sanft und lautlos wie am Tag zuvor, nein, ein schwarzer, unheimlich heulender Wind! Ringsum wirbelt alles durcheinander, und inmitten der tosenden Finsternis gewahrt Aratow Klara in einem Theaterkostüm, sie hebt ein Glas an die Lippen, von fern klingt es »Bravo! Bravo!«, und eine rauhe Stimme schreit Aratow ins Ohr: »Ha! Du hast wohl geglaubt, das endet wie eine Komödie? Nein, eine Tragödie ist das! Eine Tragödie!«

Am ganzen Körper bebend, erwachte Aratow. Es war nicht dunkel im Zimmer ... Ein schwaches Licht fällt von irgendwoher ein und beleuchtet starr und trüb alle Gegenstände. Aratow erkennt nicht, woher dieses Licht kommt. Er spürt nur das eine: Klara ist hier, in diesem Zimmer, er spürt ihre Nähe, er ist wieder und für immer in ihrer Macht!

Seinen Lippen entringt sich ein Schrei:

»Klara, bist du hier?«

»Ja!« ertönt es deutlich inmitten des Zimmers.

Tonlos wiederholt Aratow seine Frage.

»Ja!« ertönt es abermals.

»So will ich dich sehen!« schreit er und springt aus dem Bett.

Ein paar Augenblicke verharrte er reglos, mit den nackten Füßen auf dem kalten Fußboden stehend. Seine Blicke irrten umher. »Wo denn? Wo?« raunten seine Lippen.

Nichts war zu sehen, nichts zu hören.

Er sah sich um und merkte, daß das schwache Licht, das das Zimmer erfüllte, von einer Nachtlampe kam, die, mit einem Blatt Papier abgeblendet, in eine Ecke gestellt worden war, gewiß von Platoscha, während er schlief. Er nahm auch den Geruch von Weihrauch wahr, sicher ebenfalls das Werk ihrer Hände.

Hastig kleidete er sich an. Im Bett zu bleiben und zu schlafen war sowieso undenkbar. Dann blieb er mitten im Zimmer stehen und verschränkte die Arme. Das Gefühl, Klara sei zugegen, war in ihm stärker als je zuvor.

Schließlich hob er an zu reden, nicht laut, aber feierlich getragen, so wie Beschwörungsformeln gesprochen werden.

»Klara«, sagte er, »wenn du wirklich hier bist, wenn du mich siehst, wenn du mich hörst, erscheine! Wenn die Macht, die ich über mir walten spüre, wirklich *deine* Macht ist, erscheine! Wenn du erkennst, wie bitter ich es bereue, daß ich dich nicht verstanden, dich von mir gestoßen habe, erscheine! Wenn das, was ich gehört habe, wirklich deine Stimme ist; wenn das Gefühl, das über mich Macht gewonnen hat, Liebe ist; wenn du jetzt sicher bist, daß ich dich liebe, ich, der ich bis heute nicht geliebt und keine einzige Frau gekannt habe; wenn du weißt, daß ich nach deinem Tod in leidenschaftlicher, unwiderstehlicher Liebe zu dir entbrannt bin; wenn du nicht willst, daß ich den Verstand verliere – erscheine, Klara!«

Aratow hatte dieses letzte Wort noch nicht ausgesprochen, als er plötzlich spürte, daß jemand rasch an ihn herantrat, von hinten, wie damals auf dem Boulevard, und ihm die Hand auf die Schulter legte. Er drehte sich um – und sah niemanden. Aber jenes Gefühl *ihrer* Gegenwart wurde so untrüglich und zweifelsfrei, daß er abermals schnell in die Runde blickte.

Was war das? In seinem Sessel, zwei Schritt von ihm entfernt, saß eine Frau ganz in Schwarz. Der Kopf war zur Seite gedreht, wie auf dem Stereoskopbild. Das war sie! Das war Klara! Doch wie streng, wie wehmütig schaute sie drein.

Aratow sank auf die Knie. Ja, er hatte damals recht gehabt, er spürte weder Schreck noch Freude, nicht einmal Verwunderung. Sein Herz schlug sogar ruhiger. Eine einzige Erkenntnis, ein einziges Gefühl beherrschte ihn: Endlich! Endlich!

»Klara«, sprach er mit schwacher Stimme, doch ohne zu stocken, »warum siehst du mich nicht an? Ich weiß, daß du es bist, aber ich könnte glauben, daß meine Phantasie mir ein Bild vorgaukelt, ähnlich dem da …« Er wies auf das Stereoskop. »Gib mir einen Beweis, daß du es bist, dreh dich um zu mir, sieh mich an, Klara!«

Langsam hob sich Klaras Hand und sank wieder herab.

»Klara, Klara! Dreh dich um zu mir!«

Und Klaras Kopf wandte sich um, die gesenkten Lider taten sich auf, und die dunklen Augen sahen Aratow stechend an.

Er wich zurück und brachte nur ein gedehntes, bebendes »Ah!« hervor.

Klara musterte ihn eindringlich, doch ihre Augen, ihre Miene behielten den nachdenklich-strengen, beinahe ungehaltenen Ausdruck. Mit dieser Miene war sie auch bei der literarischen Matinee auf der Bühne erschienen, ehe sie Aratow gewahrt hatte. Und ebenso wie damals wurde sie plötzlich rot, ihr Antlitz belebte sich, in ihren Augen loderte es auf, und ein frohes, triumphierendes Lächeln öffnete ihren Mund.

»Du hast mir vergeben!« rief Aratow aus. »Du hast gesiegt! Nimm mich hin! Ich bin dein, und du bist mein!«

Mit jäher Bewegung strebte er ihr zu, er wollte diese lächelnden, diese triumphierenden Lippen küssen, und er küßte sie, er spürte, wie sie ihn heiß berührten, er spürte sogar die feuchte Kühle der Zähne, und ein entzückter Schrei erfüllte das halbdunkle Zimmer.

Als Platonida Iwanowna hereinstürzte, fand sie den Neffen ohnmächtig. Er kniete, der Kopf lag auf dem Sessel, die nach vorn gestreckten Arme hingen kraftlos herab, auf dem bleichen Gesicht der Ausdruck wonnevoller, grenzenloser Glückseligkeit.

Platonida Iwanowna sank an seiner Seite nieder, umfaßte seinen Leib und stammelte: »Jascha! Jaschenka! Lieber!« Sie wollte ihn mit ihren schwachen Armen hochheben, er rührte sich nicht. Da erhob sie ein verzweifeltes Geschrei. Das Dienstmädchen eilte herzu. Zu zweit vermochten sie mit Müh und Not, ihn aufzurichten, sie setzten ihn in den Sessel und besprengten ihn mit Wasser, sogar mit dem vom Heiligenbild.

Er kam zu sich. Doch auf die Fragen der Tante lächelte er nur, und zwar mit so seliger Miene, daß diese in noch heftigere Aufregung geriet und bald über ihm, bald über sich selbst das Kreuz schlug. Aratow wehrte sie schließlich mit einer Handbewegung ab und sprach mit derselben seligen Miene:

»Aber Platoscha, was haben Sie denn?«

»Jaschenka, hast du was?«

»Ich? Ich bin glücklich, glücklich, Platoscha, das ist es, was ich habe. Jetzt aber will ich mich hinlegen und schlafen.« Er wollte aufstehen, doch in den Beinen und im ganzen Körper spürte er eine derartige Schwäche, daß er ohne Hilfe der Tante und des Dienstmädchens nicht imstande war, sich zu entkleiden und ins Bett zu legen. Dafür schlief er recht bald ein, wobei sein Gesicht jenen selig-entzückten Ausdruck bewahrte. Nur war er sehr blaß.

18

Als Platonida Iwanowna am nächsten Morgen bei ihm eintrat, lag er in unveränderter Haltung da, auch die Schwäche war nicht gewichen, und er zog es sogar vor, im Bett zu bleiben. Namentlich die Blässe seines Gesichtes gefiel Platonida Iwanowna nicht. O Gott, was ist das? dachte sie. Das Gesicht völlig blutleer, eine kräftige Suppe will er nicht, er liegt da und lächelt und versichert nur immer wieder, daß er ganz gesund ist! Selbst das Frühstück verschmähte er.

»Jascha, was ist mit dir?« fragte sie ihn. »Willst du den ganzen Tag im Bett bleiben?«

»Und wenn ich es täte?« versetzte Aratow mild. Auch diese Milde gefiel Platonida Iwanowna nicht. Aratow sah aus wie ein Mensch, der hinter ein großes, für ihn höchst erfreuliches Geheimnis gekommen ist und dieses nun eifersüchtig wahrt. Er wartete auf die Nacht, nicht gerade voller Ungeduld, aber doch voller Spannung. Wie wird es weitergehen? fragte er sich. Unverständnis und Staunen waren von ihm abgefallen, er zweifelte nicht daran, daß er Verbindung zu Klara aufgenommen hatte; auch daß sie einander liebten, bezweifelte er nicht. Nur, was konnte aus dieser Liebe werden? Er dachte an jenen Kuß, und ein wunderbarer Schauer durchrieselte seinen Körper, schnell und süß. Einen solchen Kuß, dachte er, haben selbst Romeo und Julia nicht getauscht! Doch das nächstemal werde ich mich besser halten. Sie wird mein werden. Sie wird kommen mit einem Kranz aus kleinen Rosen auf den schwarzen Locken …

Aber wie soll es weitergehen! Leben können wir doch nicht zusammen. Also werde ich sterben müssen, um mit ihr vereint zu sein? Kommt sie nicht darum, und will sie mich nicht *so* gewinnen?

Gut, was ist schon dabei? Wenn es sein muß, sterbe ich. Der Tod schreckt mich jetzt nicht im geringsten. Er wird mich doch nicht vernichten können? Im Gegenteil, nur *so* und *dort* werde ich glücklich sein, wie ich es nie im Leben war und auch sie nicht … Wir beide sind unberührt! Oh, dieser Kuß!

Platonida Iwanowna kam alle Augenblicke zu Aratow ins Zimmer; sie setzte ihm nicht mit Fragen zu, sie sah ihn nur prüfend an, flüsterte, seufzte und verschwand wieder. Nun aber verschmähte er auch das Mittagessen – das ging zu weit! Die alte Frau machte sich auf den Weg zum Revierarzt, den sie kannte und dem sie allein deshalb traute, weil er nicht trank und mit einer Deutschen verheiratet war. Aratow war verwundert, als sie ihn zu ihm hereinbrachte, doch Platonida Iwanowna bat ihren Jaschenka so inständig, er möge Paramon Paramonytsch (so hieß der Arzt) gestatten, ihn zu untersuchen, daß Aratow – na ja, ihr zuliebe – einwilligte. Paramon Paramonytsch fühlte ihm den Puls, sah sich die Zunge an, fragte dies und das und erklärte zum Schluß, er müsse »auskultiert« werden. Aratow war in so nachgiebiger Stimmung, daß er sich auch dazu bereit fand. Der Arzt entblößte ihm behutsam die Brust, klopfte sanft dagegen, horchte, brummte etwas vor sich hin, verschrieb Tropfen und eine Mixtur und riet ihm vor allem, jede Aufregung zu meiden. Da haben wir's! dachte Aratow. Nur kommst du damit zu spät, Mann!

»Was hat Jascha?« fragte Platonida Iwanowna den Arzt, als sie diesem an der Tür einen Dreirubelschein gab. Paramon Paramonytsch, der, wie alle modernen Ärzte, besonders diejenigen von ihnen, die Uniform tragen, gern mit wissenschaftlichen Begriffen brillierte, erklärte, daß bei ihrem Neffen sämtliche »dioptrischen Symptome einer nervösen Kardialgie sowie Febris vorliegen«. »Väterchen, sag's einfacher«, fiel ihm Platonida Iwanowna ins Wort. »Mach mir nicht angst mit dem Latein, du bist hier nicht in der Apotheke!« – »Das Herz ist nicht in Ordnung«, sagte darauf der Arzt, »auch hat er Fieber ...« Und er wiederholte seinen Rat betreffs Ruhe und Meidens aller Aufregung. »Aber es besteht doch wohl keine Gefahr?« fragte Platonida Iwanowna in strengem Ton, was heißen sollte: Paß auf, daß du nicht wieder ins Latein gerätst!

»Das läßt sich noch nicht absehen.«

Der Arzt ging, und Platonida Iwanowna war tief betrübt. Dennoch schickte sie in die Apotheke und ließ die Medizin holen; Aratow indes weigerte sich trotz allen Bittens, sie zu nehmen. Auch den Brusttee lehnte er ab.

»Was regen Sie sich bloß auf, meine Gute?« sagte er zu ihr. »Ich versichere Ihnen, ich bin jetzt der gesündeste und glücklichste Mensch auf der Welt!«

Platonida Iwanowna schüttelte nur den Kopf. Gegen Abend stieg das Fieber, trotzdem bestand er darauf, daß sie zu Bett ginge. Platonida Iwanowna fügte sich, doch sie ging nicht zu Bett, sondern setzte sich angezogen in einen Sessel, lauschte und flüsterte ihr Gebet.

Gerade war sie ein wenig eingeschlummert, als plötzlich ein schrecklicher, durchdringender Schrei sie weckte. Sie sprang auf, stürzte zu Aratow ins Zimmer und fand ihn wie am Vortag auf dem Boden liegend.

Anders als am Vortag kam er aber nicht zu sich, sosehr sie sich auch um ihn bemühte. In derselben Nacht stellte sich hohes Fieber ein, das durch eine Entzündung des Herzens noch verschlimmert wurde.

Ein paar Tage später war er gestorben.

Ein sonderbarer Umstand begleitete seinen zweiten Ohnmachtsanfall. Als man ihn aufhob und bettete, fand sich in seiner zusammengeballten rechten Hand eine kleine Strähne schwarzer Frauenhaare. Woher kamen diese Haare? Anna Semjonowna hatte eine solche Strähne, die von Klara stammte, besessen, warum aber sollte sie dieses für sie so wertvolle Andenken Aratow gegeben haben? Sie konnte sie höchstens in das Tagebuch gelegt und, ohne es zu merken, mit weggegeben haben.

Im Fieberwahn, der seinem Tod vorausging, nannte Aratow sich Romeo ... nach der Vergiftung; er sprach von einer geschlossenen, vollzogenen Ehe, davon, daß er jetzt wisse, was Genuß sei. Besonders furchtbar war für Platoscha der Augenblick, als Aratow ein wenig zu sich kam, sie an seinem Bett gewahrte und sagte: »Tante, warum weinst du? Weißt du denn nicht, daß die Liebe stärker ist als der Tod? Tod! Tod, wo ist dein Stachel? Man darf nicht weinen, man muß sich freuen, so wie ich es tu …«

Und wieder erstrahlte auf dem Antlitz des Sterbenden jenes selige Lächeln, von dem der armen alten Frau jedesmal so beklommen zumute wurde.

TEXTQUELLENNACHWEISE

Der Kreisarzt, Das Stelldichein
aus: *Iwan Turgenjew, Aufzeichnungen eines Jägers.* Gesammelte Werke in Einzelbänden (GWEb). Aus dem Russischen von Herbert Wotte. Aufbau-Verlag Berlin und Weimar 1975. © Aufbau Verlag GmbH & Co. KG, Berlin 1968, 1975, 2008

Drei Begegnungen (übersetzt von Dieter Pommerenke)
Faust (übersetzt von Werner Creutziger)
aus: *Iwan Turgenjew, Drei Begegnungen. Erzählungen.* GWEb. Deutsch von Werner Creutziger und Dieter Pommerenke, Aufbau-Verlag Berlin und Weimar 1971. © Aufbau-Verlag Berlin und Weimar 1971, 2008

Ein Briefwechsel
aus: *Iwan Turgenjew, Ein Briefwechsel. Erzählungen.* Deutsch von Walter Schade. Aufbau-Verlag Berlin und Weimar 1983 (bb 519). © Aufbau Verlag GmbH & Co. KG, Berlin 1983, 2008

Asja, Erste Liebe (übersetzt von Ena von Baer)
aus: *Iwan Turgenjew, Erste Liebe und andere Novellen.* Aus dem Russischen von Ena von Baer und Ekkehard Jäkel. Mit einem Nachwort von Friedrich Schwarz. Sammlung Dieterich, Band 152. Leipzig 1953. © Aufbau Verlag GmbH & Co. KG, Berlin 1953, 2008

Das Lied der triumphierenden Liebe (übersetzt von Dieter Pommerenke)

Nach dem Tode. Klara Militsch (übersetzt von Wilhelm Plackmeyer)

aus: *Iwan Turgenjew, Frühlingsfluten. Erzählungen.* GWEb. Deutsch von Werner Creutziger, Wilhelm Plackmeyer und Dieter Pommerenke, Aufbau-Verlag Berlin und Weimar 1972.

Gibt es den perfekten Mord?

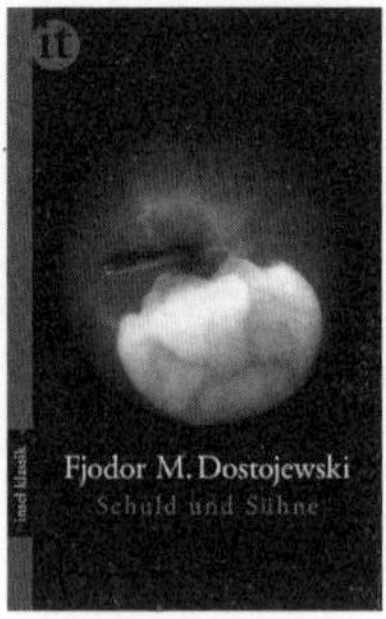

Der Student Raskolnikow glaubt, den perfekten Mord zu begehen, als er eine gierige alte Pfandleiherin und deren Schwestern erschlägt. Zwar gilt er schon bald als Hauptverdächtiger, aber es fehlen Beweise und er scheint davonzukommen. Bei allem Kalkül hat er doch mit einem nicht gerechnet: seinen wachsenden Schuldgefühlen, einem innerern Drang, für seine Verbrechen büßen zu müssen. Eine qualvolle psychische Belastungsprobe ist die Folge, die Raskolnikows Weltbild grundlegend ins Wanken bringt …

In *Schuld und Sühne* verbinden sich psychologischer Spürsinn und mystische Weltanschauung, Kriminalgeschichte und Heilsgeschehen.

Fjodor M. Dostojewski, Schuld und Sühne. Roman. Aus dem Russischen von Hermann Röhl. insel taschenbuch 4530. 801 Seiten

NF 200/1/07.14

Vom Glück und Unglück der Liebe

»Alle glücklichen Familien gleichen einander, jede unglückliche Familie ist auf ihre eigene Weise unglücklich.«
Anna Karenina führt ein sorgloses Leben in St. Petersburg. Sie scheint alles zu haben, doch glücklich ist sie nicht. Als der charmante und gutaussehende Graf Wronskij in ihr Leben tritt, verfällt sie ihm in leidenschaftlicher Liebe. Sie bekennt sich zu ihm – und setzt damit alles auf's Spiel …

»Ein Werk dieser Art, so glücklich, so packend, so aus einem Guß, so vollendet im Großen und Kleinen …« *Thomas Mann*

Lew Tolstoj, Anna Karenina. Roman. Aus dem Russischen von Gisela Drohla. insel taschenbuch 4526. 1204 Seiten

NF 199/1/07.14